식음료경영론

한올출판사

에필로그

Prof. 김용욱

유럽 식음료 경영학(Food & Beverage Management)의 "정석"이라고도 불리는 본 교재를 역서하여 출간할 수 있게 된 것에 대해 주변 모든 분들께 감사의 말씀을 드립니다. 역서 작업을 진행하며 한 번의 여름과 겨울을 맞이했고 생애 최초로 원고 마감이 주는 스트레스에 대해 피부로 느껴본 유익한 시간이였습니다. "가치 있는 역서작업은 새로운 책을 쓰는 작업보다 힘들다"는 여러 선배님들의 조언을 이해할 수 있었던 시간 이였으며 스스로의 지식을 정리하는 귀중한 시간이기도 하였습니다. 원고 자체의 분량도 상당하거니와 원문이 가진 느낌을 가능한 그대로 살리고자 의역하는데 많은 노력을 기울였으나 역시 늘 글을 마치고 나면 아쉬움이 남는 건 어쩔 수 없는 것 같습니다. 아마도 차후에 Fifth edition 을 출간할 때는 지금보다 더 완성도 높은 내용을 독자들에게 보여줄 수 있지 않을까 기대해 보며 이 책을 읽는 모든 분들이 식음료 경영에 대한 지식을 손쉽게 습득할수 있는 기회가 되었으면 합니다.

여러 가지로 기쁜 일도, 슬픈 일도 많았던 2011년 한 해 동안 과연 완성도 높은 역서 작업을 끝내긴 하려나 걱정했던 무거운 짐을 내려놓을 수 있도록 좋은 환경을 만들고 도와주신 동료 교수님들과 한올 출판사 사장님 이하 임직원 여러분께 감사의 마음을 전합니다. 방대한 분량의 역서 원고 초안 작업을 자기 일처럼 도와준 후배 신정영 선생님에게 고맙다는 말 꼭 전하고자 합니다. 여름, 겨울 가리지 않고 작업진행 확인하시느냐 고생하신 한올 출판사 황남수 담당자님과 400페이지가 넘는 분량을 밤낮을 가리지 않고 주저 없이 감수하여 주신 여지영 선생님께 감사의 인사를 드리고자 합니다. 끝으로 원고 오타수정과 실질적으로 교재를 읽을 학생들의 이해와 눈높이 편의를 돕고자 밤낮가리지 않고 원고를 읽고 질문을 해준 연구실 학생 김민서, 김승구, 권기나, 박혜진, 윤지현에게 진심으로 감사의 마음을 전합니다.

Special Thanks

한글을 읽지는 못하시겠지만 영국에 계신 은사님께 감사의 말씀을 드립니다. 역서 작업으로 인해 공동연구가 지연되었음에도 선약을 지키라며 함께 하던 연구를 연장시켜주신 영국의 은사 Prof. Paul Fidgeon 에게 진심으로 감사의 인사를 드리고자 합니다. "The first Korean edition of this F&B book could not be completed without your concerns and endless supports."

Again, thanks for your support.

Very Special Thanks

책임감을 가지고 원고 작업을 끝낼 수 있도록 도와준 사랑하는 가족들, 그리고 늘 삶의 커다란 언덕이 되어주시는 H. J H님에게 사랑한다는 말을 꼭 전하고 싶습니다.

마지막으로 17년간 애완견이라기보다는 친구로 늘 내 곁을 지켜주다 하늘나라로 먼저 여행을 가버린 나의 소중한 친구 "별"이에게 사랑하고 많이 보고 싶다는 말을 전하고 싶다.

CONTENTS

제 1 장 식음료경영이란 무엇인가?

제 2 장 레스토랑 산업

제 3 장 계약 케이터링, 여행업 및 공공부문 케이터링

제 4 장 콘셉트 개발하기

CONTENTS

제5장 식음료

제6장 식음료 운영: 구매 및 저장

제7장 식음료 운영: 생산과 서비스

제8장 식음료 관리

제9장 식음료 마케팅

CONTENTS

제 10 장 식음료 산업

제 1 장

식음료경영이란 무엇인가?

단원 소개

사람이 거주하는 공간, 즉 집(Home) 이외의 장소에서 식음료를 제공하는 것은 환대산업(hospitality industry)뿐만 아니라 경제활동의 전체적인 측면에서 보아도 중요한 의미를 가진다고 할 수 있다. 이렇듯 환대산업의 중심이 되는 식음료 경영은 서비스와 판매 형태가 다양하다는 특징이 있는데, 식음료업체에는 민간 부문과 공공 부문이 모두 포함되며, 독자적으로 운영하는 소규모 자영업부터 세계적인 브랜드를 가진 거대한 다국적 기업까지, 또는 교도소 케이터링부터 세계 최고 수준의 호텔 케이터링까지 모두 식음료 경영에 포함된다고 할 수 있다. 하지만 환대산업 안에서의 다양한 분야와 그 하위 분야를 명확히 구분하고 각 분야에 어떤 서비스와 판매형태가 들어가는지 설명할 수 있는 공통된 정의가 없기 때문에, 환대산업과 식음료 경영에 대한 일관된 통계를 내기는 매우 어렵다.

활동 1

단원1의 자세한 내용을 접하기 전에 우리가 외식을 하게 되는 10가지 상황을 생각해보고, 각 상황마다 무슨 용건으로 외식을 하는지 적어보자. 예를 들면 '생일 파티를 위해 친구들과 점심때 시내로 나감. 크라제버거에서 샌드위치와 커피.' 같은 식으로 작성할 수 있다.

단원 목표

이 단원을 읽고 나면 아래의 핵심 사항을 이해할 수 있어야 한다.

- 환대산업의 복잡성을 이해할 수 있다.
- 식음료경영의 규모와 범위를 명확히 이해할 수 있다.
- 시장지향 경영과 비용지향 경영을 구분할 수 있다.
- 식음료 관리자로서 지녀야 할 가장 중요한 책임과 그에 따를 수 있는 제약들에 대해 명확히 이해할 수 있다.
- 외식에 영향을 미치는 요인들에 대해 설명하고, 식음료 경영자가 소비자에게 보장해야 할 일관성에 대해 알 수 있다.

식음료경영의 규모와 범위

집 밖에서 이루어지는 음식, 음료, 숙박 제공에 관련된 모든 사업을 환대산업이라 한다면, 식음료매장들은 전부 이에 포함된다. 바꿔 말하면 식음료제공은 보다 넓은 범위의 환대산업이라는 개념을 이루는 하나의 구성요소인 셈이다. 매장에서 만들어 판매했지만 집에서 먹을 수 있는 테이크아웃 매장을 제외하면 위와 같은 정의는 개념적으로 별 문제가 되지 않는다. 하지만 실제로 모든 식음료 매장을 환대산업 범주 안에 넣기에는 여러 모로 어려움이 따른다. 공식적 또는 상업적으로 여러 차례 수정을 거듭한 환대산업의 정의에서는 그 범위가 훨씬 좁아지기 때문이다.

표 1.1 관광산업의 규모와 범위

비즈니스 수 (개수)	SIC 92 코드	2001	2002	2003	2004
호텔과 모텔	55.11 과 55.12	10,890	10,800	10.535	10,416
캠핑부지 등	55.21 과 55.23	3,928	4,175	4,370	4,702
레스토랑, 카페, 포장판매 전문 숍 등	55.3	52,633	54,340	55,475	57,667
영국전통주점(Pubs), 바, 클럽 등	55.4	46,320	47,914	47,475	48,146
구내식당, 케이터링 업체	55.51 과 55.52	5,217	5,485	5,636	5,765
합계	55.00	118,988	122,714	123,491	126,696
회전율 (£million)	**SIC 92 코드**	**2001**	**2002**	**2003**	**2004**
호텔과 모텔	55.11 과 55.12	12,047	11,824	12,172	13,009
캠핑부지 등	55.21 과 55.23	2,220	2,631	3,032	3,616
레스토랑, 카페,포장판매 전문 숍등	55.3	18,323	18,843	20,145	21,726
영국전통주점(Pubs), 바, 클럽 등	55.4	19,163	20,681	21,392	24,481
구내식당, 케이터링 업체	55.51 과 55.52	5,985	6,624	6,670	7,382
합계	55.00	57,738	60,603	63.512	70,216
고용 (1000단위)	**SIC 92 Code**	**2001**	**2002**	**2003**	**2004**
호텔/ 모텔/ 캠핑부지	55.1/55.2	370	365	369	379
레스토랑, 카페, 포장판매 전문 숍등	55.3	509	547	575	594
영국전통주점, 바, 클럽등	55.4	525	531	540	558
구내식당, 케이터링 업체	55.5	256	265	267	267
합계	55	1,660	1,708	1,751	1,798

출처: 2007, 영국통계청

정의에서는 여러 가지 형태의 식음료 매장이 제외된다. 예를 들어 표 1.1에 나와 있는 영국 표준산업분류(United Kingdom Standard Industrial Classification, UKSIC)는 상당히 넓은 범위를 포괄하고 있지만, 여기서도 고용주 이외의 근로자들이나 사회복지 케이터링 서비스에 관련된 부분은 누락되거나 다른 범주에 들어가 있다. 이 책에서는 모든 장소에서 나타날 수 있는 다양한 종류의 식음료 경영 형태를 포괄하기 위해 가능한 한 폭넓은 접근방법을 사용하기로 하였다.

표 1.1은 영국 정부가 발표한 자료를 바탕으로 영국 환대산업의 규모와 범위에 대한 최신 통계수치를 나타낸 것이다.

이 수치들은 영국 표준산업분류 UKSIC(1992)에서 내린 정의에 기초한 것이며, 이 정의에 대해서는 뒤에서 더 자세히 다룰 것이다.

이 자료를 보면, 21세기가 시작된 뒤로 몇 년 동안 환대산업의 규모가 전체적으로 크게 성장했다는 것을 알 수 있다. 사업체 수를 보면,'호텔 및 모텔'을 제외한 모든 부문이 크게 늘어난 가운데 특히 '레스토랑, 카페 및 테이크아웃' 부문이 4년 동안 10% 가량 성장했다. 그리고 환대산업으로 분류되는 개별 사업체는 총 12만 7천 개에 달했다.

이 산업 전체 매출액 규모는 700억 파운드를 넘어섰는데, 사업체 수와는 조금 다른 양상을 보인다. 예를 들어 '호텔 및 모텔' 부문은 2002년 이후로 사업체 수는 줄어든 반면 매출액은 계속해서 증가했다. 이렇게 된 원인으로 두 가지를 생각할 수 있는데, 첫째로 호텔 및 모텔 부문에서 사업체들 사이에 통합 또는 합병이 이루어져 적은 수의 대규모 업체로 바뀌었거나, 둘째로 각 사업체들이 훨씬 높은 성과를 올렸다고 볼 수 있다. 실제 원인은 위의 두 가지 사이의 어딘가에 있을 것이다. 레스토랑과 술집, 바, 클럽 부문은 매출 규모에서 대단히 큰 성장을 보이고 있으며, 따라서 이들이 식음료 분야에서 중심적인 역할을 담당하는 부문이라 볼 수 있다. 전통적으로 호텔은 매출액의 대부분을 객실 판매로 발생시켰으나 개인소득의 증대에 따른 외식소비량의 증가로 최근 호텔 또는 모텔 내 위치한 식음료업장의 이용이 호텔 및 모텔의 매출액

증가 요인 중 하나로도 볼 수 있겠다. 구내식당(canteen)의 식음료제공 및 계약을 통한 식음료제공 환대산업부문을 보면 역시 괄목한 만한 성장을 이루었음을 알 수 있다.

고용 규모를 보면 레스토랑이 가장 크고 술집, 바, 클럽 등이 비슷한 추이를 보이는 반면 호텔 부문은 좀 더 느리게 성장하고 있으며, 케이터링 부문의 고용 규모는 변화가 거의 없었다는 것을 알 수 있다.

표준산업분류

표 1.1의 통계수치는 영국 정부에서 제공하는 표준산업분류 SIC 1992에 기초하여 만들어진 것이다. 분석 상의편의를 위해 경제적으로 유사한 활동들은 '산업(industries)'이라는 범주로 묶어 분류할 수 있다. 예를 들면 농업, 자동차 제조업, 소매업, 케이터링 및 공공 서비스와 같은 것들로, 이렇게 분류하는 데 쓰이는 시스템을 '산업분류(industrial classification)'라고 부른다. 일반적으로 이러한 분류는 최초 몇 개의 큰 그룹으로 나눈 것을 계속해서 세분화 시키는 과정을 반복한다. 이렇게 해서 다양한 목적에 맞춰 사용할 수 있는 자세하고도 방대한 분류표가 만들어지는 것이다.

영국에서는 1948년에 처음으로 포괄적인 SIC를 발행한 뒤 여러 번의 개정과정을 거쳤으며, 2007년에 EU(유럽연합)의 데이터 표준에 맞춰 산업분류를 새로 개정해 2008년부터 사용하고 있다. 기존의 표준산업분류 SIC는 다음의 네 가지 항목만 담고 있었다.

- 호텔 및 그 외의 숙박업
- 레스토랑, 카페, 테이크아웃
- 술집, 바, 클럽
- 구내식당, 계약을 통한 식음료제공업체

표 1.2의 새로운 분류는 훨씬 더 포괄적이다. 여기에는 아주 많은 정보들이 있는데, 여러 가지 분류들 사이의 차이점을 이해하고 싶다면 각 부문 및 하위 카테고리들의 제목을 눈 여겨 보는 것이 좋다.

표 1.2 경제활동에 따른 2007 영국 표준산업분류

제1절 : 숙박 및 식음료 서비스 활동

이 부문에는 단기 숙박 및 즉석에서 섭취하고 마실 수 있는 완성된 식음료 제공이 포함된다. 추가적인 서비스의 양과 형태는 매우 다양한데, 여기서 장기적인 거주시설 제공은'부동산업(Real Estate activities, Section L)'으로 분류되기 때문에 제외된다. 또한 제공하는 식사와 음료가 즉시 섭취하고 마실 수 있는 형태가 아니거나, 도/소매상을 통해 독자적인 경로로 식음료를 판매하는 경우도 '제조업(Manufacturing, Section C)'으로 분류되기 때문에 제외된다.

55 숙박

이 부문에는 투숙객들과 여행객들을 위한 단기 숙박, 또는 학생이나 직장인 등 개인 고객을 위한 보다 장기적인 숙박 제공이 포함된다. 서비스 내용에 따라 숙박만 제공하는 업체와 숙박, 식사, 때로는 여가활동 관련 시설을 종합적으로 제공하는 업체로 나뉜다.

아파트와 같은 거주시설에 기본적으로 월세 또는 연간 임대료를 받고 장기 숙박을 제공하는 것은 '부동산업(Real Estate activities, Section L)'으로 분류된다.

55.1 호텔 또는 유사한 숙박업

이 부문에는 방문객들에게 기본적으로 일(daily) 또는 주(weekly) 단위로 제공하는 단기 숙박이 포함되며, 여기에는 가구가 구비된 일반 객실 및 특실(스위트룸) 등도 포함된다.

기본적인 서비스로는 일일 객실 정비 및 준비 작업 등이 있으며, 추가적인 서비스로 식음료 제공, 주차 서비스, 세탁물 서비스, 수영장 등의 운동시설, 회의장, 그 밖의 여가활동 관련 시설 등이 있다.

숙박을 제공하는 업체는 호텔, 리조트, 장기 투숙 호텔과 모텔 등이다. 가구가 구비되거나 구비되지 않은 일반 거주시설(주택이나 아파트 등)을 기본적으로 월세 또는 연간 임대료를 받고 장기적으로 제공하는 업체는 제외한다.

55.2 휴가 캠프 및 기타 단기 숙박

이 부문에는 기본적으로 일(daily) 또는 주(weekly) 단위로 제공하는 단기 숙박이 들어가는데, 이때 숙소는 독립된 장소이며 거실과 침실, 주방 혹은 조리시설이 완비되어 있다. 숙소 형태에는 아파트 또는 다층 건물(단독 또는 단지)의 한 층, 혹은 단층 방갈로, 각종 오두막 등이 있으며, 보조적인 서비스는 꼭 필요할 때에만 최소한도로 이루어진다.

객실 관리 서비스(House Keeping Service)가 이루어지지 않거나 제공되지 않는, 가령 어린이들을 위한 휴가 캠프, 방갈로, 오두막 같은 곳이나 유스호스텔, 산악지대에 있는 피난처 등도 여기에 포함된다.

일일 정비 및 식음료 서비스가 제공되고 가구가 구비된 객실에 대한 단기 숙박 제공은 제외된다. 또한, 기본적으로 월간 또는 연간 임대료를 받고 장기 숙박을 제공하는 경우도 제외된다.

55.20/1 휴가 캠핑장

휴가 캠핑장 등에서 휴일 숙박 또는 단체 숙박을 제공하는 것을 가리킨다.

55.20/2 유스호스텔

산악지대의 은신처 등은 포함되지만 대피소나 방공호, 텐트나 침낭을 놓을 수 있는 야영지 등은 제외된다.

표 1.2

55.20/9 그 밖의 휴일 단기 숙박: 휴가 캠핑 장 및 유스호스텔 제외
휴가 캠핑 장이나 유스호스텔이 아니면서 휴일 숙박 또는 단체 숙박을 제공하는 업체를 가리킨다.

55.3 야영장, 레저 차량 주차장 및 캠핑카 주차장
단기 체류하는 고객들을 위한 야영장, 캠핑카 주차장, 레저 차량 주차장, 낚시 또는 사냥 캠핑장 제공, 레저 차량들을 위한 시설과 장소 및 대피소 제공, 텐트 및 침낭을 놓을 수 있는 야영지 제공이 포함된다. 오두막이나 유스호스텔, 산악지대에 있는 피난처 등은 제외된다.

55.9 그 밖의 숙박업체
학생, 외국인 근로자(계절에 따른 단기계약 근로자), 그 밖의 개인 고객들에게 1인실, 다인실, 또는 기숙사 방을 일시적 혹은 보다 장기적으로 제공하는 업체가 포함된다.
여기에는 학생용 자취방, 학교 기숙사, 근로자 숙소, 셋방, 하숙집 및 침대차(기차)까지 포함된다.

56 식음료 서비스 활동
이 부문에는 즉석에서 먹고 마실 수 있는 완성된 식음료를 제공하는 서비스 활동이 포함된다. 여기에는 전통적인 레스토랑, 셀프서비스, 테이크아웃 등이 전부 포함되며, 스탠드 바 및 레스토랑, 테이블과 의자가 없는 간이 레스토랑 등도 포함된다. 제공 시설의 형태보다도 즉석에서 먹고 마실 수 있다는 점이 결정적인 요소이다. 즉석에서 먹고 마시기에 적합하지 않은 식품이거나, '식사(meal)'로 분류되지 않는 음식은 포함되지 않는다. 위와 마찬가지로, 즉석에서 먹고 마실 목적이 아니며 업체에서 직접 제조하지 않은 식품을 판매하는 경우도 포함되지 않는다(section G 참고: 도/소매업).

56.1 레스토랑 및 이동식 식음료 제공

56.10/1 주류 판매가 허가된 레스토랑
이 부문은 식사 서비스 제공을 가리키는데, 이때 고객들은 자리에 앉은 상태에서 음식을 제공받거나 또는 진열된 음식을 직접 가져갈 수 있다. 일반적으로 가게 안에서 식사를 하며, 식사와 함께 주류를 제공할 수 있다.
여기에는 레스토랑, 카페테리아, 패스트푸드점, 또한 별도의 사업자가 대중교통 내부에서 운영하는 레스토랑 및 바(기차내 식당칸 등) 등이 포함되지만, 식음료 시설 장내 영업활동은 제외된다..

56.10/2 주류 판매가 허가되지 않은 레스토랑 및 카페
고객들은 자리에 앉은 상태에서 음식을 제공받거나 또는 진열된 음식을 직접 가져갈 수 있으며 일반적으로 가게 안에서 식사를 한다. 단, 알코올이 들어가지 않은 음료만 제공할 수 있다. 레스토랑, 카페테리아, 패스트푸드점, 또한 별도의 사업자가 대중교통 내부에서 운영하는 레스토랑 및 바(예: 기차내 식당칸) 등이 포함되지만, 식음료 시설 장내 영업활동은 제외된다(56.29 참조).

56.10/3 테이크아웃 레스토랑과 이동식 레스토랑
이 분류에는 테이크아웃 또는 음식 배달 서비스 제공이 포함된다. 즉석에서 먹고 마실 수 있는 식사를 제공하며, 엔진이 달린 차량이나 엔진이 달리지 않은 포장마차 등도 포함된다. 밖에서 먹을 수 있는 테이크아웃 매장, 아이스크림 트럭, 이동 식당, 만들어진 음식을 파는 시장 가판대 등이 포함되지만, 자판기를 통해 음식을 판매하는 소매업, 식음료 시설 장내 영업활동은 제외된다.

표 1.2

56.2 행사용 출장 요리 및 기타 식음료 서비스
여기에는 사적 행사 또는 특정 시간이나 기간 동안의 출장 요리 제공, 스포츠 시설 또는 그와 유사한 시설물 등에서 이루어지는 식음료 영업활동이 포함된다.

56.21 행사용 출장 요리
고객이 지정한 장소에서 개최하는 특정 행사에 계약을 맺고 출장 요리를 제공한다. 하지만, 재판매용 부패성 식품의 제조는 제외된다.

56.29 기타 식음료 서비스
특정 기간 동안 고객과 계약을 맺고 식음료를 제공하는 산업 케이터링이 포함된다. 스포츠 및 그와 유사한 시설물 등에서의 식음료 영업활동도 포함된다. 음식은 일반적으로 업체 본부에서 준비한다. 식음료 제공 계약업체의 활동(예: 운송회사 등), 스포츠 및 그와 유사한 시설물 등에서의 식음료 영업활동, 구내 식당이나 구내 카페(예: 공장, 사무실, 병원 또는 학교 등)도 여기에 해당된다.
그러나, 부패성 식품의 재판매 또는 제조는 제외된다.

56.3 음료 판매
이 부문에는 매장에서 바로 마실 수 있는 음료의 준비 및 제공이 포함된다.

56.30/1 인가된 클럽
이 분류에는 다음과 같은 장소에서 바로 마실 수 있는 음료의 준비 및 제공이 포함된다. 나이트클럽, 사교 클럽 등이 여기에 해당된다.
그러나 재판매를 위해 포장했거나 준비한 음료, 자판기를 통해 음식을 판매하는 소매업은 제외된다.

56.30/2 선술집, 바
이 분류에는 다음과 같은 장소에서 바로 마실 수 있는 음료의 준비 및 제공이 포함된다. 바, 간이식당, 칵테일 라운지, 주류를 판매할 수 있는 디스코텍(음료 판매를 주로 하는)이나 선술집 등 등이 여기에 해당된다.

그러나 재판매를 위해 포장했거나 준비한 음료, 자판기를 통해 음식을 판매하는 소매업, 음료 서비스가 없는 디스코텍이나 댄스플로어 등에서의 영업은 제외된다.

위의 새로운 분류규정을 읽어보면, 다음과 같이 참고할 만한 재미있는 사항들을 많이 볼 수 있다.

- 첫째, 각 규정에 포함되거나 제외되는 경영 형태에 대한 분류를 아주 세부적으로 기술했으며, 정확한 언어를 사용하였다.
- 제외된 경영 형태들은 공식 통계의 다른 부문에 표시된다.

- 둘째, 즉석에서 먹고 마실 수 있는 완전한 형태의 식음료 제공 활동에 대한 정의를 별도로 내렸다. 여기서 중요한 것은 재가열 또는 다시 제조해야 하는 음식의 제조 및 소매활동이 아니라 '즉석에서 먹을 수 있는 식음료'이다. 위의 정의는, (사서 그 자리에서 바로 먹을 수 있는)샌드위치나, 사서 집에 가져가 바로 먹을 수 있는 식사를 만들어놓고 파는 슈퍼마켓 같은 곳에서 몇 가지 문제가 생길 수 있다. 이런 곳에서 판매하는 전기 회전구이 통닭(rotisserie chicken)은 어디에 포함시켜야 할까?
- 셋째, 처음으로 이동식 식음료 판매를 따로 분류했다
- 넷째, 지난 수 년 사이 놀랄만한 성장을 이루어낸 행사용 출장 요리 서비스 부문을 소개했지만, 알 수 없게도 산업 케이터링 또는 계약 케이터링 서비스가 이 부문으로 분류되었다. '기타 식음료 서비스' 조항에는 관광 여행시 제공하는 식음료 서비스, 운동 경기장, 공장, 회사, 병원 및 학교 구내 식음료 서비스 활동에 대해 언급하고 있다. 그러나 이는 계약이나 허가를 전제로 한 것만 포함된 것이며, 공공 부문 케이터링은 여전히 제외된 상태다.
- 다섯째, '영국 전통술집(Pub)'이란 어떤 가게를 가리키는 건가?

활동 2

앞서 활동 1에서 설정한 10 가지의 상황들을 위에 설명된 분류에 맞춰보도록 하자. 왜 어떤 것들은 쉽게 분류되며, 어떤 것들은 분류하기 어려운가? 적절한 분류를 찾을 수 없는 상황이 있는가?

식음료경영의 분류

식음료경영은 목적에 따라 여러 방법으로 분류할 수 있다. 위에서 언급한 영국 표준산업분류는 국가 경제수치 통계를 체계적으로 수집해 분석함으로써, 이제는 다른 유럽연합(EU) 회원국 통계와 비교할 수 있게 되었다.

환대산업 및 식음료경영을 비롯한 폭넓은 산업 분야와 관련해 매우 상세한 보고서를 발표하며 세계적으로 권위 있는 전문 조사기관인 Keynote와 같은

기관들은, 오로지 레스토랑, 패스트푸드, 계약 식음료 서비스, 호텔, 선술집 등의 상업적인 활동만 집중적으로 다룬다(Keynote Publications, 2007). 한편, 환대산업, 레저, 여행 및 관광산업을 위한 부문 기술 자문회인 People 1st는 근로자들 및 산업의 다양한 변화와 요구에 맞춰 개발되는 능력과 기술에 중점을 둔다. 이들은 환대산업을 다음의 14가지 분야로 나눴다. 계약 식음료 서비스 제공업체, 행사, 도박, 휴일공원, 환대 서비스, 호스텔, 호텔, 회원제 클럽, 일반 술집, 바, 나이트 클럽, 레스토랑, 셀프 케이터링 숙박시설, 관광객용 서비스, 여행 서비스와 관광명소(People 1st, 2007). People 1st의 정의는, 식음료 경영에 대해 훨씬 광범위하게 설명했다. 또한 여행, 소매 판매, 교육, 건강관리, 해외 업무 위탁, 기업 환대, 정부 그리고 지역 내 요양원이나 교도소와 같은 지역사회 기관, 레저 서비스를 제공하는 업체와의 계약직 근로자들보다도 서비스업체 사내에 고용된 근로자들을 포함시키면서, 단순한 상업적 분류보다 훨씬 더 많은 사람들을 포괄할 수 있게 되었다. 이처럼 다른 정의들과 분류들이 흥미롭고 유용한 측면을 보여주는 반면에, 한편으로는 중요한 목적 가운데 하나인 경영 관리자 측면에서의 분류나 조사 자료는 제공하지 않는다.

이러한 관점에서 볼 때, 매우 다양한 형태의 식음료매장들 사이에는 수많은 선을 그어 구분 지을 수 있다. 첫째, 엄밀하게 영리활동을 기반으로 운영되는 업체와 공공보조금을 지원받아 운영되거나 또는 비영리 목적으로 유지되는 업체들로 나눌 수 있다. 두 번째 기준은 서비스를 제공할 시장의 종류이다. 병원, 교도소, 대형 여객선 같은 경우에는 제한된 집단으로 국한되는 반면, 열린 장소에서 누구든지 자유롭게 이용할 수 있도록 넓게 위치하고 있는 경우도 있다. 세 번째 기준은 식음료 제공이 해당 업체의 주요 사업내용인가에 따른 것이다. 예를 들어 개인 소유이며 영리 목적의 레스토랑과, 여행지 또는 학교 등에서 부수적으로 이루어지는 식음료서비스 사이의 차이이다. 마지막 기준은, 공공 소유와 개인소유의 차이이다. 어느 정도까지는 각 기준들이 대강이나마 양립할 수도 있다. 전속 시장(captive markets)들은 정부 보조금을 받아 사업을 하는 공공성을 띤 단체 또는 기관들이 소유하는 경향이 있는 반면, 영리성을 띤 업체들은 민간 영리부문에서 일반 대중들에게 서비스를 제공하는 것이 주요 사업활동이 되는 경향을 보인다. 간단히 말해서, 보조금을 받아 성립하는 부문은 대체적으로 대중들에게 서비스를 제공하지 않고, 사업상으로도 단지 부수적인 활동일 뿐이며 제한되어 있는 그룹 안에서만 이용 가능하다는 것이다. 그러나 이러한 넓은 개념 구분이 모든 상황에서 항상 들어맞는 것은 아니다. 실제로 예외가 수없이 많고 때로는 상위 분류를 초월하기도 하며, 일반화에 대해서는 무조건 평가 절하를 하려는 경향도 있다.

그림 1.1 식음료경영의 분류

앞서 언급한 몇 가지 기준을 이용하면, 식음료업체들은 여러 종류로 나눌 수 있다. 그림 1.1은 산업 부문을 각 부문으로 나누는 한 방법을 보여준다. 그리고 이 그림을 통해 영리사업 몇 가지 방식으로 보조금을 지원 받는 사업 사이의 차이를 명확하게 알 수 있다. 순수한 영리 사업은 공공 소유이거나 민간 소유일 수도 있고, 극장이나 가게 등에서처럼 식음료 서비스가 부수적인 곳뿐만 아니라 주요사업인 업체들도 해당된다. 상업적 부문에서는 제한된 시장과 일반 대중에 열려있는 시장 사이에 이차적인 경계선이 그어진다. 보조금을 지원받는 영업활동들도 마찬가지로 공공 소유이거나 민간 소유일 수 있다. 공공 소유 기관에서의 하는 음식공급과 개인 소유의 업체에서 근로자들을 위한 공급으로 나뉜다. 개념 정의만 보면 보조금을 지원받는 식음료 경영은 제한된 시장에서만 할 수 있다.

이러한 분류들 속에는 당연히 겹치는 부분도 있는데 특히 중요한 두 가지를 들 수 있다. 하나는 다양한 사립학교, 대학, 병원 그리고 사무실 및 사내 식당 등에서의 음식 공급인데, 이들은 어떠한 형태로든 보조금을 지원받지 않고 엄격하게 영리 원칙에 따라 운영된다. 이러한 업체들은 위에 언급한 '상업적 부문'에 들어가며, 제한된 시장 속에서 상업적인 식음료 제공을 한다. 다른 하나는 영리 원칙에 따라 엄격하게 조직된 업체지만 복지 케이터링 및 보조금을 후원 받은 케이터링을 제공하는 경우이다. 이러한 업체들은 형태상으로는 영리 기업이라도 결국 시장 활동에 보조금 지원을 받기 때문에 상업적 부문과는 구분된다.

식음료경영을 위와 같이 분류한 데에는 크게 두 가지 이유가 있다. 첫째로 지금까지 발표된 환대산업 관련 공식 정의보다 더 넓고 포괄적인 업체들을 포함시킬 수 있기 때문이며, 둘째로 식음료 서비스와 관련한 중요한 관점을 여럿 제시할 수 있기 때문이다. 예를 들어 보조금 지원을 받는 식음료 서비스와 영리 목적에 초점을 맞춘 식음료서비스로 분류하면 사업 목표뿐만 아니라 참여하는 시장, 관여하는 조직의 특성, 마케팅 및 경영전략의 차이점까지 포괄적으로 고려할 수 있다. 이에 대해서는 2단원 및 3 단원에서 자세히 살펴보도록 하겠다.

활동 3

활동 1에서 설정한 10가지 상황을 위의 분류표에 집어넣어보자. 당신이 설정한 상황은 어떤 분류에 많이 포함되는가?

비용지향 경영과 시장지향 경영

지금까지 살펴본 주요 산업부문과 관련 지어 생각해보면, 비용지향 경영과 시장지향 경영으로 환대산업을 분류하는 것이 편리하다는 것을 알 수 있다. 비용지향 경영의 가장 좋은 예로는 사회복지 부문을 들 수 있는데 교도소나 병원에서 제공되는 식음료 서비스나 회사 또는 공장 내 직원들을 위한 식음료 서비스가 해당된다. 반면 시장지향 경영의 좋은 예로는 호텔, 레스토랑, 패스트푸드점 등을 들 수 있다. 경영학의 입장에서 본다면 사업이란 이익을 창출하는데 목적이 있으므로 자유경쟁에 기반을 둔 시장지향 경영이 비용지향 경영보다 적합하다고 할 수 있으나 모든 산업, 특히 환대산업에서 시장지향 경영을 모든 종류의 업체에 적용시키는 것은 논쟁의 여지가 있다.

시장지향성 사업은 다음과 같은 특징을 가지고 있다.

- 고정 지출 비용의 비율이 높다. 대표적인 고정지출에는 임대료, 대출이자, 운영자금 및 인건비, 자산(부동산/동산)및 설비의 감가상각비용이 있다. 이 비율은 판매량 실적이 달라져도 크게 변하지 않는다. 예를 들어 호텔 레스토랑은 이윤이 생기기 전까지 높은 고정 지출 비용을 끌어안은 채 운영해야 한다.
- 비용 절감보다는 이윤 극대화에 더 많이 의존한다. 쉽게 말하면 사업의 이익률을 높이기 위해 비용을 절약하기보다도 매출 증가(고객들이 더 많이 오게 만들거나 고객 일인당 더 많이 지출하게 만드는 등)에 초점을 맞춰야 한다는 것이다. 시장지향성 기업들이 판매실적에 신경을 곤두세우는 이유가 여기 있다.
- 제품에 대한 시장 수요가 불안정하기 때문에 모든 판매 및 광고 방법에

있어 손익분기점 이상의 매출을 올리고 사업체가 지출을 감당할 수 있도록 하는 데 중점을 둔다.

비용지향성 사업의 경우 다음과 같은 특징을 가지고 있다.

- 고정지출 비용의 비율은 낮지만 가변 지출 비용(식음료 원가 비용 등)의 비율이 높다. 가변 지출 비용의 비율은 사업 규모에 따라 달라진다. 종업원을 고용하는 레스토랑 가운데 고정 지출 비용이 낮은 곳도 있다. 이런 곳은 매출 규모에 신경을 덜 쓴다.
- 사전에 예산결의를 통해 책정된 예산(시장지향 경영상의 이익률profit level과 유사한 개념) 안에서 운영되는 경우가 많기 때문에 시장지형 경영과는 달리 판매 실적이나 이윤의 극대화보다 효율적 운영, 즉 지출을 최소화하는 것에 중점을 둔다. 따라서 식음료 구매, 제공하는 식음료의 양, 고용 인력을 축소하는 등 전체적인 비용 절감을 통해 경영 성과를 올리려 한다.
- 앞서 언급한 시장지향 경영과 달리 상품에 대한 시장수요가 상대적으로 안정적이라는 장점이 있다. 그렇기 때문에 사업계획 및 경영 시 예측과 통제가 수월하다.
- 전형적인 고정비용지출 이라는 예산방식을 사용하는 경우가 많다. 환대산업 안에는 위에서 언급한 시장지향과 비용지향을 기준으로 정의를 내릴 수 없는 업체들도 있다. 사업을 경영하면서 필요에 따라 두 가지 방식을 섞어서 사용하는 경우도 있기 때문이다. 하지만 환대산업에 속하는 업체들은 기본적으로 시장지향과 비용지향에 따라 구분할 수 있고, 이는 앞으로 알아볼 식음료 제공 및 재정 정책에 큰 영향을 미친다.

활동 4

활동 1에서 설정한 10가지 상황을 시장지향 사업과 비용지향 사업으로 나눠보자. 몇몇 사업이 구분하기 어려운 것은 왜일까?

식음료 관리

경영자의 직무는 무엇인가?

지난 수십 년간 많은 사람들이 경영자 직무의 종류와 정의에 대해 큰 관심을 가져왔다. 그림 1.2는 환대산업에 종사하는 경영자들의 직무를 종합적으로 보여주는 모델이다(Li et al. 2006).

환대산업의 경영자들은 외부적인 목표, 책임과 내부적인 목표, 책임을 가지고 있다. 달리 말하면 조직의 지속적인 성공과 생존 동시에 자기 자신의 경력을 쌓는 등 개인적인 관심사를 충족시킬 필요가 있다. 환대를 제공하는 기업을 경영할 때 다음의 세 가지 기본목표를 고려해야 하는데, 첫째는 손님들이 환영을 받는다고 느끼게 하는 것, 모든 시설물이 손님의 입장에서 제공되고 사용되도록 하는 것, 이윤을 창출하는 동시에 지속적으로 서비스를 제공해야 한다는 것이다(Powers and Barrows, 2003).

목표를 설정할 때는 조직구조, 문화, 경제적 상황, 지역특색, 이용 가능한 자원, 인식규범 및 도덕규범들, 그리고 그들 자신의 개인적인 자질 등 여러 요인이 포함된다. 이 산업 서비스가 지닌 특수성 때문에 환대산업에 종사하는 경영자들은 다른 산업에 비해 불확실하고 복잡한 근무 환경에서 일하게 된다. 이 복잡성은 또다시 문화적 차이와 환대산업의 조직문화 특성 및 환경, 그리고 경영자 개인이 지니는 가치관이 서로 맞물려 더욱 커질 수 있다.

경영자들은 목표에 다다르기 위해 계획, 기획, 조직 구성, 지휘, 편성, 통제와 같이 표준화된 경영자의 역할에 맞춰 여러 가지 직무와 활동을 실행한다. 각 단어의 첫 자를 따서 POC^3(planning, organizing, commanding, coordinating, controlling)라 부르기도 한다. 빠르게 변화하는 환경으로 인한 예상 외의 결과에 지속적으로 대비하는 과정에서 경영자들은 종종 겉보기에는 즉흥적인 반응을 보이기도 한다. 경영자들은 다양한 업무를 수행하며, 업무 그 자체나 업무의 선택에 있어서 다소 예측할 수 없거나 바뀌는 부분이 있다. 따라서 경영자들이 직무 수행을 선택하는 것도 일관적이지 않으며 이러한 이유로 환대산업경영자의 업무는 변동성, 다양성, 즉흥성으로 특정 지을 수 있으며 이는 그들의 업무가 형식에 얽매어 있지 않다는 것을 나타낸다.

그러나, 각각의 경영 활동은 종종 특정한 경영 기능과 맞물려 있다. 바꿔 말

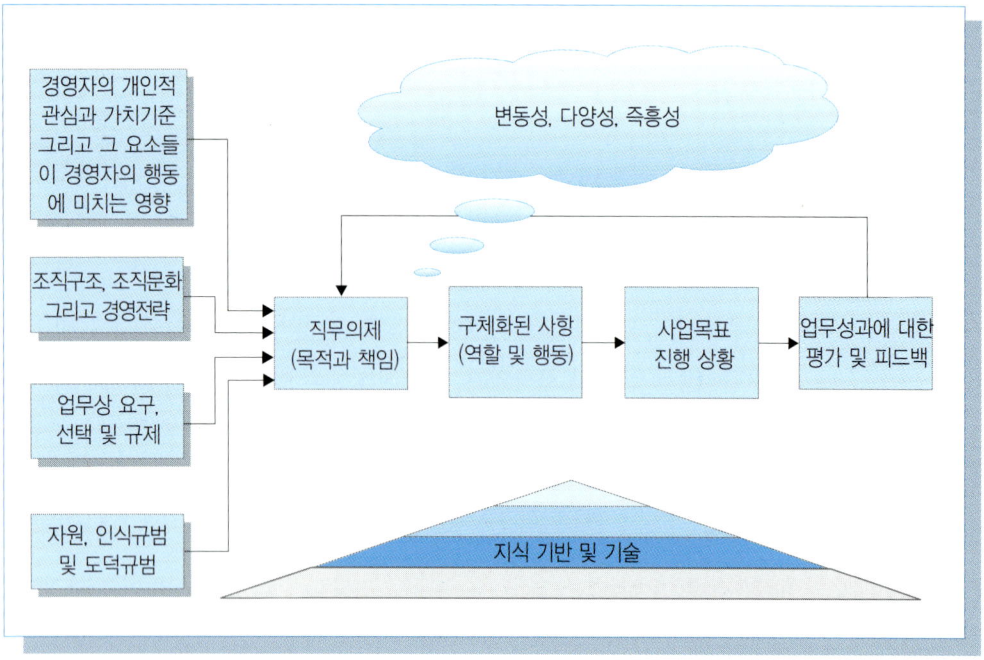

그림 1.2 경영자의 직무형태 모델

하면 경영활동 하나하나의 목적이 경영에 있어 중요한 기능과 연결되어 있다는 것이다. 예를 들어 레스토랑 매니저가 고객들에게 서비스에 대한 평가를 물어본다고 가정한다면 매니저는 일차적으로 고객 만족도에 대한 부분을 파악할 수 있으며, 또한 서비스의 취약점을 파악할 수 있고, 결과적으로 직원들에게 적절한 교육을 제공할 수 있다. 환대산업을 포함해 모든 종류의 산업에 있어 종사하는 경영자들이 조직 및 조직구성원들의 성공에 책임을 지기 때문에 이러한 기능상 의무를 수행해야 하며 이것이 환대산업 경영업무의 형식적인 특성을 구성한다.

경영자의 성과가 사업목표진행 상황에 반영되는 반면에 성과의 유효성은 경영자의 개인적 성향, 지식 및 기술을 기반으로 한 역량에 의해 뒷받침된다. 식음료 사업의 경우, 경영자는 매일매일 사업을 관리하고 전략적으로 이끌기 위해 충분한 지식을 습득해야 하는데 따라서 경영자는 직원들 및 고객들과의 관계를 만들고 유지하며 한정된 자금을 가지고 사업 목표를 달성하면서, 동시에 고객의 요구에 즉각적으로 반응해서 실시간으로 양질의 서비스를 제공하는 능력을 갖춰야 한다. 또한 국제적 업무 환경일 경우에는 문화적 차이를 존중하고 다양한 상황에 적절하게 대처할 줄도 알아야 한다.

이러한 모델이 경영자들이 해야 할 업무에 대한 기본적인 틀을 설정하는 사이에, 영국의 Surrey 대학에서는 HCIMA(현재의 Institute of Hospitality)을 대신하여 유럽의 환대산업 부문에 속하는 각기 다른 분야에서 나타나는 여러 종류의 경영활동을 체계적으로 정립하기 위한 연구를 시작했다. 전기적 사건(일찍이 경험한 곤란한 상황)을 기록하는 방법을 통해 연구를 진행한 결과, 경영자들이 자신의 노력과 행동이 중대한 차이를 가져왔다고 느낀 여러 상황을 수집할 수 있었다. 어떤 상황에서는 경영자들의 지식 및 기술이 유용하게 쓰였고 다른 상황에서는 응답자들이 자신의 지식과 기술이 부족하다고 느끼기도 했다. 이렇게 정리한 상황들을 조직운영 관리, 사업 관리, 인력 관리 및 개인역량 관리 등 네 가지의 핵심 영역으로 정리하고, 각각의 핵심 영역을 다시 총 15가지 하위 범주로 분류했다. 이 15가지 하위 범주는, 효과적으로 경영하고자 하는 환대산업 경영자라면 누구나 필요로 하는 지식과 기술을 나타낸 위의 네 가지 핵심 영역을 보여준다. 각 영역과 하위범주들은 그림 1.3과 같다.

표 1.3은 경영 단계에 따른 주요 영역에 대한 분석결과를 수치로 나타낸 것이다. 산업분야들 사이에 나타나는 제목과 역할들의 차이를 계산에 넣기 위해 다음과 같은 경영 단계를 고려했다.

- 부서 책임자/중간 관리자 사업체 내부 부문을 관리한다. 호텔 내 커피숍 경영자 혹은 패스트푸드점 부 경영자 등이 여기에 해당한다.
- 업체/대규모 부서 책임자 업체 전체 혹은 보다 큰 업체의 각 부서를 관리한다. 식음료를 계약 공급하는 회사 밑의 케이터링 업체관리자, 최고 주방장 또는 소규모 호텔의식음료 매니저 등이 여기에 해당한다.
- 총지배인 많은 부서나 규모가 작은 업장들로 구성된 대형 업체를 총괄한다. 대규모의 레스토랑과 회의장, 연회시설을 갖춘 대형 호텔의 식음료 매니저, 또는 적은 수의 식음료계약 공급을 관리하는 경영자가 여기에 해당한다.
- 지역 관리자 서로 다른 대형 업체들이나 지역 내의 사업을 총괄하는 경영자
- 중역/이사 조직 전체의 경영 관리 책임자
- 소유주/동업자

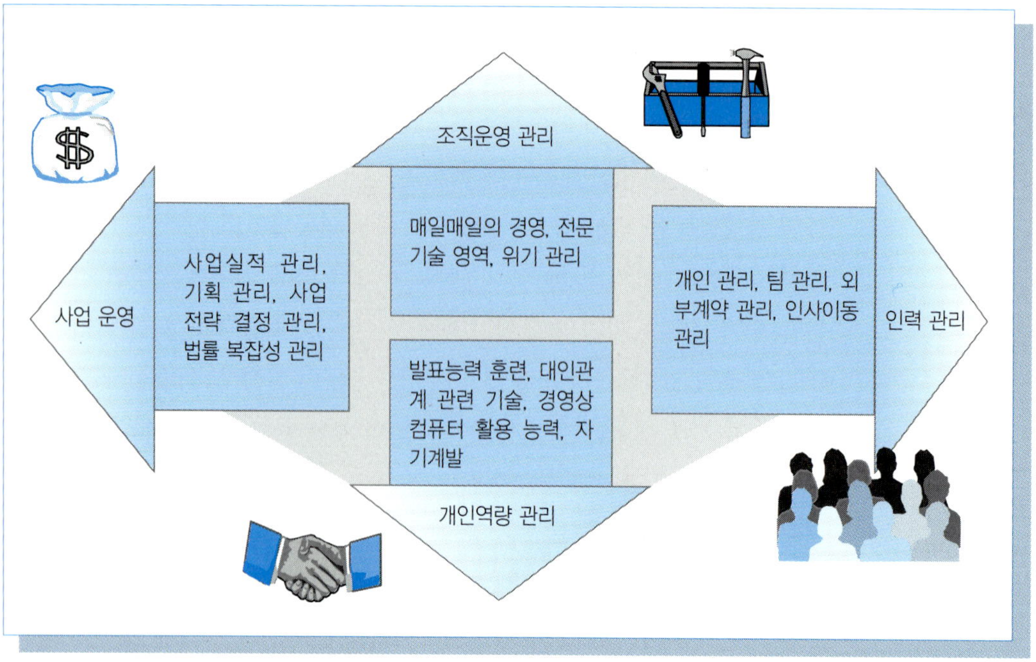

그림 1.3 운영단계 주요 영역

표 1.3 경영활동의 주요 영역

세로행	중간 관리자	대규모 부서 책임자	총지배인	지역관리자	중역/이사	소유주	합계
업장경영	40.3	30.2	20.9	13.4	17.8	29.3	29.0
비즈니스 경영	11.8	23.0	32.6	41.2	41.2	32.0	25.2
인사관리	10.7	16.4	15.9	19.6	19.6	9.5	14.4
개인적인 기술	37.2	30.4	30.6	25.8	25.8	29.3	31.5
합계	23.2	36.5	19.6	6.3	4.8	9.6	100.0

조직운영관리(매일매일의 경영, 전문기술 영역, 위기 관리)는 두 번째로 높은 수치를 기록했다. 표 1.3에 나타난 경영 수준에 따른 분석을 보면 중간 관리자가 큰 비중을 차지한다는 것을 알 수 있다. 중간 관리자는 매일매일의 경영 및 전문기술 영역에서 비중이 높았지만 위기 상황이 발생하면 중간 관리자들은 업체 경영자나 총지배인을 찾으려 했다. 소유주들도 사업상 발생할 수 있는 위기 상황을 관리하는 데 깊이 관여하고 있었다. 부문별 비교에서는 호텔이나 레스토랑이 조직운영관리에 가장 중점을 많이 두는 반면 영리가 절대

목적이 아닌 직원케이터링(employee catering)의 경우 가장 낮은 비중을 보였다.

사업 운영 영역에는 사업실적 관리, 기획 관리, 사업전략 결정 관리, 법률 복잡성 관리 등의 관점이 포함되었다. 모든 표본들에 걸쳐서 보면, 이 부문은 개인 역량 관리 및 사업 관리 영역에 이어서 세 번째로 비중이 높았다. 경영 수준을 보다 자세히 분석하면 몇 개의 중요한 차이점을 찾을 수 있다. 총지배인, 지역 관리자와 업체 경영자가 많은 비중을 차지하는 경우가 더 많이 있음에도 불구하고 중간 관리자급은 그리 큰 비중을 보이지 않는다. 이는 전체적으로 경영자들이 조직에서 더 높은 자리로 올라갈 때 사업지향성이 강해진다고 할 수 있다. 산업 부문으로 비교해 보면 호텔, 레스토랑 그리고 수요가 많은 식음료 공급업체와 같은 부문에 종사하는 다수의 중간 관리자들은 사업지향성을 그다지 강조하지 않지만, 그 외의 부문, 특히 계약 식음료서비스나 지방 정부 또는 지자체 관련 서비스 사업에서는 긍정적으로 나타났다.

인력 관리 영역에는 개인 관리, 팀 관리, 외부계약 및 인사이동 관리 등이 포함된다. 그런데 놀라운 것은, 수많은 산업 분야 중에서도 노동집약적이고 당연히 중요성이 부여되는 부문인데도 불구하고 비중은 오히려 상대적으로 낮았다는 것이다. 이런 이례적인 결과에 대한 한 가지 설명으로는 인력 관리와 관련된 대인관계 기술이 여기에 포함되지 않고 보다 일반적인 기술 범주로 분류되었기 때문이라고 할 수 있다. 경영 수준 분석 결과에서는 업체 경영자가 가장 높은 수치를 보였고 중간 관리자와 소유주는 낮은 수치를 보였다.

개인역량 관리 영역에는 포괄적이고 전수할 수 있는 기술, 즉 대화 또는 문서를 통한프레젠테이션, 훈련 및 교육, 대인관계기술, 경영상 컴퓨터 활용 능력 등이 포함된다. 다른 어떤 영역보다도 이 부분에서 더 많은 사건들이 보고되었으며 이 가운데 대부분이 대인관계에 대한 기술 부문, 특히 프레젠테이션이나 훈련, 교육 과정에서 발생했다. 사업상 컴퓨터 활용에 대해서는 거의 지적이 없었으나, 반면 외부 훈련에 더 많은 가치를 두어야 하는 환대산업분야에서는 자기계발에 투자하는 비중이 매우 낮았다. 모든 단계의 경영자들이 대인관계 관련 기술 영역에서 여러 사건들을 보고하였는데, 특히 새로운 사람들을 접하게 되는 중간 관리자들의 보고가 두드러졌다. 이 영역은 환대산업 내 모든 분야에 걸쳐 강조되었는데, 특히 패스트푸드점이나 유명한식음료 업체에서 기대 이상으로 큰 비중을 보였다. 이러한 업체들은 체계적인 배달 서비스 시스템이 갖춰져 있어 기술적인 문제를 고민할 필요가 없고, 따라서 경영자들이 대인관계에 더 많은 시간을 쓰기 때문인 것으로 보인다.

식음료 경영의 책임

앞서 다룬 연구에서는 모든 경영자들이 관여하는 영역에 대해 언급했지만, 식음료경영자들이 지녀야 할 책임에 대해서는 구체적으로 다루지 않고 있다. 식음료 판매활동은 분명히 전체 영업에는 기여를 하지만, 그에 대한 지출부문도 마찬가지로 중대한 영향을 미친다. 그렇기 때문에 식음료 기능과 관련된 모든 영역을 효과적으로 조절하는 시스템을 개발할 필요가 있는 것이다. 이러한 종합적인 조절 시스템의 개발은 앞서 설명한 기본적인 정책(재정, 마케팅, 케이터링 정책)을 결정하는 것으로 시작한다. 이 3가지 기본 정책을 고려하는 것을 통해 식음료 부서는 경영목적을 세분화시킬 수 있게 된다.

같은 활동을 두고서도 어떤 단어 혹은 표현을 쓰느냐에 따라 경영활동에 대해 방대한 정의를 내릴 수 있지만, 경영자의 기능에 대해서는 몇 가지 공통된 인식이 있다고 할 수 있다.

첫째, 경영자들은 운영계획 과정에 참여한다 – 목표설정, 조직이 나아가야 할 방향에 대한 의사 결정, 즉 정책 결정에 참여한다. 둘째, 경영자들은 목표를 수행하는 주체와 방법을 결정한다. 즉 필요한 업무를 분석한 뒤 개인 또는 팀에게 업무를 맡긴다. 셋째, 경영자들은 직원들을 통해 정해진 목표를 달성하기 위해 직원들에게 동기를 부여한다. 넷째, 경영자들은 초기 계획 단계에서 예상한 것과 실제로 나온 성과를 비교 분석해 목표로부터 벗어난 것들을 수정하는 조절 기능을 수행한다. 이러한 조절 작업은 현장 조사, 재무자료 및 통계자료 분석 등을 통해 이뤄진다.

위의 4가지 경영기능—계획, 기획, 동기부여, 조절—은 식음료 경영자들에게도 적용할 수 있다. 식음료 부서에서는 위에서 언급한3가지 기본 정책을 설정하는 것으로 계획 과정을 진행할 수 있다. 우선 재정 정책은 예상수익 혹은 지출을 다루고, 마케팅 정책은 시장 결정 및 관리, 케이터링 정책은 해당 업체의 식음료제공 시설의 주목적을 설정하고 각각의 목적에 맞는 방법을 지정한다. 이러한 정책들은 조직 상부의 경영 관리자들이 결정한다. 목표달성에 필요한

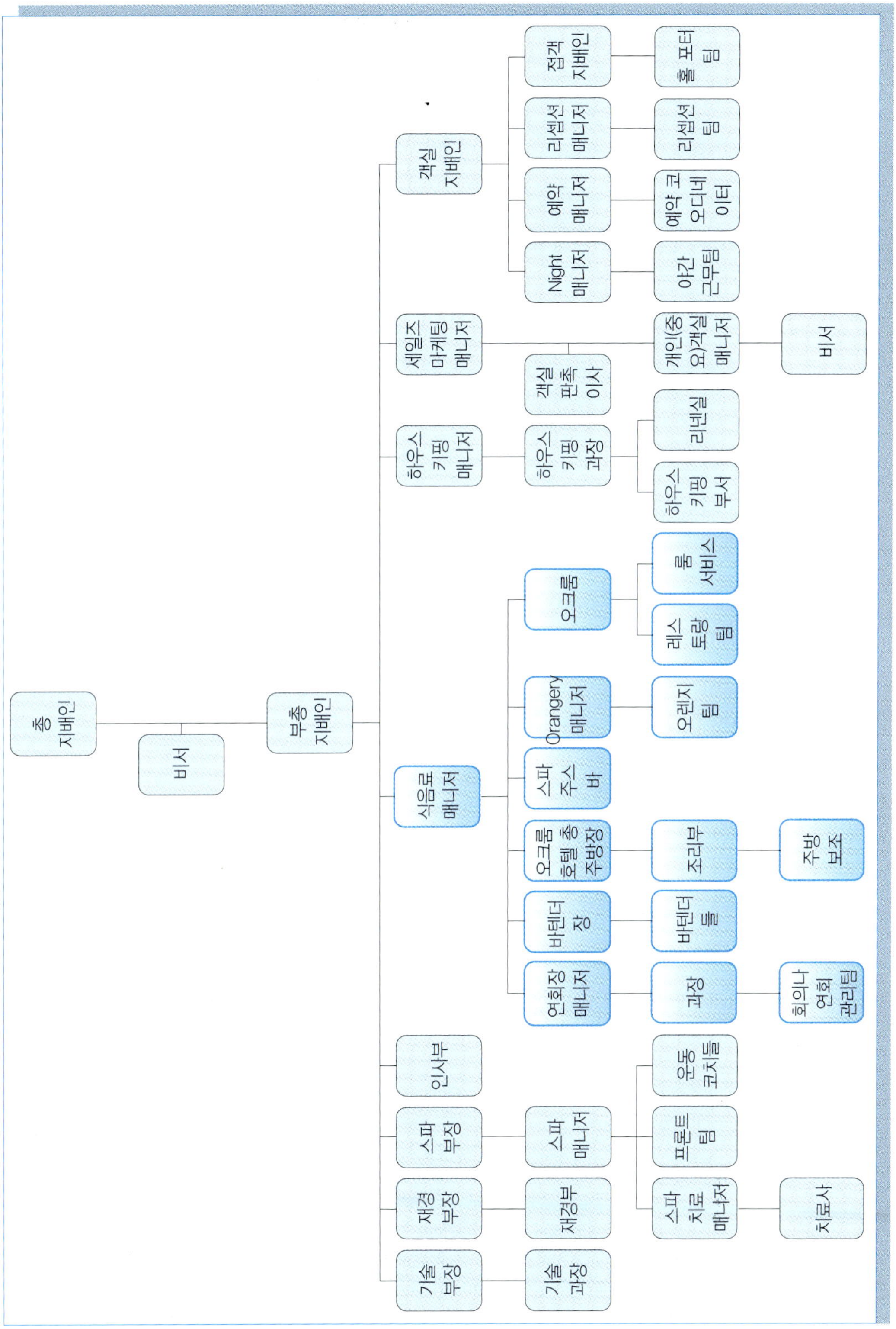

그림 1.4 특급 호텔과 스파 조직도

업무는 직원 개개인에게 맡겨지며 각 직원들은 자기가 맡을 업무의 구체적인 목적, 직원 개개인의 책임, 자신이 책임져야 할 대상 등에 대한 설명을 받아야 한다. 이 때 식음료경영자들은 인사과와 함께 직무 설명서 작성 및 신입 직원에 대한 현장교육 담당자를 결정하게 된다.

식음료 부서 직원들에 대한 동기부여는 식음료경영자들에게 있어 매우 중요한 기능이다. 동기 부여는 여러 가지 방식으로 진행될 수 있는데, 예를 들어 직원들을 그룹으로 나눠 공동 업무를 부과함으로써 공동체의식을 발달시키거나, 직원 관리 모임 등을 장려하거나, 혹은 좀 더 기본적인 수준으로 본다면 총체적인 교육훈련 프로그램을 제공해 신입 직원들이 초기에 느낄 수 있는 직무에 대한 불안감을 경감시켜 줄 수도 있다.

마지막으로, 식음료 부서에도 조절 기능 요소가 있다. 기대나 예상에 대해 실제 성과를 확인해 문제점이 있는 부분을 바로 잡고 재발하지 않도록 각종 예방 조치를 취할 수 있다는 것이다.

위에서 본 것처럼 식음료부서를 조직하는 데 있어 식음료경영자들의 역할은 매우 다양하기 때문에 식음료 경영자들은 자신이 쓸 수 있는 모든 경영 수단을 동원해야 한다는 점을 명심해야 한다. 그러기 위해서는 조직 전체에서 식음료 부서의 위치를 나타내주는 조직도를 만드는 것이 좋다. 조직도는 기본적인 직책들의 기본 그룹과 각 직책 사이의 관계, 그리고 조직 구조에 대한 대강의 그림을 보여준다.

보다 큰 기업에서는 각 부서들이 보다 분명하게 나타나기도 한다. 그림 1.4는 대형 특급 호텔의 식음료 부서 조직도이다.

그림 1.4에서 식음료경영자 밑에는 6명의 관리자들이 각 부서의 대표를 맡고 밑에 보조 관리자들과 실제 현장 팀들이 있다. 식음료 부서가 호텔의 전체 구조에서 주요한 부분을 대표하고 있는 것처럼 보일 수도 있지만 명백히 다른 여러 부서로부터 지원을 받는다.

* Orangery Manager: 영국 및 프랑스등 유럽 국가에서 볼수있는 건물양식으로17세기에서 19세기에 걸쳐 유리글라스를 이용해 외부 가든에 지은 건물로 귀족들이나 상류층의 고급레스토랑으로 주로 사용되었다. 오늘날에는 특급호텔들의 가든에 위치한 공간으로 커피숍이나 럭셔리 레스토랑으로 사용되고 있으며 건물의 특성상 전담하여 담당하는 매니져가 있기도 한다.
* C&B Team: Conference & Banqueting Team:회의나 연회 관리 팀.

표 1.4 식음료경영자 직무 설명서

식음료경영자 직무 설명서

식음료매니저

보고받는 사람: 부 총지배인

자격 요건

1. 뛰어난 영어 독해력, 작문력, 구문력
2. 대학졸업, 호텔경영 또는 일반경영학 전공
3. 호텔 및 레스토랑 산업에서 5 ~ 10년간 관리 경력

목적

- 모든 고객들에게 기대치 이상의 서비스 제공
- 식음료 부서에 대한 리더십, 경영관리 및 호텔 내 타 부서와 조화
- 식음료 부서의 지속적인 성장 및 이윤증가
- 레스토랑과 관련해 매장, 고객 및 직원들의 보건, 안전, 복지에 대한 책임
- 경영 자산 및 직원들의 행동에 대한 책임

직무 기능

1. 식음료관련 각 부서에 대해 분기별 예상 및 사업성과 보고
2. 조직 발전을 위해 식음료 직원들에게 다음을 설명하고 실행에 옮길 것. 호텔의 방침, 경영 절차, 교육 프로그램, 직무 설명서, 지시, 메뉴, 근무스케줄, 규칙 및 규정 등
3. 직원 개개인에 대한 다음 사항을 최신 상태로 유지. 근태, 외모, 기준, 근무/휴무 스케줄, 인건비, 급여, 잦은 결근, 이직, 징계조치 등
4. 직원 고용 및 해고에 대해 승인
5. 식음료 부서 직원 전원에 대한 자기 계발 및 교육 훈련에 대한 책임
6. 식음료와 관련된 모든 재료 및 장비에 대한 선정, 구매, 보관, 재고관리, 유지 및 사용에 대한 조직화 및 편성
7. 식음료구역 안에서 발생하는 모든 고객 의견 처리
8. 업장구역내 활용 및 외견을 통해 최대한의 이윤 창출
9. 서비스의 수준, 성과 및 기준 향상을 위해 지속적으로 노력
10. 안전평가, 사고방지, 소방훈련, 응급조치에 대한 감독 관리
11. 필요한 서비스 기준을 만족시키면서 최적의 가격으로 구매, 생산, 판매하여 적절하고 효과적으로 비용을 유지 관리하여 모든 식음료매장에서 최고 수준의 이윤 창출
12. 경영목적 달성, 매장 재고, 원가관리 절차 및 사업 예상을 위해 식음료와 관련된 질, 서비스, 비용을 기준으로 선정한 현재가 및 조달 업체 목록 유지 관리
13. 각 팀장들에게 직원들에게 필요한 교육을 실시하고 도와주도록 유도
14. 새로운 과정을 만들거나 현존하는 과정들을 분석, 호텔의 전체적인 정책에 따르면서 고객 이용도를 향상시킬 특별 홍보하는 능력
15. 전 실무 부서들 간에 효율적인 의사소통을 개발하고 유지 관리
16. 호텔에서 발생하는 모든 긴급상황 및 안전사고에 적절하게 대응
17. 호텔 경영 부서에서 맡긴 직무나 프로젝트 수행

물론 이러한 조직 구조를 적용시키기에 너무 작은 업체도 있다. 실제로 개인이 경영하는 소규모 레스토랑에서는 종종 소유주가 모든 부서의 '경영자'이기도 하다. 이 경우 소유주가 모든 부서와 수익 및 지출에 관한 통제, 관리 및 감독 역할을 맡지만, 전반적인 주요 경영 활동은 마찬가지로 소화해야 한다.

조직도에 직무 설명서를 보충하는 것도 중요하다. 직무 설명서는 특정 직책에 맡겨진 의무와 책임을 목록으로 작성한 것이다. 조직도에 있는 각 직책에 주어진 업무와 직책들 사이의 관계를 표시한 것이기 때문에 어찌 보면 조직도를 확대시킨 것이라고 볼 수도 있다. 표 1.4는 식음표경영자의 직무 설명서를 보여주는 예이다.

어떤 조직에서는 직무 계획표를 제공하기도 한다. 여기에는 직원들의 업무 과정과 요구되는 시간 등에 대해 대체적인 틀을 제공한다. 각 업무들은 신중하게 짜인 실무 절차와 소요 시간으로 나눠지는데, 주로 단순 업무 등을 위한 신입직원용 교육훈련에서는 유용하지만 경영 감독자 및 관리자, 임원급 단계에서는 적용이 제한된다.

일반적으로 식음료 부서의 주요 책임과 목적은 다음과 같이 정리할 수 있다.

1. 명확하게 규정된 시장에서 고객 기대치 이상을 만족시킬 수 있도록 식음료를 제공
2. 업체 내부에서 식자재의 구매, 접수, 보관, 지급 및 준비해 최종적으로 고객에게 제공
3. 다음의 목표에 따라 효과적인 통제 시스템을 구성
   - 품질 기준을 확보하면서 경쟁력 있는 가격 설정
   - 계획한 수익달성을 위해 레스토랑 및 특별한 메뉴에 대한 가격 설정
   - 예상, 계획, 예산 설정 등에 쓰일 수 있는 일별, 주간 별, 월별 기준으로 모든 식음료관련 지출 및 매출 정보 수집
   - 지출 및 매출에 대한 실제 수치와 예상치를 통합하고 불일치 할 경우 수정작업과 원인 분석 및 제거. 예를 들어 부적절한 물량관리, 가격 설정 등등
   - 식음료 부서의 모든 직원에 대한 교육 훈련, 지시, 동기 부여 및 감독 관리
   - 조직의 단기적 및 장기적 이윤 창출에 중대한 기여를 하기 위해 타 부

서와 협력

- 정기적이고 조직적이며 체계적인 방법을 사용해 고객으로부터 서비스, 품질, 아이디어 등 운영 전반에 대한 의견을 수집, 전체적인 서비스 수준 향상에 참고

활동 5

위에 정리한 식음료 부서의 주요 책임 및 목적을 Danesfield House Hotel and Spa의 직무설명서 내용과 비교해보자. 그 두 가지의 차이를 알 수 있는가? 왜 차이가 생길까?

위의 3가지는 식음료 부서의 주요 책임 및 목표이다. 다른 부수적인 목표들도 일상 업무에서 중요하지만 갑작스런 상황이나 단기적인 문제와 관련된 것이며 사례도 지나치게 방대하다. 하지만 식음료 경영자가 실무의 복잡성과 다양성에 직면해 보면, 위와 같은 목표들을 모두 수립하는 것이 절대 쉬운 일이 아니라는 것을 알 수 있다.

식음료 경영의 제약

환대산업에서 식음료 경영은 가장 기술적이고 복잡하다고 한다. 식음료 경영을 상대적으로 더 복잡하게 만드는 요소는 다음의 내부/외부로부터의 압력에 기인한다.

외부적 요소

외부적 요소들은 종종 '주된' 문제점으로 여겨진다. 조직 외부에 원인이 있기 때문에 사전대책을 마련해 충격을 완화시킬 수는 있더라도 내부적 활동으로 적절히 해결할 수 없는 것이 대부분이다. 주요 외부 변수들은 다음과 같다.

정부/정치적 변수

- 법률 제정　예를 들어 화재규정, 흡연규정, 보건 및 안전법 제정, 유럽연합 규정 등

- 국가 재정 구조 변화 예를 들어 사업자 지출 공제규정 개정 등
- 정부 특소세 예를 들어 부가가치세(VAT)
- 근로자 교육, 경제 발전, 지역 발전 등에 대한 국가 정책

경제적 변수

- 지출증가 식음료 자재, 인건비, 연료, 대출이자, 보험
- 매출 불안정 일별, 주간 별, 시즌 별 최고 및 최저치
- 사람들(고객들)의 가처분 소득 및 소비패턴 변화
- 금융 지원제도의 팽창 및 축소
- 임대자본에 대한 이율

사회적 변수

- 인구 분포의 변화 예를 들어 특정 지역에 대한 인구 이동 추이 혹은 연령대별 인구통계
- 사회 경제적 그룹들의 변화
- 식습관의 변화로 인해 더욱 다양한 종류의 음식에 대한 수요 증가
- 음식 유행의 변화 예를 들어 현재 유행하는 테이크아웃 스타일, 배달가능 패스트푸드, 건강식의 유행 등

기술적 변수

- 기계화 예를 들어 음식 제조 및 제공설비 등
- 정보 기술 예를 들어 환대산업업체의 데이터 처리기술 등
- 상품 개발 예를 들어 유기농 야채, 방사선 처리로 유통기한 연장, 육류 및 낙농 대체 식품

내부적 요소

외부적 요소들도 그렇지만 식음료 경영을 하다 보면 수많은 내부적인 변수를 마주치게 된다. 내부적인 변수들은 조직 내부에 원인이 있기 때문에, 조직 내부에서 문제를 정확히 규정하고 근본적인 원인을 제거할 수 있다면 자체적

으로 적절히 처리할 수 있다. 내부적인 변수들은 다음과 같이 분류된다.

식음료자재

- 음식의 부패, 재고 회전율 부족
- 낭비 및 용량 조절
- 주방, 레스토랑, 바, 창고 등에서 발생하는 단순/상습 절도. 일명 '재고감소'

직원

- 전반적인 인원 부족 또는 관련 전문기술 부족
- 매출활동 최고/최저점에 맞추기 위한 직원 투입
- 잦은 결근, 병가 등
- 일부 식음료 부서의 비 정규직, 아르바이트 고용
- 신입 직원에 대한 허술한 감독 관리 및 교육 훈련
- 특정 구역에서 직원 이직률 증가

통제

- 현금 및 신용대출 관리
- 예산 및 현재 사업규모에 적합한 총지출 유지 관리. 예를 들어 음식, 음료, 급여
- 모든 식음료 재고에 대한 팽팽하고 효과적인 유지 관리
- 모든 메뉴 품목에 대한 지출 및 가격정보를 최신 상태로 유지
- 통계자료 분석 제시를 통해 효과적으로 식음료통제 시스템 유지 관리

그림 1.5는 식음료 경영자들이 실무 효율성을 유지하고 향상시키기 위해 알아야 할 잠재적인 사항과 문제가 되는 요소들을 도표로 나타낸 것이다. 식음료 경영자가 되려면 수많은 도전과 요구가 따르지만, 이 교재에서 앞으로 설명할 명확한 이해와 체계적인 접근방법을 배우고 나면 보람차고 만족스러운 직업이 될 수도 있다. 식음료 경영자가 이해해야 할 가장 중요한 요인은 고객을 이해하는 것이다. 즉 우리가 진입할 외식 시장의 추세와 외식하는 고객들이 필요로 하는 식사 경험을 알아둬야 하는 것이다.

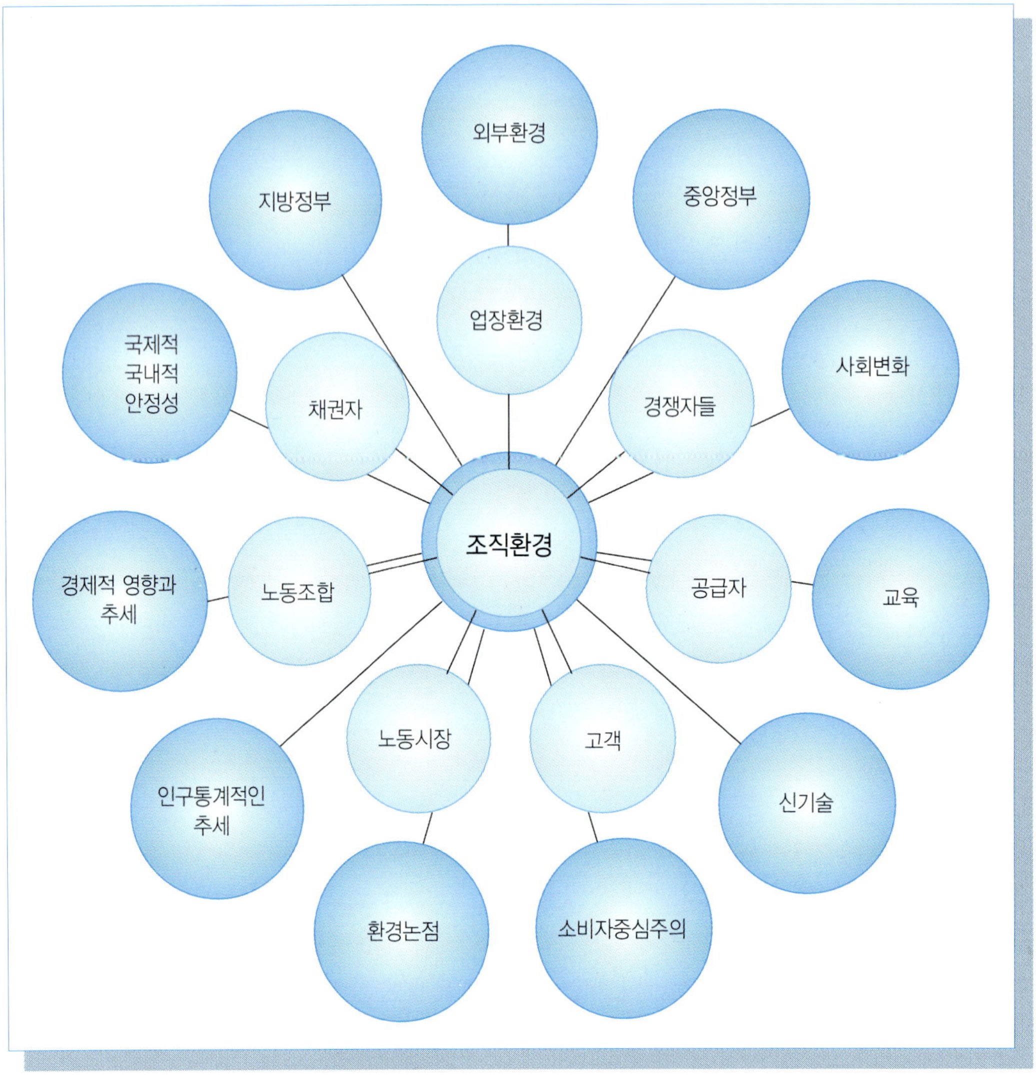

그림 1.5 사업 경영시 고려해야 될 문제점

식음료 업체 이용 경험 관리

식음료 사업을 포함한 환대산업은 제조업과는 여러 가지 차이가 있다. 환대산업에서는 고객이 생산과 서비스 제공 현장에 참여하지만 제조업에서는 생산과정에 고객이 참여하지 않는다. 식음료경영에서는 생산과 서비스 제공 사이에 시간차가 거의 없기 때문에 고객은 서비스가 생성되는 과정에 직접 관여한다. 반면 제조업에서는 고객이 제품 생산과정에 참여하지 않으며 제품이 완성되어 고객에게 전달되기까지 많은 시간이 걸릴 수도 있다. 서비스는 품질관리가 어려운데다 판매하기 전에 사전 검사가 불가능하며 무형의 상품이기 때문에 소멸성이 크고 저장도 불가능하다. 반면에 일반 제조 물품은 수요가 생기기 전에 생산해 저장할 수 있기 때문에 품질관리에 더 많은 시간을 쓸 수 있다. 마지막으로 서비스는 제조 상품과 달리 눈에 보이지 않는 무형의 상품이므로 양적으로 측정하거나 평가를 내리기 어렵다. 위와 같은 이유로 고객이 서비스 제공 시간 동안 쓰는 시간과 그 사이에 벌어지는 일이 가장 중요하다.

식음료산업에서 '외식 경험(meal experience)'이란, 고객이 외식을 하면서 겪는 유·무형의 사건들이라고 할 수 있다. '외식 경험'은 일반적으로 고객이 레스토랑을 방문하고 떠날 때까지라고 하지만, 실제로 정확하게 '외식 경험'의 시작 시간과 종료 시간을 규정하기는 어렵다. 하지만 고객이 레스토랑에 도착해서 떠날 때까지 느낀 모든 것 또한 외식 경험의 일부로 고려해야 한다.

여기서 유형의 제품이란 식음료이고 무형의 제품이란 서비스, 분위기 등이라고 할 수 있다.

외식에 관련한 위의 두 요소들은 필수적인 제품과 보조적인 제품, 핵심제품과 주변제품으로 불리기도 한다. 부르는 명칭이 다르더라도 근본적인 개념은 같다. 가장 중요한 것은 이 두 개의 요소들이 서로간에 적절한 상호작용과 균형을 이루면서 하나의 완성된 제품으로 소비자에게 전달되어야 한다는 것이다. 만약 이 요소들의 일부분이 빠지기만 해도 고객들에게는 완벽한 제품이 아니라 맞지 않는 부품들의 모임으로 보일 것이다.

'외식경험'이란 말은 1989년 캠벨스미스(Campbell-Smith)가 처음으로 붙인 이름이며 현재는 산업분야 전반에서 사용되는 포괄적인 개념이 되었는데, 더욱 깊은 개념화를 통해 경험경제의 아이디어가 되기도 하였다.

경험경제

세계적인 식음료 운영사업체인 TGI Fridays, the Hard Rock Cafe 또는 Planet Hollywood 등은 오래 전부터 '고객경험(Customer experience)'이 식음료 자체나 그 제공 방식보다 더 중요하다는 사실을 알고 있었다. 이 외식 업체들은 자신들이 인식한 개념을 통합했으며 고객들이 기억할 수 있도록 추가적인 가치를 제공하기 위해 '공연(theatrical)' 적인 요소를 추가할 필요가 있다고 느꼈다. 디즈니(the Disney Corporation)는 '공연'적 요소를 최대한으로 반영하고, 호텔, 레스토랑, 그리고 디즈니랜드에서 근무하는 직원들을 '캐스트 멤버(cast member)', 유니폼은 '의상(costume)'이라고 불렀다.

파인과 길모어(Pine and Gilmore, 1999)는 무한경쟁시대이며 서비스의 상품화가 진행되는 현대사회에서 다른 업체와 차별화시키기 위해서는 단지 좋은 상품이나 서비스를 제공하는 것이 아니라 고객이 기억할 수 있는 새로운 경험을 제공해야 한다고 주장했다. 사업에 경험 제공을 적용하려면 고객이 처음부터 끝까지 경험할 수 있는 완벽한 '무대'를 구상해야 하며, 세심하게 제작한 환경 속에서 직원들이 자신의 '배역'을 소화해 내는 공연을 하도록 해야 한다. 수많은 레스토랑들이 고객들에게 이 같은 경험적 기억 또는 부가가치(added value)를 제공하고자 노력하고 있으나 얼마나 효율적으로 진정한 의미의 경험이 고객에게 전달되는지에 대해서는 아직까지 논쟁의 여지가 있다고 할 수 있다.

활동 6

아래의 기사는 USA Today 2007년 7월 24일자에 로져(Roger)가 작성한 것이다.

고객이 기억할 수 있는 경험을 만들 필요성을 느끼면서 미국의 몇몇 호텔 그룹들은 주 고객층인 기업체 고객들에게 제공하는 회의장에 지금까지의 전형적인 서비스(회의실, 음향 설비, 프로젝터 또는 물)가 아닌 소리, 음식, 향기, 실내디자인, 장난감 그리고 심지어 최첨단 IT 아이디어 상품들을 이용하여 색다른 고객맞춤 환경을 제공하고 있다. 예를 들어 재무관련 미팅을 가지는 고객들은 미팅의 특성상 발생하는 무겁고 딱딱한 분위기를 원치 않을 것이다. 아마도 너무 밝지 않은 아늑한 조명과 녹차, 희망적인 메시지나 문양이 새겨져 있는 작은 조형물(worry stones) 그리고 심신을 안정시켜주는 음악 등을 선택할 것이다. 만약 새 프로젝트를 위한 팀 구성 또는 브레인스토밍(아이디어 회의)을 하기 위해 회의를 여는 고객들이 있다면 아마도 팀워크를 다질 수 있는 식사, 아몬드(두뇌 회전을 빠르게 해준다고 한다) 또는 보드게임을 희망할 수도 있다.

Kimpton Hotels는 최근 고객들로 하여금 원하는 서비스와 메뉴 그리고 기타 오락 프로그램을 선택할 수 있는 '사인하고 싶어지는 회의'를 선보였다. 호텔측은 기업체 고객을 중심으로 아로마테라피, 요가, 마사지 프로그램과 15분간 집중적으로 유산소 운동을 할 수 있는 '파워워크(power walk)'와, 허리자세 교정을 위한 '스트레스 볼(Stress balls)' 등을 제공하고 있으며 음료의 선택도 생과일 주스, 스무디, 유기농 커피와 차 그리고 일명 유희성 음식(Fun food)이라 불리는 팝 타르트(Pop tarts, 여러 가지 색상과 잼 등으로 만들어진 케이크의 일종), 럭키 참(Lucky charms, 여러 가지 색상의 시리얼 또는 과자의 일종), 마카로니 치즈와 핫도그 등을 제공하고 있다.

미국의 또 다른 호텔인 Omni Hotel 역시 '파격적 회의'이라는 슬로건과 함께 혁신적인 객실 서비스 및 식음료 메뉴를 선보였다.

'역동적 객실(Energetic Room)'이라는 이름의 객실 서비스는 아이디어 회의, 컨설팅 및 기획관련 미팅 그리고 트레이닝과 워크샵 등 미팅의 특성에 맞게 특별히 고안된 조명과 명상 및 기분전환에 탁월하다는 관상용 미니어처 금귤나무, 꽃 장식, 밝은 색상의 테이블과 기분 전환에 어울리는 유명 가수들의 음악(U2, Coldplay 등)을 제공한다. 식음료 역시 이색적인 서비스를 제공하는데, 생과일 주스를 비커나 실험 관에 따라서 제공하기도 하고 초콜릿과 귤, 천연 추출 오렌지 비타민C 차, 미용에 좋은 석류 음료 등도 제공한다. 미팅에 쓰이는 펜조차도 기존의 검은색과 붉은색이 아니라 다양하고 밝은 색상의 잉크가 들어있는 펜을 제공하며, 딱딱해질 수 있는 문서작성 또는 서류 점검을 보다 밝게 하기 위해 레몬 향을 함께 제공하고 있다.

Omni Hotel은 그뿐만 아니라 향(Flavor)과 음악(Music)이라는 소재를 가지고 고객들에게 다양한 서비스를 시도하고 있다. 친환경 정책의 일환인 친환경 전구와 촛불의 적절한 배치로 객실 및 회의장 분위기를 더욱 부드럽게 하였고 녹차와 자스민, 진한 검은 초콜릿과 라벤더 등을 제공하여 친환경적이고 정신을 맑게 해주는 분위기를 제공하고 있다. 음악 선곡도 현재 가장 왕성한 활동을 하고 있으며 앞으로 환대산업체 이용 고객의 중심을 이룰 베이비붐 세대(Baby boomers)를 겨냥하여 그들과 함께 해온 뮤지션들의 음악(Beatles, Rolling Stones, Led Zeppelin 등)을 선곡하여 들려주고 있다.

위에서 예시된 예문들은 어쩌면 다소 극단적이거나 특정 사업체의 특정 계층의 고객들에게만 제공되는 서비스로 보일 수도 있다. 그러나 우리 주변을 잘 관찰해 본다면 이미 이러한 고객맞춤 서비스들이 여러 식음료 사업체에서 실시되고 있음을 알 수 있다.

외식할 업장을 정하지 않은 상태에서도 소비자는 자기 상황에 맞는 종류의 식사를 사전에 결정하고 움직이는 경우가 빈번히 발생한다. 이 같은 상황을 '식사 전 경험결정(pre-meal experience)'이라고 하는데, 보통 여러 가지 요소들을 고려한 다음에 결정되는 경우가 많다. 일반적으로 소비자는 자신들이 생각하는, 또는 이미지를 떠올린 요구들에 완벽하게 또는 대부분 만족시켜줄 것이라 생각한 업체를 선택하게 된다. 이처럼 결정에 영향을 미치는 일반적 요소들은 다음과 같다.

사교활동

사교활동은 외식을 하게 되는 주요 요인 중 하나이다. 예를 들어 가족 모임, 생일, 기념일, 크리스마스, 연말 및 신년 모임 등은 외식을 하는 좋은 이유라고 할 수 있다. 친구들과 간단히 식사하려는 사람들도 마찬가지로 외식을 결정할 수 있다.

외식을 잘 하지 않는 사람(1년에 두세 번 꼴)에게 특별한 기념 행사는 외식을 하는 가장 중요한 이유가 된다. 외식 횟수가 증가할수록 외식하는 이유가 다양해지는데, 예를 들면 친구나 친척들과의 사교 모임, 집에서 먹는 것에 질려서 혼자 또는 배우자와 함께 외식하러 나가는 경우를 들 수 있다.

사업

사업상의 목적을 위한 외식 역시 중요한 부분이다. 일반적으로 레스토랑의 수준을 보면 미팅의 중요도가 어느 정도인지 알 수 있다. 따라서 비중이 큰 사업 미팅일수록 상대적으로 가격이 높고 품격 있는 레스토랑을 선정하게 될 것이다. 직장인들의 점심식사도 가장 흔한 외식 가운데 하나이다.

편리성과 시간

식음료 서비스를 제공하는 외식업체는 사업 특성상 유리한 위치 그리고 짧은 시간 안에 집에서 맛보기 힘든 요리들을 전문적으로 제공할 수 있다는 점에서 편리하다. 예를 들어 맞벌이 부부의 경우 저녁을 만들어 먹기에는 시간적, 체력적으로 어려운 경우가 많으므로 퇴근한 뒤 자연스럽게 외식을 즐기는 경우가 많다. 아마도 집에서 가까운 지역 외식업체를 방문하여 식사를 하는 경우가 많을 것이다. 또 다른 예로 주말에 아이와 함께 쇼핑을 하는 부부의 경우 가족식사 장소로 적합한 패밀리 레스토랑을 찾는 경우가 많을 것이다. 병원 의료진의 경우 상대적으로 시간이 부족하므로 구내 식당에서 식사를 하게 되는 경우가 많을 것이다. 쇼핑을 즐겨 하는 여성의 경우 쇼핑도중 외부로 나가 식사하는 것이 번거롭기 때문에 쇼핑센터 내부의 식당 가에서 식사를 해결하는 일이 많을 것이다.

이처럼 외식을 하는데 있어 고객의 제한된 시간 때문에 장소, 시간, 서비스 속도는 편리성이라는 요소를 수반하게 된다. 대부분의 업체는 식음료 산업의 최종 단계이며 대형 시장에 연결돼 있는 경우가 많다. 예를 들어 패스트푸드점, 커피숍, 쇼핑센터, 피자 집, 스테이크 집, 레저 시설 내 커피숍, 교내 자판기, 병원 구내 식당 등이 있다.

분위기와 서비스

업장의 분위기와 주변 환경 그리고 직원들의 사교적 대화기술은 고객을 유치하고 고객으로 하여금 강한 긍정적 이미지를 가지게 하는 데 큰 영향을 미친다. 예를 들어 도심의 상업 지구에 위치한 와인 또는 칵테일 바, 샴페인과 오이스터 바(Champagne & Oyster Bar)는 직장인들에게 큰 매력으로 다가설 수 있을 것이다. 특히나 해피아워(Happy Hour)같은 종류의 홍보는 하루 종일 의자에 앉아 일하는 사무직 종사자들에게 큰 매력일수 있다. 위에서 언급한 형태의 식음료 제공 업체의 경우 상당수가 지리적으로 좋은 위치를 차지하고 있다.

가격

메뉴의 가격은 고객의 레스토랑 선택에 강한 영향을 미치며 특히 '충동 또는 즉흥적 구매결정'과 밀접한 관계가 있다. 대부분의 사람들은 외식할 때 지출하는 비용과 집에서 가정식을 준비할 때 발생하는 비용 사이에서 '균형'을 잡으려 한다. 일반적으로 소득이 높은 사람일수록 균형점이 되는 비용이 높다. 예를 들어 어떤 사람이 한 주에 10만원의 외식비 지출이 가능한 데 비해 어떤 사람은 한 달에 10만원의 외식비 지출이 가능하다. 이때 한 달에 10만원 지출이 가능한 사람은 레스토랑에서 지불하는 균형 비용이 본인의 예상보다 높다면 좀더 저렴한 레스토랑이나 테이크아웃(takeaway) 매장으로 발길을 돌리게 될 것이다. 따라서 메뉴의 가격 결정은 원가계산에 따른 철저한 사전 계산 및 외부 요인(일반물가 및 체감물가)을 고려하여 결정되어야 보다 많은 고객을 유치할 수 있을 것이다.

메뉴

마지막으로 다채로운 메뉴 구성 및 고객으로 하여금 쉽게 이해하고 찾을 수 있는 메뉴 디자인은 결과적으로 소비자로 하여금 보다 많은 메뉴를 선택하도록 유도하게 된다.

활동 7

앞서 결정한 10가지 상황의 레스토랑을 가지고 위의 요소들과 접목하여 설명해보자. 과연 어떤 요소가 또는 몇 가지의 요소가 특정 레스토랑을 결정하는데 영향을 미쳤는가?

위에서 언급한 요소들은 개별적으로 영향을 미치기도 하나 대부분 두 가지 이상의 요소가 함께 어우러져 구매결정 과정에 영향을 미치게 된다. 어떤 종류의 식사를 할지 일단 정해지면 소비자는 각기 다른 기대치를 가지게 되는데 이는 소비자 구매결정단계에서 영향을 받는 것과 마찬가지라고 생각하면 된다.

외식의 이해

외식행위에 있어 고객의 구매결정에 영향을 주는 요소들에 대한 이해만큼 중요한 것도 없을것이다. '외식행위를 하는 사람들은 누구이며 또 얼마나 자주 하는가?'에 대한 조사는 모든 식음료 관련 산업에 종사하는 경영자가 반

표 1.5 영국의 외식산업, 2002~2007년까지 시장세분화

	2002 £bn	2003 £bn	2004 £bn	2005 £bn	2006 (est) £bn	2007 (fore) £bn	%변화 2002–07
패스트푸드							
햄버거	1.95	2.08	2.22	2.31	2.41	2.4	23
제3국 이색 포장음식(터키 케밥, 태국 땀양콩 수프 등)	1.5	1.55	1.61	1.67	1.75	1.8	20
피자와 파스타[a]	1.08	1.14	1.2	1.28	1.32	1.35	25
피쉬 엔 칩스	0.87	0.91	0.95	0.99	1.02	1	15
닭튀김	0.76	0.86	0.91	0.97	1.04	1	32
그 외 패스트푸드[b]	0.13	0.14	0.14	0.15	0.16	0.17	29
전체 패스트푸드	6.28	6.67	7.03	7.36	7.7	7.72	23
식당들							
영국 전통주점 케이터링	5.35	5.72	6.04	6.38	6.81	7.25	35
호텔 케이터링[c]	3.94	3.99	4.02	4.12	4.22	4.31	9
레스토랑 음식들	3.31	3.49	3.76	4.16	4.33	4.5	36
제3국 이색 레스토랑	1.86	1.92	1.97	2.01	2.07	2	7
주상 복합이나 쇼핑몰 등의 건물내부에 위치한 레스토랑	1.16	1.21	1.26	1.3	1.38	1.4	21
고속도로나 전용도로 길가에 위치한 간이 레스토랑	0.47	0.48	0.49	0.51	0.53	0.53	11
전체 레스토랑 비율	16.09	16.81	17.53	18.48	19.34	19.98	24
그 외[d]	1.7	1.77	1.95	2.28	2.56	2.75	62
합계	24.07	25.25	26.51	28.12	29.59	30.45	27

출처: 민텔 리포트 영국의 외식현황 부문 2007년 7월
a: 교육기관 단체급식과 집 밖에서 소비되는 지출 제외함.
b: 자켓 포테이토, 소시지, 크로상트 등 제품 포함.
c: 음료수익 포함.
d: 카페, 커피숍 그리고 아울렛 매장내 숍들 포함.

드시 알아야 할 부분일 것이다. 이러한 소비자 통계조사는 단순히 식음료산업에 종사하는 경영자에게만 국한되는 것이 아니라 마케팅 부서에서 근무하는 사람들에게도 반드시 필요한 자료이다. 소비 시장의 규모와 외식시장을 구성하는 업체들의 분포도가 좋은 예라고 할 수 있는데 표 1.5를 보면 영국의 외식시장에 대해 잘 나타나 있다.

표 1.6 업장 방문 기준 외식빈도 현황, 2007년 3월 기준

	매일 %	주2회 또는 그 이상 %	대략 주1회 %	적어도 이주에 한번 %	적어도 한달에 한번 %	적어도 3달에 한번 %	3달에 한번 이내 %
영국 전통주점 /바	51	67	64	69	52	50	27
커피숍	32	52	41	46	35	25	13
중식레스토랑	27	45	39	37	28	17	10
피자/파스타 레스토랑	25	53	35	36	22	16	7
피쉬&칩스 레스토랑	24	44	33	27	26	17	9
인도레스토랑	24	46	32	32	27	20	5
영국전통레스토랑	24	42	30	26	29	20	9
햄버거/프라이드치킨 스넥 바	21	44	27	28	20	14	6
호텔 레스토랑	18	36	28	25	17	10	8
주상 복합이나 쇼핑몰 등의 건물내부에 위치한 레스토랑/카페테리아	16	32	23	24	11	14	6
그 외 레스토랑(예, 전통 이태리 레스토랑, 채식주의 전용 레스토랑)	16	33	23	19	16	11	4
그 외 타 향토 또는 토속 레스토랑 (예, 태국, 멕시코)	11	28	18	15	9	7	2

출처: 민텔 리포트 영국의 외식현황 부문 2007년 7월

표 1.5의 통계 자료를 보면 2002년에서 2007년 사이에 패스트푸드 업계는 23%의 성장을 보였으며 그 중에서 닭고기를 재료로 하는 업체가 성장했음을 알 수 있다. 아마도 건강과 직결되는 요소와 새로 등장한 업체들—난도스(Nando's)등—의 마케팅에 그 이유를 찾을 수 있겠다. 흥미롭게도 영국을 대표하는 음식 중 하나인 'fish and chips'의 매출이 크게 오르지 않았음을 알 수 있다. 레스토랑 업계를 보았을 때 영국 전통 술집인 '펍 (pub)'이 35%로 성장한 반면에 호텔에 위치한 제3국 레스토랑(태국 요리, 멕시코 요리, 몽골 요리 등)의 성장은 크게 둔화된 것을 알 수 있다. 항목 중 '기타'를 보면 가장 크게 성장한 산업이 커피시장임을 알 수 있다. Costa, Caffe Nero, Starbuks 등 신규 매장이 증가했음을 알 수 있다.

이 같은 시장 규모 분석과 업체 분포에 대해 수집 · 조사 하는 방법에는 여러

표 1.7 성별과 나이에 따른 가장 유명한 외식식당 이용고객 대상으로 조사한 외식 이용 시 가장 선호하는 외식업 분류–성별과 나이에 따른 분류, 2007년 3월 기준

	장소 %	영국 전통주점 /레스토랑/바 %	카페/커피숍 %	중식 레스토랑 %	피자/파스타 레스토랑 %	피쉬&칩스 레스토랑 %	영국정통 레스토랑 %
모두	85	51	32	27	25	24	24
남자	85	49	29	29	25	28	25
여자	87	52	35	25	25	20	23
16–19	91	52	30	35	45	40	18
20–24	90	50	26	33	44	28	21
25–34	93	53	34	38	40	30	24
35–44	90	56	41	32	29	28	29
45–54	85	48	36	26	20	18	26
55–64	84	53	31	22	15	20	25
65+	75	44	24	12	4	15	20

출처: 민텔 리포트 영국의 외식현황 부문 2007년 7월

가지가 있다. 예를 들어 나이, 성별, 사회 경제 요소에 따른 소비자 분류, 그리고 외식 빈도수가 그 대표적이라고 할 수 있다. 그 밖에도 직업에 따른 분류, 가구 조사, 가구당 아이들의 연령별 조사 그리고 국가별 또는 지역별 조사 등이 있다.

식음료제공 업체의 분류법 또한 유용한 정보를 보여준다. 표 1.5에 있는 통계는 15세 이상 2,029명을 대상으로 업체의 종류와 외식 빈도수에 대해 설문조사를 실시한 결과이다.

표 1.5, 1.6 그리고 1.7 에서 보여지는 통계 자료들은 유럽의 인지도 있는 리서치 기관인 민텔(Mintel), 키노트(Keynote) 그 밖의 외식산업 전문 컨설팅 업체에 의해 조사되었으며 기본적으로 다음과 같은 정보를 제공한다.

식음료 산업 전반에 걸친 정보를 필요로 하는 기관 또는 기업이 충분히 공감하고 결정을 내릴 수 있는 자료와 최근의 소비자 트렌드를 정리하고 조사하여 기업체로 하여금 현재 소비자들이 원하는 것이 무엇인지 알 수 있게 도와준다.

경쟁력 있는 분석을 토대로 현재 조직의 운영능력과 앞으로의 예상치를 알 수 있다.

마지막으로, 통계조사 또는 소비자 구매 패턴, 트렌드 조사 등 끊임없이 변화하는 시장에 대해 이루어지는 시장조사는 일회성 또는 단발성 조사가 아니라 주기적이고 끊임없는 조사를 기반으로 한다. 이러한 지속적인 조사를 통해 비로소 신뢰할 수 있고 가치 있는 데이터가 나온다고 할 수 있다.

식품과 음료

사람이 집 이외의 장소 즉 외식 목적으로 구매하는 식음료는 여러 가지 요소에 의해 분류할 수 있다. 따라서 식음료 산업 경영자들은 어떤 요소에 따라 결정되는지에 관심을 가질 수밖에 없다. 영향을 미치는 요소들을 정리해 보면 다음과 같다.

- 식음료 선택의 가능성 메뉴가 제한되어 있는지 또는 광범위하게 구성되어 있는지, 특정 식재료만을 사용하는 단일 품목인지(예, 스테이크 하우스, 피자헛) 또는 커피숍이나 와인 바처럼 다양한 맛을 내는 제품을 제공하는지 등의 여부에 따라 소비자의 선택에 영향을 준다.
- 표 1.7를 보면 현재 영국의 식음료 업종 선호도를 볼 수 있다. 2007년 5월 기준 만 15세 이상 대상자 2,029명을 연령별, 성별로 구분하여 '가장 선호하고 자주 이용한 외식업종'을 조사한 결과를 보면, 86%가 최소 한 달에 한번 외식을 즐기며(1996년 70%에서 16% 상승)특히 영국의 전통적인 주점형태인 펍 레스토랑과 바가 가장 선호도가 높았음을 알 수 있다. 커피숍이 두 번째로 높았고 생선튀김과 감자튀김 요리(Fish and Chips)와 '영국식' 레스토랑은 가장 선호도가 낮았음을 알 수 있다.
- 성별로 보면 여성이 남성보다 외식 빈도가 높고 펍 레스토랑 커피숍을 많이 이용한다는 것을 알 수 있다. 남성의 경우 중국집과 생선튀김과 감자튀김 요리를 제공하는 레스토랑 이용횟수가 상대적으로 높았다.
- 연령대로 보면, 나이가 어릴수록 외식의 빈도가 높았음을 알 수 있지만, '영국식' 레스토랑은 모든 연령대에서 만족했음을 알 수 있다. 또한 '영국식' 레스토랑 이용빈도를 보면 높은 연령대에서 이용빈도가 증가했음을 알 수 있는 반면 연령대가 낮을수록 피자 또는 파스타 같은 음식을 제공

하는 레스토랑을 선호했음을 알 수 있다.

- 식음료의 질적 부분에 대한 응답을 보면 지역에서 생산된 신선한 유기농 제품(체다 치즈, 농장에서 만들어진 우유, 와인)을 선호했음을 알 수 있다.
- 제공된 음식의 정량을 기준으로 보면 아동이나 노인을 위한 메뉴가 따로 있는지 그리고 메뉴에 따른 정량이 조절되는지 등에 고객들이 관심을 가지고 있음을 알 수 있다.
- 서비스 품질관리를 살펴보면 같은 외식업체를 두 번 이상 방문하는 고객들의 대부분이 처음 방문하였을 때 제공받은 식음료 서비스와 같은 수준의 서비스를 기대했다.
- 제공되는 식음료의 맛과 색상에 대해 고객들은 색상, 맛 그리고 향기 등에 민감하게 반응하는 것으로 나타났다.
- 서비스 시간을 보면 주문한 식음료의 특성을 고려하여 정확한 시간대에 제공받는 것을 선호하였다(예, 아이스 커피, 스테이크, 스파게티).
- 메뉴 디스플레이 부분을 보면 주문한 식음료의 외관, 즉 푸드데코레이션의 완성도에 따라 고객 만족도가 변화함을 알 수 있다.
- 메뉴의 가격과 가격대비 소비자가 느끼는 가치가 부합될 때 '외식경험'의 만족도와 고객 충성도가 증가함을 알 수 있다.

메뉴 선택의 다양성

메뉴의 종류와 다양성은 '종합적인 외식경험(Total meal experience)'에 영향을 미친다. 상대적으로 대중성을 가지고 있는 저가 외식업체들의 경우 메뉴의 종류가 제한적인데, 가장 큰 이유는 역시 원가 대비 판매가격이라고 할 수 있다. 만약 소비자가 1만원으로 세 가지 코스(Three-course meal)를 주문한다면 코스 안에 제공되는 음식의 종류는 같은 세 가지 코스라도 3만 원짜리 코스에 비해 제한적일 수밖에 없을 것이다. 또한 일반적으로 저가 외식업체에서 외식을 할 때 소비되는 시간은 그리 길지 않아 대부분 30분에서 1시간을 넘지 않는다고 한다. 흥미롭게도 이러한 저가 외식업체의 메뉴 종류가 고객의 예상과 달리 다양하고 범위가 방대할 경우 소비자는 오히려 부담을 느낄 수 있다. 소비자는 일정수준의 제한된 메뉴를 선호하면서도 제한된 메뉴의 안에서 다양성을 찾는 이중성을 보여준다.

위에서 예시된 바와 같이, 만약 소비자가 세 가지 코스 요리를 한 사람당 10만원 이상 지불하고 주문한다면 제공되는 코스 요리의 질이 향상되고 다양성의 제약은 현저히 줄어들 것이다. 또한 가격대비 가치에 대한 인식이 보다 커지기 때문에 메뉴의 다양성과 범위에 대한 기대치 또한 커지며 나아가 저가 외식업체에서는 기대하지 않는 '오늘의 추천메뉴' 또는 '주방장 특선 요리'등의 특별한 이벤트성 요리에 대한 선호도 역시 증가할 것이다.

메뉴의 선택은 결과적으로 여러 가지 변수들의 조합에 의해 영향을 받게 된다. 이러한 변수에는 고객이 부담 없이 구매할 수 있는 가격대인지, 식사를 즐기기에 충분한 시간이 있는지, 외식업체의 수준, 이용고객의 수준 등이 있다. 외식업체의 입장에서 본다면 제품 생산과 서비스 시설의 이용성, 종업원들의 서비스기술, 식 재료의 품질과 구매 이용 범위 그리고 메뉴에 표기되어 있는 판매가에 따른 예상수익률 등을 들 수 있다.

서비스 수준

일반적으로 고급 레스토랑 메뉴라고 불리는 고가의 식음료 서비스를 제공받는 고객들은 서비스에 대해 보다 높은 기대치를 가지게 된다. 예를 들어 백화점의 푸드코트(Food Court)에서 5천원을 지불하고 점심을 먹는다고 가정해보자. 아마도 고객은 계산대에 가서 선택한 메뉴 가격을 지불하고 기다린 뒤 자신의 메뉴를 직접 받아 자리로 이동하여 식사를 하게 될 것이다. 식사가 끝난 뒤에는 아마도 고객 스스로 자리를 정리하고 사용한 식기류를 반납대에 반납할 것이다. 다시 말해 메뉴의 가격대에 따라 고객 스스로가 느끼고 기대하는 서비스 수준이 변할 수 있다는 것이다. 만약 푸드코트가 아닌 전문 식당에서 3만원을 지불하고 점심 식사를 한다면 전혀 다른 서비스 수준을 기대할 것이다.

식음료 서비스를 굳이 분류한다면 직접적인 서비스와 간접적인 서비스로 분류할 수 있다. 식음료 메뉴를 결정하고 주문하여 제공받는 행위 자체를 직접적인 식음료 서비스라고 한다면, 서비스를 담당하는 종업원의 옷 매무새나 조명, 고객 맞춤 서비스의 수준, 고객과 대화하는 커뮤니케이션 기술 등은 간접적인 서비스로 분류할 수 있을 것이다. 고객이 전체적인 외식경험(Total meal experience)을 통해 만족을 느끼고 특정 외식업체에 충성도를 지닌 반복 방문 고객(repeated customer)이 되도록 하기 위해서는 직접적 · 간접적인 서비스를 평균수준 이상으로 균형 있게 조화시킬 필요가 있다.

가격과 가격 대비 가치

가격대비 성능 또는 가격대비 품질(value for money)이란 개념은 말 그대로 소비자가 느끼는 상품에 대한 금전적 가치이다. 다르게 말하면 소비자가 구매한 상품의 가치에 대해 소비자 개인이 느끼는 평가라고 할 수 있다. 따라서 상품에 대한 금전적 가치 기준은 개인에 따라 다르고 어떤 산업 분야인가에 따라 달라질 수 있다. 식음료산업의 관점에서 본다면, 외식업체를 찾는 소비자들은 단순히 식음료 서비스의 품질에 따라 업체를 선호하는 것이 아니라 그들이 상품을 구매하기 위해 지불하는 금액이 그만큼 가치 있는 상품을 위해 지출되었다는 느낌을 받을 때 재방문 의사가 생긴다고 할 수 있다. 중저가의 식음료 업체를 방문하면 '세트메뉴'를 흔히 볼 수 있다. 예를 들어 기존의 스테이크 메뉴 아래에 별도로 '스테이크 세트, 디저트 포함'이라고 표시된 메뉴가 좋은 예이다. 소비자가 이러한 세트 메뉴를 보며 느끼는 점은 외식업체 입장에서는 눈 여겨 볼 필요가 있는 것들이다. 우선 스테이크를 주재료로 만든 메뉴를 구매하려는 잠정적인 소비자로 하여금 본래의 스테이크 가격과 세트 메뉴의 가격을 비교하여 본래의 스테이크 가격을 인지하게끔 할 수 있으며 나아가서 세트메뉴 또는 기존의 스테이크 메뉴 주문 시 각 메뉴의 가격대비 가치가 충분하다고 인지할 수 있도록 도와준다.

고급 외식업체의 경우 주 메뉴와 추가 메뉴를 따로따로 판매하는 경우를 흔히 볼 수 있다. 이는 매장을 이용하는 고객층이 코스 전체의 가격보다는 서비스 품질, 내부 장식 및 주변 환경의 품격, 분위기, 이용 고객들의 수준, 그리고 쓰여진 식 재료의 품질 등에 보다 많은 관심을 가지고 있기 때문이다. 그러나 최근 들어 부유층 및 고가의 식음료매장을 이용하는 소비자들 사이에서도 가격 대비 상품가치에 대한 관심도가 올라가면서 금전적인 윤택함과는 별개의 의미로 세트메뉴에 대한 선호도가 증가하는 추세이다. 오늘날 환대산업, 특히 식음료 산업에서 봉사료(service charge)에 대한 의미와 시행에 대한 부분에는 논쟁의 여지가 있다. 일부 외식업체는 메뉴 가격 안에 봉사료를 포함시키는 경우가 있는 반면에 봉사료를 별도로 부과(일반적으로 전체 금액의 10%~12.5%)하는 업체도 있다. 한편 일부 업체는 봉사료 자체는 부과하지 않고 고객 스스로가 희망할 경우 별도로 지불하도록 권장하고 있다. 영국의 식음료 산업의 경우에는 메뉴 자체에 국가에 납부하는 세금(tax)이 포함되어 있다. 우리나라(대한민국)의 경우 세금을 별도 표기하기도 한다. 일부 학파에서는 이처럼 세금 이외에 부과되는 금액(봉사료) 표기에 대해 "표기하지 않는 것이 바람 직"하다고 주장한다. 봉사료의 별도 표기를 하지 않아야 소비자가 원치 않는 추가적인 금액을 지불했다는 생각을 하지 않게 될 것이므로 상대적으로 가격대비 양질의 서비스를 받았다고 느낄 수 있으며 결과적으로 추가적인 소비를 장려할 수 있다는 것이다. 그러나 다른 한편에서는 "소비자가 서비스를 받고 금전 지출을 발생시키는 주체로서 제공받은 제품과 서비스에 대해 어떻게 지출되는지 정확하게 알 필요가 있다"는 주장도 있다.

인테리어 디자인

레스토랑의 전체적인 실내 디자인은 아마도 고객이 처음 방문하였을 때 실질적으로 마주하게 되는 부분일 것이다. 환대산업, 특히 서비스가 주된 요소인 식음료산업에서 첫 이미지는 고객이 다시 방문하거나 또는 두 번 다시 이용하지 않게 만들 수도 있는 만큼 대단히 중요하다. 예를 들어 레스토랑 앞을 지나가던 소비자가 내부 또는 외부 인테리어를 보고 그날의 외식장소로 선택할 수도 있는 것이다. 또는 전에 레스토랑을 이용했던 고객이 다른 손님을 동행하여 레스토랑에 들어섰을 때 반응이 긍정적이라면 "내가 틀리지 않았구나"라는 느낌과 함께 레스토랑에 대한 충성도가 발생할 수 있다.

레스토랑의 인테리어 디자인은 여러 가지 요소로 구성되어 있다. 공간의 크기와 형태, 가구의 크기와 배치, 색상, 조명, 에어컨 시설 등을 예로 들 수 있다. 이런 여러 가지 요소들을 이용하여 비슷한 색상과 디자인을 띄게 하여 일체감을 주거나 또는 상반된 디자인을 배치해 나름의 인테리어 디자인을 만들어 낼 수도 있다. 하지만 가장 중요한 목적은 각 요소 사이에 균형과 조화를 이루어 사용하는 소비자로 하여금 편안하고 긍정적인 이미지를 주는 것이다. 레스토랑의 인테리어 디자인은 레스토랑의 이미지를 만들어내는데 큰 몫을 차지한다. 셀프서비스 레스토랑을 예로 들어보자. 넓은 식사공간과 균일하게 제작된 크기의 대량생산 테이블 세트, 레스토랑 전반에 걸쳐 사용하는 원색적인 색상, 미적 가치보다는 깨끗하고 밝은 이미지를 주는 색상, 안락함이나 편안함을 추구하는 분위기보다는 조명을 밝게 설정해 기능적인 부분에 초점을 맞추는 시스템 등, 이 모든 것들은 셀프서비스 레스토랑에서 흔히 찾아볼 수 있는 요소들이다. 이런 종류의 레스토랑은 규칙적이고 빠른 고객회전에 사업의 성패가 좌우되므로 고객이 오랫동안 앉아서 여흥을 즐길 수 있는 안락한 시설이나 분위기에는 상대적으로 비중을 적게 둔다고 할 수 있다. 한편, 고가의 식음료 서비스를 제공하는 레스토랑의 경우 고객회전보다는 고객이 편안함과 여유로움을 느끼게 하여 추가적인 소비를 이끌어내는 것에 중점을 둔다. 고급 레스토랑의 경우 인테리어 디자인을 설계할 때 고객의 안락함을 가장 중심에 두고 설계를 하게 된다. 예를 들어 조명이 너무 밝지 않게 하여 눈이 피로하거나 지나친 노출에서 느낄 수 있는 불편함을 최소화하고, 전체적인 실내 색감에는 따뜻하거나 무게 있는 색상을 사용한다. 벽면이나 서비스 홀 중앙 또는 측면에는 그림이나 조각 등의 미술품, 커다란 화환 등을 배치하여 품격을 강조한다. 이처럼 서비스 홀에 사용되는 미술품이나 화환 등은 고객들이 얼굴을 마주쳐 생길 수 있는 불편한 느낌을 줄이는 칸막이 역할도 수행할 수 있으므로 어떤 위치에 설치하느냐가 중요하다. 의자의 경우 최소 1시간 이상 앉아 있을 수 있도록 편안함에 중점을 두어 제작 또는 구매하게 된다. 이처럼 고객이 매장을 방문하여 가장 처음에 느끼는 인테리어 부분은 첫인상을 결정하는 중요한 요소이므로 일반적으로 설계 단계부터 고려하게 된다. 인테리어에는 적지 않은 비용이 발생하므로 사업주는 기물 및 시설의 사용 주기(The life cycle)를 고려하여 교체시기 및 교체 시 예상되는 지출을 항상 염두에 두어야 한다.

활동 8

앞서 생각한 10가지 상황에 맞는 인테리어 디자인의 핵심 요소를 생각해보자. 여러분이 방문하는 목적에 따라 각 상황의 인테리어 디자인이 어떻게 바뀌는지 생각해보자.

분위기와 무드

레스토랑의 분위기(atmosphere) 또는 무드(mood)에 대해 경영 측면에서 정의를 내린다는 것은 결코 쉬운 일이 아니다. 그러나 레스토랑에서 분위기와 무드는 환대산업만의 특징 중 하나인 보이지 않는 '느낌'이라고 불리는 부분이다. 모든 레스토랑들이 고유의 분위기를 가지고 있지는 않지만 일부 외식업체는 자신만의 색깔을 만들기 위해 노력하기도 한다. 고가의 식음료를 판매하는 레스토랑의 경우 차분하고 격조 있는 분위기를 만들어내기도 한다. 이 같은 분위기는 종사자의 옷 매무새와 서비스 매너, 실내 인테리어 디자인, 테이블과 식기류의 준비 및 품질, 이용고객층의 수준 및 차림새 등에 따라 결정되는 경우가 많다. 중저가 레스토랑(예를 들어 피자나 파스타 전문점)의 경우 자칫 무겁거나 딱딱할 수 있는 분위기에서 탈피하여 고객들이 보다 자유롭게 식사할 수 있는 분위기를 만들기 위해 노력하는 경우가 많다.

레스토랑의 분위기는 운영에 관련된 여러 요소들에 의해 결정된다. 대표적인 영향을 주는 요소로는 장식, 인테리어 디자인, 음악, 조명, 테이블 준비 및 배치, 서비스 진행상태, 이용고객들의 연령대, 패션, 성별 등을 들 수 있다. 그 밖에 실내온도, 청결상태, 서비스 종사자들의 전문성 및 언행 등이 포함된다. 본문에서 여러 차례 강조했듯이 종합적인 의미의 서비스 만족이란 상품 그 자체와 보이지 않는 무형의 서비스가 조화와 균형을 이루어 제공될 때 비로서 완성될 수 있다. 다시 말해 균형을 이루지 못한 서비스는 고객으로 하여금 매장의 이미지에 대한 혼동과 불신을 야기하고 만족스러웠던 기억보다는 불편했던 기억을 부각시키는 결과를 초래하게 된다.

고객의 기대치와 그에 대한 인식

레스토랑을 방문하는 모든 고객은 각기 다른 기대치를 가지고 있다. 개인 또는 단체의 규모에 따라 기대치 역시 변화할 수 있으나 식음료를 제공하는 환대산업에서 고객이 가지는 기본적인 기대치에 대해서는 예상해 볼 수 있다. 예를 들어 고객이 희망하는 서비스에 대한 예상, 가격에 대한 예상, 분위기 등에 따라 고객의 기대치 또한 높아지거나 낮아질 수 있다. 그 밖에도 레스토랑의 규모나 자리에 따라 다른 기대치를 가질 수도 있다. 예를 들어 거주 지역

내에 위치한 작은 레스토랑을 방문하는 고객의 기대치는 아마도 지역 레스토랑만이 가지고 있는 친근한 분위기, 고객을 알아보고 반갑게 대하는 서비스, 지인 또는 주기적으로 그곳을 이용하는 지역 사람들과의 만남 등을 예로 들 수 있을 것이다. 레스토랑에 도착하는 순간부터 고객은 기대하고 있던 서비스를 제공받기 원하며 만약 기대치와 실제로 나온 식사 그리고 서비스가 부합한다면 고객은 즐거운 외식경험에 대한 기억을 만들고 돌아갈 것이다. 그러나 반대로 기대치와 실제 식사 및 서비스가 불균형을 이루게 될 경우 고객은 즉시 알아챌 것이며 실망과 불만족으로 이어져 결국 고객의 발길을 다른 곳으로 돌리게 만들 것이다. 만약 운 좋게도 고객이 테이블에 앉아 주문을 할 때까지 이러한 불균형을 느끼지 못했다면 고객의 발길을 잡아둘 수는 있겠지만 전체적인 식사나 서비스에 대한 만족도는 낮아질 것이다. 환대산업에서 요행이라는 요소는 통용되지 않는다.

고객의 외식목적을 분석하여 그에 걸맞게 준비하는 것은 레스토랑사업의 고객시장 확보 및 확대에 있어 빼놓을 수 없는 요소이다. 다시 말해 같은 레스토랑이라도 고객의 외식목적에 따라 선호도나 이용빈도가 달라질 수 있다는 것이다. 예를 들어 사업상의 중요한 미팅을 위해 품격 있는 레스토랑을 선호하는 고객이 이용하는 레스토랑이 있다고 가정해보자. 같은 고객이 가족들과 편안한 저녁식사를 위해 같은 레스토랑을 찾을 것인지는 알 수 없으며 아마도 비즈니스를 위한 장소라는 개념과 가족들과의 편안한 식사공간이라는 개념 사이의 인식 차이로 인해 그 고객은 같은 레스토랑을 이용하지는 않을 것이다. 정리해 보면 하루 동안에도 고객의 외식목적, 시간, 장소, 거리 등에 따라 기대치와 요구치 역시 달라진다는 것을 알 수 있다. 따라서 이러한 이용고객들의 외식목적을 분석하여 레스토랑의 메뉴를 전략적으로 기획하는 것은 무엇보다도 중요하다. 예를 들어 점심과 저녁 메뉴를 다르게 제공한다든지, 사업 목적으로 이용하는 고객이 상대적으로 줄어드는 저녁시간에는 가족이 함께 즐길 수 있는 메뉴나 어린이들 및 노인들을 위한 메뉴 등을 제공하는 것 등이 좋은 예라고 할 수 있다. 그러나 두 종류 이상의 고객층을 함께 공략한다는 것은 식음료산업에서 양날의 검이 될 수 있다. 예를 들어 다르게 제공되는 메뉴로 인해 자칫 레스토랑의 명성이 실추되거나 품격의 저하로 인식될 수도 있다. 따라서 다른 성격을 지닌 둘 이상의 고객층을 공략할 때에는 서비스 시간과 고객층을 인식하여 그에 맞는 서비스를 제공하는 것이 중요하다. 기대치가 서로 다른 고객층으로 하여금 레스토랑의 서비스와 이미지가 완벽히 분리되어 제공된다고 느끼게 하는 것이 무엇보다도 중요하다. 만약 레스토랑의 규모가 크다면 매장을 분리하거나 시간대를 다르게 설정하여 서비스를 제공하는 것 또한 하나의 방법이 될 수 있다. 예를 들어 호텔의 경우 bar라는 음료제공 업체를 두 곳으로 나누는 경우를 종종 볼 수 있다. 조용하고 격식을 갖춘 Sky Bar를 전망이 잘 보이는 높은 층에 설치하여 사업 미팅이나 개인적인 만남을 선호하는 고객층을 공략하는 것이 대표적인 예이다. 반면에 지하에는 클럽 또는 나이트 클럽처럼 젊은층을 위한 공간을 마련하여 또 다른 고객층을 공략한다. 이처럼 같은 업체(바, Bar)라도 공간의 위치에 따라 이용 고객층은 달라질 수 있다. 식음료 산업의 유명한 명언 "모두를 위한 모든 것을 시도하지 마라"을 잊어서는 안될 것이다.

위치와 접근 성

매장의 지리적 위치는 몇 번을 강조해도 모자란다고 할 수 있을 만큼 외식사업 창업에 있어 중요하다. 매장의 위치선택은 전문가 또는 외식창업에 대한 지식을 가지고 있는 사람이 사전답사 및 심도 깊은 시장조사를 통해 결정해야 한다. 예를 들어 아이들과 부모들이 선호하는 포장전문 생선튀김과 감자튀김 요리 레스토랑을 창업한다면 주 고객층이 거주하고 있는 지역 500미터 안에 위치하는 것이 적합할 것이다. 너무 멀리 떨어진 장소에 위치한다면 고객들은 보다 가까운 곳에 위치한 생선튀김과 감자튀김 요리 레스토랑을 이용할 것이다. 이미 운영되고 있는 레스토랑의 경우 현재의 위치는 이미 과거 시장조사를 통해 선정된 것이므로 크게 고려하지 않아도 되지만, 앞으로 발생할 주변상황의 변화를 반드시 모니터링 하여 미래의 상권을 분석해야 한다. 예를 들어 기업들이 많이 분포하는 상업지역에 위치한 레스토랑의 경우 대부분의 고객들이 기업에 종사하는 직장인일 경우가 많다. 이때 기업의 이전 또는 기업의 경영난 같은 외부 요인이 발생하면 레스토랑의 매출은 직접적으로 영향을 받을 수 밖에 없다. 대로변에 위치한 레스토랑의 경우 주변 도로의 도로 폭 개선 또는 차량증가로 인한 도로제한 등의 외부 변수에 의해서도 영향을 받을 수 있다.

식음료 서비스 직원

식음료업장을 방문하는 고객의 외식경험을 완성시켜주는 존재는 아마도 서비스를 제공하는 직원(Staff)일 것이다. 서비스 직원들의 판매 및 주문기술(up-selling skill), 서비스 자세와 매너, 표정, 화법, 나이, 성별, 복장, 서비스 속도 등의 요소가 어우러져 고객만족을 이끌어 낼 수 있다. 이처럼 중요한 직원들의 서비스 제공은 '봉사료'라는 추가적인 고객 지출과 밀접하게 관련되어 있다. 셀프서비스로 운영되는 레스토랑의 경우 최소 인원의 서비스 직원들만 있으면 된다. 그러나 대부분의 일반 레스토랑의 경우 한 명의 서비스 직원이 제공할 수 있는 고객의 수는 평균 20~40명 내외이다. 고급 레스토랑의 경우 한 명의 서비스 직원이 제공할 수 있는 고객의 수는 평균 8명 또는 그보다 적은 것으로 알려져 있다. 이러한 고급 레스토랑의 경우 상대적으로 많은 서비스 직원들이 필요해 인건비가 상승하므로 봉사료 및 메뉴 자체의 가격 역시 상승하게 된다. 앞에서 언급한 것처럼 서비스 직원들의 서비스 정신과 서비스 태도는 소비자의 외식경험을 완성시켜준다. 롯데리아나 버거킹 또는 커피빈처럼 고객회전율이 높은 매장의 경우 서비스 직원들의 친절도와 서비스 속도가 고객의 외식경험에 영향을 주게 된다. 반면에 고급 레스토랑의 경우 상대적으로 개별적인 서비스(1:1 서비스)가 가능하므로 서비스 직원들 역시 서두르거나 바쁜 분위기를 만들기보다는 편안하고 다소 느리며 휴식을 취할 수 있는 분위기를 풍겨 고객으로 하여금 품격 있는 서비스를 느낄 수 있도록 한다. 이처럼 서비스 직원들의 마음가짐과 태도 등은 업장의 운영시스템과 사내 분위기(조직문화 등)에 의해 결정되는 경우가 많은 것으로 알려져 있다. 서비스 직원들의 복장 역시 고객의 외식경험을 완성시키는데 일조한다. 매장의 성격이나 서비스 형태에 따라 적절한 복장을 갖추고 서비스하는 것이 무엇보다 중요하다. 직원의 복장은 외식 업체의 이미지에 직결되는 경우가 많으며 경우에 따라서 레스토랑의 수준이 올라가거나 내려가는데 영향을 미치기도 한다. 예를 들어 미국의 유명한 외식업체인 Hooters는 서비스 직원들의 성별을 모두 여성으로 통일하였으며 노출이 심하고 성적심볼을 연상하게 하는 유니폼을 채택하여 화제가 되었다. 미국 현지에서 큰 인기몰이를 한 반면에 국내에 진출할 당시 종업원들의 유니폼 문제로 인해 진출이 좌절될 뻔한 사례가 있었다. 메뉴 구성은 TGI나 Outback과 크게 다르지 않은데도 여태까지 패밀리 레스토랑 범주에는 포함되지 않고 있다. 이처럼 종사자의 복장과 업장의 이미지가 연결되는 경우가 있으므로 복장의 선택에 있어 경영자는 주 고객대상, 국가 또는 지역 문화 등을 고려하여 이미지와 적합한 복장을 채택할 필요가 있다.

참고문헌

Campbell-Smith, G. (1989). *Marketing of the Meal Experience: A Fundamental Approach*. Guildford Surrey: University of Surrey Press .

Gamble, P., Lockwood, A. and Messenger, S. (1994). Management Skills in the European Hospitality Industry, 48th Annual CHRIE Conference. Palm Springs, July 27–30.

Keynote Publications (2007). Market Review 2007: Catering Market, Keynote Publications: Hampton Middlesex.

Li, L., Lockwood, A., Buhalis, D. and Gray, D. (2006). Managerial Work Revisited, CHME 15th International Research, *Teaching and Learning Conference*, Nottingham, 10–12 May 2006.

Mintel (2007). *Eating Out Review* – UK – July 2007. London: Mintel.

Offi ce of National Statistics (2007). *Annual Abstract of Statistics*, edition No 143 . Basingstoke : Palgrave Macmillan .

Offi ce for National Statistics (2007). UK Standard Industrial Classifi cation of Economic Activities 2007 (SIC 2007): Structure and explanatory notes, ONS: London.

People 1st (2007). www.people1st.co.uk/about-us/ourindustries Pine , B. J. and Gilmore , J. H. (1999). *The Experience Economy: Work is Theatre and Every Business a Stage*. Boston : Harvard Business School Press .

Powers , T. and Barrows , C. W. (2003). *Introduction to Management in the Hospitality Industry 7*. New York : John Wiley and Sons, Inc.

제 2 장

레스토랑 산업

단원 소개

환대산업 내에서도 가장 다양하고 거대한 시장으로 평가되는 식음료 산업은 사업의 다양성 때문에 매장 또는 업체간 차별화가 쉽지 않다. 산업 자체가 이처럼 변화무쌍하기 때문에 업체들은 자신들의 업체 또는 매장을 차별화시키기 위해 항상 새로운 시도와 도전이 지속되어 왔다. 이러한 다양성 속에서 업태를 명확하게 정의하여 분류하기는 결코 쉽지 않다. 예를 들어 패스트푸드점과 호텔 레스토랑은 고유한 성질 때문에 비교적 쉽게 분류가 가능하나, 학교급식 같은 경우 공공부문인지 위탁경영 부문인지 구분하기 난해할 때가 종종 있다. 업태의 구별은 시대가 변할수록 어려워지는데, 이는 빠르게 변화하는 소비자의 욕구를 충족시키는 동시에 수익을 창출하기 위해 업태를 접목 또는 변형시키기 때문이다. 다시 말해 새로운 추세나 수요가 발생할 때마다 외식산업의 업태 또한 변화한다는 뜻이다.

이 단원에서는 현직 식음료 매니저들과 외식경영 분야 학자들의 경험을 토대로 정의된 레스토랑 및 식음료 관련 하위 분야 업태들에 대해 알아보기로 한다. 세분화된 외식업태들은 다시 기본적인 사업정책, 회계 그리고 운영정책에 따라 구체적으로 설명되며, 이는 매장 또는 업체의 성격에 따라 달라질 수 있기 때문에 그 특징에 대해서 알아보도록 한다. 더 나아가 각 업태의 평균 지출 가능액, 일반적인 수용 가능 인원, 상품 제공능력 그리고 21세기 식음료 산업에서 가장 중요한 요소 중 하나인 정보기술 (Information Technology) 측면에 대해서도 논의해 보고자 한다.

단원 목표

이 단원을 읽고 나면 아래의 핵심 사항을 이해할 수 있어야 한다.

- 풀 서비스(Full Service) 레스토랑 및 인허가 소매 식음료 업체에 대해 이해한다.
- 호텔 및 사유 클럽 레스토랑(맴버십 포함) 운영에 대해 이해한다.
- 패스트푸드 레스토랑 운영에 대해 이해한다.
- 운영의 종류에 따른 재정, 마케팅, 상품, 서비스, 인적 관리 및 기술 (FMPSST)의 차이에 대해 이해한다.

풀 서비스 레스토랑 및 인허가 소매 식음료 업체

이번 단원에서는 풀 서비스(Full service) 레스토랑을 수입원에 따라 나누어 볼 것이다. 우선, 음식을 주 수입원으로 하는 업체(고급 식당 및 일반적인 외식 업체)에 대해 고찰한 뒤 주류 및 음료의 판매로 주 수입을 발생시키는 외식 업체(바, 나이트클럽, 주점)에 대해 알아볼 것이며, 주류 레스토랑 가이드의 예제 역시 이 장에서 다루도록 하겠다. 국가마다 외식 업체 인허가 법률이 다르기 때문에 레스토랑 가이드는 레스토랑 종류 및 스타일을 구분하는 데 좋은 참고 자료가 될 것이다.

레스토랑 가이드

식음료 산업이 발전한 선진국을 중심으로 많은 소비자들에게 이용되는 레스토랑 가이드는 소비자가 외식을 하기로 결정하고 어느 외식 업체를 방문할지 선택하는 단계에 이르렀을 때 주로 참고하는 수단으로 빈번히 이용되어 왔다. 소비자는 레스토랑 가이드를 통해 다양한 식음료 업체들을 손쉽게 분류 및 구분할 수 있기 때문에, 식음료 업체의 매니저들은 레스토랑 가이드에 등록되었는지 여부에 따라 영업이 성공했는지 실패했는지를 구분하는 중요한 수단으로 사용한다. 그러므로 레스토랑 가이드는 소비자와 업체를 잇는 중요한 연결 도구가 되며, 레스토랑 가이드에 대한 이해는 모든 식음료 매니저에 있어 미래를 위한 중요한 자산이며 지표가 된다고 할 수 있다.

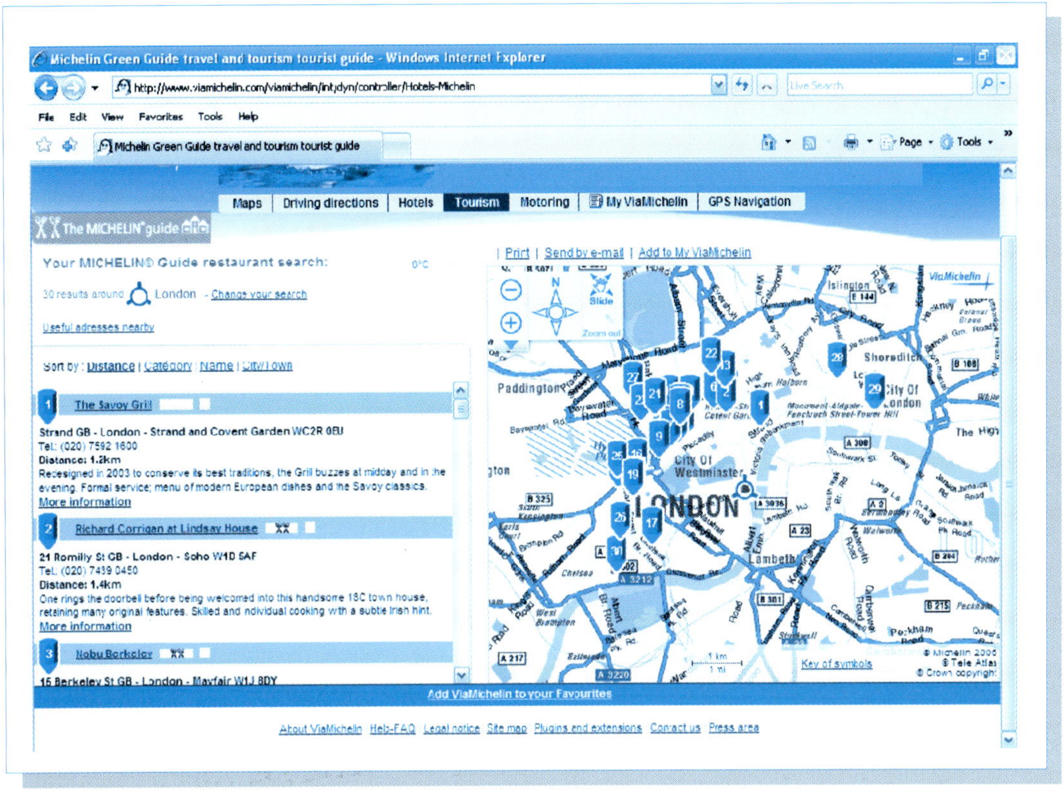

그림 2.1 미슐랭 가이드 웹사이트 (출처:viamichelin.com)

미국에서 가장 영향력 있는 레스토랑 가이드 중 하나인 '미슐랭 가이드(Michelin Guide: http://www.viamichelin.com)'는 각 레스토랑이 선보이는 요리의 질(quality)에 따라 레스토랑에 1-3개의 별(등급)을 부여한다(그림 2.1). 적절한 가격에 양질의 식사를 제공하는 레스토랑에는 미슐랭맨(빕 고망: Bib Gourmand)의 얼굴 이미지를 부여하며, 레스토랑의 분위기, 인테리어 그리고 전반적인 인상 등을 '상당히 편안함'부터 '호화로움'까지 1-5점으로 평점을 매긴다. 그러나 이러한 점수 평가제가 소비자를 우롱하는 사건도 있었다. 2006년에 미슐랭 측은 뉴욕시 레스토랑 가이드를 발매하였는데, 안타깝게도 몇몇 사업자들이 터무니없이 비싼 가격을 적용시키는 데 미쉐린 별을 악용하는 사례가 있었다.

'더 모빌 트레블 가이드 (The Mobil Travel Guide: http://www.forbestravelguide.com/)'는 레스토랑 업체에 별 1-5개로 평점을 매기는 미국의 레스토랑 가이드

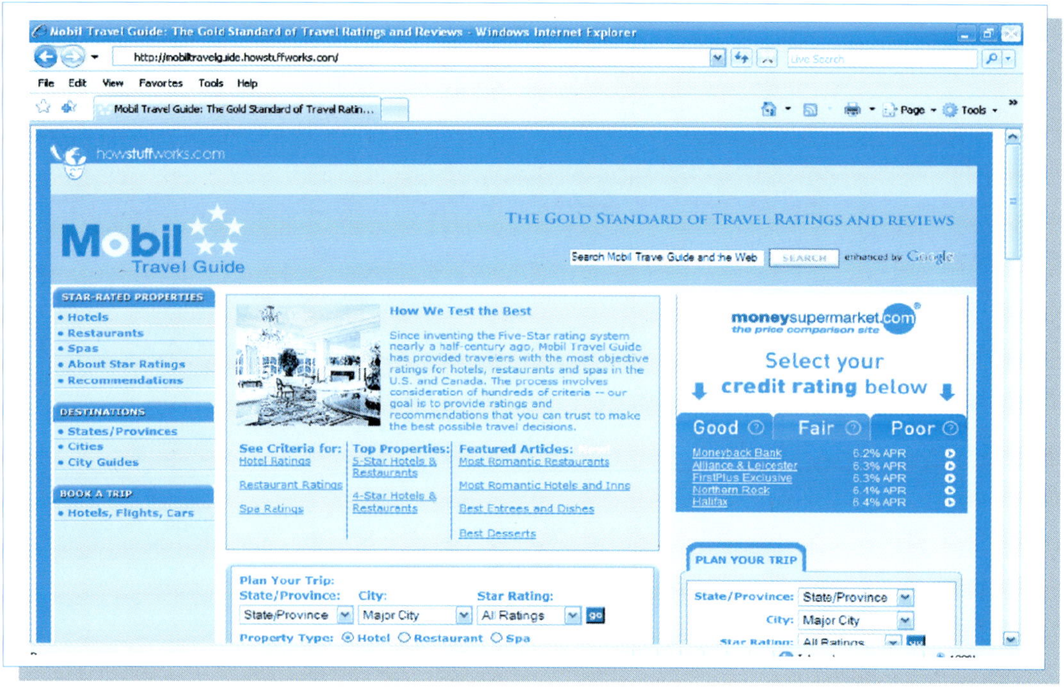

그림 2.2 모빌 트레블 가이드 웹사이트 (미국) (출처: mobiltravelguide.com)

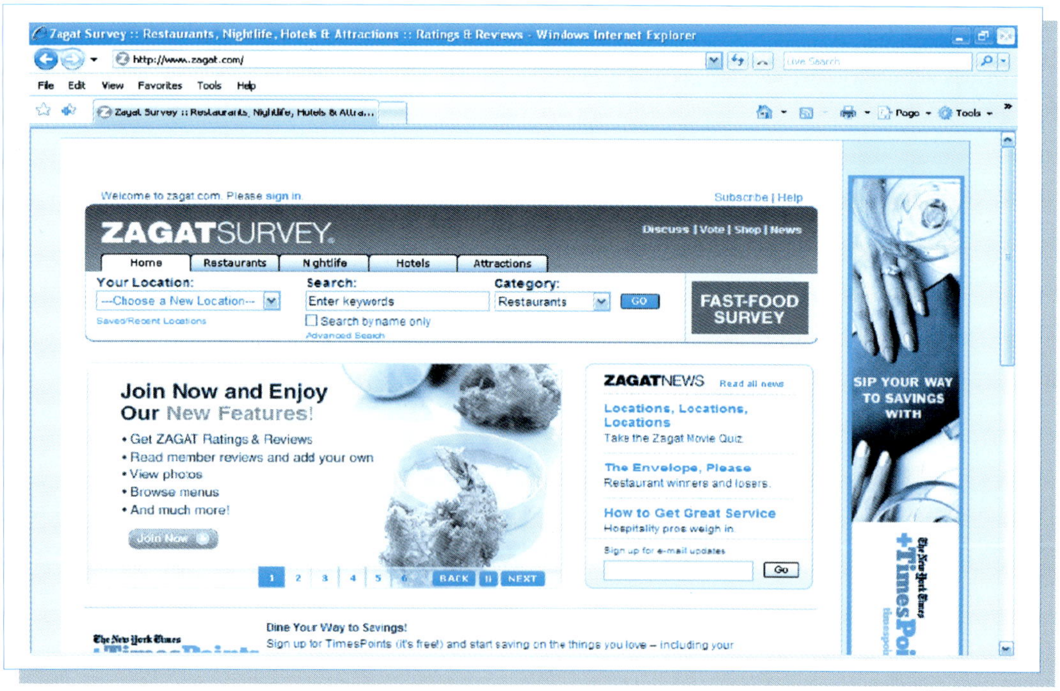

그림 2.3 자갓 가이드 웹사이트 (미국, 영국, 프랑스) (출처: zagat.com)

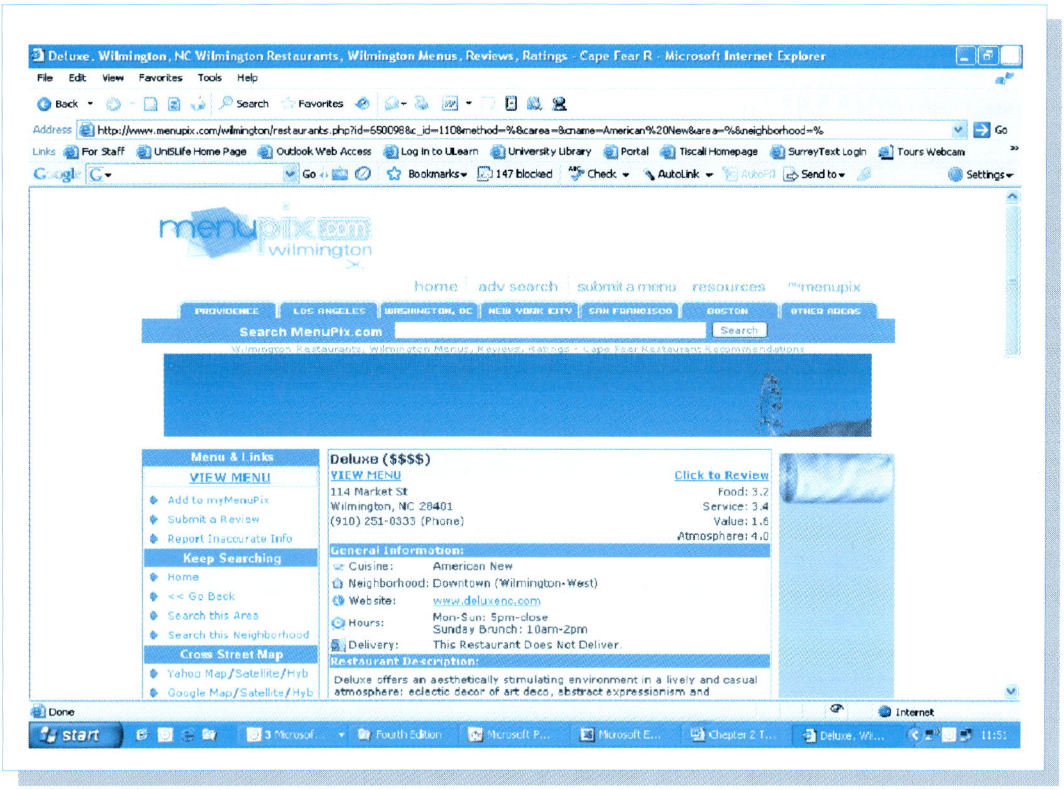

그림 2.4 메뉴 픽스 웹사이트 (출처: menupix.com)

로, 고객이 평소에 맛볼 수 없는 특별한 요리로 차별화된 경험을 할 수 있도록 배려하는 레스토랑부터, 자국 내에서 흠잡을 데 없는 식사를 제공하는 레스토랑까지 다양하게 소개하고 있다(그림 2.2).

또 다른 레스토랑 가이드 'AAA'는 다양한 외식업체에 1-5개의 다이아몬드로 평점을 부여하는 방식을 사용하며, 보다 나은 외식 문화를 목적으로 한다. 'AAA'에서 별 또는 다이아몬드 3, 4, 5개는 미슐랭 가이드의 별 1, 2, 3개와 동등하다고 볼 수 있다. 영국의 대표적인 레스토랑 가이드로는 '굿 푸드 가이드(Good Food Guide: http://www.thegoodwebguide.co.uk)'를 들 수 있다. '굿 푸드 가이드'는 연간 출판물로 익명의 조사관들이 레스토랑을 방문하여 조사한 내용을 토대로 1-10까지 점수를 매긴다. 1은 영국 상위 1%에 속하는 추천 레스토랑이며, 10은 미슐랭 가이드의 별 3개와 동등한 레벨이다. 언급할 만한 또 다른 레스토랑 가이드로는 'AA 레스토랑 및 술집가이드(AA restaurants and Pub Guide)' http://www.theaa.com/getaway/resaurants/restaurant_home.jsp)'가 있다.

그 밖에는 '자갓 서베이(Zagat survey: http://www.zagat.com/)'를 들 수 있다. 그러나 자갓 서베이는 레스토랑에 대한 개개인의 평가를 엮어낼 뿐, 공식적인 평가는 하지 않는다(그림 2.3).

인터넷 상에서 제공되는 레스토랑 및 메뉴 가이드 중 가장 규모가 큰 사이트는 '메뉴 픽스(http://www.menupix.com)'이다. '메뉴 픽스'에서는 미국 전역에서 성업 중인 16,000개 이상의 레스토랑 메뉴 정보를 제공한다. 이는 모든 식음료 매니저들이 자신만의 독자적 메뉴를 설계할 때 참고할 만한 아이디어를 주는 훌륭한 자료가 된다(그림 2.4).

활동 1

만약 당신이 미국, 영국 등 미슐랭이 출판되는 국가에 거주하고 있다면 http://www.viamichelin.com에 접속해서 레스토랑 중 본인에게 지리적으로 가장 가까우면서 미슐랭 별 3개짜리인 레스토랑을 찾아보자.
이번에는 위에서 찾은 레스토랑을 자갓 가이드 (http://www.zagat.com/)에서 찾을 수 있는지 알아보자. 수많은 레스토랑 경영자들이 미슐랭 별 3개를 받기 원한다는 점을 고려할 때, 실제 손님들은 해당 레스토랑에 대해 어떻게 생각하고 있는지 알아보자. 당신이 찾은 레스토랑은 미슐랭 별 3개에 걸맞는 경험을 소비자에게 제공하고 있는가? 토론해보자.
같은 활동을 미슐랭 별 2개짜리나 1개짜리 업체에 대해서도 해볼 수 있다.

만약 책을 읽고 있는 독자가 한국에 거주 중이라면 국내 또는 아시아 지역에서 미슐랭 가이드나 자갓 가이드처럼 레스토랑을 평가하는 기관이 있는지 조사해보자(예: 국내 정보만 제공하는가? 레스토랑 평가 기준은? 공신력은? 미슐랭 가이드나 자갓 가이드와 비교해 볼 때 영향력은?)

국내/아시아 지역 가이드가 지정한 별 1, 2 레스토랑과 미슐랭 또는 자갓 가이드가 지정한 별 1, 2 레스토랑들 중 같은 종류의 메뉴를 제공하는 업체를 임의적으로 선정하여 식음료의 품질(quality)에 차이점이 있는지 토의해보자.

고급 식당

고급 레스토랑은 영업의 모든 면에서 평균 이상의 질 높은 서비스를 제공하는 곳을 일컬으며, 폭넓은 알라카르트(à la carte, 일품메뉴), 실버 서비스(역주: 은으로 된 포크, 수저, 나이프로 고객 테이블에서 직접 식음료를 서비스하는 것), 고급 내/외부시설 및 장식, 서비스 메뉴 식품(역주: 기본적으로 제공되는 빵, 버터, 크래커, 주류 주문 시 기본으로 제공되는 땅콩 등) 등의 측면을 모두 포함한다. 주로 4, 5성급의 특급 호텔이나 품격 있는 독립적 레스토랑에서 이러한 서비스를 만나볼 수 있다(그림 2.5).

오늘날 고급 레스토랑으로 분류할 수 있는 레스토랑의 비율은 그다지 높지 않다. 통계에 따르면 고급 레스토랑의 비율은 케이터링 산업의 모든 분야를 통틀어도 총 레스토랑의 3-5퍼센트 정도밖에 되지 않는다고 한다. 하지만 고급 레스토랑들이 초점을 맞추는 시장은 비록 규모는 작더라도 미래에도 존속

그림 2.5 Le Gavroche(영국, 런던) (출처: Le Gavroche)

할 것이며 이는 여가, 및 소득의 증대 그리고 다양한 사회문화적 영향에 의해 소비자들이 앞으로도 모든 측면에서 최고 수준인 고급 레스토랑에서 외식 경험을 하고 싶어하고, 따라서 상대적으로 높게 책정된 가격 역시 기꺼이 부담하고자 하기 때문일것이다.

재정적 영향

고급 레스토랑은 제공되는 식음료 서비스의 품질 그리고 수익구조의 균형을 유지하여야 하며, 궁극적인 목적이 수익 창출인 만큼 레스토랑의 재정 정책에 이러한 사항들을 직접적으로 반영한다. 고급 레스토랑과 알라카르트(à la carte) 레스토랑이 더 높은 총수익 수준을 유지하기 위해서는 업체의 낮은 변동비용(variable cost) 비율과 높은 인건비 사이에 균형을 잘 맞추어야 한다.

고급 레스토랑 운영과 관련해 높은 고정비용(fixed cost) 비율은 레스토랑의 운영 안정성(재정상 또는 운영상)에 영향을 미치는데, 이는 영업의 손익분기점(break-even point)과 최대 잠재 운영실적 사이에 생기는 차이 때문이다. 고정비용이 높은 사업은 고정비용이 낮은 경우에 비해 안정성이 낮아지기 마련이므로 매출량의 감소가 수익에 심각한 영향을 미치게 된다. 호텔 및 고급 레스토랑의 경우 폭넓은 가격 재량권 또한 가격 구조를 더욱 복잡하게 만드는 원인이 된다. 그렇기 때문에 이러한 업체들의 가격 수준과 매출량 사이에 균형을 유지하기 위해서는 모든 계산을 신중하게 해야 하며 계산된 결과는 모두 업체의 재정 정책에 포함되어야 한다.

예를 들어 영국에서 한 명의 소비자가 고급 레스토랑에서 지출하는 금액이 평균 50파운드에서 120파운드(2011년8월환율: 1파운드=1,752원, 한화로는 87,604원에서 210,250원정도)이며 경우에 따라 이를 웃돌 수도 있다고 가정해보자.

소비자가 보다 높은 평균 구매력 (Average Spend Per)을 가진 레스토랑에서는 레스토랑의 가격 수준이 높을 수록 수요는 덜 탄력적이라고 할 수 있다. 다시 말해 고객에게 있어 메뉴에 제시된 요리의 가격은 그 영업의 매출을 결정하는 데 그리 중요한 변수가 되지는 않는다. 보다 포괄적으로 설명하자면, 고급 레스토랑 및 호텔 레스토랑(a la carte 메뉴를 제공하는 곳)에서 제공하는 서비스에 대한 수요는 상대적으로 비탄력적이며, 이는 다시 말해 가격 변동이 매출에 그리 큰 영향을 미치지 않는다는 뜻이다.

마케팅

고급 레스토랑 시장은 다른 시장과 비교하여 범위가 좁기 때문에 영업 마케팅 정책을 통해 시장을 정확히 파악하고 목표 시장에 맞춤형 광고 및 판촉활동을 진행할 수 있다는 장점이 있다.

대상 소비자의 평균 구매력이 높다는 점은 그 마케팅 정책에 반드시 반영되어 있어야 한다. 만약 가격으로 다른 업체와 경쟁할 수 없다면 음식의 질이나 서비스 수준처럼 영업의 다른 측면으로 시선을 돌려 경쟁의 근거로 삼아야 한다. 대표적인 예가 유명한 쉐프를 최고 주방장으로 고용하는 경우이다. 요리의 질을 높여 앞서 언급한 미슐랭 가이드 별을 획득해 수요 수준이 급증하면 메뉴 가격도 곧 이에 상응하는 수준으로 올릴 수 있다.

고급 레스토랑은 큰 자본 지출, 높은 고정비용 비율, 제품의 부패성, 그리고 수요의 예측이 불안정하다는 특징이 있다. 이 모든 요소들은 레스토랑 사업의 시장 의존도를 높이며, 이 때문에 호텔 및 고급 레스토랑은 대단히 시장지향적(market orientated operation, 이윤극대화 지향적)이라고 볼 수 있다. 가격지향적(cost orientated operation, 지출최소화 지향적)인 복지 분야와 비교해 고급 레스토랑은 사업의 흥망이 시장에 달려있다고 해도 과언이 아니며, 이러한 점이 기본적인 정책 결정에도 중요한 영향을 미치게 된다.

고급 레스토랑의 마케팅 활동은 보다 전략적으로 이루어져야 하는데, 고급 잡지의 광고, 신문/잡지에 실리는 무료 논평 기사, 신용카드 회사들과의 합동 프로모션 등이 그 예이다. 레스토랑이 만들어가고자 하는 이미지는 이런 매체들을 통해 구현되며, 이러한 이미지 결과를 얻기위해 레스토랑 업체들은 전문성과 자료, 그리고 네트워크를 가진 광고 회사와 광고 및 홍보 계약을 하기도 한다.

제품 및 서비스 스타일

고급 레스토랑의 주방에서 음식을 만들 때 파티(partie) 시스템에 기초를 둔 전통적인 방식은 지금도 보편적으로 사용된다. 파티 시스템은 주방에서 이루어질 역할을 조직적으로 분리하여 작업 능률을 올리기 위해 고안된 방법으로, 조리 업무를 음식의 종류에 따라 별도의 구역으로 나눈다. 예를 들어 커다란 호텔 주방의 경우 최대 7개의 주 조리 구역(또는 파티)까지 설정할 수 있는데, 구이, 야채, 식품 저장실/샐러드, 메인 요리, 생선, 스프, 그리고 페이스트리(pastry) 등이 전형적인 예이다. 또한 각 구역은 담당하는 요리의 양에 따라 더욱 세분화될 수 있다. 고급 레스토랑에서는 신선한 재료가 고객에게 전달되는 요리의 품질을 결정하며, 저장 기간이 긴 가공식품(tin food)이나 간편하게 먹을 수 있도록 고안된 편의 식품 등은 전혀 사용되지 않거나 최소한으로 제한된다.

식음료 서비스 스타일은 요식업의 종류뿐만 아니라 가격 수준에 따라서도 달라진다. 일반적으로 레스토랑의 운영 비용 수준이 높을수록 서비스 스타일이 복잡하고 세련되어진다. 하지만 최근 상당수의 고급 레스토랑에서는 실버 서비스(silver service, 은 또는 정교한 세공이 된 식기류 일체로 제공받는 서비스의 종류) 대신 일반적인 식기류(plate)를 이용하는 서비스를 선택, 이용하는 경우가 잦아지고 있다. 주로 주방장이 주방에서 조리한 요리의 디스플레이(food decoration)를 과거에 비해 훨씬 쉽게 조절할 수 있다는 점에서 시작된 이 움직임은 이제 맛뿐만 아니라 고객에게 전달하는 요리의 프레젠테이션도 중요해졌다는 점을 시사한다. 고객이 메인 코스에 40파운드를 지불할 때에는 질 높은 음식뿐 아니라 아름다운 요리 역시 기대하기 마련이기 때문이다. 플랑베(flambé)나 실버 서비스와 같이 직원의 높은 기술을 요구하는 서비스 스타일 품목 요리가 메뉴에 포함되었을 경우, 이러한 서비스가 가능한 직원을 구하는 것이 너무나도 어려운 일이 되었기 때문에 업체에서 이러한 서비스 스타일은 불필요해졌다. 하지만 고객 앞에서 보여주는 쇼맨십을 중시하는 플랑베 서비스가 다시 메뉴에 나타날 수도 있다는 점은 상기할 만하다. 고급 레스토랑이 제공하는 플랑베 요리의 경우 메뉴에 제시되어 있더라도 고객 앞에서 직접 요리하는 것이 아니라 주로 주방에서 미리 준비되어 나오지만, 최근의 경향으로 볼 때 적어도 고급 레스토랑에서는 고객 앞에서 직접 만들어 제공하는 플랑베 서비스 스타일이 부활할 수도 있다.

음식 서비스 스타일이 세련되어짐에 따라 제공되는 메뉴의 가격 수준도 함께 상승하는 것은 음료 서비스 스타일 역시 마찬가지이다. 예를 들어 와인 서비스는 정식 메뉴(Table d'hote)를 제공하는 레스토랑에 비해 일품 요리(a la carte: 각각의 요리를 별도로 주문하는 스타일)를 제공하는 곳이 보다 고급스

럽다고 할 수 있다. 고급 레스토랑에서는 폭넓은 와인 메뉴가 제공되며 와인 서비스를 담당하는 웨이터가 상시 대기하며 식사 중에 와인을 제공한다. 보다 낮은 소비자 평균 지출 금액을 가진 업체에서는 별도의 와인 웨이터 대신에 고객 테이블을 접대하는 보통 직원이 서비스한다. 고급 레스토랑에서는 각 테이블의 고객에게 음료를 제공하는 칵테일 바 또는 다른 형태의 바가 근처에 따로 위치하고 있는 경우가 많다. 보다 낮은 평균 소비자 지출 규모를 가진 레스토랑의 경우 이러한 별개의 바 구조는 찾아보기 힘들며, 정식 메뉴를 제공하는 레스토랑의 고객들은 보통 호텔의 로비 바(lobby bar)를 이용한다.

직원

고급 레스토랑의 조직구조는 최근 몇 년간 수많은 변화를 거듭했다. 이 과정에서 레스토랑의 소유주 혹은 사업체의 지배인이 총 주방장이 되는 경우가 많아졌는데, 레스토랑의 실질적인 경쟁력은 제품 자체에서 비롯된다는 인식이 확산되었기 때문이다. 하지만 전통적인 위계구조는 지금도 존재한다. 수 쉐프(sous chef, 조리장의 부 책임 요리사)는 영업 전반을 관리하며, 쉐프 드 파티(chef de partie)는 각 구역을 관리하고, 여러 명의 부 요리사들(commis chefs)이 보다 작은 업무에서 쉐프 드 파티를 돕는다.

주방뿐만 아니라 서비스 담당 직원들의 구조에도 변화가 생겼는데, 과거 레스토랑 매니저는 메트르디(Maitre'D), 즉 주임 웨이터 또는 서비스 스테이션의 한 위치를 책임졌던 쉐프 드 랭(chef de rang, 부 주임 웨이터)으로 불렸지만 이제는 보통 레스토랑 지배인이라는 칭호를 사용한다. 또한, 특히 아주 폭넓은 와인 목록을 가진 업체의 경우 부 웨이터(commis)가 딸린 와인 웨이터를 찾아볼 수도 있다.

기술

고급 레스토랑에서 서비스 팀과 주방 직원 간의 의사소통은 무엇보다도 중요하다. 만약 요리사들이 풍미가 좋은 요리를 준비했음에도 불구하고 서비스 직원에게 제 시간에 알리지 못해 음식이 접시 위에서 몇 분간 방치된 다음에야 고객에게 전달 되는 일이 빈번히 발생한다면 그 레스토랑은 명성을 유지하

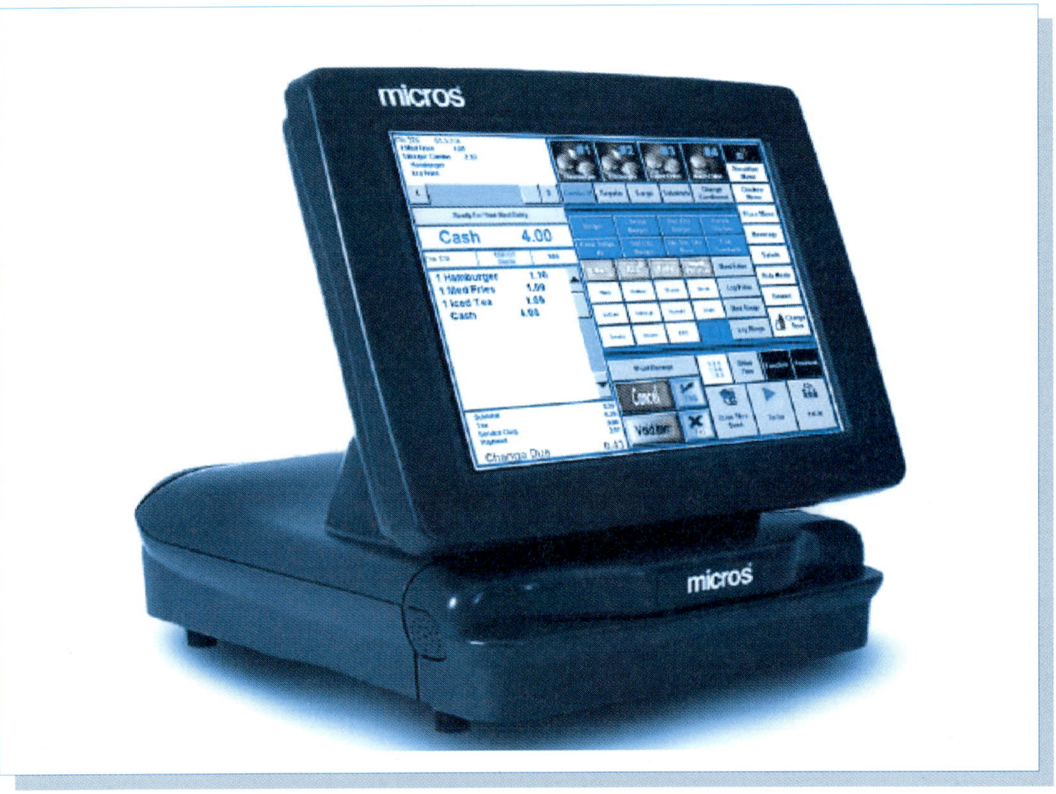

그림 2.6 Micros POS 단말기 (출처: Micros-fidelio.co.uk)

기 힘들 것이다. 전자주문시스템매장(EPOS-Electronic Point Of Sale, 판매 시점에서 컴퓨터로 판매 활동을 관리하는 시스템) 및 모바일매장(MPOS-Mobile Point Of Sale)시스템 기술의 도입은 이러한 부분을 고려할 때 외식 산업에 엄청난 발전을 가져왔다고 할수있다(그림 2.6).

웨이터는 MPOS를 통해 중요한 전달사항을 전달 받고, 또한 직접 주방에 가지 않고도 주문 요리에 대한 고객의 특별한 요청사항을 입력하여 주방에 전달할 수 있다. 이를 통해 요리사는 즉시 모든 웨이터에게 주문 요리에 대한 재료가 몇 인분 남았는지 알릴 수도 있고, 특정 상황 또는 계절에 따라 추천 요리를 제안할 수도 있다.

기술의 발전으로 인해 기존에 수치화하기 힘들었던 직원별 생산성 역시 손쉬운 방법으로 계산할 수 있게 되었다. 특히 주문매장(Point Of Sale) 시스템의 도입으로 특정 직원이 한 시간에 몇 명의 손님을 서비스했는지, 매출을 얼마나 올렸는지, 한 테이블을 서비스하는 데 어느 정도의 시간이 걸렸는지, 각 테이블에서 어느 정도의 봉사료를 받았는지 등 셀 수 없이 많은 종류의 산술 데이터 수집이 가능해졌다. 수집된 정보들은 어떠한 직원에게 어떠한 훈련이 더 필요한지, 훌륭한 실적에 대해 칭찬을 받을 필요가 있는지, 또는 업체의 요구 기준에 미달되어 재평가할 필요가 있는지 등을 결정하는 데 활용할 수 있다. 앞서 언급된 정보를 얻기 쉽다는 것은 곧 매장에서 일어나는 일을 팀 구성원 및 직원 모두가 공유하도록 할 수 있으며, 그것만으로도 직원들에게 건전한 경쟁을 유도하고 업무 동기를 부여할 수 있다는 것을 의미한다.

바, 나이트클럽 및 영국 전통주점

엄밀히 말해서 바(bar)는 음료의 판매와 여흥을 제공하는 데에만 주력하지만, 나이트클럽은 종종 장내에 식당을 포함하기도 한다. 영국 전통 주점 형태인 전통주점(pub)에서는 음료 외에 간단한 안주뿐만 아니라 식사메뉴 역시 제공하는데, 개스트로 주점(Gastro pub)이라는 말이 그 추세를 잘 반영한다고 할 수 있다. 민텔(Mintel) 조사에 따르면 영국 식음료 시장은 미래에 상향 성장세를 보일 것이라고 한다(표 2.1). 개스트로 주점은 전통적인 주점에 풀 서비스 레스토랑이 더해진 형태이며 제공되는 식음료 품목들은 고급 레스토랑들과 비교된다.

재정적 영향

음료 판매 실적은 언제나 모든 식음료 매니저의 효자 노릇을 해왔다. 음료 매장 총 수익의 65-70퍼센트는 업체들이 종종 힘든 시기를 겪을 때 운영자금으로 큰 도움이 되었다. 나이트클럽의 경우 대부분 입장료를 받기 때문에 추가적인 수입이 있지만, 주로 DJ나 밴드 등의 여흥을 위한 공연 비용을 충당하는 데 사용된다. 영국의 경우새로 금연법이 시행되면서 이러한 업소들의 매출이 크게 감소할 것이라는 우려가 있었으나 2007년 5월에 보고된 바로는 새 금연법이 시장에 크게 영향을 미치지 않았으며, 영국의 웨더스푼스(Wetherspoons)와 같은 회사들은 오히려 예상보다 3퍼센트 높은 수익 결과를 발표하기도 하였다(Caterer, 2007).

표 2.1 레스토랑 부문 예상 - 영국

현재 가격	2007 £bn	2008 £bn	2009 £bn	2010 £bn	2011 £bn	2012 £bn	% 변화추세 2007–2012
패스트푸드:							
버거	2.4	2.47	2.5	2.49	2.48	2.48	3
제3국이색 테이크아웃	1.8	1.87	1.94	1.98	2.04	2.09	16
피자/파스타	1.35	1.42	1.51	1.57	1.64	1.7	26
피쉬 앤 칩스	1	1.04	1.07	1.09	1.12	1.14	14
후라이드 치킨	1	1.1	1.19	1.24	1.31	1.37	37
기타 패스트푸드	0.17	0.17	0.18	0.19	0.19	0.2	18
총 패스트푸드	7.72	8.07	8.39	8.55	8.77	8.96	16
레스토랑:							
영국 전통주점	7.25	7.67	8.21	8.5	8.9	9.26	28
호텔	4.31	4.43	4.48	4.54	4.66	4.69	9
레스토랑 식사	4.5	4.79	5.15	5.34	5.6	5.85	30
전통 레스토랑	2	2.02	2.07	2.12	2.2	2.23	11
푸드코트	1.4	1.5	1.59	1.66	1.75	1.82	30
노천상점	0.53	0.54	0.54	0.54	0.54	0.54	2
총 레스토랑	19.98	20.93	22.05	22.7	23.65	24.39	22
기타	2.75	2.99	3.02	3.07	3.21	3.24	18
총계	30.45	31.99	33.46	34.32	35.64	36.6	20

출처: 민텔(Mintel), 2006

마케팅

바와 나이트클럽이 보다 젊은 고객층을 대상으로 하는 반면, 영국식 전통주점은 주로 지역사회에 기반한 영업구조를 가지고 있어 이용 고객들의 거주나 생활환경이 업체로부터 보통 반경 5마일을 벗어나지 않는다. 지역사회에 기반을 두고 있다는 장점을 이용하면서 빠르게 변화하는 시장경제의 흐름에 대응하기 위해 주점 매니저들은 종종 라이브 음악 쇼를 진행하거나 지역사회 주민들의 모임을 도모하기 위해 영국인들이 대중적으로 좋아하는 빙고나 다트, 노래방 등의 행사를 유치, 홍보하기도 한다.

바와 나이트클럽은 지역 신문이나 잡지, 지역 라디오와 TV 방송국 등의 매체를 이용해 홍보활동을 하기도 하는데, 나이트클럽에서는 보통 대학생이나 젊은 이들이 직접 유치하는 대규모 행사(예, The ministry of sound 또는 Ibiza club)를 홍보하기 위해 전단지를 배포하기도 한다. 또한 주점과 마찬가지로 보다 많은 고객을 유치하기 위해 특정 테마나 특별한 유흥거리를 마련하기도 한다.

활동 2

지역 신문의 광고 지면을 보고 레스토랑과 바/나이트클럽 광고들 중 하나를 고르자. 레스토랑에서 업소를 홍보하기 위해 흔히 사용하는 기법은 무엇이며, 바/나이트클럽 점주가 사용하는 기법은 무엇인지 비교해보자

제품 및 서비스 스타일

바와 나이트클럽은 보통 폭넓은 음료 및 칵테일 메뉴를 가지고 있다. 바와 전통주점의 서비스는 항상 카운터에서 이루어지며 몇몇 나이트클럽에서는 테이블 서비스를 제공하기도 한다. 행사가 있을 경우 테이블 하나당 한 명의 전담 웨이터/웨이트리스가 서비스를 담당하는 버틀러 스타일 서비스(butler style service) 형태도 볼 수 있다. 이런 서비스 스타일을 사용하는 업체는 입장료에 음료가 포함되어 있는 경우가 많고, 쟁반 가득 특정 음료를 가지고 다니는 직원에게 고객이 티켓을 주고 음료를 선택하는 경우가 많다. 전통주점은 보통 최소 10가지의 맥주나 에일 맥주 등을 제공하며 가끔 현지 지역 양조장의 술이 메뉴에 올라오기도 한다. 그러나 요즘 대부분의 전통주점은 대기업이 소유하고 각 지점의 소유주가 될 사람들에게 전통주점을 임대해주며, 자사 제품을 의무적으로 구매하도록 하는 형태를 취하고 있다.

직원

바와 나이트클럽은 경험이 많고 숙련된 직원이 카운터에 있어야 한다. 카운터 업무량이 매우 많아 한 명의 바 직원이 주문을 1-3분에 하나씩 처리해야 하는 경우까지 발생하기 때문이다. 전통주점의 경우는 대부분의 고객이 맥주를 즐겨 찾고 고난도의 서비스 기술이 필요없기 때문에 업무량이 바 또는 나이트

클럽만큼 많지는 않다. 바와 나이트클럽을 운영할 때 고려할 사항으로 보안과 안전 문제를 들수 있는데 주점과 관련된 보험료의 경우 사고시 굉장히 높아질 수 있기 때문에 운영자는 종종 보안에 관련된 일을 보안회사에 외주를 주기로 결정하기도 한다.

기술

앞서 언급한 전자주문시스템매장(EPOS-Electronic Point Of Sale) 기술의 큰 장점 중 하나는, 기존에 빈번하게 일어났던 음료 유출이나 손실, 절도 등으로 손해를 보던 주류판매 업소에서 정확히 어떤 품목이 언제, 누구에 의해 소모되었는지 파악할 수 있도록 해 준다는 점이다. 이러한 기술을 채택, 도입하면서 재고 관리가 용이해졌고 따라서 절도의 위험을 줄일 수 있게 되었다. 와인 냉각, 보존 및 제공 기술 역시 빠르게 발전하여 보다 많은 양의 와인을 잔으로 제공 가능해졌고, 마시고 남은 와인을 며칠 이내에 폐기하지 않아도 되게 되었다. 맥주 제공과 관련한 최근 기술은 최적의 온도로 맥주를 제공할 수 있게 도와주며, 맥주 제공 시스템이 스스로 파이프를 청결하게 유지할 수 있도록 프로그램되어 유지 관리를 위한 인건비를 절약할 수 있도록 해준다.

호텔 레스토랑 및 개인 클럽

하나의 호텔 안에 다양한 요식업체들이 공존하기 때문에 호텔 식음료 관리는 요식업계에서 가장 복잡한 분야 중 하나이다. 호텔에서 운영되는 서로 다른 종류의 요식 서비스로는 고급 코스 요리 레스토랑, 커피숍 및 전문화된 레스토랑, 룸 및 라운지 서비스, 칵테일 바, 연회 시설 및 직원 레스토랑(연회 및 직원 식당에 대해서는 챕터 3에서 다루도록 하겠다)이 있으며, 몇몇 호텔은 추가적으로 수영장, 헬스장, 디스코 및 다른 여가 시설 구역에도 음식 제공 및 바 서비스를 제공하며 자판기 시설이 이용되기도 한다.

호텔 식당의 종류 및 다양성은 호텔의 크기에 좌우되는 경우가 많다. 30-40 객실 정도 규모의 작은 호텔에는 허가된 바 하나와 제한된 정식 또는 단품 점심/저녁 메뉴를 제공하는 식당 정도가 있을 수 있다. 100객실 정도의 중간 크기 호텔에는 보통 하나의 허가된 바와 두 개의 레스토랑이 있는데, 이는 정식 메뉴를 제공하는 그릴 식당(grill room), 커피숍 및 별개의 단품 요리 식당을 포함할 수 있다. 이 정도 규모의 호텔 바는 제한된 종류의 간단한 식사류를 제공할 수도 있다. 오늘날 중, 소규모 호텔의 룸 서비스는 상당히 제한적이며 룸 서비스 대신 차나 커피를 마실 수 있는 시설이 방안에 마련되어 있는 경우도 일반적이다. 수백 개의 객실을 가진 대형 호텔의 경우 가장 다양한 종류의 식당들을 찾아볼 수 있는데 전통적 고급 요리 레스토랑, 보다 독특하고 전문화된 레스토랑, 라운지 및 칵테일 바, 색다른 분위기를 연출하는 커피숍 등이 그 예이다. 이러한 매장들 중 몇몇은 아주 제한된 간단한 식사 메뉴를 제공하고 다른 곳들은 보다 격식 있는 메뉴를 제공하기도 하며, 다양한 수준의 룸 서비스 역시 제공된다.

호텔에 있는 다양한 종류의 식당들은 영업장의 크기뿐만 아니라 그 본질 및 대상으로 하는 고객 시장에 따라서도 달라진다. 중간 크기의 리조트 형태 호텔인 경우 손님들이 평균적으로 2-3주 이상 투숙하므로 투숙기간 동안 다양하게 변화하는 고객들의 요구에 대응하기 위해 보다 다채로운 식음료 시설을 제공할 필요가 있다. 반면 공항 근처에 위치한 비즈니스 호텔과 같이 단기 체류 고객이 주를 이루는 호텔의 경우 평균 투숙기간이 1-2박 정도이므로 상대적으로 훨씬 제한된 요식 시설만 갖추고 있는 경우가 많다. 호텔내 추가 요식 서비스에 대한 수요는 호텔 숙박시설 자체에 대한 수요와 밀접하게 관련되어 있다. 영국뿐만 아니라 해외에서도 계속 성장하는 여행 산업은 여행객의 증가로 인해 어떤 형태의 호텔 숙박시설이라 할지라도 어느정도 수준의 미래 이용자 수요를 보장하며, 따라서 식음료 서비스에 대한 수요 역시 자동적으로 발생하게 될것으로 예상된다.

사유 신사 클럽(private gentlemen's club)에는 식당이 있기 마련인데 런던의 모시맨 (Mosimann's) 클럽 등의 멤버 전용 레스토랑보다 시기적으로 좀 더 앞선 형태의 클럽 레스토랑이다. 이는 멤버 전용 레스토랑이 어떻게 진화했는지에 대해 시사한다는 점에서 언급할 가치가 있다.

호텔 식음료 업장

많은 호텔에서 단품 요리 레스토랑이나 24시간 룸 서비스 영업을 위한 식음료 부문은 비록 총 수익에 그리 큰 부분을 차지하지 않는다 하더라도 호텔이

4성 혹은 5성 등급을 취득하는데 필수적이게 마련이다. 또한 다양한 서비스 및 시설 확충을 통해 고객이 부담할 호텔 투숙 가격을 높임으로써 호텔의 총 매출 및 순이익을 증가시킬 가능성이 높아진다. 최근의 호텔운영 보고서 통계치를 보면 식음료 부문이 대부분의 호텔에 있어 확실한 수입원이 된다는 사실이 증명된다. 여러 호텔들이 레스토랑의 잠재력을 다시금 깨닫고 있다는 점에서 짚고 넘어갈 만하다(표 2.2). 이와 관련하여 많은 호텔 운영자들이 선택하는 식음료 운영방식은 두 가지로 볼 수 있다.

표 2.2 호텔 매출에서 식음료의 비율

		영국
호텔 매출 출처 %	2006	2005
객실 매출	57.3	56.6
기타 매출	7.2	6.8
음식 매출	21.2	21.7
음료 매출	9.4	9.7
기타 음식 & 음료 매출	4.9	5.2
총 음식 & 음료 매출	35.5	36.6
	100.0	100.0

출처: TRI Hospitality Consulting Hotel Report 2007

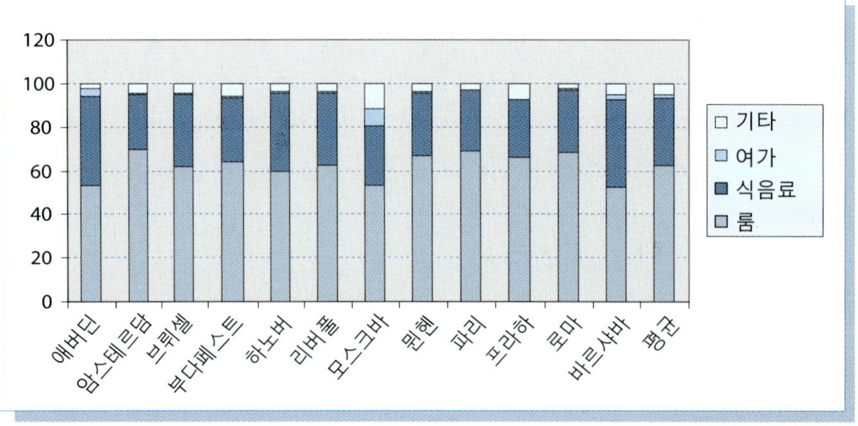

출처: TRI Hospitality Consulting Hotels 2007로부터 각색

그림 2.7 2007 도시별 호텔의 처부별 혼합 매출

가장 쉬운 방식은 역시 아웃소싱(Outsourcing) 운영방식이다. 다른 기업에 아웃소싱을 하게 되면 호텔은 단순히 레스토랑 공간을 다른 운영 회사에 임대해주고 호텔 투숙객뿐만 아니라 대중에게 호소력 있는 제품을 만들어낼 수 있다. 대형 요식 업체들은 대부분 레스토랑 아웃소싱에 특화된 부서들을 가지고 있다. 예를 들어 Compass Group에서 아웃소싱에 특화된 부서는 Restaurant Associates이다. 두 번째 운영방식은 레스토랑 자체를 개조하는 것이다. 이 방식은 초기 비용이 클 수도 있지만 아웃소싱에서 얻는 임대료보다 이득이 클 수 있다. 예를 들어 호텔 레스토랑이 직면한 가장 큰 문제 중 하나는, 레스토랑이 중간층에 있어서 고객들이 프런트를 지나 엘리베이터를 타고 올라가서 겨우 도착한 레스토랑에 지나치게 높은 가격이 책정된 낡은 메뉴가 기다리고 있을 수 있다는 점이다. 이러한 부정적 이미지 또는 경험이 확산될 경우 대다수의 잠재적 고객들은 이러한 방식으로 운영하는 호텔 안에 있는 레스토랑에 한 번쯤 가볼 생각조차 하지 않게 된다. 이러한 현상을 해결할 수 있는 방법 중 하나는 레스토랑을 고객의 왕래가 잦은 지상 층으로 옮기고, 가능하면 레스토랑의 품격과 업종 그리고 내부의 특화된 분위기를 외부 고객에게 보여주거나 또는 인지시킬 수 있는 위치에 식음료 매장을 배치하는 것이다. 또한 호텔 투숙객이 이용하는 입구와 별개로 호텔이 위치하고 있는 번화가 외부 쪽으로 입구를 내는 것 역시 좋은 방법 중 하나이다. 호텔 레스토랑이 중심가의 다른 레스토랑과 경쟁할 수 있도록 새롭게 개발된 메뉴와 고도로 훈련되고 동기 부여된 직원들을 고용하는 것 역시 필수적이라고 할 수 있겠다(그림 2.8).

재정적 영향

일반적으로 호텔 레스토랑에서 고객이 지불하는 금액은 호텔 밖의 비슷한 레스토랑에 비해 더 높다고 할 수 있다. 이러한 현상은 호텔 고객 1인당 평균 지출액(Average Spend Per)이 높은 고급 레스토랑에서 분명하게 나타나지만, 보다 저렴한 외식 공간인 커피숍과 같은 업소에서도 종종 이러한 현상을 볼 수 있다. 호텔 고객의 평균 지출액은 역시 시내 중심가에서 찾아볼 수 있는 비슷한 다른 업소들에 비해 높다는 것을 알 수 있다. 이러한 현상을 목격할 수 있는 레스토랑은 직원당 매출(higher sales per employee)이 높고 영업시간 당 매출(higher revenue per trading hour)은 더 높아진다. 고객 1인당 평균 지출액이 낮은 패스트푸드 업소의 경우 높은 매출량을 달성하기 위해 긴 영업시간을 필요로 하게 된다. 역시 고객 1인당 평균 지출액이 낮은 커피숍의 경우도 하루중 대부분의 시간을 들여 영업을 할 수도 있지만, 호텔 레스토랑의 경우 호텔 밖에서도 찾아볼 수 있는 고급 레스토랑과 마찬가지로 점심과 저녁 시간대에만 각각 3시간씩, 길어도 4-5시간 정도만 영업하게 된다. 보다 큰 호텔의 경우 특정 형태의 식음료 서비스는 하루 24시간 제공되며, 대부분의 요식시설이 주말이나 휴일 없이 영업한다. 운영시간은 호텔 밖의 고급 레스토랑의 경우 일요일에는 영업하지 않을 수도 있으나, 기본적으로 호텔 또는 고급 레스토랑의 운영시간이 해당 업소의 재정 정책과 상응해야 하므로 영업시간당 매출 및 시간당 직원별 매출, 인건비 등의 정보를 기반으로 영업시간을 결정하게 된다.

출처: radissonedwardian.co.uk.

그림 2.8 Radisson Edwardian Ascots 레스토랑 – 영국 런던

호텔에서 제공되는 식음료 서비스 가격에 대한 지불은 여러 가지 방법으로 이루어질 수 있다. 고객이 투숙객인 경우 식음료 시설 이용시 발생한 비용이 체크인할 때 만들어진 가상 객실 구좌(Room account)에 부과될 수 있으며 현금 또는 신용카드로 지불할 수 있다. 일반적으로 볼 때 레스토랑의 가격 수준이 높을수록 신용 편의시설(credit facility, 외국환은행이 외국환업무를 보려면 외국에 있는 은행의 도움을 받아야 하는데, 고객의 예치환거래은행과 외국환거래은행에 여러 가지 신용 관련 편의를 제공하는 것을 신용 편의라 함)이 마련돼 있을 가능성이 높다. 몇몇 호텔 및 고급 레스토랑은 식사 가격에 서비스 비용(service charge)을 포함시키거나 또는 서비스 비용을 고객의 재량에 맡기기도 한다. 바로 이 부분이 서비스 업계에서 서비스 비용, 즉 팁(tip)을 가장 흔하게 볼 수 있는 분야이며, 직원들끼리 팁을 공유하는 시스템 역시 종종 볼 수 있다.

마케팅

호텔의 마케팅 정책은 아주 복잡한데, 이는 다양한 요식 업소 유형에 맞는 여러 고객층에게 호소력 있는 메시지를 전달하기 위함이다. 예를 들어 호텔 커피숍에 자주 오는 손님은 호텔 일품 요리 레스토랑을 이용하는 고객과는 전혀 다른 사람일 수도 있다. 그렇기에 하나의 업소에서 복합적인 시장을 상대로 할 때에는 그에 따른 위험부담률도 파악해야 하며 적절한 광고 및 홍보도 계획해야 한다. 호텔 마케팅 정책은 연중 시기에 따라 달라질 수 있는데, 이는 제공되는 식음료 서비스를 그때그때마다 다른 시장에 마케팅할 기회를 포착할 수 있기 때문이다. 예를 들어 해변가 리조트형 호텔의 경우 여름에는 주로 가족 및 단체 여행객을 상대로 할 수 있으며 요식 시설이 호황을 누릴 수 있게 된다. 하지만 겨울철에는 이러한 시장이 존재하지 않을 수 있기 때문에 호텔은 연회나 학회 '패키지'의 일부로 요식 시설을 프로모션할 수도 있다. 이러한 방법으로 호텔 요식 시설은 그 시장을 혼합시키거나 호텔의 전체적 이미지에 부정적인 영향을 미치지 않으면서 연중 내내 활용할 수 있게 되며, 지속적으로 매출을 올리고 호텔 시설 역시 최대한 활용할 수 있다.

호텔의 마케팅 정책은 투숙객과 비투숙객 시장에 앞서 언급한 전략을 포괄적으로 적용시킨다. 예를 들어 호텔은 그 영업을 주로 내부 고객, 즉 투숙객에 의존할 것인지 아니면 어느 수준까지는 외부 고객 유치를 시도할 것인지에 대해 결정할 수 있다. 어떤 호텔은 투숙객을 중점적인 대상으로 삼고 상대적으로 제한된 요식 시설을 제공할 수도 있고, 비투숙객 고객을 유치하려는 호텔의 경우 보다 폭넓은 요식 시설–레스토랑, 바, 연회시설 등등—을 제공한다.

'십자형' 광고는 호텔에 한 가지 이상의 요식 시설이 있을 때 사용할 수 있는 기법 중 하나이다. 예를 들어 칵테일 바에서 테이블 위에 작은 광고를 한다면, 여기에 일품 요리 레스토랑의 특별 프로모션 행사를 홍보할 수 있다. 호텔이 보다 큰 조직에 속해 있는 경우(다국적 기업의 지점과 비슷한 개념으로), 국내 혹은 때때로 국제적으로 소속된 산하 모든 호텔의 요식 시설에 회사 판매 책자를 배포하는 식으로 호텔간 광고 역시 사용될 수 있다. 또한 호텔의 식음료 시설을 다른 서비스와 함께 홍보할 수도 있다. 예를 들어 여러 호텔 체인들이 '바겐 주말'처럼 호텔에 2-3일간 머무르는 일체형 1박2식제 혹은 식사 포함 상품을 제공하기도 한다. 일품 요리 레스토랑에서 식사하는 호텔 투숙객에게는 할인 혜택이 주어지고, 식사와 함께 무료 와인이 제공되거나 주말보다 한가한 주중의 경우 2인분을 1인분 가격으로 할인해주기도 한다. 요식업소 마케팅에는 모든 가능한 광고 기법을 검토하는 것이 중요하지만, 숙박 등 업소 내부의 다른 시설과 함께 광고할 수도 있다.

제품 및 서비스 스타일

호텔 레스토랑은 고급 레스토랑과 마찬가지로 주로 파티 시스템을 사용한다. 쿡 칠(cook chill, 한꺼번에 대량 공급하기 위해 요리를 급냉장했다가 나중에 데워내는 방식) 또는 수비드(sous-vide, 영어로 under vacuum. 음식을 진공 포장하여 일정기간 동안 놔두는 요리 방식)와 같은 방법들은 기존의 호텔 전통의 수호자들이었고, 특히 연회 부서에서는 이러한 방법들을 대체하려 하기보다는 더욱 적극적으로 사용하려 한다.

호텔에서 사용되는 다양한 식품 서비스 스타일은 한 호텔 안에 있는 식음료 업장의 형태에 따라 달라진다. 예를 들어 작은 호텔에서는 한 레스토랑에서 조식, 중식, 석식을 모두 제공하고, 중식과 석식에는 따블도트 메뉴를 제공하고 접시에 담긴 요리도 서비스 직원이 제공할 수 있다. 그러나 규모가 좀 더 큰 호텔에는 4-5가지 종류의 다채로운 요식 업소가 마련되어 있으며 이에 상응하는 서비스 형태를 채택하고 있다. 호텔에서 제공되는 조식은 셀프서비스 스타일을 가진 커피숍부터 웨이터 서비스 형태를 사용하는 주 레스토랑까지 업태가 다양하다. 점심, 저녁시간대에 커피숍에서는 접시에 담긴 적은 종류의 스낵이나 직접 고객의 식탁까지 전달되는 식사류가 제공되며, 뷔페시설 및 고기를 고객 앞에서 직접 구워서 주는 시설 등을 갖춰 놓은 점심 식사를 제공할 수도 있다. 호텔의 그릴 룸(grill room) 또는 테마 레스토랑은 접시에 미리 담긴 요리를 수반한 따블도트 메뉴가 제공되며, 알라카르트 레스토랑은 실버 서비스와 함께 웨이터 서비스를 제공한다. 주 식당 구역(main dining area) 이외에도 호텔에서는 바 시설을 통해 간단한 스낵류와 음료를 제공하며, 룸 서비스 시설 역시 제공한다. 그러나 룸 서비스는 굉장히 노동집약적이고 시간이 걸리는 서비스 방법이기 때문에 대부분의 업체들은 최소한의 품목만 룸 서비스로 제공한다. 그렇지만 특급 호화 호텔들은 보통 주 레스토랑의 메뉴를 룸 서비스로 제공한다.

그러나 고급 레스토랑에서도 위에 설명한 모든 서비스의 형태들을 찾아보기는 힘들다. 이 정도 규모의 사업장에서는 보통 호텔의 일품요리(A la carte) 레스토랑에서나 볼 수 있는 실버서비스 정도의 서비스 형태를 제공하는데 그친다.

직원

직원 구성을 어떻게 할 것인가는 사업체의 규모와 서비스 제공 수준 정도에 달려 있다. 규모가 큰 사업체일수록 더 많은 직원을 고용할 것이고, 부서가 더 많고 케이터링 부서가 특화되어 있다면 그에 따라서도 직원 구성이 달라지게 된다. 제한된 메뉴를 제공하는 주 레스토랑이 한 개인 호텔의 경우 5-6명 정도의 요리사, 그리고 비슷한 수의 서비스 직원이 있을 것이다. 이 직원 수가 케이터링 부서의 수가 된다. 반면에 대형 호텔의 경우 식음료 업장 수에 따라 케이터링 부서 직원이 몇 백 명이 될 수도 있다. 작은 규모의 호텔의 경우 상하 조직구조(hierarchy)가 거의 존재하지 않을 수도 있지만, 규모가 큰 호텔에서는 업장에 분명한 상하구조가 존재한다.

이러한 직원 상하구조가 식음료 운영 시에 생성되는 횟수가 증가함에 따라 직원 연회의 전문화도 심화된다. 그러므로 큰 호텔의 최고 주방장은 여러 명의 수 셰프(sous chefs)를 두고 최고 주방장 부재시 그들이 임무를 대신 수행할 수 있도록 시스템을 마련해 놓는다. 수 셰프 아래에는 셰프 드 파티(chefs de parties)가 있는데 이들은 주방의 주된 조리부(굽는 요리(roast), 야채, 생선, 식품 창고, 제빵, 스프 그리고 소스 등)를 책임진다. 셰프 드 파티는 다시 몇몇의 꼬미(commis, 셰프 드 파티 보다 낮은 단계의 셰프)들을 밑에 두는데, 꼬미들는 작업 내용을 셰프 드 파티에게 보고하도록 되어 있다. 마지막으로 견습생들이 각 조리부에서 일하게 된다. 전통적인 파티 시스템을 갖춘 큰 조직의 주방은 주방부마다 자치권이 있는데, 규모가 작은 주방의 경우 큰 규모의 주방보다 전문화가 덜 되어 있으며 큰 규모 주방의 직원들은 각 조리부에서 하는 다양한 일들을 동시에 해야 하는 경우가 있다. 큰 규모 주방의 최고 주방장은 직접적으로 요리를 하는 것보다는 운영 관리를 더 많이 한다. 그러나 규모가 작은 곳의 최고 주방장은 레스토랑 요리 생산을 하며, 운영 관리에 관한 일은 호텔 소유주가 전담한다.

주방뿐만 아니라 손님을 접대하는 서비스 구역에서도 직원간 상하구조가 나타나는데 이는 업체 규모에 따라 다르다. 예를 들어 80명 이상의 중식 및 석식을 접대할 수 있는 알라카르트 메뉴의 고급 레스토랑 직원 구성은 레스토랑 매니저 또는 부 매니저 1명, 헤드 웨이터 1명, 셰프 드 랑 2명(서비스 구역 책임), 와인 웨이터 1명 그리고 3명의 보조 웨이터로 이루어질 수 있다. 좀 더 작은 규모의 업체에서는 레스토랑 매니저 또는 헤드 웨이터 한 명이 두 가지 역할을 병행할 수 있으며, 몇 명의 부 매니저들이 상하관계 없이 존재할 수 있다.

기술

호텔 레스토랑 서비스는 IT와 신기술 개발에 힘입어 급속도로 변화하고 있다. 현재 이 분야가 마주하고 있는 도전과제는 언제 어디서든 고객이 원하는 요리를 대접하면서도 최고의 질과 독특한 풍미 그리고 영양 균형까지 맞춘 식사를 안전하게 보장하는 것이다.

이제 고객이 선택한 요리를 무선 메뉴선택 기능이 장착된 POS(판매시점매장, point of sales)를 들고 있는 웨이터를 통해 주문하면 주문서는 곧바로 주방에 전달되는데, 이 기술은 서비스의 속도를 올리고 주문서 전달 과정에서 오류를 범할 가능성은 줄여주며 서비스를 제공하는 직원이 고객에게 더 오랜 시간 동안 메뉴에 설명 및 서비스를 제공 할 수 있다는 장점이 있다. 또한 주문 데이터를 수집하여 레스토랑의 컴퓨터 시스템에 저장하고, 물품 및 주문 목록에 자동적으로 접속하여 정보를 전달하므로서 구매시 식자재 물품의 규모를 예측할 수 있게 된다.

무선 POS(판매시점매장, point of sales) 시스템은 수영장, 카지노, 레저 센터 또는 공동 공간, 넓고 개방된 공간을 가진 역사적인 장소(Historical Place and Palace) 등 전선을 연결하기 힘든 공간에서 많이 사용된다. 이 시스템을 통해 더욱 활발한 판매 활동이 가능해졌으며 새로운 서비스도 제공할 수 있게 되었다. 최첨단 레스토랑 시스템과 통합된 펜 기반 터미널(pen-based terminals)은 효율성을 최대화하고 환대산업에서 고객의 불필요한 기다림을 없애도록 해주었다.

무선 고객 패드(wireless customer pads)는 고객이 만족하지 못했을 경우 고객이 레스토랑을 떠나기 전에 손쉽게 불만 사항을 제보할 수 있도록 해주는 시스템이다. 일반 커피숍에 가면 쉽게 볼 수 있는 고객 호출기는 서비스 직원이 불필요하게 큰 소리로 고객을 부르지 않을 수 있도록 배려하며 고객에게는 진동 및 불빛이 들어오는 방식으로 주문한 식음료가 준비되었음을 알려준다. 또한 직원 호출기는 주방에서 고객이 주문한 음식이 준비되었음을 알릴 수 있도록 고안되었으며 현재 널리 사용되고 있다. 테이블에 붙어 있는 고객용 직원 호출 벨은 고객이 주문할 준비가 되었을 때 이용하는 것으로 서비스 직원이 고객 테이블에 불필요하게 접근하는 횟수를 줄여준다. 주문 받기, 가격 지불, 재고 관리, 대기 고객 명단 관리, 발레 파킹, 단골 손님 명단 관리 등과 같이 레스토랑 운영에 필수적인 과정들에 신기술이 적용되면, 생산성을 빠르게 향상시키고 비용을 절감하며 고객 서비스의 질을 높일 수 있다.

신기술의 도입으로 룸 서비스 운영도 더욱 유연하게 변화하였다. 룸 서비스 직원은 식음료 부서, 연회부 직원 등과도 내부 전화를 통해 호텔 구내 어디서든 연락할 수 있게 되었다. 직원이 이동 중일 때 음식이 준비되었을 경우에도 언제든 다시 돌아와 가져갈 수 있고, 주문에 변경이 있을 경우 직원을 즉각 변경된 장소로 투입할 수도 있는 등 생산성을 엄청나게 향상시켰으며, 이러한 기술 도입은 가히 경이적인 변화라 할 수 있다. 또한 무선 송신기를 장치하면 호텔 레스토랑에서 고객에게 즐거움을 주어야 하는 세일즈 직원들에게 무선 인터넷을 제공할 수도 있고, 고객들 역시 노트북으로 레스토랑에서 인터넷 서핑을 즐길 수 있다.

새로운 회계 소프트웨어 인터페이스(접속기)는 POS(판매시점매장, point of sales) 시스템과 연결되어 있을 경우 신용카드 결재 허가 및 지불이 가능해지며, 고객 신원정보 파악, 그리고 매니저들을 위한 보고서 등에 사용할 수 있는 중요한 정보 등을 손쉽게 파악할 수 있다. 전문화된 소프트웨어를 도입하는 경우 수익성, 생산성, 비용 그리고 직원 개개인 및 고객을 포함해 회사 전체 운영 단계에 관련한 세세한 정보 분석을 가능케 한다. 세금, 사회 보장 그리고 통계 수치 등도 자동화된 시스템 상에서 간편하게 처리할 수 있다. 자동 급료 계산 시스템은 직원들의 생산성을 분석하고 수익을 최대화할 수 있도록 도와주는 자료를 제공한다.

판매시점매장 (POS, point of sales) 와 세일즈와 케이터링 시스템(Sales and Catering, S & C System)은 새로운 관리 및 회계 시스템을 소개했다. 회계 소프트웨어는 회계 부서로 하여금 비용과 추세를 알아내고 보고서를 제출할 수 있도록 도와주며, 매니저들이 어떤 부분에서 수익 또는 손해가 나는지를 재빨리 파악하여 보다 정확하고 안전한 방법으로 대처할 수 있도록 도와준다. 컴퓨터화된 시스템은 정보 기술을 사용하지 않을 때 보다 식음료 순지출 정보를 더욱 정확하고 신속하게 제공하며, 회계 정리와 식음료 관리에 드는 시간을 최소화할 수 있도록 도와준다.

회계 처리 시간과 비용을 최소화시킨다는 것은, 직원을 교육하거나 더 좋은 상품, 서비스를 제공하는 데 더 많은 시간과 비용을 할애할 수 있다는 것을 의미한다.

식당

사유 신사 클럽(Private Gentleman's Clubs)은 호텔과 비슷한 구조로 운영되는 곳이지만 고객들이 그 시설을 이용하기 위해서는 멤버십 가입을 해야 한다. 이러한 형태의 시설들은 특정 계급에만 개방된 고급 클럽이기 때문에 일류 클럽에서는 멤버십에 가입하기 위해 2년 정도를 기다리는 일도 빈번히 일어난다. 이러한 멤버십 클럽내에서 운영중인 레스토랑들의 경우 오랜 전통을 그대로 유지한 고급 레스토랑 서비스 형태를 유지하고 있으면서도 번화가에서 찾아볼 수 있는 고급 레스토랑보다는 저렴한 가격에 최고급 상품을 제공한다(그림 2.9).

재정적 영향

이런 종류의 레스토랑은 멤버십 가격이 보조금 역할을 하기 때문에 메뉴 가격은 상대적으로 낮아진다. 보통 이러한 업장의 경우 단순히 멤버들에게 서비스를 제공하기 위해 존재하며, 반드시 수익을 내는 것이 목표라고는 할 수 없다. 그러나 이러한 종류의 레스토랑이라도 인건비는 감당해야 하며, 대중을 위한 업장이 아닌 만큼 업장 이용객 수에 제한이 있게되며 따라서 이용자 소비에 따른 운영이익를 맞추기보다는 손해가 많이 난다고 볼 수 있다.

유년 시절에 처음으로 저에게 큰 영향을 미친 것은 바로 요리였습니다. 전 아직도 계절의 변화를 알리던 아름다운 살구의 향기를 기억하고 있지요. 아직도 잊지 못할 경이로운 향기였습니다. 학교에서 돌아와 부모님이 주방에서 요리를 하고 계시는 모습을 보고 있으면 맛있는 냄새에 저도 모르게 취해버리곤 했지요. 부모님의 요리는 주로 제철 농산물로 만든 단순한 요리 였습니다. 그렇지만 지금은 그렇게 단순하면서 인간의 오감을 자극하는 요리는 찾아보기 힘든 세상이 되었습니다. 이제는 일년 내내 모든 농산물을 구입할 수 있기 때문에 제철 농산물이란 말 자체도 무색해 졌습니다. 개인적으로는 농산물을 생산할 때까지 기다리는 맛이 없어졌기 때문에 참으로 안타깝게 생각하고 있습니다.

–안톤 모스만–

그림 2.9 모스만의 사유 식당 – 런던 영국 (출처: mosimann.com)

마케팅

사유 맴버쉽 클럽은 주로 그들만의 뉴스레터나 매거진을 가지고 있기 때문에 새로운 메뉴 홍보는 이러한 매체를 통해 이루어지고, 클럽 내에 숙박시설을 제공하는 클럽의 경우 객실 내부에 직접 광고하기도 한다. 인 하우스 마케팅(in-house marketing) 다시 말해, 사내 마케팅을 제외하면 클럽의 엄격한 제한과 규칙 때문에 더욱 많은 비즈니스를 끌어오기 위한 마케팅을 할 수 있는 방법은 거의 없다고 볼 수 있다. 그러나 어떤 클럽에서는 다른 클럽의 멤버들이 시설을 사용할 수 있도록 허용하는 경우도 있는데, 이러한 클럽은 상호 협정에 기반을 둔 것으로 알려져 있다. 이 때 협정을 맺은 클럽들은 상대 업체의 서비스를 자사 매체에 서로 광고할 수 있다.

제품 및 서비스 스타일

제공되는 상품은 주로 고급 레스토랑의 기준에 따르고, 풀 실버 서비스(full silver service), 플랑베(flambé), 카빙 트롤리(Carving Trolley, 바퀴가 있는 손수레 모양의 카트. 그 위에 은으로 만든 식기가 보통 얹어져 있으며 안에는 고기, 빵 등의 음식이 올려져 있다. 이 때 서비스 직원이 손님 앞에서 요리를 직접 잘라서 제공한다. 오늘날에는 고급 레스토랑 이외의 레스토랑에선 찾아보기 힘들다), 치즈 및 디저트 카트 등의 서비스를 찾아볼 수 있다. 메뉴는 철저히 제한되어 있는 경향이 있지만 종종 고객의 수가 적어 알라카르트(a la carte, 일품 메뉴) 메뉴를 제공할 수 없을 때에는 따블도트(table d'hote, 정찬) 메뉴를 제공하기도 한다. 클럽의 고급 레스토랑의 경우 가장 자랑스러워하는 부분은 잘 쌓아놓은 와인 셀러이며 다양한 와인을 쉽게 찾아볼 수 있다.

직원

고객들은 고급 레스토랑에서 찾아볼 수 있는 직원간 상하구조를 사유 클럽에서도 찾아볼 수 있을 것으로 기대한다. 멤버십 클럽의 경우 작은 팀을 구성하여 일하는 경우가 많고 호텔 레스토랑보다 테이블 회전률이 낮기 때문에 그 분위기가 훨씬 더 안정적이라고 할 수 있다. 비즈니스 호텔 클럽과 달리 사유 클럽의 경우 거의 고객의 100퍼센트가 단골이다. 멤버로 가입하면 1년에 수차례 시설을 이용하게 되는데 직원들은 고객의 이름을 암기하고 있으며 더욱 편안하고 안정된, 그리고 가족적인 분위기로 고객을 맞이할 수 있다. 더욱 편안하고 가족적인 분위기에 소규모 직원 구성은 클럽에 대한 충성도를 높일 수 있고 결과적으로 직원의 이직률을 최소화시킬 수 있다.

기술

사유 맴버쉽 클럽의 경우 기술에 대한 투자는 다른 업장에 비해 미미할 수 있다. 이러한 조직들의 주방은 업장에서 사용하는 아주 기본적인 EPOS마저 운영하지 않는 경우가 많다.

패스트푸드

패스트푸드는 빠른 시간 안에 고객의 주문을 빠르게 준비, 제공, 판매하는 것에 중점을 두는 케이터링 분야이다. 맥도날드, 버거킹, KFC 그리고 Wendy's와 같은 체인들이 가장 잘 알려진 브랜드이다.

어찌 보면 브랜드에 따라 서비스 방식에 많은 차이가 있을지도 모르지만, 패스트 푸드 산업의 공통된 특징에는 제한적인 메뉴 품목 그리고 사업 운영시 피자, 닭고기, 버거 등과 같이 한가지 상품에 초점을 맞추는 특성화 경향 등이 있다. 패스트푸드점은 주로 수입이 적은 소비자 시장을 타깃으로 하기 때문에 다른 식음료 업체들보다 저가의 상품을 판매하며, 대부분 셀프서비스로 이루어지기 때문에 고객과 서비스 직원 간에 접촉하는 시간이 최소화된다. 그리고 구매후 소비자가 식사하는 공간은 장내, 장외 어디든 가능하며 다른 식음료 업장과 달리 더욱 자유로운 식사 시간이 형성된다. 다시 말하면 하루중 언제든지 식사가 가능하다는 뜻이다. 그리고 식품 생산, 노동력 및 다른 운영 비용 등 거의 모든 측면이 표준화되어 있으며 생산 효율성이 지극히 높다(그림 2.10, 그림 2.11).

샌드위치 바

샌드위치 바는 패스트푸드 케이터링의 한 형태로 주된 식품의 종류가 샌드위치이다. 음식에 따라 제공되는 음료의 형태는 주로 주스류가 많으며 따뜻한 음료를 제공하기도 한다. Mintel 레포트(2007)에 따르면 2002년부터 샌드위치 산업은 23퍼센트 정도 성장하였고 가치는 약 40억 파운드(한화로 7조정도, 1파운드=1,758원) 정도라고 한다.

맥도날드의 브랜드 미션은 '고객이 배고플 때 생각나고 가장 좋아하는 장소가 되자' 이다. 세계적으로 뻗어 있는 맥도날드 지점들은 '이기기 위한 전략'이라는 명목 아래 표준화된 글로벌 전략을 따르며, 사람, 상품, 장소, 가격 그리고 홍보 등 다섯 가지 측면에서 고객에게 최상의 서비스 경험을 가능케 하기 위해 다분히 노력한다.

그림 2.10 맥도날드의 브랜드 미션 (출처: mcdonalds.co.uk)

그림 2.11 버거킹 웹사이트 (출처: burgerking.co.uk)

패스트푸드 산업의 빠른 성장세는 샌드위치 바의 도입으로 더욱 확연해졌으며, 기술 혁신과 신상품 개발에 초점을 맞추면서 더욱 가속화되고 있다. 이 분야에 향후 경쟁을 가속화시킬 수 있는 위협 요소로 작용하게 될 것은 바로 스낵류의 음식과 스프, 스시, 그리고 편의 식품 같은 식품류이다. 그러나 샌드위치 공급 구조는 계속 성장하고 있어 더욱 여러 장소에서 샌드위치를 구매할 수 있기 때문에 심각히 염려할 부분은 아니라고 판단된다. 영국 소비자들은 더욱 긴 시간 동안 일을 하는 추세를 보이고 있으며, 점심시간은 다른 유럽인들보다 더욱 짧아지고 있다. 샌드위치는 이러한 라이프스타일에 더욱 안성맞춤인 셈이다.

맥도날드가 처음으로 영국 샌드위치 바 체인인 프레 아 망제(Prêt A Manger, http://www.pret.com)의 지분을 사들이자 사람들은 이제 샌드위치 바가 식음료 관리 부문에서 하위 부분을 차지하는 것이 아니라는 것을 깨달았다. 고객들은 더욱 건강한 음식을 선호하게 되었으며, 샌드위치 바의 마케팅 전략에서 바로 이러한 욕구를 충족시켜 줄 수 있는 여지를 발견했다.

슈퍼마켓과 같은 소매점에서는 샌드위치 바를 겸해서 장사를 하는 경우도 생겨났으며 이제 Asda, Tesco, BiLo, Wal Mart 등 대형 마트에서도 쉽게 찾아볼 수 있게 되었다.

재정적 영향

샌드위치 바는 빠른 회전율과 낮은 고정비용에 의존하여 수익을 창출한다. 음료 판매로 추가적인 수익이 나는 경우도 있지만 그것이 주된 목적이 아니라는 것을 염두에 두어야 한다.

사업장에 따라 조금씩 차이는 나지만 상품은 며칠이 지나면 폐기해야 하므로 생산한 다음엔 빠른 시간 내에 판매해야 한다. 평균적으로 3-5파운드 정도를 식품 비용으로 사용하며 약 20-30%는 노동력에 사용한다. 샌드위치 바는 최소한의 시작 비용이 들어가기 때문에 아주 이윤이 많이 나는 식음료 업장 중 하나라고 할 수 있다.

마케팅

어떤 업장들은 독특한 판매 요소(Unique Selling Point: 주로 경쟁 업체와 자신의 업체를 차별화시킬 수 있는 요소라는 뜻으로 통한다)로 상품의 신선도, 신속한 서비스, 환대 정신(hospitality spirit: 고객을 최우선으로 알고 최선을 다해 고객을 접대하는 정신), 기업의 윤리성 등을 내세우기도 하는데 종종 기업들은 기업의 목표 및 독창적인 판매 요소들를 통해 기업운영에 직접적 영향을 주며 기업의 성장과 함께 이익을 창출하는 이해당사자 그룹(stakeholders)

들에게 비즈니스의 핵심을 전달하곤 한다. 예를 들어 프레 아 망제(Prêt A Manger)의 기업 목표에서(그림 2.12) 사람들은 재료의 신선함 그리고 음식에 대한 그들의 열정이 바로 이 기업의 독특한 판매 요소라는 점을 알 수 있다. 샌드위치 바는 제품을 홍보하기 위해 광범위 세부 시장들에 초점을 맞추며 전략적 장소나 번화가에 지점을 내는 경향이 있다.

상품 및 서비스 스타일

어떤 업장들은 사용되는 재료의 품질 또는 사용 가능한 재료의 선택 폭에 중요성을 두기도 한다. 어떤 지점에서는 미리 준비된 상품을 판매하기도 하고 또 다른 경우에는 주문과 동시에 만들어 판매하는 경우도 있다. 일반적으로 작은 업체일수록 매일 대량으로 상품을 공급할 수 없기 때문에 맞춤 제작하는 형식을 채택하며, 규모가 큰 업장에서는 대량으로 상품을 공급하기 위해 미리 만들어진 식품을 제공한다. 그러나 이러한 업장들 역시 고객이 여러 메뉴 품목 가운데서 선택한 뒤 판매된다는 점에서는 다를 바가 없다고 할 수 있다.

비록 기존의 편의 식품의 경우 특정 업장에서만 판매되었지만 이제 고객들이 건강에 더욱 좋은 식품을 원하게 되었기 때문에 업장도 이러한 추세에 맞춰 변화하고 있다. 그러나 이러한 업장에서 주방은 단지 식품을 고객에게 전달하기 직전 마무리 작업을 하는 정도에 지나지 않거나 카운터로 대용되는 경우로만 사용된다. 큰 샌드위치 체인의 경우 종종 중앙 집중적인 주방을 사용하며, 다른 지점으로 보내질 식품을 만들어 판매용 패키지까지 이 곳에서 완성되기도 한다. 1인당 할당되는 재료 양 관리, 비용 등은 아주 중요한 일 중 하나인데, 그 이유는 판매되는 샌드위치당 순이익이 아주 작기 때문이며, 그러한 이유로 생산과정 자체가 아주 표준화되어 있는 경우가 많다. 사용되는 시설 역시 최소화되어 있으나 각 지점마다 냉장 기계는 반드시 구비되어 있어야 하고, 토스터나 샌드위치 그릴 기계는 선택적으로 배치할 수 있다.

> PRET은 손수 만든 자연주의 음식을 제공하며 오늘날 패스트푸드 마켓에서 쉽게 찾아볼 수 있는 화학물질, 첨가물 그리고 방부제 등을 사용하지 않습니다.

그림 2.12 프렛 기업 미션 (출처: prêt.com)

서비스 스타일은 카운터 서비스 또는 셀프 서비스 방법을 채택하고 있으며 점심시간과 같이 바쁜 시간대에는 서비스 속도가 사업의 생명이라고 할 수 있기에 어떤 업장은 테이크아웃과 장내에서 식사 가격이 다른 경우도 종종 있다.

직원

직원은 최소 인원으로 사업을 유지해 나갈 수 있다. 업장의 규모에 따라서 달라지기는 하지만 카운터 뒤에 1-2명 정도의 서비스 직원만으로도 운영 가능하다. 근무시간당 한 명의 직원만 사용하는 경우도 흔하며 이 직원은 혼자서 생산, 서비스, 판매가 모두 가능하다. 또한 한 명이 하루에 몇 백 명에게 서비스하는 것도 자주 볼 수 있는데 이러한 특성상 직원이 고객과 접촉하는 시간은 지극히 제한적이라고 할 수 있다.

기술

바코드와 스캐너 기술은 샌드위치 체인 지점에서는 필수적이다. 기술은 보다 신속한 서비스를 가능하게 해주며 서비스 직원들이 같은 시간 안에 더욱 많은 수의 고객을 상대할 수 있도록 해준다. 전자주문시스템매장(EPOS-Electronic Point Of Sale) 시스템은 샌드위치 바에서도 찾아볼 수 있으며, 이제 이러한 프로그램을 통해 하루 중 가장 바쁜 시간이 언제이며 서비스 레벨과 고객의 대기 시간까지 계산하여 보다 빠르고 나은 서비스로 고객을 대접할 수 있게 되었다. 고객의 상품 기호 역시 이 시스템을 통해 분석 가능하며 신제품 출시 때에는 더욱 유용하게 사용될 수 있다. 재고 관리 소프트웨어는 자주 이용되는 기술 중 하나이고 비용 절감에 뛰어난 효과를 발휘한다. 업장 안에서 식사 가능한 시설을 구비한 최신식 샌드위치 바에서는 이제 무선 인터넷도 가능하다.

보편화된 케이터링 업종(피자/ 스테이크 하우스/ 비스트로/ 주점 등)

이런 종류의 업장들은 패스트푸드 업장들과 비슷한 점을 많이 가지고 있지만 주로 풀 테이블 서비스를 제공하기 때문에 이 점 하나만으로도 일반 패스트푸드 업장들과는 구분이 된다.

어떤 점에서는 업장마다 차이가 많이 나겠지만, 이런 업장들은 종류에 상관없이 여러 가지 공통점을 가지고 있다. 우선 그들의 메뉴는 피자(Pizza Hut), 닭고기 (Nandos, KFC)와 같은 특정 식품에 제한하여 한정적인 메뉴 품목을 제공한다. 또한 판매되는 식음료는 일관된 표준을 따라 생산, 판매되며 미리 요리된 식품이나 편의 식품을 사용하는 빈도가 아주 높다(그림 2.13).

이러한 업장들은 주로 평균 지출 수준이 낮은 시장에 초점을 맞추고 있으며 다른 식음료 업장에 비해 그 가격이 상대적으로 낮은 편이다. 고객을 위한 서비스 직원의 수가 상대적으로 적으며 셀프 서비스의 형식을 띠고 있다. 그리고 식품의 소비는 장내, 외에서 이루어 질 수 있으며, 다른 식음료 업장과 달리 더욱 자유로운 식사 시간이 형성된다. 또한 하루 종일 구매 가능한 품목들도 존재하며 운영의 모든 측면에서 볼 때 대단히 표준화 되어 있기 때문에 식품, 노동력 그리고 다른 운영 비용을 최소한으로 줄이면서도 대량 생산이 가능하다.

그림 2.13 KFC 버켓 (출처: Courtesy of KFC)

재정적 영향

인기 있는 케이터링 업체들은 운영적인 측면에서 여러가지 특징을 가지고 있다. 비교해서 말하자면 시작 자본금이 다른 식음료 업장에 비해 적으며, 변동비용 비율이 상대적으로 높은 반면 고정비용 비율은 상대적으로 낮다. 이러한 업장에서 판매를 위해 제공되는 상품은 모두 일정 시간이 지나면 폐기 처분해야 하지만, 다른 식음료 업장에서 제공하는 식음료만큼 짧은 시간 안에 폐기 처분하지 않아도 된다는 장점이 있다. 그 이유는 이러한 업장에서 특히 편의 식품 사용률이 아주 높기 때문인데, 사실 대부분의 음식이 '주문을 위해 요리된' 것들이고 금방 폐기 처분하지 않아도 되는 것들이기 때문에, 패스트푸드 업장에서는 호텔처럼 불안정한 판매량을 걱정하지 않아도 된다. 그렇기 때문에 패스트푸드 업장은 또한 고객의 요구에 대한 의존도가 낮다. 이러한 모든 요소들은 패스트푸드나 인기 있는 케이터링 업장들을 모두 비용지향적(비용을 집중적으로 통제하기 위해)이면서 시장지향적(산업내 경쟁이 치열한 분야의 비즈니스를 보장하기 위해)으로 만든다.

이렇게 평균 지출이 낮은 업장에서는 식사의 가격이 중요한 변수이다. 패스트푸드와 인기있는 케이터링 사업장들은 아주 탄력성 있는 수요를 보이기 때문에, 예를 들어 업장에서 10% 정도 가격을 인상할 경우 판매량에 지대한 영향을 미칠 확률이 아주 높다. 패스트푸드 업장의 변동비용은 상품 판매가의 대부분을 차지하며 매니저의 가격 결정권 범위는 결과적으로 아주 낮아지게 된다. 그러므로 업장에서 부과되는 가격은 아주 신중히 계산되어야 하며 경쟁사의 가격도 반드시 고려해야 한다. 영국 패스트푸드 업체를 이용하는 소비자의 평균 지출은 상대적으로 적어 보통 10에서 20파운드 정도이고, 이렇게 낮은 평균 지출액은 판매량에 의해 상쇄된다.

그러므로 패스트푸드 업장의 재정 정책은 어떻게 목표를 달성해야 하는가, 비용은 어떻게 통제할 것인가, 가격 대비 판매량의 균형은 어떻게 맞추어야 하는가 등을 고려하여 식음료 품목에 목표 수익을 결정, 가격에 반영하여야 한다.

마케팅

획기적인 마케팅 정책 수립은 현대의 인기 케이터링과 패스트푸트 업체들에게는 성공으로 가는 지름길이다. 이러한 업체들을 연구한 학자는 인기 케이터링과 패스트푸드 업체들의 마케팅 전략을 분석해보면 상품, 프로모션, 장소, 가격, 과정, 물질적 증거(physical evidence) 그리고 참여라는 마케팅 주요 변수에 대한 개요를 확충할 수 있다고 한다.

상품 및 서비스 스타일

인기 있는 케이터링 업체들이 판매하는 제품은 거의 모든 과정이 표준화되어 있으며 상품에 들어가는 재료의 양도 철저히 통제된다. 이러한 특징은 테이크아웃 서비스를 제공하는 업체에서 더욱 두드러진다. Pizza Hut처럼 대기업의 경우 원료 기업이 말단 제품 분야까지 생산 영역을 넓히는 수직적 통합을 사용하여 공급망(supply chain)부터 생산 그리고 상품 판매까지 일괄적으로 관리한다. 이를 통해 최종 상품 통제 및 특화가 가능해진다. 다른 회사들은 미리 준비된 상품을 식품 제조업체로부터 사들여 고객에게 직접 판매하는데 대표적인 예가 미리 생산된 포장된 파이, 비스킷, 버터 등이다. 도매업자로부터 미리 준비된 식품을 구매해 아무런 첨가 작업도 하지 않고 소비자에게 직접 판매하는 패스트푸드 업장들은 소매업장과 매우 비슷하다.

이런 방법을 사용하면 상품을 만드는 데 추가적인 공간 및 장비를 필요로 하지 않고, 주방 직원에게 업무를 가중시키지 않아도 메뉴의 폭을 넓힐 수 있다.

판매 도구라는 측면에서 메뉴는 식음료 운영에서 매우 중요하며 특히 직원을 최소화시킨 탓에 판매 도구가 메뉴와 상품 진열을 통한 시각적 효과밖에 없는 패스트푸드 업장에서는 더욱 중요하다. 서비스 직원과의 접촉 시간이 최소화된 테이크아웃 매장의 경우 메뉴가 고객의 시선을 충분히 사로잡을 수 있도록 만들어지며, 이를 위해 상품 사진을 삽입해 두는 경우가 많다.

이런 업장에서는 편의 음식을 사용하느냐 안하느냐의 문제는 그다지 중요하지 않다. 이용 가능한 편의 식품 가운데 어떤 것을 어느 정도 사용할 것인지가 더욱 민감한 문제이다. 업체가 사용하는 편의 식품의 양은 여러가지 요소에 따라 달라지는데, 공장에서 제조된 식품을 사는 비용 대비 업장 내 생산 비용, 업체가 제공하고자 하는 식품의 기준과 부합하는 정도, 제공된 메뉴 품목의 다양성, 공장에서 제조된 식품을 사는 경우 추가적으로 발생하는 비용 대비 장내에서 식품을 생산했을 경우 발생하는 생산 및 노동비용 등이다.

직원

직원 고용은 가능하다면 최소화하는 것이 가장 바람직하다. 고객 1인당 서비스 직원 수는 업체의 종류, 메뉴 품목의 다양성, 판매 가격 등의 요인에 따라 달라진다. 특히 판매 가격에 영향을 많이 받는데, 더 보편적으로 말하자면 식사 판매가가 높을 수록 고객들이 더욱 높은 서비스를 기대하게 된다는 뜻이다. 고객당 직원 수는 업장의 서비스가 더욱 정교해질 경우에 증가하고, 이때 웨이터 한 명이 12-16명 정도의 손님에게 서비스를 제공한다.

기술

전자주문시스템매장(EPOS-Electronic Point Of Sale)와 생산 기술의 발달에 대해서는 이미 여러 번 언급했는데, 여기서 좀 더 강조하고 싶은 부분은 바로 인터넷 사용이다. 인터넷 시대가 도래하면서 소규모 업체들이 마케팅 수단으로 인터넷을 손쉽게 이용할 수 있게 되었다. 전 세계 다양한 규모의 레스토랑들은 웹사이트 개설을 통해 시장에 마케팅할 수 있는 기회를 얻었고, '전자 광고판(electronic billboard)' 사이트부터 고객이 직접 사이트를 통해 예약할 수 있는 고객과 업체간의 상호 웹사이트 등 다양한 종류를 선택할 수 있다. 웹사이트는 전반적인 마케팅 전략의 한 부분인 이외에도 비즈니스 목표가 무엇인지 알 수 있게 해주는 수단이 된다. 혁신적이면서도 메일 리스트, 뉴스레터, 고객 문의 자동 답변 등을 가능케 해주는 다른 웹사이트와 결합한 웹사이트를 사용할 수도 있다. 이러한 서비스 결합을 통해 회사의 가시성을 돋보이게 하며 결과적으로는 판매량 증대와 비즈니스 대 비즈니스(B2B, Business to Business) 접촉도 증가시킬 수 있다(그림 2.14).

테이크아웃 그리고 배달

테이크아웃 서비스는 북미 지역에서 자주 볼 수 있는 서비스 형태로 패스트푸드 개념을 반영한 것이다. 이러한 업체들이 제공하는 상품 및 서비스, 판매량 통제, 상품 패키징 등 모든 운영 사항은 대부분 표준화되어 있다.

테이크아웃 업체는 제한된 기본 메뉴를 제공하며 메뉴 안에는 기본 품목에 수많은 변동 사항이 있을 수 있다. 이러한 업체들은 중저가 상품을 제공하기 때문에 높은 판매량을 목표로 하며 빠른 시간 안에 간식 및 식사를 해결하려는 현대인들을 겨냥한 식음료 시장에서는 각광받는 분야이기도 하다.

테이크아웃 업체들은 고객이 주문한 순간부터 주문을 처리할 때까지 걸리

그림 2.14　온라인 예약 시설을 제공하는 Bank 레스토랑 웹사이트

는 시간을 최소화하기 위해 노력하는데, 어떠한 업체의 경우 서비스 시간 30초 이하를 자랑하는 곳도 찾아볼 수 있다. 소비자들은 이렇게 준비된 음식을 업장 내부에서 소비할 수도 있고 다른 곳으로 가져가서 소비할 수도 있다. '테이크아웃'이라고 불리는 수많은 업장들은 몇 백 개의 좌석이 마련된 업장 시설을 구비하는 경우도 있다.

테이크아웃 업체들은 집까지 주문 배달하는 서비스도 제공하며, 전통적으로는 피자 업체 정도만 실행하던 배달 서비스를 이제 인도, 중국음식 등 다양한 레스토랑 등도 제공하고 있는 추세이다. 식음료 배달 사업은 지난 몇 년 동안 영국에서 빠르게 성장했으며 향후 계속 증가할 것으로 기대된다(표 2.1).

재정적 영향

전통적인 레스토랑들은 업장내 좌석 수에 제한이 있기 때문에 받아들일 수 있는 고객의 수가 한정되어 있지만, 테이크아웃이나 주문 배달을 전문적으로 하는 업체는 이러한 제한에서 자유롭기 때문에 서비스를 제공할 수 있는 고객의 수가 무한하다. 그렇기 때문에 더욱 빠르게 상품을 생산해낼수록 판매량을 늘릴 수 있고 이러한 사항들이 결과적으로 사업체의 성패를 좌우하기 때문에, 상품 생산 속도가 중요해진다. 평균적으로 사람들은 테이크아웃 업체에서 2-8파운드 정도를 소비하며 주문 배달 업체에는 8-12파운드 정도를 소비한다.

마케팅

테이크아웃 매장들은 고객회전률이 아주 높기 때문에 목표 시장과의 관계가 아주 중요하다. 그렇기 때문에 주로 유동인구가 많은 번화가나 주요 쇼핑센터에서 이러한 매장들을 쉽게 찾아볼 수 있다. 고객의 평균 소비 금액(ASP)이 상대적으로 다른 업장들보다 낮지만 높은 판매량에 의해 상쇄되기 때문에 최종적인 수익률 측면에서는 영향을 받지 않는다.

주문 배달을 전문으로 하는 업체의 경우 가정으로 직접 보내거나 사람들이 많은 장소에서 나누어질 전단지에 마케팅 예산을 거의 대부분 사용하게 된다. 전단지에는 메뉴 이외에도 영업시간, 전화번호, 이메일, 웹사이트 등 필수적인 정보가 들어간다. 대부분의 소비자들은 이러한 메뉴를 스팸 메일로 간주하기 때문에 웹사이트의 중요성은 더욱 높다. 최근에는 비즈니스카드 스타일에 웹사이트 주소를 적어놓은 전단지도 늘어나고 있다.

상품 및 서비스 스타일

오늘날 테이크아웃 업체들이 제공하는 상품은 더욱 다양해졌으며 영국 사람들이 즐겨 먹는 생선튀김과 감자튀김 요리(fish & chips)를 파는 업체들은 햄버거, 피자, 중국음식, 인도음식, 멕시코 음식 등에 의해 순위가 밀려났다(표 2.1). 일반적으로 메뉴 품목이 제한적이며 금방 데워 고객에게 제공할 수 있는 음식들로 구성되어 있다. 이러한 방식은 분주한 번화가에서 식사하려는 고객들의 요구를 충족시킬 수 있다. 심지어 생선튀김과 감자튀김 요리를 파는 업체들마저도 최근 바쁜 시간대에는 미리 몇 인분의 요리를 만들어 따뜻한 곳에 보관해 놓고 판매하기도 한다.

셀프 서비스는 식품 서비스의 한 종류이며 고객들이 직접 카운터에서 돈을 지불하고 스스로 주문한 음식을 받아갈 수 있다. 이러한 서비스가 가능한 업장에서는 웨이터 서비스를 제공하는 업장보다 음식 가격이 상대적으로 낮다.

셀프 서비스 업장에서 주문한 음식은 주로 선불로 지불하며, 판매기에서 티켓을 먼저 구매하는 형식을 사용하는 곳도 있다. 어떤 카페테리아에서는 후불로 계산할 수도 있다.

공장 산업 부문에서 케이터링 시장은 이러한 셀프서비스 이용이 일반화되었다. 이 경우 사람들의 주된 식사 시간은 저녁이기 때문에 간단한 스낵류가 셀프 서비스를 통해 제공된다. 복지 부문에서는 이런 실용적인 식품 서비스 방법이 널리 이용되고 있으며, 근무와 관계 없는 점심시간 동안 좀 더 즐겁게 식사할 수 있도록 하고 있다.

직원

테이크 아웃 레스토랑의 노동력에 지출되는 비용은 주로 생산과 관련된 직원을 고용하는 데 초점이 맞추어져 있고, 서비스 직원은 보통 한 명 정도이다. 많은 경우 이러한 두 직무를 한 사람이 겸임하며, 한 사람이 샐러드 같이 간단한 음식을 준비하고 판매까지 할 수 있다는 것이다. 배달원 수는 판매량에 따라 달라지지만 좋은 주문 배달 업체의 경우 보통 제 시간에 주문을 배달하기 위해 3명 정도의 배달원을 고용한다.

기술

최근에는 주문 배달 업체들도 데이터베이스 소프트웨어를 사용하는 경우가 많아지고 있다. 소비자가 음식을 주문하기 위해 전화번호 및 주소를 알려주면 이 내용이 시스템에 저장되어 다음번 주문 시에 정확한 주소를 확인 가능하고, 고객의 메뉴 선호도 및 과거 구매 내역도 알 수 있다. 신용카드 사용과 인터넷 기술 혁신은 인터넷으로 주문을 가능하게 해 줌으로써 효율성을 극대화시켰다.

커피 하우스 및 찻집

커피 하우스는 주로 넓고 편안한 분위기의 공간을 제공하며 따뜻한 음료와 차가운 스낵이 주된 상품이다. 고객들은 주로 테이크아웃을 많이 하며 미국에서는 1950년대 이후 커피 하우스가 대중들에게 지속적으로 애용되었고, 특히 영국 법률상 술집에 출입할 수 없는 21세 이하의 젊은 층을 대상으로 전통 공연 및 즐거움을 제공했다. 대표적인 예로 커피 하우스에서 최초의 커리어를 시작한 밥 딜런(Bob Dylan)이 있다. 여기서 주의할 점은 커피 하우스와 까페가 엄연히 다른 개념이라는 것인데, 미국에서 까페는 작은 레스토랑을 지칭하는 말이지만 프랑스에서 까페는 주류도 판매하는 장소이다. 영국에서 커피숍 시장은 1990년 이후 폭발적으로 성장했으며 이제는 Starbucks, Costa, Nero와 같은 대기업들이 시장을 이끌어가고 있다.

찻집(Tea House)은 주로 영국에서 찾아볼 수 있는 식음료 업장이며 다양한 종류의 차와 스콘, 팬케이크, 케이크 등을 제공한다. 호주, 인도, 뉴질랜드와 같이 영국의 영향을 많이 받은 나라에서 주로 찾아볼 수 있다. 전통적인 찻집의 경우 이미 시장 성숙기에 들어간지 오래되었지만, 허브나 아로마 차 종류의 소비가 늘어나고 있는 추세이니만큼 향후 다시 부흥하게 될 여지가 다분하다.

재정적 영향

Mintel 리포트(2005)에 따르면 미국의 커피 하우스 시장은 2000년(32억 5천 8백만 달러)과 2005년에 157% 성장률을 나타낸 83억 7천 2백만 달러 규모였다. 향후 5년 간의 판매량은 추가적으로 125% 정도 성장할 것으로 보여진다. 따라서 2010년에는 188억 3천 9백만 달러에 해당하는 시장 규모를 보일 것이다. 이는 커피숍의 기반이 아직 미국만큼 잘 갖추어지지 못한 영국 시장보다 2배 이상 높은 규모이다.

미국의 커피숍 수는 2000년에서 2005년 사이 70% 증가하여 총 2만 1천 400점포로, 미국인 1만 4천명 당 커피숍 한 개라는 놀라운 수치를 나타낸다. 그리고 Mintel 보고서(2005)에 따르면 곧 미국인 1만 명 당 커피숍 한 개가 될 것이라고 한다.

영국에서는 커피숍 시장 가치가 7천만 파운드를 넘어서기 시작했고(표 2.3), 2011년에는 산업이 비즈니스 성숙기에 접어들 것으로 예측된다.

오늘날 찻집은 재정적 관점에서 볼 때는 그렇게 중요한 시장이라고 할 수 없지만 문화적 관점에서는 언급할 가치가 있다.

마케팅

오늘날 커피숍 시장은 상당히 세분화되어 있다. 비즈니스 고객의 미팅 장소부터 걸음마를 갓 뗀 아기를 가진 어머니들 모임까지 다양한 사람들이 방문하며 주말엔 젊은 사람들이 몰려드는 장소가 되기도 하기 때문에, 특정 시장에 초점을 맞추고 마케팅 활동을 하기가 어렵다. 큰 체인점이 오픈한 커피숍의 경우 고객들에게 브랜드 파워가 결정에 영향을 미치는 중요한 요소가 되었다.

찻집은 상대적으로 연령대가 높은 고객들이 많이 애용하며, 모든 연령대의 관광객들이 찾는 관광 명소로도 이목을 끌고 있다.

표 2.3 시장 규모와 브랜드 커피숍의 전망

Year	2005 가격 £m	Index	At 2006 Prices £m	Index2
2001	205	45	355	53
2002	375	56	420	62
2003	450	67	489	72
2004	530	79	561	83
2005	610	90	627	93
2006	675	100	675	100
2007	736	109	716	106
2008	801	119	760	113
2009	874	129	806	119
2010	948	140	848	126
2011	1,023	152	890	132

출처: Mintel

상품과 서비스 스타일

브랜드 커피숍들의 주된 상품은 다양한 종류의 커피이다. 다양한 종류의 커피콩이 마련되어 있을뿐 아니라 한 종류의 커피콩에서 내린 커피라도 다양한 종류의 커피가 제공된다. 라테, 카푸치노, 에스프레소 등과 같이 여러 종류의 커피가 모두 한 종류의 커피 콩에서 만들어질 수 있다는 것이 좋은 예이다.

전형적인 커피숍의 메뉴는 10-15가지 종류의 커피와 핫 쵸컬릿 같은 다른 종류의 따뜻한 음료로 구성된다. 이러한 커피숍들은 업장에서 사용하는 커피콩을 고객들이 집에서도 즐길 수 있도록 판매하는 경우도 있다.

세계 커피숍 전문점 스타벅스(Starbucks)는 차가운 스낵류뿐만 아니라 따뜻한 식품도 판매하고 있는데, 많은 커피숍들은 이제 프랑스의 카페 개념과 비슷하게 변화하고 있다.

이러한 커피숍에서 자주 찾아볼 수 있는 서비스 스타일은 카운터 서비스이며, 체인 커피숍이 아니고 개인이 운영하는 커피숍의 경우 아직 테이블 서비스를 제공하는 곳도 찾아볼 수 있다. 그러나 찻집은 테이블 서비스를 제공하는 것이 일반적이며 카운터 서비스와 테이블 서비스를 둘 다 사용하는 업장도 많이 있다. 이런 경우 구매는 주로 카운터에서 이루어지고 식음료는 고객의 테이블로 직접 제공된다.

직원

커피숍은 크기에 따라 직원 구성이 달라지며 2명 이상의 바리스타가 일한다. 바리스타는 이탈리아어 '바텐더'라는 단어에서 유래하며, 보통 카운터 점원이라는 뜻으로 사용된다. 보통 따뜻한 음료의 경우 바리스타의 기술에 따라 그 맛이 확연히 달라지기 때문에 모든 직원이 기계를 능숙하게 다룰 수 있도록 충분한 교육을 받아야 한다. 번화가의 커피숍에서 가장 바쁜 시간은 아침과 점심시간이기 때문에 커피숍 직원 수를 편성하는 매니저는 이 점을 잘 고려해야 한다.

찻집은 대체로 가족 구성원들이 직원으로 일하는 가족 경영 업체가 많다. 영국의 찻집은 관광객이 몰리는 여름철과 주말에 가장 바빠진다. 그러나 매장내 좌석 수가 제한되어 있기 때문에 추가적으로 직원을 고용할 필요는 없다.

기술

전자주문시스템매장(EPOS-Electronic Point Of Sale) 시스템은 커피 하우스에서 더 많은 고객들을 상대하고 재고 통제가 더욱 잘 되도록 도와준다. 또한 커피 디스펜싱(coffee dispensing) 기술은 커피샵 체인이 지점마다 지속적이고 일관성 있는 품질의 커피를 제공할 수 있도록 해주었다. 그러나 아직 완벽한 최종 상품을 미리 만들어 판매하기엔 역부족이기 때문에, 커피숍 운영에는 숙련된 바리스타가 반드시 필요하다.

참고문헌

Brewin Dolphin http://www.brewindolphin.co.uk/(accessed 2nd November 2006).

British Hospitality Association http://www.bha.org.uk/(accessed 20th October 2006).

Caterer, 08 March 2007, JD Wetherspoon's John Hutson welcomes smoking ban http://www.caterersearch.com/Articles/2007/03/08/312049/jd-wetherspoons-johnhutson-welcomes-smoking-ban.html(last accessed 10th March 2008).

Durocher , J. (2001). *Unplugged, Restaurant Business*, 100 (1), 79 – 80.

Feinstein , A. H. and Stefanelli , J. M. (1999). Technology applications in foodservice purchasing: a primer for foodservice marketers . *Journal of Restaurant and Foodservice Marketing*, 3(2), 3 – 22 . The Haworth Press.

Hertneky, P. (2000). The disappearing chefs. *Restaurant Hospitality*, 84(2), 47–50.

Hutchcraft , C. (2001). Scan and deliver . *Restaurants and Institutions*, 111(9), 111–112,114 .

Karel , M. (2000). Tasks of food technology in th 21st century. Food Technology, 54(6), 56–58,60,62,64 .

Menu Pix http://www.menupix.com (accessed 25th October 2006).

Michelin Guide http://www.viamichelin.com (accessed 5th January 2007).

Mintel Reports, Sandwiches – UK – October 2007 http://reports.mintel.com/ (accessed 10th March 2008).

Mobile Guide http://mobiltravelguide.howstuffworks.com(accessed 28th October 2006).

Pret a Manger (2006). http://www.pret.com (accessed 2nd September 2006).

TRI Hospitality Consulting (2007). Hotels 2007 report, UK.

Walton, C, (2007). JD Wetherspoon full-year profi ts to be below expectations, Caterer and HotelKeeper, http://www.caterersearch.com(accessed 15th August 2007).

Zagat survey http://www.zagat.com/ (accessed 28th March 2007).

제 3 장

계약 케이터링, 여행업 및 공공부문 케이터링

단원 소개

본 단원의 목표는 계약 케이터링, 여행업 및 공공부문 케이터링(CTP: contract, travel and public sector catering) 에 대해 자세히 분석하는 것이다. 케이터링이란 기업 및 단체 그리고 연회나 행사 등에 필요한 음식 및 음료를 공급하는 것을 의미하며, 오늘날에는 이러한 업무를 전담하는 다양한 형태의 업체들이 많이 생겨나고 있는 추세이다. 특히, 공공부문과 여행업에서는 외부 케이터링 업체와 계약을 체결하여 이용하는 일이 더욱 빈번하게 일어나고 있다. 그러나 어떤 사업체들은 케이터링 회사에 외주를 주기보다 업체 내에서 자체적으로 해결하는 방법을 선택하기도 한다. 이 단원에서는 케이터링 산업을 3가지 분야로 세분화하여 각 분야의 운영방법에 대한 차이점을 비교해 볼 수 있도록 한다. 케이터링 산업의 3가지 하위 분야들은 지난 몇 년 동안 빠르게 성장해 왔으며, 그 중에서도 향후 10년 동안 빠르게 발전할 것이라 기대되는 부문은 크루즈 보트 사업이다. 이 단원에서는 케이터링 산업에 대한 전반적인 이해를 돕기 위해 각 세부 분야에서 사용되는 기술, 마케팅 전략, 재정적 영향 등에 대한 정보를 제공할 것이다.

단원 목표

이 단원을 통해 아래의 핵심 사항을 이해해 보도록 한다.

- 다음 항목에 초점을 맞춘 계약 케이터링에 대해 이해한다.
  - 산업 케이터링
  - 이벤트 관리
  - 스포츠 장소 케이터링
  - 레저 장소 케이터링
- 여행업 분야와 관련된 케이터링에 대해 이해한다.
  - 항공사 케이터링
  - 크루즈와 페리 크루즈 케이터링
  - 기차 케이터링
  - 도로 및 휴게소 케이터링
  - 자동판매기
- 공공부문과 관련된 케이터링에 대해 이해한다.
  - 학교 케이터링
  - 대학 및 단과대학 케이터링
  - 병원 케이터링
  - 군대 케이터링
  - 감옥 케이터링

계약 케이터링

지난 십여 년간 계약 케이터링(위탁급식 이라고도 함) 업계는 지속적인 발전을 거듭해 왔으며, 본 단원에서 언급되는 여러 분야들에서 케이터링 업체의 운영을 볼 수 있는 것은 일반적인 현상이 되었다. 오래 전부터 계약 케이터링 업체들은 비영리단체 또는 직원식당, 병원, 학교와 같은 기관들과 깊이 연관되어 있었다. 그러나 오늘날 영국의 Compass, Sodexho 같은 대형 케이터링 업체들은 기존 계약 케이터링 사업체의 모습을 탈피하여 그들만의 브랜드를 구축한 레스토랑을 운영하는 사업도 선보이고 있다. 2006년 BHA(British Hospitality Asscosiation)에 따르면, 영국의 경우 케이터링 산업의 생산량은 전년대비 0.8% 절감되었고, 수익은 대략 40억 파운드를 기록했다고 한다. 표 3.1

에서도 찾아볼 수 있듯이 의료, MOD(Ministry of Defence 라는 의미로 영국의 정부기관, 특히 군사 관련 기관을 뜻함), 지방 기관, 사설교육기관들의 계약 케이터링 부문의 식사 제공 횟수는 확연히 줄어들었다(표 3.1 참고).

이 단원의 목표를 성취하기 위해 계약 케이터링 사업에 대한 정의가 필요한데, 이 단원에서 계약 케이터링은 이렇게 정의된다.

- 계약을 요구한 회사의 방침을 존중하며, 케이터링 시설을 운영 및 관리하는 개인 또는 기업 이며, 그 관계가 계약을 통해 구체화 된 것

계약 케이터링 회사들은 보통 일정한 기간 동안 계약을 체결하고, 상호 동의하에 그 계약을 연장 또는 소멸한다.

케이터링 계약의 종류는 아래 5가지로 분류될 수 있다.

+/ 관리비용: 운영비용+관리비가 계약의뢰업체에 청구되는 형태

표 3.1 배식횟수에 따른 영국 계약 케이터링 사업 시장의 세분화

	2001		2003		2005		% 변화
	m	%	m	%	m	%	2001–2005
경영 및 산업	588	38	613	36.9	645	41.2	9.7
주(州) 교육	227	14.7	281	16.9	265	16.9	16.7
공공 케이터링	177	11.4	185	11.1	210	13.4	18.6
의료	238	15.4	232	14	204	13	−14.3
국방부 또는 방위청	135	8.7	161	9.7	105	6.7	−22.2
사립교육	125	2.7	37	8.1	100	6.4	20
지역정부	42	2.7	37	2.2	22	1.4	−47.6
석유굴착산업, 산업교육센터, 건설현장	15	1	17	1	16	1	6.7
총	1,547	100	1,661	100	1,567	100	1.3

출처: BHA/ Mintel 리포트 (2006년 12월)

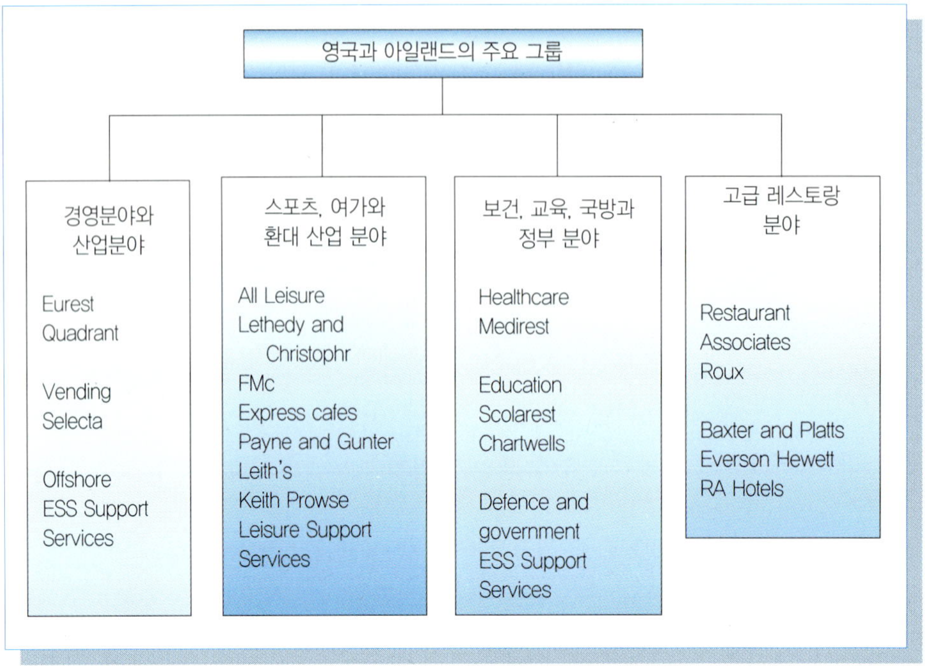

그림 3.1 영국 최대 규모의 케이터링 사업기관 Compass 그룹 구조. Compass 그룹은 영국 내 총 90,000명의 직원과 8,500개의 관리 지역을 소유하고 있다. Compass International 그룹은 총 400,000명의 직원을 보유하고 있으며, 연간 약 110억 파운드의 이익을 내고 있다. (출처:http://www.eurestservices.co.uk)

1. 원가정산/운영 보수(Cost plus/Management fee) 흔히 원가기준 가격 결정법이라고 불리며 제조원가 또는 구입원가에 판매비와 운영 또는 관리비용 및 이익 등을 가산하여 청구하는 형태. 위탁업체는 요청한 손님(회사)에 원가 외에 별도의 운영비용을 청구한다
2. 고정 가격/영업 개런티(Fixed price/Performance guarantee) 서비스 의뢰 업체가 케이터링 업체와 동의하에 계약한 계약서면상에 제시된 총 보조금과 비용을 지불하는 형태
3. 손익 공동 분담(Profit and Loss concession) 운영 시 발생하는 손익에 대한 부담을 공동으로 나누는 것에 대하여 동의한 형태
4. 총 위험부담(Total risk) 모든 수익을 가져가는 케이터링 업체에 의해 부담되는 총 투자액
5. 구매(Purchasing) 오직 구매에 대한 계약

계약 케이터링 업체들은 소규모의 독립적 사업체뿐만 아니라 대규모의 다국적 기업체까지 케이터링과 관련된 모든 비즈니스와 밀접한 관계를 맺고 있다. 계약 케이터링 제공자들이 다양한 기업들과 사업을 하게 되는 것에는 여러 가지 이유가 있다. 예를 들어, 케이터링 서비스를 요청하는 기업이 현 계약 업체에 대해 불만족을 가지고 있을 경우, 실무 미팅에서 현 케이터링 업체가 제공하는 상품 및 서비스 수준에 대한 불만 안건이 접수된 경우, 그리고 현 케이터링 업체의 반복적인 시설 향상 실패 또는 케이터링 업체에 의뢰하는 회사가 케이터링에 대한 전문성이 부족하고, 시설을 운영하는 것에 대한 관심이 없을 경우 계약 케이터링 업체를 선택하여 이용할 수 있다.

산업 케이터링

산업 케이터링은 산업현장에서 케이터링이 이루어지는 것으로 정의될 수 있다. 예를 들어, 주요 소매업체들의 경우 업무를 하는 장소에서 직원들을 위해 직접적인 케이터링 서비스를 제공할 수도 있으며, 일부 기업들은 기업 내에 케이터링 부서를 구축해 놓을 수도 있다. 그러나 대부분의 경우에는 계약 케이터링 업체를 고용하여 해결하는 경우가 더 많다고 볼 수 있다.

재정적 적용

상품가격 책정은 산업 케이터링의 가장 중요한 부분이다. 케이터링 업체를 고용한 회사의 직원들은 편리하게 계약 케이터링 업체를 이용할 수 있지만, 다른 음식 및 음료를 제공하는 또 다른 업체를 선택할 수 있고, 직접 도시락을 싸와서 끼니를 해결할 수 있기 때문에 시장은 준 구속(semi-captive)되어 있다고 할 수 있다. 물론 예외도 있을 수 있다. 석유 굴착 작업장에 제공되는 케이터링 같은 경우 장소의 제약 때문에 직원들에게는 계약된 케이터링 업체의 식음료를 섭취하는 것 이외에는 선택의 여지가 없다. 슈퍼마켓은 아주 좋은 점심식사 대안을 마련해 주곤 하는데, 소비자는 경쟁력 있는 가격으로 신선한 샌드위치부터 방금 조리된 따뜻한 음식까지 다양하게 구매할 수 있다. 케이터링 업자들은 다양성과 품질을 보장할 수 있는 식음료 상품을 제공해야만 하며, 가격은 약 3파운드에서 5파운드 정도가 적당하다.

마케팅

계약 케이터링 업자가 마케팅 활동의 중요성을 인식하고 있을수록 의뢰인이 선택한 계약 케이터링 업체가 고객사(社) 직원들을 위한 최고의 선택이었음을 확실시 해줄 수 있다. 일일 스페셜, 프로모션패키지(예. 식음료 특별상품) 등은 회사 인트라넷이나 게시판을 통해 홍보될 수 있다. 고전적인 방법으로는 전단지 배포가 있지만, 최근에는 신속성이나 효율성의 측면에서 가장 우수한 E-mail이 잠재 고객과의 의사소통을 위해 적극적으로 활용되고 있다.

상품 및 서비스 스타일

카운터 서비스, 테이크아웃 서비스 스타일은 어떤 업체에서도 선호하는 서비스 종류이다. 그러나 상황에 따라서 뷔페 스타일이나 셀프 서비스가 이용될 수도 있다. 주 판매상품은 스낵류, 테이크아웃 음식류이며 좌석수의 제한이 있다는 점과 몇몇의 직원들은 음식을 사놓고 나중에 먹기 때문에 상품포장이 중요한 요소로 작용된다.

직원

계약 케이터링 업체가 업장을 운영할 때에는 케이터링 업체의 정규 직원들을 업장에 배치하는 경향이 있다. 케이터링 업체들은 보통 주변에 다른 식당들도 운영하고 있기 마련이므로 각 업장 간 직원 이동도 있을 수 있다. 이러한 유동성은 직원 병가나 운영 시 예상치 못한 변화가 생겼을 때 아주 중요하게 작용하기도 한다.

기술

식품 운송 및 제공 기술은 식품의 신선도와 직결되기 때문에 업장 운영에 중추적인 역할을 한다. 업장 외 중앙 키친은 주변에 위치한 또 다른 업장들로 상품을 공급하기 위해 사용된다. 가장 중요하게 고려할 점은 생산된 식품이 운송 및 배달하는 동안 신선하게 잘 유지될 수 있느냐이다. EPOS(Electronic Point of Sale) 기술은 판매량 예측을 가능케 함으로써 불필요한 생산량을 억제할 수 있다. 그리고 케이터링 업체가 마케팅 목표를 보다 효과적으로 달성하기 위해서는 본사의 전자보드 및 인트라넷, 그룹 메일 리스트 등에 접속을 가능케 해주는 의사소통 기술 역시 반드시 필요하다.

이벤트 관리

환대산업 분야에서 중요시 되는 것들 중 하나는 이벤트 관리부문이다. 비록 이벤트 관리가 행사를 성공적으로 주최하기 위해 필요한 모든 부분을 총괄적으로 포함하는 학문이기는 하지만, 그 중에서도 행사에 사용될 양질의 음식과 음료를 제공하는 것은 행사를 성공적으로 이끌 수 있는 중요한 요소로 작용한다. 연회 케이터링과 관련된 방책을 결정할 때에는 주로 이 분야에서 전통적으로 따르는 규칙에 의해 결정되는 경우가 많다. 가장 우선적으로 고려해야 할 부분은 계절이다. 그 다음으로 이벤트 성수기에 포함되는 달(月)들을 유념해야 하는데 주로 성수기 기간의 주말, 특히 금, 토, 일요일 중 어떤 시간대가 최대의 판매수익을 올리는데 기여할 수 있을지를 고려해야 한다. 마지막으로, 연회에 앞서 주최측으로부터 연회에 대한 충분한 정보를 파악해야 한다. 케이터링 대상인원, 식사시간(점심, 저녁), 연회 시작 및 끝나는 시간, 제공될 메뉴, 게스트 1인당 지불될 금액에 대한 정보 등이 그 예이다.

연회 케이터링과 관련된 기본적인 방책은 케이터링 사업자의 재량에 의해 결정된다. 만약 케이터링 업체가 제공하는 유일한 서비스가 연회 사업이라면 이 분야에 관련된 법규만 검토하면 될 것이다. 그러나 호텔과 같이 연회부는 여러 케이터링 사업의 일환일 경우도 있다. 그러나 연회와 관련된 의사결정은 연회부 부서 내에서 직접 행하는 경우가 통상적이다.

활동 1

3개의 그룹을 만들어 하나의 이벤트를 계획해 보자. 전략회의(Brain Stroming)를 통해 이벤트 계획 및 관리 측면을 고려하여 이벤트의 컨셉을 잡는다. 이벤트 컨셉은 어떤 특정 테마에 기초하여 구성될 수 있으니(예: 이탈리안 저녁, 카지노의 밤 등), 여러분의 무한한 상상력을 마음껏 이용해보자

연회와 행사 그리고 대규모 이벤트

연회나 행사 케이터링은 사전에 동의된 장소, 시간, 인원, 메뉴와 가격의 식음료를 제공하는 행위로 정의될 수 있다. 대표적인 예로는 결혼식, 미팅, 컨퍼런스, 비즈니스를 위한 점심식사 그리고 사회적, 사업적 목적으로 행해지는 사회적 행사 및 연회가 있다. 행사 케이터링은 영리 및 비영리 분야를 아우르며 이루어진다. 연회는 주로 호텔 내에서 자주 사용되는 단어로, 행사 케이터링을 담당하고 있는 부서를 지칭할 때 사용되곤 한다. 전형적인 호텔 연회나 연회 '성수기'는 5월에서 10월 사이에 주로 몰려 있으며, 가장 바쁜 기간은 12월과 1월이다. 이 기간을 제외한 비 성수기에 호텔 연회 시설은 식사 시간이 제약되어 있는 그룹투어고객들을 위하여 호텔 레스토랑과 분리된 곳에 따로 설치된 식사공간으로 운영되는 경우가 많다. 비수기 때 연회시설은 1일 또는 반일 짜리 골동품 쇼, 트레이드 쇼, 패션쇼 등 식음료의 제공이 제한적일 필요가 있는 행사들을 위해 사용되기도 한다. 연회 성수기는 오로지 연회 개최 목적으로 설립된 업체 또는 호텔 같은 특정 유형의 사업장에 그 특성이 더욱 두드러지게 나타난다. 퍼블릭 하우스, 백화점 레스토랑, 카페테리아 등과 같은 곳에서는 기존 사용 가능한 시설들이 연회를 위해 사용되기 때문에 성수기와 비수기의 구분이 뚜렷하게 나타나지 않는다. 그러나 이런 유형의 업체들조차 다른 시기에 비해 연회가 몰리는 시즌일 경우엔 연회 성수기를 절실히 실감할 수 있게 된다. 이런 연회와 관련된 수요는 매우 들쑥날쑥 하기 마련이며, 관련 업체들은 이에 대비해 반드시 기본적인 의사결정 방침을 가지고 있어야 한다는 것을 시사한다.

재정적 영향

행사 진행을 위해 요구되는 물류관리 사항은 아주 복잡하다. 주로 행사는 식음료 생산이 불가능한 곳에서 이루어지기 때문에, 다른 주방에서 식음료가 생산되어 이벤트 장소까지 운반되어야 하는 경우도 종종 찾아볼 수 있다. 이러한 경우 업체는 추가적으로 발생할 운송료에 대한 사항도 사전에 반드시 고려해야만 한다. 행사를 의뢰한 고객과 계약을 체결할 때, 케이터링 업체는 관례적으로 이미 정해진 메뉴를 사용하지만 결혼식 같은 행사가 있을 경우 고객들은 케이터링 업체에 특별 요구를 하는 경우가 종종 발생하며, 고객을 만족시키기 위하여 맞춤형 서비스도 제공해야 할 필요가 있다. 결혼식이라는 행사로 예를 들어 보자면, 음료 비용은 보통 좌석 하나당 비용에 포함되는데, 다시 말해, 모든 비용이 1인당 들어가는 비용에 포함된다. 그렇기 때문에 케이터링 업체의 1인당 수입은 극히 적으며, 이벤트의 크기에 따라 수익이 차이가 나게 된다.

기업의 연회 시설에 대한 가격구조는 비용구조에 따라 결정되기 마련인데, 특히 고정비용과 변동비용이 중요하다. 특히 비영리 분야의 경우, 이러한 특징이 두드러지게 나타나는데 보통 이런 분야 행사의 경우 모든 비용이 청구되지 않으며 다시 말해, 고정비용이 청구되지 않는다. 연회메뉴의 비용계산(costing)은 주로 식재료와 노동력을 감수하기 위해 이루어지며, 규모와 연회의 질에 따라 이 두 비용이 증가할 수 있다는 것을 기억해야만 한다. 그러나 판매량으로 인해 실질판매액 대비 노동력 비용과 식품비용 비율은 줄어들 수 있다. 그러므로 매 행사에서 필요한 식품비용만 고려할 것이 아니라 노동력 절감을 통해 추가적으로 얻어지는 이점도 염두에 두어야 한다. 연회 비용계산 (costing)시 사용되는 여러 가격구조 모형들이 있는데, 이런 다양한 방법들 중 하나를 채택할 시에는 기업 유형에 따라 고려되는 사항에 맞게 선택되어야 한다(예: 행사 주최기업의 유형, 제공될 식음료 서비스 기준, 기업의 비용구조 등).

마케팅

케이터링 업체 또는 호텔 연회부에서 개최하는 행사를 위한 마케팅 방법에는 여러 가지가 있는데, 이 중 전단지, 라디오, TV, 잡지, 신문 등에 광고를 내는 것 등은 전통적인 방법이라고 볼 수 있다. 재무 리서치 회사 Brewin Dolphin에 의하면, 영국 웨딩 시장의 규모는 매년 420억 파운드의 가치를 창출하며, 결혼식 1회당 16,000 파운드의 가치가 창출된다고 한다. 그렇기 때문에 케이터링 업체들과 호텔 연회부가 이 시장에서 팽팽한 경쟁구도에 놓여 있는 것은 어떻게 보면 당연한 일일 것이다.

행사 때 제공될 식음료 메뉴를 고객과 상담할 시, 주로 샘플 메뉴를 보여주기 마련인데, 이 때 제공되는 메뉴는 그 모양새가 짜임새 있게 갖춰져 있어야 한다. 왜냐하면 고객들이 최종 결정을 하기 전에 그 메뉴를 가져가서 경쟁 업체의 매뉴와 비교한 뒤 결정하기 때문이다. 이러한 판매 도구는 업체의 이미지와 케이터링 사업 운영 수준이 모두를 일관성 있게 반영하고 있어야 한다. 모든 업체들의 연회 시설에 대한 정보가 들어있는 연회 '폴더'는 케이터링 업체에 의해 생산, 배포되는데, 미래 고객들에게 본 업체의 시설이 얼마나 우수한지에 대해 알리기 위한 목적으로 사용되기도 한다. 이러한 '폴더'들은 고객이 좀 더 손쉽게 이해할 수 있도록 색깔 표시가 되어 있어야 하는데, 아래와 같은 스타일로 제작되어지는 경우가 일반적이다.

1. 회사의 로고, 이름 그리고 주소가 적힌 편지봉투 같은 모양의 폴더
2. 고객에게 전달 될 행사 및 연회부 매니저가 직접 쓴 개인적인 편지
3. 정찬 (점심, 저녁), 디너댄스, 뷔페 리셉션, 극장스타일 컨퍼런스 등과 같은 각기 다른 형식 이벤트에 최대 또는 최소 몇 명의 손님을 수용가능한지에 대한 정보를 담은 리스트
4. 평수, 전기코드, 전화연결, 천장 높이 등의 정보가 담긴 연회장 플랜
5. 점심, 저녁, 뷔페, 미팅 등에 이용될 샘플 메뉴
6. 비즈니스 미팅을 위한 오디오, 비디오 시설 (예: 독서대, 마이크, OHP 시설, 스크린 등) 이용 가능여부
7. 연회나 행사에 참가하는 고객들을 위해 특별가격에 제공되는 숙박시설 유무 여부
8. 잘 꾸며진 호텔 방 및 연회장 사진이 삽입된 엽서
9. 간단한 지도 및 주차정보

상품 및 서비스 스타일

연회 상품은 행사의 종류와 고객의 요구에 따라서 달라지는데 뷔페에서부터 정찬 서비스까지 그 종류가 다양하다. 실버 서비스와 가족형 서비스 스타일은 테이블 서비스가 요구되는 행사에서는 꽤 일반 적인 서비스 형식이다. 연회는 리셉션 장소를 포함하기도 하는데 이 장소에서 카나페(간단히 손가락으로 집어먹을 수 있는 정도 크기의 음식) 및 간단한 애피타이저가 '위성 웨이터'(손님들 사이를 돌아다니면서 간단한 음식 및 음료를 제공하는 웨이터)들에 의해 제공되기도 하는데 이런 서비스는 버틀러 서비스에 해당된다.

직원

케이터링 업체 및 연회부는 보통 몇 명의 정직원을 보유하고 있으며 이벤트의 규모에 따라 에이전시를 통해 비정규 스태프들을 고용하기도 한다. 이렇게 고용된 비정규 스태프들의 경우 개개인의 서비스의 기술 수준이나 역량을 장담할 수 없기 때문에 어떤 케이터링 업체들은 자체적으로 비정규 직원들을 교육 시키고, 필요시 연락하여 이용할 수 있도록 하는 경우도 있다.

기술

음식을 다루는 방법은 계약 케이터링 업체들에겐 아주 민감한 사항이다. 이벤트에 참석할 손님의 수를 알 경우, 주방에서는 대규모 연회를 위해 사용될 음식을 미리 준비하고, 복합 오븐과 같이 특별 제작된 곳에 보관해 놓는다. 그 뒤에는 연회 때 최종적으로 요리되어 이 오븐에서 손님의 테이블까지 신선한 상태로 제공될 수 있다.

스포츠 이벤트가 열리는 곳에서의 케이터링

연회는 운동경기장, 축구, 크리켓, 럭비, 승마장, 사설 헬스클럽, 골프클럽등과 같이 스포츠 이벤트가 열리는 곳에서 이루어지기도 한다. 이런 형태의 연회는 특히 행사를 정량화 하는 것이 난관인데, 각 국가마다 수많은 장소들이 있고, 음식 공급 업체의 수도 많기 때문이다. 2004년 Mintel 은 영국 전역에 분포된 스포츠 이벤트 개최 장소 케이터링 산업의 가치가 3억 5천 4백만 파운드가 된다고 추정했다. 2004년부터 런던에는 새로운 경기장들이 지어지기 시작했는데 2006년과 2007년에 세워진 Wembley 경기장과 Arsenal 경기장이 대표적인 예이고, 이후 영국에서 약 4억 파운드의 가치를 창출하고 있다. 현재 영국에는 약 365개의 경기장이 현존해 있고 미국에는 총 1,726개가 있으며, 세계에는 총 9,379개의 경기장이 있다. 여기서 벌어들이는 식음료 부분의 이윤은 약 10억 파운드가 넘는다. 이런 스포츠 이벤트 개최 장소와 케이터링 업체간 3가지 종류의 공통적인 계약 형식을 찾아 볼 수 있는데, 첫째는 계약 케이터링 업체가 벌어들인 수익 중 일정 퍼센트를 수익으로 취하는 것(performance guarantee)과, 둘째는 장소와 단순히 시설을 빌려주고, 고정금액을 받는 형태이다(그 외 모든 운영에 따른 손익 위험부담은 케이터링 업체가 가지게 된다). 그리고 셋째는 가장 최근에 많이 이루어지는 계약 형태인데, 케이터링 업체와 장소관리자가 조인트 벤처를 만들어 수익 창출액을 공평히 이등분 하는 방법이다(profit and loss concession).

재정적 영향

세계의 경기장 중 약 9 퍼센트는 30,000개가 넘는 객석을 보유하고 있고, 이런 대형 경기장에서 진행하는 이벤트에 필요한 물류 관리는 상상을 초월할 정

표 3.2 세계 스테디움 개수 (Number of stadia around the world)

	장소의 개수
아프리카	525
아시아	884
중미	260
유럽	3,780
중동	424
북미	2,125
오세아니아	260
남미	1,121
총합계	9,379

Source: http://www.worldstadium.com

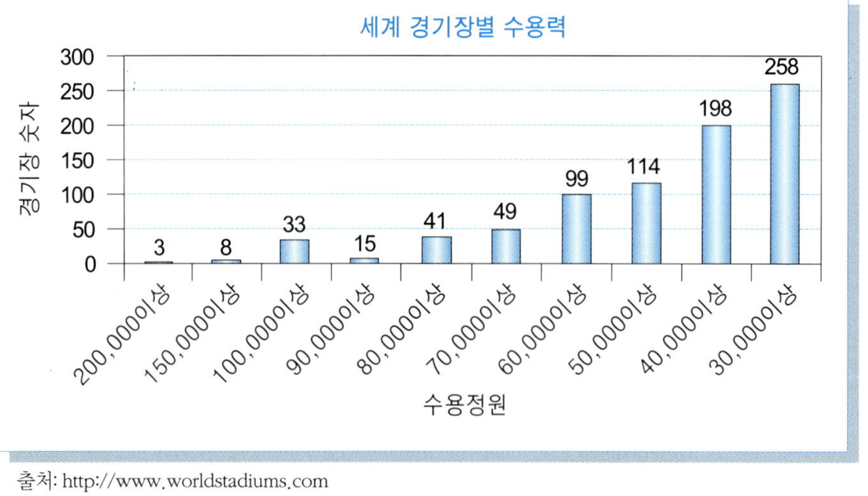

출처: http://www.worldstadiums.com

그림 3.2 스포츠 행사 개최 장소 개수

도로 복잡하다. 영국 런던에 새로 지어진 Wembley 경기장의 경우 90,000명의 관중을 수용할 수 있는데, 60개의 방, 41개의 식음료 공급 장소 및 환대산업 시설을 보유하고 있다. 총 1,000명을 수용할 수 있는 컨퍼런스 룸, 최대 3,000명을 수용 가능한 리셉션 시설 역시 구비되어 있다. 803회의 상품 데이터 관리가 가능한 포스 시스템과(point of sale) 총 3,000명의 직원들이 있는 Wembley는 유럽에서 가장 큰 스포츠 관련 케이터링 장소가 되었다. 또한 950명을 수용 가능한 Atrium뷔페 레스토랑, 1,500명을 수용 가능한 연회장소가 마련되어 있고 각각 650석을 보유하고 있는 레스토랑들이 위치하고 있으며, 이 중 2개는 알라카르트(a la carte, 일품요리 메뉴) 레스토랑이며 나머지 두 곳은 주류 및 안주를 판매하는 레스토랑(brasserie)이다. 샴페인, 씨푸드바, 2개의 넓은 케이터링 장소, 162개의 개인 경기 관람 방, 2개의 큰 경기 관람용 방, 1개의 로열 스위트가 400명 정도의 인원을 수용할 수 있도록 준비되어 있다. 그러므로 이러한 장소에서 행사가 이루어질 경우 관련 물류 운송 횟수도 어마어마할 것이다. 따라서 이런 대규모 이벤트는 세심한 계획과 운영이 성공의 열쇠가 된다. 이 예는 2단원에서 설명한 모든 식음료 분야 레스토랑 유형들과도 긴밀히 연관되어있으므로 참고하길 바란다.

마케팅

대부분의 스포츠 행사 개최 장소들은 고객 유치를 통한 최대 이윤추구를 위해 다분한 노력을 한다. 프로모션 전단지의 경우 일찍 오는 사람들을 위해 특별히 제공되는 혜택(예: 할인 쿠폰 등)이 첨부되어 있는 경우가 많으며, 제공되는 식음료 종류에 대한 정보도 전단지에서 찾아볼 수 있다. 식사 옵션을 제공하는 것은 주로 패스트푸드 레스토랑에서 볼 수 있는 운영방법이기는 하나 이런 행사시에 자주 이용된다. 소비자들은 이와 같은 방법을 통해 여러 가지 식음료 품목을 구매할 수 있게 되고, 사업자는 최종적인 판매량 증대를 꾀할 수 있다. 예를 들어 이런 프로모션을 통해 라거 한잔과 파이를 살 경우 감자칩은 무료로 제공된다. 그러나 Delaware North, Compass 그리고 Sodexho와 같은 대형 계약 케이터링 업체들은 인터넷을 통한 마케팅 방법의 의존도가 높다.

상품 및 서비스 스타일

Mintel사의 보고에 의하면 스포츠 경기가 열리는 장소에서는 샌드위치와 탄산음료가 소비자들에게 가장 많은 사랑을 받는 품목이라고 한다. 그러나 고급 레스토랑이 이런 스포츠 경기장에 입점하는 경우는 그리 희귀한 경우는 아니기 때문에 경기장에서는 이 책 2단원에 설명된 서비스와 상품 스타일을 모두 찾아볼 수 있다. 그러나 경기장에서 이루어지는 서비스 스타일은 여기서 특별히 언급할 필요가 있다. 특히 경기장 청중석 안에서 직원들이 식음료 상품을 들고 돌아다니면서 경기가 진행되는 중에 판매하는 것을 쉽게 볼 수 있는데, 따뜻한 음식 및 차가운 음료를 최적의 상태로 보관, 제공할 수 있도록 하기 위해 마련된 카트나 자전거를 타고 돌아다니면서 식음료를 제공하기도 한다.

직원

이런 경우 직원을 고용하는 것 자체가 골칫거리로 여겨질 수 있다. 왜냐하면 사업상의 접대를 위한 소규모 행사부터 수많은 회사들이 협력하여 이루어지는 대형 이벤트까지 그 유형의 변동이 여간 심하지 않기 때문이다. 이런 경우를 위해 업체들은 주로 정직원을 고용하고 케이터링 업체에서 다년간 모은 아르바이트생들의 정보에서 적절한 인원을 보충하는 방법을 선택하게 된다. 이렇게 될 경우 발생할 수 있는 문제 사항에는 두 가지가 있는데, 그 중 첫째는 일관성에 대한 문제로, 행사에 투입된 인력들이 모두, 항상 일관성 있는 서비스와 상품을 제공할 수 있도록 해야 하는 것이 가장 큰 관건이기 때문이다. 두 번째 문제점은 아르바이트 직원들에게 지속적인 일거리를 제공하여 큰 행사가 있을 시에 관심을 가지고 돌아와 일해 줄 수 있도록 관리해야 한다는 것이다.

기술

이런 환경에서 공중보건 및 안전과 서비스 속도는 반드시 염두에 두어야 할 사항들이다. 진보된 기술력은 행사 진행 시 필요한 식음료품에 대한 통제력을 가질 수 있도록 도와주며, 상품과 서비스 전달시에 공중보건 및 안전에 대한 표준을 지킬 수 있게 해준다. 동시에 500회 이상의 결제 및 정보 처리가 가능한 포스시스템을 가지는 대형 경기장의 경우 전자거래(전자주문시스템매장: EPOS-Electronic Point Of Sale) 시스템과 네트워킹 기술은 다른 곳들 보다 더욱 견고해야만 한다. 기술력은 대량 식품 생산 및 음식 보관 과정의 안전성과 확실성을 보장해줄 수 있다. 영국에 새로 지어진 Wembley 경기장은 맥주 공급시설을 갖추고 있는데, 매 16초당 약 2.28 리터를 공급가능하고, 경기장에 온 관중들을 위해 맥주를 제공 할 경우 아무런 문제가 없도록 제공하기 위해 25746.33(1파인트=0.57리터)리터가 생산되어 803회 이상의 처리능력을 갖춘 포스시스템을 보유하고 있다. 이 수치는 경기장 수용인원의 반 정도에게 맥주를 제공할 수 있는 수준이고, 이론적으로 볼 때는 이정도 공급 능력이면 맥주를 위해 줄을 설 필요가 없다고 할 수 있다.

여가 장소 케이터링

여가 장소에서의 케이터링은 대표적으로 박물관, 연극 극장, 영화관, 역사적 건축물, 동물원, 자연 공원, 아트 갤러리 등을 포함한다. 이 시장에서 보여지는 특징 때문에 나타나는 문제들 중 가장 대표적인 것은 품질유지와 가격 결정일 것이다. 영국에서 이 시장의 가치는 2006년 이후 약 20억 파운드를 넘어 섰으나, 일반 레스토랑의 성장률에 비하면 성장세가 좋다고 할 수 없기 때문에 더 많은 노력이 요구되는 분야이다(그림 3.3). 비록 대부분의 레저 장소들에서 식음료 케이터링에 관해서는 일반적으로 외주를 주기 마련이지만, 어떤 기업들은 이 부분을 직접 운용하는 경우도 있다. 특히 영화 및 연극 극장과 같은 곳들이 대표적인 예이다.

재정적 영향

비록 지난 몇 년 동안 아트 갤러리와 박물관이 영국 레저 장소 케이터링에서 강세를 보이긴 했지만, 경쟁적 이점은 없었다고 볼 수 있다. 이런 장소들에 무료로 입장할 수 있는 법규가 적용되면서부터 박물관이나 아트 갤러리에 방문 했어도 인근 고급 레스토랑이 있는 곳을 가서 식사를 하는 대안을 선택하곤 하는데, 그 이유는 박물관이나 아트갤러리에 나중에 또 무료로 들어 갈 수 있기 때문이다. 즉, 전속시장이었던 장소들이 이 법규가 생겨난 이후엔 잘 해

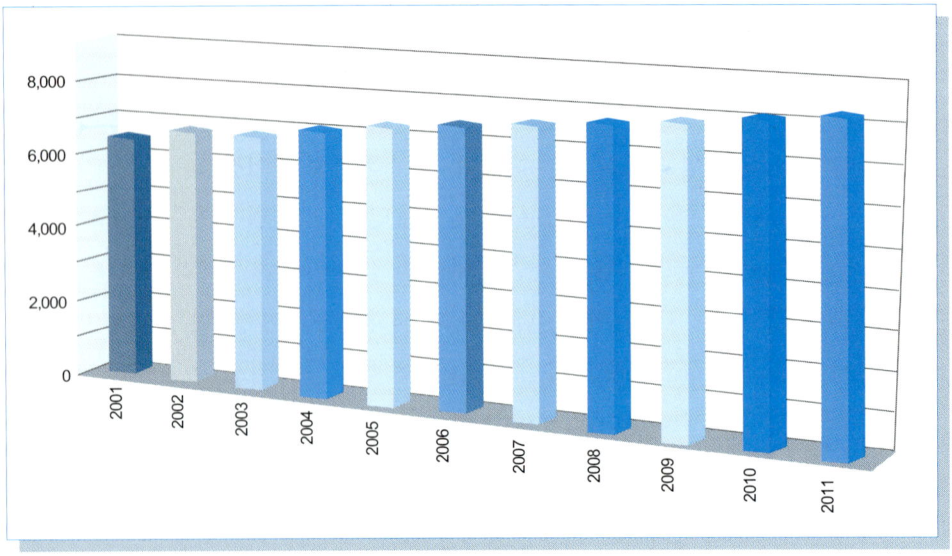

(source: Mintel Reports, March 2007)

그림 3.3 영국 여가장소 케이터링 시장 경향, 2001– 2011

봐야 반전속시장이 되었다는 얘기가 된다. 다시 말하자면 이러한 장소에서 케이터링을 하는 것은 과거에 창출한 수익 보다 더 많이 수익을 창출해야만 수지를 맞출 수 있다는 소리가 된다. 이런 과정에서 비용은 최소화 되어야만 하며, 상품의 질과 가격은 고객이 이 장소들을 방문해 상품 구매 결정을 할 수 있도록 경쟁력 있어야 한다는 소리가 된다. 경쟁력 있는 음식제공 업체로 남으면서도 최대 이윤추구를 구현하기 위해서는 이 장소에 있는 각 고객에게 최대한 많은 품목을 판매해야 한다는 소리가 된다. 즉, 상점 앞에 길게 늘어선 줄은 무슨 일을 해서라도 반드시 최소화 시켜야 한다는 소리이다.

마케팅

일반적인 마케팅 방법뿐만 아니라 식사 선택 및 할인가격 제공 등의 방법을 사용하더라도 레저 장소에서의 케이터링은 업체들 간에서는 이미 수익이 가장 잘 창출되지 않는 분야로 알려져 있다. 오늘날의 케이터링 업체들은 이 장소들 내에 있는 상점에서 상품을 구매할 수 있도록 고객을 설득해야 할 뿐만 아니라 상품의 질과 효율성을 고객에게 효과적으로 전달할 수 있는 브랜드를 개발, 발전 시켜야 한다는 것이 향후 이 분야 케이터링 산업 발전을 위한 전략이 되어줄 것이다. 레저장소 운영자들은 종종 식음료 제공을 위해 이 부분을 잘 알려진 계약 케이터링 업체에 외주를 주는 경우가 많다. 영국의 주 업체들로는 Compass, Sodexho와 Elior등이 있고, DO& CO, Searcy 그리고 Caterleisure과 같은 기업들도 있다(그림 3.4).

상품 및 서비스 스타일

이러한 장소를 찾는 대부분의 방문객들은 햄버거, 핫도그, 감자칩, 초콜릿 같은 식품을 구매한다. 그러므로 식음료 제공은 점포에서 이루어지는 경우가 많으며 마치 소매점에서 간단한 식품들을 판매 하는 것처럼 보이는 경우가 많고, 이러한 장소에서는 카운터, 뷔페, 포장 서비스를 제공한다(표 3.3).

(Source: http://www.doco.com)

그림 3.4 DO & CO at 대영박물관

모든 이벤트는 장소를 불문하고 하나의 특징을 갖는다. 작은 일에 세심한 주의를 기울이고, 업체 내 교육프로그램을 도입하는 것은 아주 중요한 일이다. 대형 박물관뿐만 아니라 그 어떤 역사적 건물에서든지 케이터링 업자에겐 행사를 진행하기가 여간 힘든 장소들이 아닐 수 없다. 어떨 때에는 사람이 한 명도 없을 수 있고, 우천시 포화상태에 이를 수도 있기 때문에 운영 계획을 사전에 계획하기가 여간 어려운 것이 아니다. 박물관에서는 때에 따라 1시간 내에 천 명이 넘는 사람들에게 따뜻한 음식과 음료를 제공하라고 요구되는 경우도 있다.

대영 박물관 DO&CO의 프로젝트 매니저 Christian Bayer와 식음료 매니저 Christ Marsland가 박물관에서 케이터링 사업체를 운영하는 것에 대한 어려운 점에 대해 설명함

박물관은 거의 모든 사항에 대해 조약과 절차가 있다. 고객이 먹고 있던 식음료와 계산서를 모두 놓고 건물 밖으로 나가야 하는 건물 탈출 절차와 같이 심각한 상황에서부터 레스토랑에서 날아온 비둘기를 내 쫓는 별로 심각하지 않은 상황까지 다양한 상황들이 존재한다.

케이터링의 특성상 소비자의 욕구를 충족시키기 위해서 박물관 케이터링 업체는 유연성과 탄력성을 갖추고 있어야 한다. 그러나 대부분의 박물관들은 정부기관에 소속되어 있기에 자체적으로 만들어진 비유연적인 규칙에 심한 제약을 받는다. 이런 독특한 장소에서 여러 단계의 케이터링 업장을 운영하는 것은 대단히 힘든 일이며, 운영 시 자력에 의해 바꿀 수 있는 일과 그렇지 못한 일(예: 시스템을 적절히 이용할수 있는가 등)에 대한 경계를 정확히 알고 있는 것이 중요하다. 또한 좋은 직원들을 고용하는 것도 아주 중요한 일이란 것을 알아야 한다.

표 3.3 레저 장소에서 사들여진 식료 품목

	809명의 방문객 중 표본 추출한 퍼센트
차가운 스낵류	47
뜨거운 포장음식	45
차가운 포장음식	45
뜨거운 스낵류	30
뜨거운 음식제공 식당(좌석 제공)	27
차가운 음식제공 식당(좌석 제공)	19
건강에 좋은 스낵류	19
그 외	1
음식을 사지 않았다	15

출처: 민텔 리포트 (2007년 3월)

직원

최근 영국의 최저임금은 인플레이션 보다 더 빠르게 상승했다. 이런 이유로 업체들에겐 추가적으로 더욱 신경 써야 할 일들이 생겨났는데, 번화가 레스토랑들이 추가 발생 비용을 고객에게 전가 시키는 것과, 이러한 추가비용의 발생이 기존에도 상당히 고가라고 여겨졌던 고객의 기대치와 가격대비 상품의 가치에 대한 격차를 더 크게 만들었다.

케이터링 시설을 사업체 내에 구비해 놓을 경우, 사업체는 환대산업에 초점을 맞출 수 있는 독립적인 부서가 마련되어야만 한다. 아르바이트 직원들은 행사 참가자 수가 변화할 때 마다 다르게 사용되는데 이는 요일, 주, 날씨 그리고 시간 등에 따라 달라질 수 있다. 주말과 학교 방학기간에는 레저 파크가 가장 붐빌 수 있다는 것이 그 예이다. 대규모의 케이터링 업체의 경우 더욱 서비스의 질에 큰 영향을 미칠 수 있다.

기술

상품과 서비스의 질을 회복시키기 위해서 가장 초점을 맞춰야 하는 부분은 정보 기술 향상이다. 최신 전자주문시스템매장(EPOS-Electronic Point Of Sale)기술은 매니저들이 고객의 선호도, 직원의 생산력 등을 파악할 수 있도록 도와준다. 이러한 정보를 통해 매니저들은 어떤 직원에게 어떠한 교육이 필요하며, 어떤 직원이 일을 더 뛰어나게 하고 있는지에 대하여 가늠할 수 있다.

여행업 케이터링

여행업 케이터링(예: 도로, 기차, 비행기, 크루즈 등)은 다른 식음료 분야가 가지는 일반특징과는 조금 다른 특징들을 가지고 있는데 가장 큰 특징은 다수의 고객에게 동시에 한 케이터링 시설을 통해 식음료를 제공해야 한다는 것이다. 또한, 비행기 기내식과 같이 특정 시간에 식음료를 제공해야 한다는 것도 좋은 예이다. 비행기는 특정 시간에 공급되어야 하는 충분한 식음료 상품만을 기내에 탑재한다. 만약에라도 기내에서 준비된 식음료가 특정 식사 시간에 공급되지 못하는 경우가 생긴다면 그 대책은 마련되어 있지 않을 수도 있다. 또한 이런 공간에서의 식음료 서비스는 극히 힘들 수 있는데, 난기류를 통과하는 비행기 내에서의 식음료 서비스가 그 대표적인 예라고 할 수 있다. 지금까지 소개된 케이터링 사업의 종류들은 특정한 사회 경제시장이 필요로 할 때 이루어지는 케이터링 서비스였다. 그러나 여행업 케이터링은 다양한 그룹의 사람들이 섞여 있는 혼합형 시장에 대한 요구를 만족시키는 일이라고 볼 수 있다. 마지막으로 이러한 식음료 시설에 대한 직원배치에도 문제점이 있다. 식음료 서비스와 운송, 그리고 식음료 상품을 기내로 옮길 때의 안전 보안사항 때문에 발생하는 추가적인 비용이 그런 것들이다. 여행업 케이터링 분야의 대표적인 사업들은 항공사, 크루즈, 페리보트, 기차, 고속도로 휴게소이다.

항공사

지난 10년간 유럽 항공업계의 추세는 저가 또는 '추가적인 서비스가 없는' 항공사 도입이 대표적이라고 할 수 있다. Easyjet, Rynair같은 회사들이 바로 이런 추세에 발맞춰 빠르게 성장하고 있는 곳들이다. 2000년부터 2006년까지 항공업계는 약 30% (그림 3.5) 정도의 빠른 성장세를 보였는데, 주된 이유는 저가 항공사의 기내 케이터링에 대한 지출이 하향하였기 때문이다(표 3.4).

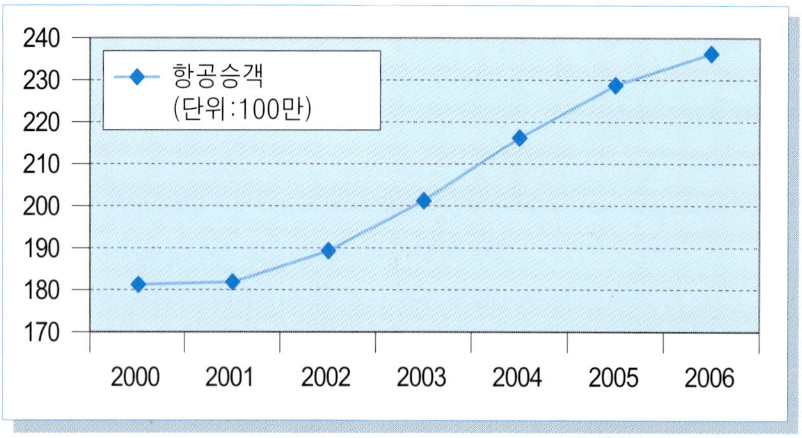

출처: CAA 인용 /Source: Adapted from CAA

그림 3.5 영국 항공기 승객, 2000–2008

표 3.4 영국 기내, 선박, 열차 내 식음료 사업 추이

	2002		2005		2007		% 변화
	£m	%	£m	%	£m	%	2002–2007
비행기 안	613	72	590	72	577	72	–6.0
배	170	20	155	19	152	19	–10.6
기차	69	8	75	9	73	9	+4.2
합계	852	100	820	100	802	100	–5.9

출처: Mintel Reports (May 2007)

지난 25년간 항공 케이터링은 무궁한 발전을 해 왔다. 최초의 기내 식음료 서비스는 간단한 샌드위치나 차, 커피 등을 제공하는 정도였지만 최근에는 그 종류가 여느 레스토랑만큼 다양화 되어 있으며, 비행기 설비가 발전한 만큼 그 안에서 제공되는 서비스도 함께 성장했다고 보는 편이 좋을 것 같다. 그러나 저가 항공사들의 경우는 이러한 발전이 어떤 면에서 후퇴시켰다고 생각하면 좋다. 다시 샌드위치, 약간의 스낵, 제한적인 음료가 기내에 등장하게 되었다. 항공업계 케이터링은 두 가지 주요 분야로 나눌 수 있는데, 그 중 하나는 터미널 케이터링이고 나머지 하나는 기내 또는 여행 중 케이터링이다.

재정적 영향

비행기에서 뜨거운 식음료 상품을 제공할 때는 약 11,000원(6.50 파운드,2011년7월기준 환율) 정도의 비용이 발생한다. 그러나 가장 큰 비용을 발생시키는 부분은 공항에서 비행기에 필요물자를 채워 넣기 위해 기다리는 대기시간이다. 예를 들어 만약 영국 런던에서 그리스 아테네까지 운항하는 비행기가 있다면, 아테네에서 런던으로 돌아올 때 필요한 모든 식음료 상품 역시 한 번에 기내에 실으면 그리스 공항에서 대기시간을 줄임으로 인해 금전적인 손해를 최소화 해줄 것이다. 특히 저가 항공사의 경우가 이러한 예에 해당되는 것이며, 선회 시간을 줄이는 것은 저가항공사들의 잘 알려진 운영 전략이기도 하다(표 3.5).

마케팅

항공사들은 기내식은 맛이 없다는 일반적인 통념에 대항하기 위해 여러 시도를 해 왔다. 어떤 항공사들은 그들의 기내식 패키지에 유명 브랜드 음식을

제공하는 것도 시도했으며, 유명 요리사를 고용해 그들이 고안한 메뉴로 기내식을 제공하기도 하고, 기내식의 질을 경쟁에서 이길 수 있는 마케팅 수단(unique selling point)으로 사용하기도 했다(상품 및 서비스 스타일 참고). 이 웹사이트를 참고하면 더 많은 기내식 정보를 얻을 수 있을 것이며, 이 웹사이트에는 인터넷을 사용하는 사람들 중 그들 자신만의 기내식 경험을 사진을 통해 생생하게 보여주고 있다.

활동 2

가장 최근에 이용했던 항공사를 떠올려 보자. 그리고 그 항공사에서 제공한 기내식 사진을 인터넷에서 찾아보자.
일반적으로 이루어지는 기내식 서비스에 대한 당신의 견해는 어떠한가?
여러 항공사를 이용한 경험한 적이 있다면 각 항공사마다 제공하는 기내식에는 어떠한 차이가 있는가?

상품 및 서비스 스타일

기내 케이터링 서비스는 좌석등급, 운항 유형 및 시간에 따라 격차가 크다. 이코노미 석을 선택한 여행자의 경우 식사 시 제공되는 플라스틱 접시 위에 다른 이코노미 석 승객들과 동등한 질과 양의 음식과 음료가 담긴 식사가 제공된다. 또한, 위생 향상, 기체 무게와 저장 공간을 줄이기 위해 일회용 냅킨, 식기 등이 사용된다. 또한, 식도락가들을 위해 맛있는 음식을 제공하는 것도 최근 기내식 제공의 추세라고 할 수 있다. 그들의 메뉴에 '맛있는 음식 브랜드'를 기내식 메뉴로써 확립시키기 위해 항공사들은 유명세를 떨치는 요리사들을 고용하고 있다. 파리 Le Grand Vefour 호텔의 Guy Martin은 에어프랑스를 위해 일하고 있고, 표 3.8의 Govind Amstrong은 마이애미와 LA에서 에어뉴질랜드를 위해 일하고 있다. 비엔나의 레스토랑 Palais Coburg의 Christian Petz는 오스트리아 항공을 위해 일한다. 달라스 레스토랑의 Stephand Pyles는 아메리칸 에어라인을 위해 일하고 있으며, 시카고의 요리사 Charlie Trotter는 유나이티드 에어라인 고객들을 위해 참신한 메뉴를 선보이고 있다.

표 3.5 영국 항공사 통계, 2006

항공사 Airline	비행거리	비행기 보유대수	비행시간	승객수	좌석수	탑승객수
Air Atlantique	948	3,305	3,250	21,431	47,918	50.8
Air Southwest	3,209	13,790	12,359	328,084	160,644	61.8
Astraeus	21,629	9,581	29,524	809,968	3,720,734	76.9
Aurigny Air Services	2,688	20,182	10,153	419,552	132,816	67.6
BA Connect	55,483	91,862	130,780	3,302,742	3,302,742	58.9
BMED	20,268	6,271	25,185	376,434	2,813,929	53.6
BMI Group	94,487	125,477	201,039	9,942,528	13,811,843	69.1
British Airways	614,195	266,185	921,161	32,724,392	146,729,551	76.7
British International	396	6,296	2,155	117,256	9,877	74.5
Eastern Airways	13,691	34,370	33,668	500,071	469,063	45.9
EasyJet	228,702	226,185	409,521	27,970,593	33,885,755	81.5
European Air Charter	2,500	1,681	3,944	161,941	324,071	82.1
First Choice Airways	78,515	29,493	113,194	5,517,283	17,737,530	90.7
Flightine	2,762	7,212	7,029	175,525	281,024	48
Flybe	41,228	86,044	79,541	4,536,841	3,987,743	63.3
Flyglobespan	25,135	11,625	37,720	1,489,377	4,205,776	82.5
GB Airways	42,337	21,753	65,653	2,741,717	6,915,735	80.4
Isles of Scilly Skybus	697	6,736	3,128	53,638	10,923	57.9
Jet2.com	32,233	26,808	56,244	2,831,922	5,166,385	77.2
Loganair	6,361	31,399	24,814	496,537	197,148	56.1
Metropix UK	438	169	560	776	6,132	31.1
Monarch Airlines	71,630	32,256	105,672	5,788,234	18,016,794	82
My Travel Airways, UK	54,625	18,573	78,020	3,568,277	13,421,516	91.2
Scot Airways	4,630	8,720	10,468	164,731	143,511	61.4
Thomas Cook Airlines	66,563	23,609	93,525	4,872,999	16,446,072	87.2
Thomsonfly	117,917	54,063	175,953	9,617,416	27,632,857	86.9
Titan Airways	3,481	2,867	4,554	64,677	518,496	70.3
Triair (Bermuda)	293	129	371	659	4,140	29.8
Virgin Atlantic Airways	139,528	18,960	177,897	4,887,541	48,308,314	72.8
Silverjet (October–December)	1,403	446	1,996	90,756	324,403	84.3
XI Airways, UK	16,283	5,573	23,373	1,044	726	86

출처: CAA /Source: CAA http://www.caa.co.uk/

기내식 제공 시 대기압보다 낮은 곳에서 비행을 할 경우, 기내식을 먹는 승객들은 요리사가 최초에 디자인한 음식의 맛을 잘 느끼지 못하며, 소화시키는데 어려움을 겪게 만들기 때문에, 중간대기권에서(mid-air) 식사할 수 있도록 배려해야 한다. 추가적으로 기내식은 기내에서 요리되어지지 않고, 단지 데워지는 과정만 거친 뒤에 고객의 테이블까지 전달된다. 보통 12-16시간 이전에 요리된 후, 식히고, 그 뒤에 운반하게 된다. 서비스는 게리돈 트롤리(gueridon trolley)에서 이루어지며, 음식에 얹는 장식, 소스 등이나 고객이 추가적으로 요구하는 사항을 반영하여 승객에게 제공된다. 고급레스토랑의 분위기를 제공하기 위해 본차이나 식기제품을 사용하고, 식기 및 와인 잔도 최고급으로 사용하는 항공 업체들도 늘어가고 있다. 어떤 항공사에서는 실버서비스 정찬 메뉴를 퍼스트 및 비즈니스 클래스 승객들을 위해 제공하기도 한다.

항공업 케이터링은 여러 항공사에 비슷한 상품 및 서비스를 제공하는 케이터링 업체에 주로 외주를 준다. 저가 항공사를 제외한 일반 항공사의 티켓 가격에는 이렇게 공급되는 식음료의 가격도 포함되어 있다. 최근 항공 업계의 경쟁이 점점 과열되고 있기 때문에 기내 식음료 서비스의 차별화는 고객의 항공사 선택에 지대한 영향을 미치고 있다. 현재 미국에서 찾아볼 수 있는 추세 중 하나는 고급식료품 (gourmet food)을 제공하는 것이며 항공사 별 제공되는 식사 메뉴(Skymeal)가 좋은 예라 할 수 있다.

직원

공항의 식음료 업장들은 주로 셀프 서비스식이거나 웨이터가 주문을 받는 식의 서비스를 제공하고 있으며, 자판기나 바도 찾아볼 수 있다. 또한 고급레스토랑도 자주 찾아 볼 수 있다.

기내식 서비스는 주로 기내 항공사 직원들에 의해 제공되지만 승무원의 최우선적인 책임은 승객의 안전을 확보하는 것에 있고, 식음료 서비스 제공은 이차적인 의무라 할 수 있다. 특히 이코노미 석일 경우 이러한 말이 더욱 실질적으로 와 닿을 것이다. 그러나 비록 승무원의 일차적인 의무가 승객의 안전 확보에 있다 할지라도, 최근과 같이 항공업계에 경쟁이 치열한 시기에 살아남기 위해 항공사들은 보다 차별화된 고품격 서비스를 제공하기 위해 직원들을 교육시켜야만 한다.

기술

기내 케이터링 시 주로 신경을 써야 할 부분은 바로 공간과 무게에 대한 제약이다. 따라서 기내식 제공 시 필요한 오븐은 초경량이어야만 하며, 최소 공간을 차지해야만 하고, 최대한 적은 양의 에너지를 사용하여야만 한다. 아직은 기내에서 직접적으로 요리를 해서 고객에게 제공하는 일은 불가능 하지만 언젠가 기술 더 발전 한다면 기내에서 요리 한 기내식을 제공하는 것이 가능하게 될지도 모른다.

크루즈 및 페리 보트

환대산업 중에서도 가장 빠른 속도로 발전하고 있는 분야는 바로 크루즈 및 페리 보트 부문이다. 1970년 50만 명 규모에서 2006년에는 1천 2백 만 명 규모로 증가하였으며, 전문가들은 2012년까지 세계 크루즈 및 페리보트 분야가 여행객은 2천 만 명 규모로 성장할 것이라고 예측 하고 있다(표 3.6). 이 부문에서 경쟁하고 있는 크루즈 보트 회사들은 이러한 추세에 맞게 구조를 변화시켰는데 Caspi Cruises 나 Easy Cruise 같은 회사들은 저가 또는 '추가적인 서비스를 제공하지 않는(no-frill)' 크루즈 보트 회사로 자리매김 하였으며, 기존 크루즈 보트 회사 Thomson 또는 Louis Cruise Line은 선대 수용인원면적을 확대 시키는 방향을 선택했다.

반면 페리보트 분야는 저가 항공사들의 성장세로 인해 침체기를 맞았다. 영국에서 페리보트의 케이터링 사업 가치는 2000년부터 2005년까지 약 19%가 감소하였으며, 2005년 그 가치는 1억 5천 5백 만 파운드였고, 그 추세는 지금도 계속되고 있다(Mintel 리포트, 2007년 5월).

재정적 영향

현재 크루즈 보트 부문 케이터링 사업이 강세를 보이고 있다면, 페리보트 부문은 극심한 경쟁 상태에 놓여있다고 할 수 있다. Mintel 사는 2010년까지 이런 하락세가 계속될 것이라고 보고했다. 기존 크루즈 사업체들은 고객의 편의를 위해 통합 패키지를 제공하는 방법을 선택하면서도 고객이 요구하는 추가적인 서비스를 제공할 수 있도록 최선을 다하고 있다. 또한, 상품의 종류와 내용 역시 좀 더 창의적으로 변화하고 있는 추세이다. 크루즈 보트에서 제공되는 대표적인 상품은 결혼식과 허니문 상품들이다.

마케팅

크루즈 업체들은 기존 목표 시장과 다른 새로운 시장을 개척하기 위해 다분히 노력하고 있다. Mintel 사는 이 분야 산업의 하락세가 2010년까지 계속될 것이라고 보고하였으며, 저가 운송업 분야의 경쟁 심화로 인해 크루즈 사업체들은 다른 업체의 상품들과 충돌하지 않는 범위 내에서 고객들을 감동시키기 위해 더욱 창의적인 상품을 선보이기 위해 노력하고 있다. 스페셜 프로모션, 비수기 할인, 고객의 특별한 날 및 기념일 선물 등을 제공하는 것 역시 대부분의 크루즈 라인들이 선택하고 있는 프로모션 전략들이다.

표 3.6 세계 해양 크루즈 고객들, 2001–2004

	2001년	2002년	2003년	2004년
북미	6,906,000	7,470,000	8,195,000	9,107,000
영국	776,000	824,000	963,000	1,029,00
유럽대륙	1,130,000	1,269,000	1,709,000	1,758,000
아시아 (일본은 제외)	600,000	600,000	500,000	450,000
일본	200,000	220,000	200,000	200,000
호주	75,000	116,000	154,000	158,000
라틴미국	315,000	312,000	320,000	340,000
그 외	190,000	360,000	300,000	315,000
합계	10,192,000	11,198,000	12,340,000	13,377,000
% 변화	1.20%	9.90%	10.20%	8.40%

출처: 민텔 리포트 (2005년 9월)

상품 및 서비스 스타일

해상에서 이루어지는 식음료 서비스는 단거리를 운행하는 페리보트에서부터 장거리를 운행하는 크루즈 보트, 그리고 나아가 일반 운항료에 식음료 부분 서비스 비용까지 포함한 정기여객선까지 그 종류가 다양하다. 그리고 식음료 제공 서비스 부분은 사업 성공을 위한 중요한 요소로 자리 잡았다. 나날이 경쟁이 심해지는 요즘과 같은 때에 크루즈 보트 업체가 제공하는 선내 식음료 시설 및 서비스는 여느 고급 레스토랑과 견주어도 모자랄 것이 없을 정도인데, 그 이유는 선내 식음료 시설들이 경쟁에서 기업을 차별화 시키는데 중요한 역할을 하기 때문이다. 그러나 단거리 여행 상품을 주로 취급하는 경우, 고급 식음료 시설이나 서비스를 제공하는 것 보다는 가격으로 사업을 차별화 시키는 경우가 더 많다. 단거리 보트일 경우 단시간에 많은 인원에게 식음료를 제공해야 하기 때문에 패스트푸드 스타일 서비스를 제공하는 경우가 많다. 크루즈 라인 회사들은 기존보다 더욱 창의적인 아이디어 상품 및 서비스로 고객에게 다가가기 위해 노력하는데, 예를 들어 Princess Cruises는 승객 스위트 발코니 또는 승객들이 있는 선실에서 식음료 서비스를 제공하며, 이를 통해 추가적인 식음료 판매가 이루어지기도 한다. 고메(Gourmet) 'bug'은 이 분야에서도 찾아볼 수 있는데, Todd English는 Queen Mary 2에서, Nobu Matsuhisa와 Wolfgang Puck은 Crystal에서, Marco Pierre White는 P&O Ventura (그림 3.6, 3.7)에서, Gary Rhodes는 P&O와 Oriana와 Arcadia에서 고용한 것이 대표적인 예이다. 서비스 스타일 역시 회사마다 매우 다른데, 풀 실버 서비스부터 뷔페, 셀프 서비스까지 그 종류가 다양하다. 그러나 페리보트의 경우 단시간 운행을 하기 때문에 카페테리아 스타일이나 테이크아웃 스타일 서비스를 채택하는 것이 일반적이다.

직원

크루즈 선상에서 카지노 다음으로 많은 수익을 창출해 내는 곳이 바로 식음료 분야이다. 그렇기 때문에 직원들은 업셀링(up-selling, 고객이 주문한 품목을 더욱 비싼 품목으로 교체 주문할 수 있도록 추천하거나, 같이 곁들여 먹으면 좋은 음식, 스낵 또는 음료를 추천하여 판매실적을 올리는 판매기술) 교육을 반드시 받아야만 하며, 대형 크루즈 라인 회사들은 이 분야 최고의 직원들만을 고용한다. 비과세 수익을 창출할 수 있다는 장점을 지닌 크루즈 라인들은 이러한 점을 이용해 몇 날 동안 선상에서 거주하며 일할 수 있는 인력들을 고용하곤 한다. 그러나 크루즈 라인 기업들은 다른 기업에 비해 상하 수직 관계가 더욱 심할 수 있으며, 대부분의 최전선 직원들(front line staff)은 몇 번의 운항에만 참여하여 일하는데 그 이유는 크루즈 산업의 본질이 과중한 업무를 요구 하지는 않지만 선상에 있는 시간 동안은 일을 할 것을 요구하기 때문이다.

출처:http://www.pocruises.com

그림 3.6 크루즈 식당. Photo courtesy of P&D

출처: http://www.virtualventura.co.uk

그림 3.7 새 밴트라 크루즈선의 출시 2008년 4월, 115,000톤의 3,600명을 승선 시킬 수 있는 크기이며 1,200명의 선원과 1,546개의 방(880개의 발코니 방), 11개의 레스토랑, 12개의 바, 5개의 상점, 3개의 춤을 출수 있는 홀, 5개의 콘서트홀, 2개의 극장, 2개의 쇼 라운지, 1개의 나이트클럽, 5개의 수영장과 6개의 월풀을 가지고 있다.

기술

첨단 전자주문시스템매장(EPOS-Electronic Point Of Sale) 기술과 바 시설은 판매실적, 물품 통제, 쓰레기 배출량 최소화, 특별 할인 등 운영의 필수적인 부분을 더욱 정교하게 관리할 수 있게 되었다는 말과 일맥상통한다고 할 수 있다. 쓰레기 처리 기술의 발달은 그 양을 최소화 할 수 있도록 도와주고, 쓰레기를 압축하여 배출할 수 있도록 해준다.

기차

Mintel 리포트에 따르면 (2006년 12월) 항공 및 크루즈 분야 케이터링과는 다르게 기차에서 제공되는 케이터링 시장은 수익 측면에서 상승세를 기록하고 있다고 한다. 기차에서 제공되는 케이터링의 종류는 두 가지로 나누어지는데, 첫째는 역이나 대합실에서 제공되는 식음료 서비스이고 또 다른 하나는 열차 이동 중 차내에서 제공되는 식음료 서비스이다. 영국에는 총 2500개 정도의 기차역이 분포해 있으며, 가장 큰 경쟁 산업은 바로 저가 항공 산업이다. 그러나 2003년 소개된 Eurostar 때문에 영국 내 기차 산업 시장 점유율은 급격히 상승하였다. West Coast Mainline의 성장세와 Pendolinos기차 소개로 Virgin Train승객은 약 20% 정도 증가하였다. 미국의 경우 기차 티켓 판매는 2005년 7천 9백만 달러를 육박했다(그림 3.8, 표 3.7).

재정적 영향

기차 산업 식음료 제공 분야의 수익이 약 4.2% 정도 상승하였으며, 가장 큰 공헌을 한 품목은 뜨거운 음료와 스낵류이다.

기차 산업의 식음료 부문에서는 반드시 비용절감과 최대 이윤 창출을 위해 노력할 필요가 있다. 승객 1인당 지출규모는 기차 여행의 기간에 비례하지만, 식음료 서비스 비용까지 기차 티켓에 포함된 경우에는 식음료 분야 이윤을 좀 더 상승 시킬 수 있다.

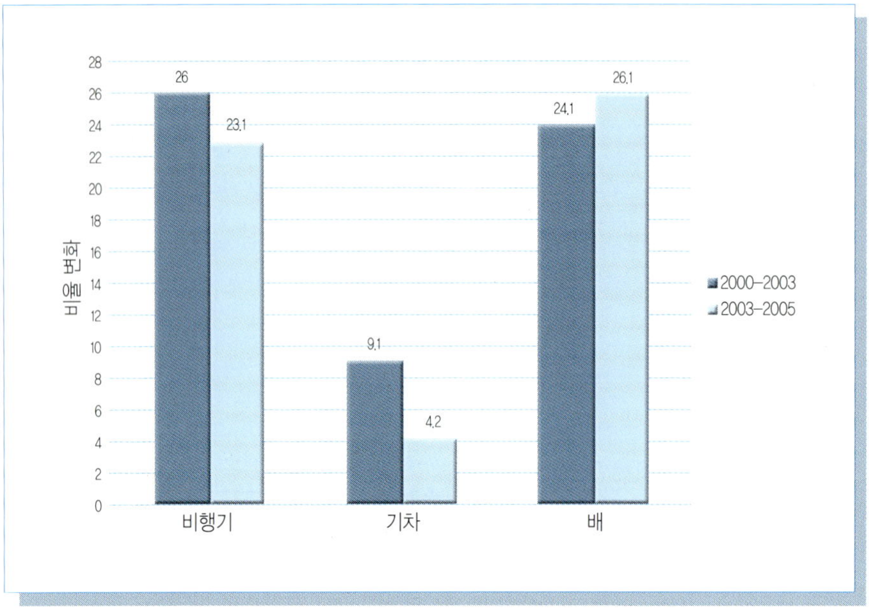

출처: Mintel Reports, May 2007

그림 3.8 분야에 따른 영국 on-board(탑승 상태) 케이터링 시장 변화 추이

표 3.7 미국 열차 내 판매 식음료 총수익, 2005년

식음료 판매	$78,929,599
음식	$30,237,417
열차 내 음식폐기	$222,920
주류 와 담배	$3,395,625
총 판매한 물품의 비용	$33,855,963
세금 전 이윤	$45,073,636
세금 전 이윤의 퍼센트	57%

노트 : 식음료
출처: http://www.narprail.org

마케팅

기차에서 제공되는 식음료는 주로 프로모션 도구로도 사용된다. 주로 광고에서 기차 티켓에 모든 식음료 비용이 포함된 상품을 자주 만나볼 수 있는데, 이는 더 많은 잠재고객이 저가 항공사보다 기차 여행을 선택할 수 있도록 하기 위함이다. 기차 산업의 식음료 판매 경쟁은 더욱 심화될 수 있다고 보이긴

하지만, 현재에는 그 경쟁의 정도가 과열되어 있지는 않다. 주요 기차 회사들은 서비스를 사내 잡지를 통해 광고하기도 하고, e마케팅 캠페인을 펴거나 국내외 미디어에 광고하는 경우도 자주 찾아볼 수 있다.

상품 및 서비스 스타일

기차역이나 대합실에 위치한 식음료 케이터링 업체들에는 면허가 부여된 바, 셀프 서비스 및 웨이터 서비스 레스토랑, 패스트푸드, 테이크아웃 레스토랑, 냉온 음료 자판기 등이 있다. 기차 내에서 이동 중에 고객에게 제공되는 식음료 서비스에는 크게 3가지 종류가 있다. 첫째는 레스토랑 시설 및 식사 공간이 확충된 지정 열차 칸에서 이미 만들어진 아침, 점심, 저녁메뉴를 골라 주문한 뒤, 그 장소에서 식사하고 다시 제 자리로 돌아오는 형태이다. Pullman사의 경우에는 1등석 승객일 경우에만 직원이 고객의 주문사항을 자리까지 가져다주는 서비스를 제공한다. 두 번째는 뷔페 차 서비스이다. 이 경우 승객들은 뷔페음식이 마련되어 있는 칸으로 가서 간단한 음식을 사 올 수 있다. 마지막 유형은 카트 서비스 인데, 좌석에 앉아 있을 경우 열차 직원이 미는 카트에 들어있는 스낵 및 음료를 구입하는 서비스이다. 최근 열차에서 식음료 상품을 고객에게 제공하는 방법은 더욱 창의적으로 변화하였다. 영국 런던에서 버밍햄까지 가는 열차에 소개된 'Cuisine 2000'은 열차 칸에서 이미 조리된 음식을 제공하지만 승객들이 편안한 분위기의 작은 식당 (Bistro)같은 느낌이 들 수 있게 하며, 영국-스코틀랜드 루트에서는 'A taste of Scotland' 레스토랑 서비스가 소개되어 화재가 된 적이 있다.

직원

영국 Network 기차 회사는 열차 내에서 제공되는 식음료를 서비스하는 직원들을 대상으로 서비스 교육 프로그램을 새로이 정비하였다. 지역 대학과 파트너십을 체결하여 이루어지는 이 교육 프로그램의 목적은 직원들에게 정부에서 공인된 휴가 및 여가 관련 전문 서비스 자격 수료증(National Vocational Qualification)을 부여하고, 자격에 걸맞도록 서비스 능력을 향상시키는 데에 있다. 비슷한 예로 2004년에 영국 최초로 세워진 '열차 전문학교'를 들 수 있다. Tork 대학과 국립 열차 박물관이 협력하여 세운 이 학교에는

125만 파운드가(한화로 22억정도(2011년8월 활율적용, 1파운드=1,760원) 투자되었다. 비슷한 예가 영국 전역에 존재 하는데 이 모든 교육프로그램 설립의 목적은 열차 내에서 종사하는 직원들의 수준과 질을 향상시키는 것에 있다.

기술

열차 내 주방 디자인과 기술력은 최근 몇 년 동안 빠른 속도로 변화해 왔으며, 운영자가 승객들을 위해 좀 더 복잡한 메뉴를 선보일 수 있도록 하는데 크게 공헌하였다. 그리고 전자주문시스템매장(EPOS-Electronic Point Of Sale)과 음료 제공 기술의 발달로 다른 분야 산업들이 이득을 취한 것처럼 열차 산업 역시 진보한 기술력을 바탕으로 빠르게 성장하고 있다.

고속도로

고속도로 케이터링은 말을 타고 다니던 시대부터 존재하던 여관에서부터 현재의 고속도로 휴게소(Motorway Service Areas: MSAs)까지 많은 발전을 거듭해 왔다. 시내 중심가에서나 볼 수 있던 패스트푸드 레스토랑은 고속도로 휴게소까지 진출하였다. 또한 차를 운전하고 통과해 나가면서 주문한 음식을 받을 수 있는(drive-through) 형태의 레스토랑 시장에 소개되어 널리 이용되고 있다. 영국의 경우 약 86개의 고속도로 휴게소가 위치하고 있는데, 그 중 42개의 상점을 소유한 Moto 사가 가장 크고, Welcome Break와 Roadchef가 그 뒤를 잇는다. 이 세 회사가 이 시장의 89 퍼센트의 점유율을 확보하고 있으며, 맥도날드 사 역시 이 시장에서 점점 그 영역을 확대해 나가고 있다.

재정적 영향

도로를 다니는 자동차의 수는 해를 거듭하면서 많아지고 있다. 1999년부터 2004년까지 거리의 차 대수 증가량을 살펴보면 약 300만 대의 차가 거리를 다니는 것으로 집계되었다(그림 3.9). 자동차를 보유하지 않은 가정의 수는 점점 더 줄어들고 있으며, 여성들의 운전면허 취득으로 인해 1989-1991동안 49%

였던 여성 운전자 수가, 2002-2003에는 61%로 증가하였다. 그림 3.10에서 보여 지는 것처럼 영국에서 공공교통수단은 전체 시장의 12%정도 차지하므로 이러한 추세는 2010년 고속도로 케이터링 부문 이익을 더욱 증가 시켰다.

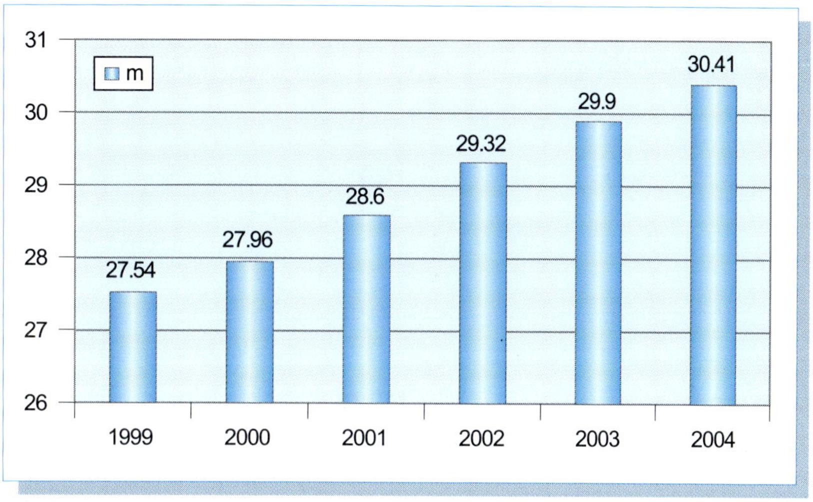

출처: Mintel Reports, September, 2004

그림 3.9 영국의 자동차, 1999–2004

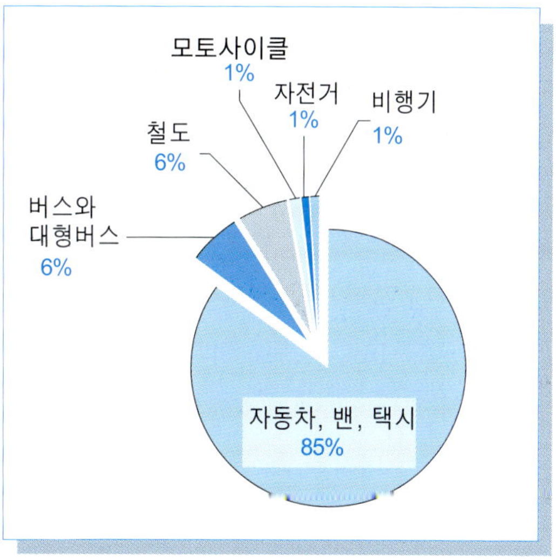

출처: Mintel, 2004

그림 3.10 차량 분류에 따른 영국의 교통 현황, 1999–2003

마케팅

고속도로 휴게소의 경우 그 마케팅 수단은 도로 위에 배치된 간판으로 할 수 있다. 그러나 일반적으로 정차하면서 휴게소로 들어오는 사람들은 편리함 때문에 들리는 경우가 많다. 영국의 경우 도로에서의 광고는 강력하게 규제되어 있으며, 특정 브랜드 간판도 역시 여기서는 이용할 수 없을지도 모른다.

상품 및 서비스 스타일

고속도로 휴게소들은 자가용 운전자들에게 중요한 식음료를 제공한다. 이때 서비스는 웨이터 서비스가 제공되는 레스토랑, 자판기, 테이크아웃 서비스 등으로 제공된다.

직원

고속도로 휴게소 케이터링 업장은 일반적으로 24시간 운영되며, 고속도로 중간에 위치하고 있다. 보통 시내에서 20-30마일은 떨어져 있는 곳에 출퇴근해야만 하는 사람들을 고용해야 하기 때문에 직원을 고용하는 일이 가장 어렵다. 또한, 인적이 드문 곳에 위치해 있기 때문에 강도나 도난의 위험에 놓일 수 있는 여지가 다분하며, 직원을 고용할 때에는 이 점을 고려하여 직원 선별에 더욱 신중을 기해야 한.

기술

미국에서는 공공 무선 랜이 다양한 장소에서 사용 가능하다. 영국에서는 2003년 처음으로 고속도로 휴게소에도 무선 랜 설비를 갖춰야 한다는 주장이 생겨났고, 2004년 가장 붐비는 휴게소에 처음으로 설치되었다. 무선 인터넷 설치는 결과적으로 고속도로 휴게소 방문객들의 식음료 지출비용을 더욱 향상시켰다. 예를 들어 고속도로 휴게소에 멈춘 비즈니스 고객이 인터넷을 사용해 더 오랜 시간 이 곳에 머물러 있다면, 추가적인 식음료 주문이 불가피하기 때문이다.

자판기

오늘날의 자판기는 기계로부터 원하는 것을 사는 행위를 일컫는 말이 되었다. 또한, 이 말은 '자동 거래' 또는 '전기 카페테리아' 라는 말로도 대체될 수 있으며, 고객이 원하는 무엇인가를 어떤 형태의 지불 방법(현금, 신용카드 등)을 통해 교환하는 행위로 이해될 수 있다. 세계 2차 대전 전에도 자판기는 영국에 존재했지만, 그 당시에는 초콜릿 및 담배를 파는 기계, 그 이상도 이하도 아니었다. 그러나 1950년대부터 영국의 자판기는 음료 및 음식을 살 수 있는 수단이 되었다. 자판기를 통한 식음료 판매는 지난 40년 동안 변화에 변화를 거듭하며 발전해 왔다. 음료 자판기에서는 캔뿐만 아니라 병에 담긴 음료도 판매하기 시작했고, 스낵류 판매율 역시 음료 판매율 못지않게 빠르게 성장하였다(표 3.8).

표 3.8 산업별 예상 자동판매기 제품 지출

음료수		과자류/스낵/음식			합계	
£m		목록	£m	목록	£m	목록
2004	815	100	640	100	1,455	100
2005	877	108	682	107	1,559	107
2006	917	113	726	113	1,643	112
2007	974	1520	767	120	1,805	120
2008	1,007	124	798	125	1,805	124
2009	1,045	128	826	129	1,817	129
음료수		과자류/스낵/음식			합계	
£m		목록	£m	목록	£m	목록
2004	815	100	640	100	1,655	100
2005	854	105	664	104	1,727	104
2006	871	107	689	108	1,775	107
2007	898	110	707	111	1,826	110
2008	898	110	711	111	1,830	111
2009	908	111	718	112	1,849	112

출처: 본 교재 관련 내용만 민텔 리포트에서 발췌 편집 (2006년 12월)

Mintel사에 따르면, 1999년에서 2004년 사이 자동판매기 식음료 판매 시장은 약15%정도 성장했다고 하며, 그 가치는 약 22억 파운드에 다다른다. 비록 현재 수익 면에서나 자동판매기 수 증가 추세를 봤을 때에는 약 5% 정도로 꾸준히 증가하고 있기는 하지만 실제 이 시장의 가치는 약 3% 정도 감소했다고 볼 수 있다. 이유는 실질적으로 기계의 수가 같은 시기에 13%로 증가 하였으나 이 성장은 단순히 더 많은 자동판매기의 보급으로 인해 이루어진 것이지 상품 한 개당의 가치가 상승해서 이루어진 결과가 아니기 때문이다.

자동판매기를 외주 줄 때에는 아래 사항을 염두에 두어야 한다.

1. 기계로 인한 최초 자본금 지출은 없다 – 외주를 주는 업체 계약자에게 제공 받아야 한다.
2. 물, 전기 등과 같은 설치비용은 자판기 외주를 부탁한 클라이언트가 지불해야 한다.
3. 재료, 물품, 컵, 점검, 보수, 유지, 청소 및 A/S 등의 운영비는 외주를 주는 업체 계약자에 의해 지불되어야 한다.
4. 외주를 부탁한 클라이언트와 계약자 간에 판매가를 합의해야 한다. 상환비용은 직접적, 간접적으로 계약자에 의해 해결된다.

자동판매기의 시설이나 하드웨어의 종류는 두 가지 주요 그룹으로 나눌 수 있다.

1. 음료 판매기　음료 판매기는 지난 30년간 자동판매기 중 판매량의 가장 큰 부분을 차지하고 있으며, 기계의 디자인은 스낵류를 파는 기계들 보다 더 발전했다. 자세한 설명은 이 단원의 뒷부분에 되어있다.
2. 식품 판매기　식품 판매기에서는 다양한 상품을 판매하는데, 사탕 및 과자류, 스낵, 플라스틱 접시에 담긴 간단한 식품류 등이 대표적 판매상품들이고 아래 설명할 3가지 유형의 기계에서 판매된다.
   (a) 스낵 판매 기계: 사탕 및 과자류, 감자칩, 비스켓 등은 상온에서 보관, 판매 되어도 되는 것들이다. 이렇게 유통기한이 긴 식품류는 특별히 판매기에서 온도조절을 하지 않아도 된다. 따라서 물건을 다시 채워 넣는 목적이 아닌 이상 따로 관리를 해주어야 할 사항은 거의 없다. 그런 이유로 운영비가 가장 적게 드는 기계 유형으로 볼 수 있다.

(b) 냉장 판매 기계: 스낵류 상품들 중 샌드위치나 롤 같은 경우는 유통기한이 짧기 때문에 냉장 보관해야 하며, 유통기간을 꼭 표시해놔야 한다. 또한, 자판기는 냉장이 되는 판매기계를 사용해 음식을 판매해야 한다. 미리 준비된 음식을 접시에 담아서 자판기를 통해 판매하는 경우 주로 판매되는 음식은 샐러드, 차가운 고기류 등이며 반드시 영상 2-5℃가 유지될 수 있는 냉장 판매기계를 통해 판매 되어야 한다. 이런 경우 2-4일간 판매기 안에서 판매될 수 있지만, 어떤 기계들은 하루 안에 상품을 판매하여야만 하기도 한다.

(c) 뜨거운 식품 판매 기계: 따뜻한 음식을 판매 기계로 팔기 위해서는 여러 가지 방법을 사용할 수 있다. 우선, 접시에 담긴 따뜻한 음식의 경우 섭씨 69℃에서 6시간 정도 보관될 수 있어야 하며, 따뜻한 캔음료를 파는 경우 다양한 종류의 음료를 제공해야 한다. 스프, 콩(baked beans), 파스타, 캐서롤(casserole) 등과 같은 캔 음식은 섭씨 68℃ 정도에서 보관되며, 그렇게 해야만 음식의 질이 손상되지 않는다. 자판기에 동전을 넣어 상품을 뽑으면, 캔에 붙어있는 손잡이 부위를 올려 캔을 개봉한 뒤에 섭취가 가능하고, 음식을 뽑으면 그에 알맞은 접시나 플라스틱 식기가 함께 나오기도 한다. 그리고 판매기 근처에 간이 오븐이나 전자레인지 시설이 구비되어 있는 경우, 조리된 음식은 주방 직원에 의해 빠르게 요리되고, 포장되어 판매기에서 판매된다. 만약 주방 시설이 미흡하다면, 공급자로부터 이미 접시에 담겨 나오거나 반쯤 익힌 상태의 음식을 구매한 뒤 판매기에 넣어 판매할 수 있다.

이러한 식품들은 전자레인지에 넣고, 조리 시간을 맞추면, 스낵류와 식사류 등은 먹기 알맞은 상태가 된다. 조리 시간은 선택한 음식이 스낵류인가 아니면 식사류 인가에 따라 달라질 수 있고, 스낵류 상품들은 보통 10-30초 정도 데워야 하며, 식사류인 경우 40초에서 1분정도 데워져야 한다. 그러나 이런 조리시간은 구매자가 선택한 음식의 종류나 양 그리고 전자레인지의 전력에 따라 달라질 수 있다. 비록 아직도 식품 판매기의 경우 샌드위치나 간단한 차가운 음식이 판매량 측면에서 강세를 보이고 있으나, 따뜻한 음식의 비중도 점점 커지고 있다.

이외에도 자동판매기에는 수많은 종류가 있으며, 주로 이런 판매기의 종류는 어떠한 상품을 파느냐에 따라 달라진다. 사탕이나 스낵류와 같은 상품들은 간단한 방법으로 판매 가능하며, 기계는 벽 쪽에 밀착하여 세워 놓고, 아무런 전기나 물의 공급이 없다 하더라도 상품 판매가 가능하다. 스낵이나 샌드위치 판매기의 경우 전력공급이 반드시 필요한데, 다른 품목들 보다 소진율이 높기 때문이다. 자동 판매 기계들은 호텔 복도나 고객들이 지나다니는 곳에 위치해 있다. 또한, 접시에 담긴 식품을 판매 할 때 그 위치는 주로 주방과 가까운 곳이나 식당 근처가 되는데, 상품을 좀 더 쉽게 채워 넣고, 소비자들이 구매 후 편안한 장소에서 섭취할 수 있도록 배려하기 위해서이다. 이러한 종류의 판매기들은 버튼을 누르면 돌아간다거나 회전하는 선반 같은 곳에 놓여있으며, 버튼을 누르면 위로 젖히는 문을 열고 그 안에 있는 음식을 꺼낼 수 있다.

판매기를 사용하느냐 마느냐에 대한 문제는 우선 그 기업의 케이터링 현황과 재정적인 방책 그리고 어떤 판매기를 제공할 것이냐에 대한 사항들을 고려한 뒤에 답을 찾아야 한다. 판매기를 통한 식음료 판매와 관련된 혜택은 다음과 같다.

1. 유연성　판매기를 이용하여 식음료 상품을 제공하면 소비자가 24시간 내내 아무 때나 판매기에 있는 상품들을 이용할 수 있고, 혹은 또는 다른 서비스와 결합되어 판매되는 상품들을 모두 소비 가능하다. 소비자들은 카페테리아가 문을 열지 않았을 때 이런 기계를 통해 구매 가능하다.
2. 상황　판매기는 소비자와 가장 많은 접촉을 할 수 있는 장소에 주로 설치되는데 사무실 복도가 좋은 예이다. 소비자들은 자신의 자리에서 멀리 떨어진 곳까지 가서 음식이나 음료를 위해 줄을 서는 것을 꺼려하며, 원하는 상품을 최단시간에 얻어서 본인의 자리로 돌아가 선택한 식품이나 음료를 섭취하길 원한다. 그렇기 때문에 카페테리아에 직접 가는 것 보다 훨씬 효율적이다. 위성 판매기 역시 식음료를 공급하는 장소와 동 떨어진 곳에서 효율적으로 사용되는데, 큰 공업단지 같은 곳에서는 주방이나 식당에서 멀리 떨어진 곳에 판매기를 설치하여 이용할 수 있다.
3. 상품의 질 관리(Quality Control)　판매기는 지속적으로 일정 품목의 상품들을 판매 가능하다. 특히 음료나 스낵, 공급자로부터 사들인 식품 등이 그

예이다. 주방에서 조리되어 나오는 음식 역시 질과 양을 엄격히 통제하여 제공할 수 있다.

4. 위생 통제　판매기에서 판매될 음식들은 조리 후 최소한의 처리과정을 거치게 된다. 이는 식음료 상품에 대한 오염 가능성을 최소화 시킬 수 있기 때문에 이루어지는 작업이다. 수많은 음료 판매기들은 요즈음 스스로 정화할 수 있는 기능을 기계 안에 반영하여, 보다 손쉽게 위생 상태를 통제할 수 있도록 하고 있다.

5. 운영 통제　판매기계 설치시에 유지보수 횟수를 최소화 할수록 노동력 의해 지출되는 비용을 절감 할 수 있다. 또한, 자판기를 이용할 경우 쓰레기, 도둑질(pilferage: 가끔 직원들이 먹는 다든가, 집에 가져간다든가 하는 것에서부터 오는 손실), 현금 분실 등의 문제 역시 신경 쓰지 않아도 된다.

6. 속도　판매 기계들은 식음료 상품을 최대한 빠르고 효율적으로 판매할 수 있다. 예를 들어 따뜻한 감자튀김을 파는 기계는 제공하는 양이 정해져 있기 때문에 항상 같은 양과 같은 질의 상품을 일정 가격에 판매할 수 있다.

7. 판매 프로모션　판매기에서 소비자의 '즉흥적인 구매'를 꾀하기 위해서는 상품들이 아주 매력적으로 보여야만 하고, 이런 것들을 도와줄 수 있는 것이 바로 앞쪽이 유리로 처리된 판매기이다(Glass-fronted Merchandisers; GFMs).

이런 판매기를 이용할 때 생기는 불편한 사항들은 아래와 같다.

1. 비인간성　판매기를 통해 상품을 판매 할 시에, 거래의 기계화 때문에 사람들은 인간적인 감정을 느끼지 못한다는 단점이 있다. 사람들은 식음료를 제공받을 때 주로 서비스 직원에 의해 서비스를 받고 싶어 한다. 기계를 통해 상품을 구매하면 이런 부분이 결여된다.

2. 상품의 비유연성　최초의 판매기는 극히 제한적인 상품만을 제공하였다. 그러나 오늘날의 자동판매기에는 기존보다 훨씬 더 다양한 종류의 식음료 상품을 제공하고 있다.

3. 신뢰성　과거에 판매기계를 통해 물건을 구입한 소비자들이 가장 불만족스럽게 생각했던 부분 중 하나는 기계에 문제가 생겨 동전을 넣어서 가격

을 지불해도 원하는 상품을 얻지 못하게 되는 것이었다. 따라서 판매기는 사람들의 폭력과 해코지의 대상이 되었다. 동전을 통해 작동되는 판매기는 외국 동전 삽입 등 여러 가지 원인에 의해 원활하게 운영되지 못하는 경우가 있다. 그러나 오늘날 전자 동전 메커니즘은 가짜 동전을 구분해 낼 수 있을 만큼 발전했기 때문에 기계가 오작동 할 확률도 현저히 줄어들었다. 이런 기계 메커니즘은 해를 거듭할수록 발전하고 있으며, 새로운 판매기계에 적극적으로 반영되고 있는 추세이다. 또한, 이러한 동전 기계 메커니즘은 다른 종류의 동전이 삽입 되었을 때 그 가치를 구분하여 총 액을 내는 식으로 계산할 수 있을 만큼 발전하였다.

4. 한계 식음료 판매 기계로 상품을 파는 것은 다양성확충이라는 측면에서 한계점을 가지고 있다. 어떤 경우에는 이러한 판매 기계가 줄을 서고 기다리는 시간을 줄이고, 케이터링 업체들의 서비스 대체재로써 쓰이기도 한다. 이러한 판매 방법은 상류층 고객들에게는 잘 사용되지 않지만 예외적으로 호텔에서 미니바 서비스로서 제공하기도 한다.

재정적 영향

판매 기계 시장의 운영체계는 소매를 기반으로 하고 있으며 이윤은 총 매출량에 따라 결정된다. 그러나 이 분야의 경쟁이 치열하며, 다른 판매자에 의해 이익을 갉아 먹히는 가격전쟁이 심화될 수 있는 소지가 많다.

2005년 Mintel리포트에 의하면, 영국에서 판매기계 시장은 1999년과 2004년 사이에 15% 정도 증가하였고, 시장가치는 약 3% 정도 감소하였는데, 이는 담배 사업의 침체와 인플레이션 압력으로 연간 성장세가 더뎌졌기 때문이다. 같은 기간 동안 자동판매기계의 수는 약 13% 정도로 늘어났다. 이 통계를 통해 알 수 있는 것은 시장 성장세는 실질적인 판매 상품의 가치가 증가 되어서라기보다는 판매 기계수가 증가했기 때문에 일어난 것임을 알 수 있다(표 3.9). 그러나 미국에서는 판매기 산업이 2010년엔 140억 달러에서 120억 달러로 하락할 것이라고 보고했다.

표 3.9 Forecast of the number ov vending machines, 2004–2009

년도 별	기계 수	대수
2004	770	100
2005	785	102
2006	805	104
2007	820	106
2008	842	109
2009	866	112

출처: 민텔 리포트 (2005년 3월)
기계 개수

마케팅

판매기를 통해 판매될 수 있는 상품의 종류는 무한하며, 기계에 따라 많이 다르다고 할 수 있다. 주된 상품을 세 가지 유형으로 나누어 보면 아래와 같다.

1. 일반적인 시장을 위해 마련된 판매기와 그 상품은 대부분 사람들의 왕래가 많은 장소에 위치하고 있다. 그 예로는 쇼핑몰, 푸드코트, 공항, 항구, 페리 정거장, 기차역, 버스 터미널, 도서관, 수영장, 레저 센터, 경기장, 전시회장, 영화관, 연극 극장 등이 있다.
2. 산업 시장을 위한 판매기는 어떤 기업에서 일을 하는 고용주 및 고용자들을 위하여 제공된다. 사무실, 상점, 공장 등이 대표적인 예이며, 영국의 80%에 해당하는 회사들은 이러한 판매기를 설치, 운영하고 있다.
3. 교육 시장을 목표로 설정한 판매기의 경우 학교, 병원, 감옥, 스포츠 시설, 대학, 전문대학 등의 장소들을 포함하며, 최근에는 몇몇 호텔 복도에서 서비스를 대체하기 위해서도 사용되기도 한다.

상품 및 서비스 스타일

판매기 분야의 사업은 경쟁이 아주 치열한 산업 중 하나이다. 이 분야의 발전 양상 및 추세는 아래와 같이 분류될 수 있다.

1. 현금 없는 시스템 판매기에서 상품을 구매 시 신용카드를 이용해 값을 지불하는 방법을 도입한 것으로, 판매기 역사 이래 가장 큰 발전일 것이다. Girovend사는 이러한 시스템 공급 업체의 선두주자라 할 수 있는데, 신

용카드로 결제한 구매자의 정보는 신용카드 사용자 데이터베이스에 기록되어 보관되며, 보안, 신분확인, 출퇴근 시간 체크 등 직원 통제에도 효과적이다. 이러한 시스템이 자판기 식음료 판매를 목적으로 할 경우, 소비자들은 상품을 구매 후 신용카드를 기계에 대어 카드와 연결된 계좌에서 금액이 지불될 수 있도록 한다.

(a) 우선 카드를 사용할 준비 시스템이 갖춰져야 하는데, 이는 다양한 방법으로 이루어질 수 있다. 담당자가 자판기를 통해 고객으로부터 현금을 받고 담당자의 카드를 이용해 물품을 구매할 수 있도록 하는 시스템이 있는데, 이러한 것의 단점은 완전한 자동화가 이루어지지 못하기 때문에 최소한 1명은 이 판매기의 담당자 역할을 해야만 한다는 것이다. 두 번째로는 신용카드 또는 카드를 자판기를 통해 상품 구매 이전에 가동시켜놓고, 그 이후에 상품을 선택 후 가격을 지불하는 방법이다. 이런 경우 구매자는 판매기의 카드 삽입 칸에 카드를 넣은 뒤 총액을 확인하고, 필요한 경우 동전을 삽입하여 카드의 총액을 충전한 뒤 상품을 구매 가능하다. 이런 경우의 단점은 아직 계속 현금을 사용해야 한다는 것이다. 세 번째는 직불카드를 사용하는 방법이다. 이러한 직불 카드의 경우 월급과 연결되어 있으며, 상품 구매 시 개인의 월급 계좌에서 가격이 빠져나가게 되므로 현금이 없다.

(b) 카드 결제의 경우, 상품 구매방법이 편리하다. 자판기 고장으로 인해 돈을 잃어버릴 염려도 없고, 잔돈을 받을 필요도 없어지므로 신속한 서비스를 제공할 수 있다.

(c) 카드를 가지고 있는 사람들은 소비 유형에 따라 분류될 수 있고, 이렇게 분류된 그룹들은 다시 지출 가격으로 구분될 수 있다. 판매기의 상품에 대한 지불 방법은 현금 없는 결제, 무료 그리고 동전 지불 형식으로 나누어질 수 있다. 이와 같은 자판기 운영방식들은 하나의 동일한 상품에 다른 가격을 부과할 수 있도록 해주며, 그 대표적인 예로 정직원, 계약직원 그리고 방문객을 위한 각기 다른 종류의 판매기들이 있다. 현금 환급은 더 이상 판매기를 위한 카드소지를 원치 않는 직원들에게 지급되며, 직원 계정으로 돈이 지급될 수도 있다. 또한 도난카드일 경우 기계에서 직접 판단하여 사용을 차단시킬 수 있다. 마지막으

로 기계에 저장된 상품, 가격, 사용자의 유형, 실제 가격과 카드에서 출금된 금액 등의 정보는 출력하여 분석 가능하며, 수집된 정보를 통해 재정적 통제 및 비용 절감을 실현할 수 있다.

2. 복합 상품 판매　기계의 디자인이 가능한 한, 스낵류와 주스류가 함께 팔려 하루의 끼니를 대용할 수 있는 것처럼 여러 가지 종류의 상품을 한꺼번에 판매할 수 있다. 작은 단위의 상품들, 예를 들어 과자류 제품들은 작은 자판기에서 판매되면서 큰 단위의 상품들을 판매하는 자판기 옆에 붙여놓을 수 있고, 동전 또는 카드로 지불 될 수 있다.

3. 신선하고 따뜻한 음료 판매기　차나 커피를 제공하기 위해 따뜻한 물을 끓여서 제품을 판매하는 판매기의 경우, 상품 구매자들에게 좀 더 신선한 상품을 제공하여야만 한다. 종이컵 안에 음료를 만들기 위한 모든 재료가 들어있어 따뜻한 물만 부으면 음료를 판매할 수 있는 판매기의 경우, 더 나은 위생 상태를 보장할 수 있으며, 운영, 서비스, 상품의 종류 및 통제 면에서도 더 낫다고 할 수 있다. 어떤 음료 기계들은 이제 100가지 정도의 차고 따뜻한 음료를 다양하게 제공하기도 하며 이는 약 1000개의 컵을 보유할 수 있는 규모이다.

4. 공간 절약　사무실, 공장, 병원, 공업단지 등에서 공간을 보다 효율적으로 이용하는 것은 아주 중요한 일이다. 많은 사업체들은 제한된 공간을 보다 효율적으로 사용하기 위해 현 공간 이용에 대한 검토를 하는 곳들도 늘었으며, 특히 24시간 내내 서비스가 필요한 판매기 공간의 경우 공간 활용에 대해 보다 집중적으로 검토해야 한다. 대부분의 경우에 판매기는 기존의 케이터링 공간을 최소화 하고 이에 따른 비용을 절감 했다는 측면에서 단연 뛰어나다는 평을 받고 있다. 게다가 자판기 제조업자들 역시 자판기가 차지하는 공간의 중요성에 대해서 잘 인지하고 있으며, 총 규모를 최소화 시키면서 상품의 질을 더욱 높이기 위해 여러 가지 연구를 계속하고 있다.

5. 따뜻한 음식과 차가운 음식에 대한 호환성　따뜻한 음식과 차가운 음식은 소리법이 확연히 다르며 음식을 제공할 때에도 종류에 따라 따뜻하게 제공되거나 차가운 상태로 제공되는데, 샐러드, 차가운 고기, 파테(pâtés) 등은 차가운 상태로 제공되는 대표적인 음식들이다. 그리고 따뜻하게 제

공되는 음식들은 주로 전자레인지에서 데워진 뒤 판매된다.

판매기는 이제 식품을 제공하는 방법 중 하나로 여겨지고 있으며, 다양한 운영방법이 이용되고 있다. 케이터링 분야의 여러 부분에서 포괄적인 음식 제공 시스템으로 이용되고 있으며, 직원 카페테리아, 화장실 근처, 병원 식당 등에서도 쉽게 찾아볼 수 있다. 그리고 이러한 기계화를 통해 사람들은 병원 야근 중에도, 24시간 가동되는 공장 및 사무실에서도 쉽게 식음료 상품을 구매할 수 있다.

직원

판매기를 이용해 상품 판매 시 가장 큰 장점은 직원임금이 확연히 줄어든다는 것이다. 운영자들은 최소의 인원으로 상품을 자판기에 채워 넣고, 관리할 수 있으며, 그 과정을 운영하는 서비스 역시 최소한의 트레이닝만이 종종 요구된다. 그러나 종종 보수 유지 관리비가 간과되곤 하는데, 이 역시 판매기 운영 시 고려해야 할 사항이다.

기술력

기술의 발달이 없었다면 현재의 자판기 시스템은 아마 존재하지 못했을 것이다. 만약 기술이 발전하지 못했다면 사람들은 다른 방법으로 상품을 사려고 시도했을지도 모른다. 재고 관리와 유지, 보수에 대한 사항에 있어 오늘날의 기술 발전은 소비자로 하여금 판매기를 더욱 신뢰할 수 있게 만들었다. 기계의 고장 난 부분은 원격측정법과 판매기의 소형 컴퓨터 시스템을 통해 좀 더 빠르게 찾아낼 수 있고, 상품 재고 부족 여부도 빠르게 알아낼 수 있게 되었다. 인터넷 기술이 발전함에 따라 판매기는 재고여부와 전반적인 기계 상황에 대해 좀 더 효율적이고 간편하게 통제할 수 있게 되었다. 판매기 기술은 유효기간이 있는 제품들을 보다 효과적으로 저장, 보관할 수 있도록 하였으며, 뜨겁고 찬 음료를 제공하는 것도 가능케 만들었다.

공공분야

공공분야는 감옥, 전문대학, 4년제 대학교 및 공공 케이터링과 서비스 부문에서 성장세를 보여 왔다. 그러나 초등학교, 중학교, 의료 및 지방당국의 케이터링 현황은 현저히 줄어들었다(표 3.10).

표 3.10 업장 개수에 의한 영국의 계약 케이터링 시장 분할

	2001		2003		2005		%변화 2001–2005
	업장수	%	업장수	%	업장수	%	
경영분야와 산업	9,002	49.2	8,939	48.6	8,973	51	–0.3
경영과 산업	8,344	45.6	8,473	46.1	8,214	46.6	–1.6
정부와 기관[a]	475	2.6	–	–	–	–	–
백화점 직원	59	0.3	347	1.9	597	3.4	911.9
교도소	124	0.7	119	0.6	162	0.9	30.6
공립교육	4,847	26.5	5,027	27.3	4,506	25.6	–7
학교	4,386	24	4,529	24.6	3,960	22.5	–9.7
전문대학과 4년제 대학	461	2.5	498	2.7	546	3.1	18.4
사립학교	813	4.4	919	5	754	4.3	–7.3
공공 케이터링[b]	1,420	7.8	1,385	7.5	1,553	8.8	9.4
건강	960	5.2	882	4.8	839	4.8	–12.6
국민건강보험공단과 신탁병원들	455	2.5	465	2.5	369	2.1	–18.9
개인병원들	67	0.4	22	0.1	50	0.3	–25.4
개인간호	438	2.4	395	2.1	240	2.4	–4.1
국방	401	2.2	522	2.8	490	2.8	22.2
지역인가	543	3	477	2.6	291	1.7	–46.4
법원	97	0.5	96	0.5	75	0.4	–22.7
경찰과 소방서	312	1.7	266	1.4	157	0.9	–49.7
시청	116	0.6	90	0.5	40	0.2	–65.5
복리사업	18	0.1	25	0.1	19	0.2	5.6
주유소, 교육기관, 건설기관	238	1.3	235	1.3	202	1.1	–15.1
다방면적으로 여러 사업의 특징에 포함되어 있거나 분류 기준이 모호한 사업	65	0.4	–	–	–	–	–
합계	18,289	100	18,386	100	17,608	100	–3.7

출처: BHA/Mintel Reports (December 2006)

a: 보고서 내 변동사항 b: 모든 이벤트 제외

학교

학교 케이터링 서비스는 1인당 섭취해야 하는 영양소의 밸런스를 맞춰서 어린이들이 모든 영양소를 골고루 섭취할 수 있도록 짜임새 있게 제공되어야 한다. 대부분의 학교는 학교 식당에서 가족 형 서비스 또는 셀프 서비스 스타일을 제공해왔고, '고기 하나에 야채 두 개' 의 점심을 제공하는 것이 일반적이라고 생각해 왔다. 그러나 이러한 기존의 식사 습관은 스낵형 점심식사 상품이 고안된 이래 상당부분 대체되었다. 많은 학교들은 이제 스낵형 점심식사를 내 놓는데, 구운 감자, 피자, 샌드위치, 롤, 파이, 스프, 요거트 등이 그 대표적인 예이며 학생들이 이러한 메뉴 중 하나를 골라서 끼니를 해결하는 것을 너무나 당연한 일이라고 받아들이고 있다.

어떤 학교들은 과감하게 학교 식당 케이터링 서비스를 없애고 단지 식사를 할 수 있는 식당 공간만을 제공하여 학생들이 각자의 점심을 가져와 먹을 수 있도록 하는 곳들도 있다. 이러한 현재 추세가 미래에도 계속될 것인가에 대한 문제는 아직 논란의 여지가 많다. 그러나 현재 학생들이 애용하고 있는 스낵형 식사는 앞으로도 계속 이용될 것으로 전망된다. 많은 지역 교육 기관들은 전문 케이터링 업체에 외주를 주며, 영국의 유명 요리사 Jamie Oliver 역시 2005년 학교 저녁 식사 프로그램을 시작하였고, 그의 TV 프로그램은 사회적 반향을 일으켜 영국 정부가 학생들을 위해 좀 더 나은 식단을 제공하기 위해 국가적 예산을 확보하는 결과를 이끌어 냈다.

학교로 제공되는 식음료들은 단순히 끼니를 해결하는 것 이외에 여러 가지 의미를 가지고 있다. 우리는 학생들이 식품에 대해 교육받고, 건강한 삶을 영위하기 위해 좋은 음식을 선택할 수 있도록 다양한 정보를 제공할 책임이 있다. 학생들이 어린 나이에 균형 잡힌 식단을 통해 건강의 중요성을 배울 수 있게 되면, 평생 그러한 습관이 지속되어지기 때문에 이 시기에 학생들에게 음식제공 시에는 더욱 신경을 쓸 필요가 있다. 우리는 학생들이 균형 잡힌 식단을 통해 건강한 삶을 영위하는 것이 중요하다는 것을 더욱 쉽게 이해할 수 있도록 다양한 이벤트를 제공한다. 부모님들과 학생들이 직접 요리에 대해 배우고 체험해 볼 수 있는 이벤트 등이 그 대표적인 예이다. 2007년 9월에 정부에서 새로이 소개한 법규가 학교 점심 및 그 이외의 식음료 제공 기준에 적용되면서 점심시간 뿐 만 아니라 하루 중 아무 때나 즐길 수 있는 건강식품을 구매할 수 있도록 이에 맞춘 서비스를 제공하고 있다.

Gill Ward, Scolarest Catering 매니저, Norwich 시립학교, Norfolk

4년제 대학과 전문대학

모든 고등교육 기관에서는 케이터링 시설을 방문객, 풀타임, 파트타임 학생, 행정직 직원, 교직원 등을 위해 제공해야만 한다. 이러한 시설들이 겪는 가장 큰 문제점은 학교 방학기간 동안(영국의 경우 1년 3회) 시설의 활용도가 현저히 낮아진다는 것이다. 대학기관에는 식음료 서비스 시설에 대한 자치권이 있으며, 그들 자신의 케이터링 서비스에 대한 책임을 지니고 있다. 그러나 보다 공식적으로는 재무부의 재정적 자원을 분배하는 고등 교육 지원 재단(HEFCE)에 그 책임이 있다. 고등교육지원재단의 법규에는 케이터링 업체들이 빌딩, 장비시설, 임대료 등 필요한 곳에 들어가는 자본금을 보조 받을 수 있도록 배려하는 조항이 있다. 몇몇 명성 있는 대학들은 예외적이긴 하지만, 대부분의 대학교 케이터링 기관들은 손익분기점 이상의 이윤을 내야 운영이 가능해진다. 대학교 케이터링 기관들은 두 가지 종류로 분류되는데 첫째는 학교 거주 학생을 위해 강당과 근접해 있는 곳에 식당을 만들어 아침과 저녁식사를 제공하는 것이고, 이 때, 그 비용은 학생들의 한 학기 기숙사 비에 포함되어있다. 또 다른 한 가지 유형은 중앙식당인데, 이곳에서는 대학 학생 및 직원들의 하루 식사 그리고 음료의 공급을 책임진다. 이러한 케이터링 시설은 공식적으로 학생단체서비스와 개별적인 교원 휴게실과도 경쟁구도에 놓여있다.

그림 3.11 University catering, Photo courtesy of Scolarest

학교 기숙사에 거주하는 학생들은 보통 기숙사비를 한 번에 선불로 지급하도록 되어있다. 이러한 시스템은 이제 많은 학교에서 폐지되었으며, 대신 학생들이 직접 요리를 할 수 있도록 배려하고 있다. 또한, 어떤 학교에서는 식사 구매 시 비용을 지불하는 형식을 채택하고 있다. 불행히도 이러한 제도는 학교기관 케이터링업의 수익을 낮추었다.

비 기숙사 거주 학생들은 학교 케이터링 업체를 이용할 수 있고, 주변지역에서 제공하는 모든 종류의 케이터링 업체도 이용가능 하기 때문에 학교 케이터링 업체와 경쟁구도에 놓여있다고 할 수 있다. 접근의 용이성, 주된 식당이 될 수 있게끔 도와줄 수 있는 보조금 등 역시 경쟁 시 염두에 두어야 될 것들이라고 할 수 있다. 최근에는 고품격 레스토랑 개념을 학교 식당에 응용, 도입하여 젊은 고객들의 관심을 받고 있다. 발생된 손해를 만회하고 케이터링 업체의 수익을 내기 위해 대학들은 기숙사와 케이터링 시설을 상업적 가격에 교외기관들의 미팅, 컨퍼런스, 휴가기간 시설임대 등으로 사용하기도 한다.

활동 3

여러분 대학의 모든 연회 및 케이터링 업체를 찾아보자. 학교 자체에서 이러한 서비스를 제공하는가 아니면 외주를 주는가? 여러분 대학의 케이터링 시스템에 대한 장단점을 알아보자.

병원

지난 20년 동안 병원 케이터링 시설은 놀랄 만큼 변화했다. 새로 지은 병원들은 좋은 시설을 확충해 이로부터 이득을 보고 있다. 병원 케이터링은 서비스 대상자는 주로 움직임에 제약이 있고, 사용시 특별한 주의를 요하는 경우가 많기 때문에 이런 형태의 케이터링의 경우 환자들이 제공된 음식을 먹을 수 있도록 도와줘야 하며, 섭취할 식음료 상품 구성에도 각별한 주의를 요구한다.

병원 케이터링 서비스는 주로 한 환자에게 허용된 돈의 가치에 따라 구성되고, 직원인 경우는 제공받은 식음료품의 총액을 그들이 직접 부담해야 한다. 분산화 접근법은 환자의 식음료가 우선 대량 생산되어 제공되기 직전에 병동에서 분할한 뒤 환자에게 전달되는 것을 말하며, 많은 병원에서 사용되고 있다. 그러나 이러한 방법은 조리 후 환자가 받아서 식사를 할 때까지 걸리는 시간이 길기 때문에, 맛이 없어 보이게 되거나 차갑게 식어버리는 결과를 초래한다. 이러한 방법에 대한 해결책으로 중앙 집중적 접근법이 있는데, 이는 음식이 생산되는 부엌에서 바로 환자들에게 전달될 식판에 음식을 배분한 뒤 환자에게 음식을 전달하는 방법이다. 음식이 담긴 식판은 운반 장치를 통해 환자에게 전달되기 때문에 그 시간을 최소화 할 수 있다.

또 다른 추세 중 하나는 간병인용 병원 케이터링 시설을 구비해 놓는 것이다. 대부분의 경우 한 병원뿐만 아니라 몇 개 근처 병원을 위한 중앙 집중적 생산 시스템을 구축하고 있으며, 실용성이 있을 수 있게 운영되어야 한다. 2001년 5월, Better Hospital Food계획이 도입되었으며, 이 프로그램의 목적은 다음과 같다.

- NHS 병원이 이용할 수 있는 맛있고, 영양분 있는 다양한 음식을 만들어 낸다.
- 병원 메뉴를 재 디자인 하여 고객이 좀더 쉽게 이해할 수 있도록 한다.
- 식음료가 이용자들을 위해 밤 낮 구분 없이 24시간 제공될 수 있도록 한다.
- 낮이나 이른 저녁 식사시간에 따뜻한 음식이 준비되어 있도록 한다.

병원 케이터링 협회 주최 컨퍼런스 (2007년 4월 26일) 프로그램을 통해 가늠해본 결과 최근 케이터링 업체는 의료분야 케이터링 사업 확장을 위해 지속적인 노력을 하고 있다. 케이터링 경험과 식사 영양 균형을 맞추는 것은 가장 중요한 것들이자 병원 케이터링의 문화, 환경적 이슈가 된다(hospitalcaterers.org).

군대

영국의 군대는 황실 해군, 육군 및 황실 공군, 경찰 및 소방 부대, 정부 부서 등을 포괄적으로 아우르는 개념이다. 군대는 보통 특별 케이터링 업체를 가지고 있는데, 대표적인 예가 영국의 Royal Logistics Corp사이다. 공무집행 기관 및

Frimley Park 병원 국립 의료 서비스 재단 신탁의 부 호텔 서비스 매니저 케이터링 Kevan Wallace MIOH 씨는 병원 케이터링에 대한 자신의 견해를 밝혔다.

병원 케이터링의 경우 빠르게 변화해왔다. 지난 6년간 새로운 업체들의 출현을 목격했고, 가장 중요한 컨셉은 '보다 나은 음식' 제공이었다. 이러한 방향성은 업체들에게 성공을 가져다주었고, 기업 내의 케이터링 팀이든 계약 케이터링 업체의 서비스이든 주된 초점은 국립 의료 서비스에 있어왔다. 그러나 그보다 더 중요한 것은 환자들에게 제공될 식음료의 질에 있었다. 뿐만 아니라 환자들이 지내고 있는 병원에서 균형 잡힌 영양식단을 제때에 먹을 수 있도록 배려하는 것이 환자의 병을 빠르게 치유할 수 있는 일부분으로 작용한다는 사실도 알 수 있게 해 주었다. 일정한 식사시간, 하우스키핑 시설 등은 환자들의 회복 면에서 큰 차이를 가져온다.

개인 신탁과 정부에 의해 만들어진 기관의 경우 양측 목표를 모두 달성하는 것은 언제나 힘들지만, 국립 의료 서비스의 케이터링 업체들은 그들이 성취한 것에 대해 강한 자부심을 갖는다. Frimley Park 병원 국립 의료 서비스 재단 신탁 팀은 최근 처음으로 응모한 환대 보장 (Hospitality Assured)프로그램에서 표창 받은바 있으며, 영국 남동부 지역에서는 두 번째로 이 표창을 받았다.

도시 경찰의 경우 역시 자체적인 케이터링 부서가 마련되어 있다. 식음료 제공 시설의 경우에는 셀프서비스 카페테리아가 대부분의 직원들을 위해 제공되며, 고품격 전통 레스토랑 역시 간부급 인사들을 위해 마련된다. 이러한 케이터링 시설은 소규모에서 대규모 외부 연회 및 행사들도 주최 가능하다.

형무소

약 9백 만의 인구가 현재 세계 모든 감옥에 수감되어 있으며 그 중 2백 만 명은 미국에서 복역 중이고, 1백 5십만 명은 중국에서 복역 중에 있다. 영국과 웨일즈에 수감된 사람의 수는 총 75,000명 정도 이며, 이 숫자는 계속 증가할 것이다.

정해진 예산 범위 안에서 운영을 하기 위해 수감자의 식사는 주(week) 단위로 양이 정해져 있는 경우가 많다. 식음료 품의 양뿐만 아니라 특별한 이름의 상품을 구매해야 하는 경우도 많다. 또한, 아주 적은 양의 일주일 분의 돈에서 한 사람당 먹을 수 있는 신선한 고기를 구매해야 하며, 이후 1인당 지급되는 현금에서는 추가적인 영양소를 제공해야 하는데 이 때, 지역 상품을 구매해야 하고, 대부분 신선한 과일류를 구매하게 된다.

형무소 내에서 이루어지는 케이터링의 경우 감옥 수감장이 그 책임을 지게 되며, 그 책임은 외주를 주는 케이터링 업체에 전가 될 수 있다. 이런 경우 업체와 형무소 측은 제한된 예산을 통한 효율적 케이터링을 위해 수감자들을 직접 요리 및 서비스에 참여 시킨다.

출처: 동일함/ Source: http://www.niprisonservice.gov.uk

그림 3.12 형무소 케이터링, 사진: 북부 아일랜드 형무소 수감자 식당

참고문헌

Bernstein , D. (2005). When the Sous Chef is an Inkjet. *New York Times*, (February 3). http://www.nytimes. com/2005/02/03/technology/circuits/03chef.html/ (last accessed 10th March 2008).

Brewin Dolphin http://www.brewindolphin.co.uk/(accessed 2nd November 2006).

British Hospitality Association http://www.bha.org.uk/(accessed 20th October 2006).

Durocher , J. (2001). Unplugged . *Restaurant Business (January 1)*, 100(1), 79–80.

Feinstein , A.H. and Stefanelli , J.M. (1999). Technology applications in foodservice purchasing: A primer for foodservice marketers . *Journal of Restaurant and Foodservice Marketing*, 3(2), 3–22. The Haworth Press.

Hospitalcaterers.org. http://www.hospitalcaterers.org/conference/programme.html (accessed 21st April 2007).

Karel , M. (2000). Tasks of food technology in the 21st century. *Food Technology (June), 54(6)*, 56 – 58 . 60, 62, 64

Kühn, K. (2007). *Delaware to name new Wembley executive chef*, Caterer and Hotelkeeper, http://www.caterersearch.com/Articles/2007/04/12/312855 /delaware-to-name-newwembley-executive-chef.html (accessed 21April 2007).

Mintel Reports, Cars – UK – September 2004: http://reports. mintel.com/ (accessed 21st April 2007).

Mintel Reports, Vending UK – March 2005: http://reports. mintel.com/ (accessed 21st April 2007).

Mintel Reports, Cruises – International – September 2005: http://reports.mintel.com/ (accessed 21st April 2007).

Mintel Reports, World ' s Leading Outbound Markets –December 2005: http://reports.mintel.com/ (accessed 21st April 2007).

Mintel Reports, Contract Catering – UK – December 2006: http://reports.mintel.com/ (accessed 21st April 2007).

Mintel Reports, Leisure Venue Catering – UK – March 2007: http://reports.mintel.com/ (accessed 21st April 2007).

Mintel Reports, Onboard Catering – UK – May 2007: http://reports.mintel.com/ (accessed 21st April 2007).

Narprail.org. http://www.narprail.org/cms/images/uploads/FB_Econ_Final.pdf (accessed 19th April 2007).

World Stadiums http://www.worldstadiums.com (accessed 10th April 2007).

제4장

콘셉트 개발하기

단원 소개

식음료 업계에서 새로 사업을 시작하기는 분명히 쉽지 않은 일이다. 영국 런던에서는 2002년에서 2003년 사이에 100~120개의 레스토랑들이 문을 닫았고, 높은 경제 성장을 달성한 2005년과 2006년에는 60~65개 정도의 레스토랑이 문을 닫는 수준으로 그 수치가 줄어들었으나 대부분은 새로 개장한 레스토랑들이 폐점을 하게 되었다(Akbar, 2007).

이렇게 많은 레스토랑들이 1~2년이라는 단기간에 문을 닫은 이유는, 레스토랑 투자자들이 관련 시장에 대해 정확하게 이해하지 못해 레스토랑의 성공 가능성을 확신하지 못한 상태에서 투자를 서둘렀기 때문이라고 할 수 있다. 또한 경영 파산에 이르게 하는 사업상의 위험 요인들을 확실하게 최소화하지 않고 단순히 직관이나 직감만으로 레스토랑 사업을 시작하는 것도 이유에 들어갈 수 있다. 처음으로 레스토랑 사업을 시작하기 위해서는 가장 먼저 관련 시장을 이해해야 하며, 초기 투자자금 확충이 순조롭게 이루어져야 향후 투자규모를 더 많이 확보하여 지속적으로 사업을 안정화시킬 수도 있다는 점에 유의해야 한다.

레스토랑을 새로 여는 이들이 식음료 레스토랑 운영에 있어서 고려해야 할 중요한 점을 익히기 위해서는 이 첫 번째 단계를 이해할 필요가 있다. 이 단원의 목표는 잠재적인 식음료 레스토랑 경영자가 알아둬야 할 레스토랑 경영에 쓰이는 방법들과 함께 경영 및 투자에 대한 기초적인 이해를 돕고, 기존의 경영자들이 어떻게 새로운 레스토랑 경영에 접근하는지 이해하는 것이다.

단원 목표

이 단원을 읽고 나면 아래의 핵심 사항을 이해할 수 있어야 한다.

- 레스토랑의 예비조사에 대해 이해할 수 있다.
- 레스토랑 사업계획의 주요 부분을 이해할 수 있다.
- 레스토랑을 재정적으로 운영하는 데 필요한 기초를 이해할 수 있다.
- 레스토랑 시설, 디자인, 레이아웃 (layout, 윤곽, 테두리)에 관한 기본 지식을 익힐 수 있다.

표 4.1 매장 수에 따른 주요 레스토랑 운영

회사	브랜드 이름	매장 수 (2002)	매장 수 (2004)	매장 수 (2006)	변화 (2002–2006)
Bank Restaurant group	개별적으로 이름 붙여짐	4	6	5	1
Caprice holdings LTD/ Richard caring	개별적으로 이름 붙여짐	3	3	3	–
Clapham House Group	– Gourmet Burger Kitchen – Real Greek – Bombay Bicycle Club (레스토랑)	– – –	– – –	9 6 3	– – –
Conran Restaurants	개별적으로 이름 붙여짐	18	18	19	1
Craftbutton Paramount pic	– Caffe Uno Chez –Gerard/Le petit Chez –Gweard/Brasserie – Chez Gerard Livebait – Bertorelli/Cafe –Bertorelli Cafe Fish	13 9 3 1	11 5 3 1	14 4 6 1	1 –5 3
Gaucho Grill restaurants	– Gaucho Grill Destino	7	7	7	
La tasca Restaurants	La tasca La vina	17	35	53	36
Living Ventures	– Est Est Est The living room – the bar and grill Loch Fyne	22 17	19 23	17 25	–5 8
Loch Fyne Restaurants	– Loch Fyne – Le Petit Blanc		4	5 8	

회사	브랜드 이름	매장 수 (2002)	매장 수 (2004)	매장 수 (2002)	변화 (2002–2006)
Ma Potters	Ma Potters Bar & restaurant				
Mitchells & Butlers	Browns	13	15	15	2
Noble House Leisure	Yellow river Cafe Oriental Restaurant Group Arbuckles Jim Thompsons(JT's)	7	8 21 14	7 11 10	–
Punch Taverns plc (formerly the spirit Group)	Old Oleans	35	31	33	–2
Rank the Restaurant Group	Hard Rock Cafe Frankie & Benny's Garfunkel's Chiquito's Blubeckers Edwinns Brasseries	6 67 33 26	8 86 30 25	7 105 30 29	–1 33 –3 3
Town Centre Restaurant Group	Aberge		8	9	
Tragus Restaurant Group	Azzurro cafe Rounge Abbaye Oriel Leadnhall Wine Bar		5	4 82 3 1 1	
Urban Dining Group	Tootsies T.G.I Friday's	40	41	30 46	6

자료 : Mintel / 2006

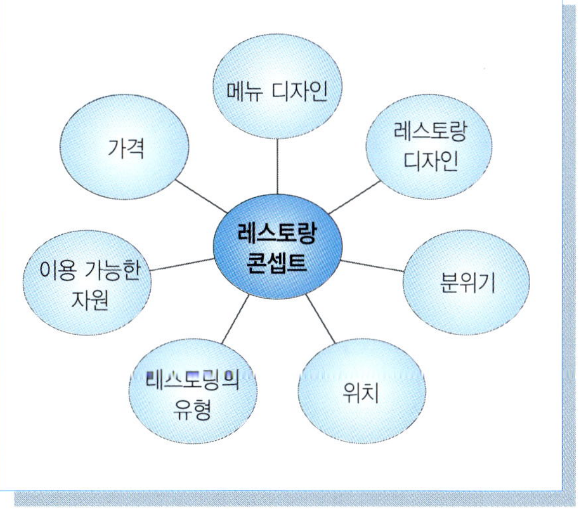

그림 4.1
레스토랑 콘셉트의 고려사항

콘셉트

레스토랑은 창조적이어야 하는 동시에 열정이 필요한 사업이기도 하다. 레스토랑을 운영하는 데 있어서 특정한 콘셉트는 성공과 실패를 판가름하기도 한다. 레스토랑 콘셉트는 주로 사전 시장조사를 통해서 명확하게 드러난다. 그리고 앞서가는 레스토랑 경영자들은 그들이 지닌 경영 노하우와 재능을 기반으로 경영 목표를 정확하게 설정하기 때문에 사업 성공을 기대해 볼 수 있다.

하지만 사전 조사에서 경영자가 생각해낸 콘셉트가 운영할 장소에 적합하지 않다는 결과가 명백하게 나왔음에도 불구하고 자신이 생각한 콘셉트에 지나치게 몰두한 나머지 이를 간과하고 계속 운영하려고 한다면 문제가 발생할 수 있다. 이러한 문제에 대해서는 다양한 사례가 존재한다. 경영자가 첫 번째 레스토랑을 성공적으로 운영했어도 다른 곳에 체인점을 냈을 때는 실패하기도 한다. 예를 들어 Fish of Chez gerard는 매우 성공적이고 독창적인 콘셉트로 빠르게 지점을 확장했지만, 대부분의 체인점들은 결국 문을 닫아야 했다. 좋은 레스토랑은 반드시 시장의 흐름을 예의주시해야 하며, 결정적인 사항을 정하기 전에 계획을 세워야 한다. 이러한 조치는 갑작스럽게 변하는 시장에 유연하게 대처할 수 있도록 도와준다.

레스토랑 콘셉트를 정하기 위한 우선적인 3가지 카테고리는 아래와 같다.

1. 레스토랑은 적은 수입과 높은 판매량에 의존한다(패스트 푸드 및 테이크아웃 식당).
2. 중간규모의 레스토랑들은 정식(full meal)에 비교적 낮은 가격을 부과한다.
3. 큰 규모의 레스토랑은 높은 수익에 의존한다(미슐랭 스타 레스토랑을 참고).

특정 국가의 음식도 레스토랑의 콘셉트가 될 수 있으며, 여기에는 중국, 일본, 한국, 이탈리아, 그리스, 멕시코, 캐리비아, 영국, 프랑스, 독일, 인도, 타이 등이 포함될 수 있다. 영국에서는 인도 음식과 멕시코 음식이 유명하다.

The Acorn House 레스토랑은 지속가능성에 초점을 맞춘 레스토랑 콘셉트 개발의 좋은 예이다.

쓰레기 관리(waste management), 수도요금, 그리고 에너지 사용료는 현재 레스토랑 경영자들이 직면하고 있는 가장 큰 3가지 문제이다. 정부는 향후, 업체의 쓰레기 처리 비용 부담률을 상향 조절할 것이기 때문에, 레스토랑 경영자들은 쓰레기 발생을 최소한으로 줄일 수 있는 혁신적인 방법을 강구하는 일에 총력을 기울여야 한다. 물은 레스토랑 경영에 있어서 큰 비중이 없는 것처럼 평가되는 부분이지만, 앞으로는 물을 어떻게 사용하느냐가 레스토랑의 수익에 큰 영향을 미치는 중요한 부분이 될 것이므로 레스토랑 경영자들은 수자원을 어떻게 효율적으로 사용할 것인가를 사전에 우선적으로 고려해야 할 것이다. 에너지 사용료 역시 앞으로 계속적으로 오를 것으로 전망된다. 효율적으로 에너지를 사용하는 동시에 화려한 레스토랑을 만든다는 것은 아직은 어려운 일이지만, 가까운 미래에는 에너지의 효율적인 사용이 레스토랑 경영의 필수적인 부분으로 자리 잡을 것이다.

The Acorn House 레스토랑은 이 부분에 대한 좋은 예이다. The Acorn House는 공급업체뿐만 아니라 물, 전기, 쓰레기 처리, 재료 운송까지 신중하게 고려한다. The Acorn House 레스토랑을 통해 깨달아야 하는 사실은 환경을 보호하면서 레스토랑을 성공적으로 경영한다는 것은 어찌 생각해보면 당연한 일일지도 모른다는 것이다.

시장 경쟁에 틈이 생기는 부분은 영업을 시작하고자 하는 장소에 어떠한 콘셉트를 적용시킬 것인가 하는 문제에 대해 고려할 때 좋은 대안을 줄 수 있는 부분이다. 예를 들어 경영자가 새로 레스토랑을 열려는 지역에 좋은 중식 레스토랑이 많이 있다면, 대부분의 경영자들은 아마 레스토랑의 위치 혹은 테마를 완전히 바꾸고 싶어 할 것이다. 또한, 레스토랑 경영자들은 레스토랑이 격식 있는 곳이 될지 아니면 캐주얼한 곳이 될지 고민하게 된다. 그러고 나서는 레스토랑의 실내 디자인뿐만 아니라 디자인에 적합한 분위기, 음식 메뉴, 그리고 실내 디자인에 따른 가구, 식기, 조명까지 고려해야 한다. 어쿠스틱 음악 레스토랑은 아마 이런 콘셉트를 특징적으로 나타내는 경우일 것이다. 또 다른 중요한 고려사항은 바로 주류 판매이다. 주류 판매는 레스토랑의 수입에도 영향을 미치며, 레스토랑 경영자가 가게에서 주류를 판매하기 위해서는 인허가가 필요하기 때문에 위의 언급한 내용이 결정되면, 다음으로 레스토랑의 메뉴를 결정해야 한다. 메뉴에 대한 자세한 사항은 제 5장 "메뉴"에서 설명할 것이다. 고려해야 할 사항 중 가장 중요한 것은 바로 가격이라 할 수 있다. 가격을 지나치게 비싸게 책정하면 레스토랑 수익에 도움이 되지 못하며, 레스토랑이 재정적인 어려움에 빠질 수도 있다. 레스토랑에서 포장 서비스나 배달 서비스를 할 지 여부에 대해 결정하는 것 역시 중요한 문제이다. 일부 레스토랑에서는 레스토랑에서 직접 식사하는 손님보다도 배달 서비스로 더 많은 수익을 올리기도 하기 때문이다.

활동 1

주변에 여러 나라별 레스토랑을 분류하고, 친구나 동료 최소한 5명에게 지난해부터 방문한 레스토랑에 대해 물어보자. 응답자의 대답과 본인이 기대한 답변을 비교해보자.

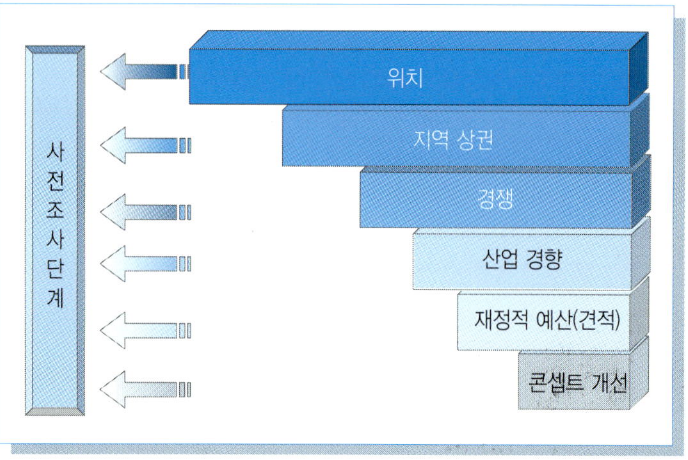

그림 4.2 사전조사 (The feasibility study)

사전조사

사전조사는 레스토랑 경영자가 생각한 레스토랑 콘셉트가 시장에서 성공할지 혹은 실패할지를 살펴보는 데 도움을 주는 주된 방법이다. 사전조사는 경영자들이 레스토랑 시장, 그리고 경제 상황 분석 결과에 대해서 연구하는 것인데, 주로 특정 비즈니스 개발이나 특정 지역에 대한 투자에서 기대되는 수익을 내기 위한 지식을 얻는 것이 목적이다.

사전조사에 대한 가이드는 많이 있지만, 레스토랑 경영자가 여전히 많은 부분을 해결할 필요가 있다. 이 단락에서는 사전조사에 필요한 요소들을 구체적인 것부터 총괄적인 것까지 알아보도록 한다. 사전조사에 있어서 힘든 점은 바로 자료 수집이다. 그러므로 레스토랑을 경영할 장소를 먼저 찾으면 귀중한 시간과 조사 자원을 절약할 수 있다.

위치

레스토랑을 경영하려는 사람이 해결하고 싶어 하는 두 가지의 질문이 있다. 하나는 '어떤 유형의 레스토랑을 열 것인가', 또 하나는 '어떤 장소에 열 것인가'이다. 첫 번째 질문은 사전조사에 따라 확정될 수 있으며, 두 번째 질문은 레스토랑의 실패와 성공을 판가름하기도 한다.

임대료가 낮다는 이유만으로 시장 조나나 콘셉트와 위치와의 관계에 대한 고려 없이 위치를 선정해버리는 것은 매우 흔하게 저지르는 실수이다.

아무리 레스토랑 콘셉트가 좋아도 접근하기가 쉽지 않다면 손님이 없는 레스토랑이 될 것이다. 예를 들어 한여름에는 잠재적인 손님들이 그늘이 있는 길가를 걸어 다니기 때문에, 잘못된 방향에 레스토랑을 세우면 손님들은 가게 앞에 멈춰 설 생각도 하지 않을 것이다. 주차공간이 부족하거나 아예 없는 레스토랑 역시 마찬가지이다. 또한, 레스토랑과 도로 사이의 간격 그리고 장애인 고객을 위한 시설 등 역시 고려해야만 하는 사항들이다.

레스토랑을 방문하는 고객들은 주로 걸어서 갈 수 있는 거리 내에 위치한 곳을 우선적으로 선택하기 때문에, 눈에 잘 띄지 않거나 찾기 힘들다면 레스토랑 경영을 위한 기본이 되었다고 하기 어려울 것이다. 레스토랑이 손님들이 쉽게 접근할 수 없는 위치에 있다면 쉽게 접근할 수 있는 방법을 궁리해야 한다. 또한 레스토랑은 손님들의 눈에 잘 띄어야 하며 발걸음을 끌기 위해서는 레스토랑 외부에 간판과 안내판을 필수적으로 설치해야 한다. 레스토랑 건물의 외형도 손님들을 끌거나 끌지 못하는 원인이 된다.

회사, 병원, 호텔처럼 잠재적으로 레스토랑을 이용할 수 있는 손님들과 가까운 곳에 레스토랑을 열거나, 레스토랑에서 일정한 거리를 바탕으로 지역을 분할해 손님들을 끌어들이는 것도 좋은 방법이다. 레스토랑 주변 지역의 교통량, 보행자의 유형, 그리고 사람들이 가장 붐비는 시간대와 적은 시간대를 알아내는 것 역시 유용한 방법이다.

또한 레스토랑의 위치에 있어서 중요한 향후 지역개발, 환경문제와 각종 제한사항 등도 경영자가 고려해야 할 사항이다. 레스토랑 위치에 대한 프로파일을 완성하는 것은 중요하며, 레스토랑을 설립할 지역이 자신의 선택한 레스토랑 콘셉트와 잘 어울리는지 고려해봐야 한다.

지역 상권

레스토랑을 세울 장소를 정하면 경영자가 가게의 규모를 명확하게 정할 수 있게 된다. 하지만 여기서 흔하게 범하는 실수는 바로 가게의 규모가 클수록 손님들이 선호할 것이라는 생각이다. 때로는 비판적인 접근이 지나치게 긍정적인 접근보다 나을 수도 있다.

다음 단계는 이 지역의 명확한 인구 정보를 알아내는 것이다. 인구조사는 연령, 성별, 교육 수준, 소득, 그리고 산업 경향, 여행자의 방문 빈도까지 파악해야 한다. 이러한 정보는 상공회의소, 사업개발센터, 경제개발 사무소 등에서 얻을 수 있다. 또한 상담회사에서는 외식 경향, 선호도, 선호하는 메뉴를 나타내는 보고서를 자주 만들어 내며, 그 지역 손님들의 특성에 맞춰 레스토랑 콘셉트를 정하는 데 큰 도움을 줄 수 있다.

경쟁

레스토랑 시장에서의 경쟁자 분석은 레스토랑 시장의 요구, 그리고 기회를 분석하기 쉽게 해준다. 이러한 경쟁분석 하는데 있어서 자주 범하는 실수는 같은 종류의 업체만 경쟁자로 생각하는 것이다. 예를 들어 패스트푸드 경영자는 불필요한 분석에 대해서 고려하지 않으려고 비슷한 유형의 업체들에 대해서만 분석하려고 한다.

레스토랑들은 고객이 쓸 수 있는 돈과 시간을 놓고 경쟁하고 있다는 것을 기억해야 한다. 그러므로 모든 종류의 식음료 사업체들이 레스토랑 사업에 영향을 미친다는 것을 파악해야 한다. 해당 지역의 다른 레스토랑을 방문하면 경쟁자의 메뉴, 음식의 질, 서비스, 가격정책, 심지어 수입이 어느 정도 될지 알아낼 수 있다. 자영업 레스토랑과 체인점 레스토랑이 얼마나 있는지에 따라 자신이 운영할 가게 수익에 어느 정도 영향을 미칠지 알 수 있다. 예를 들어 체인점 레스토랑은 규모의 경제에 따라 싼 가격에 식재료를 들여올 수 있다는 장점이 있다. 만약 경쟁자가 같은 요리를 훨씬 싼 가격에 판매한다면 얼마나 경쟁하기 어려워질까?

지역 신문이나 여행 가이드에 나와 있는 레스토랑 리뷰(reviews)를 통해 경쟁사의 평판을 알아보는 것 역시 중요하다. 현재 운영 중인 레스토랑뿐 아니라 문을 닫은 레스토랑에 대해서도 고려해야 하는데, 중요한 것은 그 가게가 문을 닫은 이유를 찾고 교훈을 얻어내는 것이다.

미래의 경쟁 레스토랑에 대해서 아는 것 역시 매우 중요하다. 예를 들어 당신이 운영할 레스토랑의 콘셉트가 해산물 레스토랑이고 이 지역에서 유일할 것이라고 예상했는데, 이 지역에서 멀지 않은 곳에 비슷한 콘셉트를 가진 레스토랑이나 과거에 실패한 레스토랑이 있었다면 다른 지역으로 가게를 옮기거나 새로운 콘셉트를 고려해봐야 할 것이다.

Jumeirah Lowndes 호텔 총지배인 Jane Rento은 영국의 금연정책이 'Mimosa Bar and Restaurant'를 설계하는 데 어떤 영향을 미쳤는지에 대해 언급했다. 이들은 최근 850만 파운드(한화로 약 14억원 정도, 2011년 8월 환율기준 1파운드 = 1,784원)를 들여 개 · 보수 작업을 한 뒤 Jumeirah Lowndes 호텔을 다시 개장했다.

영국 국내 모든 주점과 회원제 고급주점들을 상대로 시행된 금연조치가 많은 숙식업소 사업에 영향을 미치게 되기 때문에, 우리한테는 'Mimosa Bar and Restaurant'의 Al fresco 콘셉트를 유지시키는 것이 중요했다. 우리의 주관심사는 생동감 있는 색깔과 깨끗한 풍미를 가진 신선한 제철 식재료로, Mimosa Bar가 자랑스럽게 내세울 만한 테마는 고객들이 Lowndes 광장에서 도시 분위기에 편안히 젖어들 수 있도록 한 옥외 식당이다.

산업 추세

산업 추세는 레스토랑 경영에 발생할 수 있는 잠재적인 위험이나 기회를 찾는 데 도움을 줄 수 있다. 예를 들어 경제성장이 빠르게 이루어지는 시기에는 사람들이 빈번하게 외식을 즐기기 때문에 레스토랑 입장에서는 높은 매출을 기대할 수 있다. 지난 3~5년간의 시장 수요를 관찰하는 것 역시 매우 중요하다. 어떤 레스토랑이 잘 운영되고 어떤 종류의 음료와 식사가 인기 있었는지 등이 포함될 것이다.

앞으로의 식사 경향은 영양가 없는 음식(junk food)보다 건강식이나 채식 등의 시장 점유율이 높아질 것이며, 이런 음식 섭취 추세의 변화에 따른 고객 서비스, 가격, 정부 규정 등이 새롭게 개발될 것이다. 예를 들어 경영자가 유럽에 유기농 레스토랑을 열고 싶다면'유기농' 이라는 라벨이 붙은 재료를 반드시 사용해야 한다는 EU 규정을 준수해야 한다.

재정 계획

레스토랑의 위치와 시장, 경쟁사 등에 관한 정보를 수집하고 나면 가게의 수입, 레스토랑 주변 지역의 평균 소비량과 레스토랑에 사용되는 식기를 비롯해 잠재적인 비용에 대해서 생각을 해서 이 가격에 대해 견적을 낼 준비에 들어간다.

레스토랑 경영비용 계산에 주로 권하는 방법은 주별, 월별, 분기별, 연간으로 견적을 예상하는 것이다. 이러한 정보를 바탕으로 계절에 따라 레스토랑 경영에 미치는 영향, 혹은 분기 별로 분류해 재정 견적을 낸다면 레스토랑 재정 운영을 더욱 쉽고 정확하게 계획할 수 있다. 또한 레스토랑은 주말이냐 주중이냐에 크게 영향을 받는 비즈니스이다. 특별한 날에는 손님이 몰려 상당히 바쁘지만, 그렇지 않은 날에는 레스토랑이 한가한 경우를 종종 볼 수 있다. 새로 개업하는 레스토랑이 경쟁사의 자료를 통하여 이와 관련한 데이터를 가지고 있다고 하더라도 손님들이 얼마나 방문할지를 예상하기란 쉽지 않지만, 방문 빈도에 관한 역사적인 데이터를 가지고 있다면 좀 더 쉽게 예상할 수 있다.

기존 레스토랑이 사전조사를 하려고 한다면, 이는 아마도 두 번째, 혹은 세 번째 체인점을 열어 사업을 확장하려는 생각을 가지고 있는 것이다.

명확한 컨셉 확정

지금까지 얻어진 데이터는 레스토랑 경영자가 자신이 가지고 있는 사업 아이디어를 평가할 수 있도록 해주며, 생각해낸 콘셉트가 실제 레스토랑 시장에서 통용될 가능성을 판단하게 해준다. 레스토랑 콘셉트는 투자에 대해 더 많은 수익을 얻기 위해 수정하거나 재고할 수도 있다. Jones and Merricks(1994)는 음식서비스의 콘셉트 개발을 다음과 같이 분류했다. 새로운 콘셉트, 시장에 새로 진입하려는 새롭지 않은 콘셉트, 고객 만족도를 높이기 위해 수정된 콘셉트, 같은 시장 안의 다른 부분을 공략하기 위해 지역을 옮긴 콘셉트, 그리고 더 넓은 시장을 포괄하기 위해 확장된 콘셉트.

이러한 레스토랑 콘셉트의 핵심은 바로 고객이 얼마나 선호하느냐 이기 때문에 레스토랑 콘셉트의 유형은 대부분 예상하기 쉬운 경우가 많지만, 반대로 이전에 사용된 적이 없는 완전히 새로운 콘셉트를 레스토랑 경영에 사용하기는 쉽지 않다. 하지만 새로운 콘셉트로 부정적인 평가를 받았어도 막상 사업을 시작하면 고객들에게 높은 평가를 얻을 가능성도 있다.

사업계획서

사업계획서는 사업을 경영하는 모든 과정을 기록한 문서이다. 일반적으로 경영에 관련한 세부 사항, 레스토랑 경영에 따르는 위험, 불확실성 등이 포함된다. 규모가 작은 레스토랑의 경우 제공하는 음식, 시장, 그리고 사업 경영정책, 마케팅 정책, 상품 수요, 필요비용 등을 검토해야 한다.

이 때 레스토랑 사전조사와 사업계획서 간에 혼동이 생길 수 있다는 것을 명심할 필요가 있는데, 이는 사전조사로 더욱 명확해진 정보들을 바탕으로 실제 사업계획을 확장, 개발하기 때문이다. 경영자는 사업계획서를 작성할 때 사전조사에서 알게 된 중요한 문제점들을 지적하고 어떻게 대처할지에 대해 언급한다.

사업계획서를 읽는 사람이 누가 되느냐에 따라 문서를 작성하는 방식에 큰 영향을 미칠 수 있지만, 반드시 포함되어야만 하는 핵심 정보는 그대로이다. 만약 레스토랑 경영자가 투자자를 모으는(자기 자본 조달) 대신 은행 융자(차입에 의한 자금 조달)를 받기로 선택했을 경우, 사업 계획서에서는 각기 다른 부분을 강조하게 된다. 은행은 대출금을 상환할 수 있는 능력을 중요하게 보기 때문에 사업의 탄탄한 계획성과 자산규모에 중점을 둔다. 반면에 잠재적 투자자는 높은 투자수익률을 기대할 것이다.

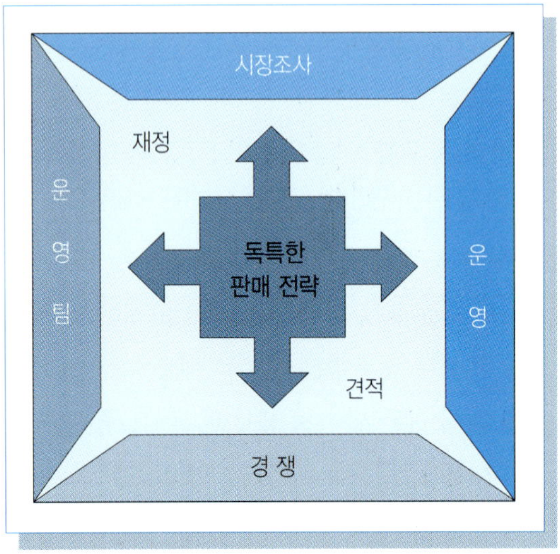

그림 4.3 레스토랑 비즈니스 계획의 기초

잘 만들어진 사업계획서는 투자자들에게 투자를 받을 때 엄청난 차이를 만들어낸다. 투자자와 대금업자는 사업계획서를 요구할 것이고, 투자를 결정하는 데 가장 중요한 도구로 활용할 것이다. 사업계획서의 핵심은 다른 레스토랑 사업계획서와의 차별화이다. 차별화된 부분을 두드러지게 하여 잠재적인 투자자들에게 재정 지원을 고려하도록 만들어야 한다. 다음 단락에서는 사업계획서 작성에 있어서 중요한 부분을 설명하도록 한다.

사업 개요

이 부분은 사업계획서의 처음 부분이지만, 잠재적인 투자자들에게 투자를 이끌어내는 가장 좋은 아이디어가 모두 들어가므로 항상 맨 마지막에 쓰는 것이 좋다. 대부분의 투자자들은 제안서를 고려할 때 5분도 쓰지 않으며, 만약 사업 개요가 투자자들의 마음을 끄는 데 실패하면 전체 계획은 읽어보려 하지도 않을 것이다. 좋은 계획서에는 회사명, 레스토랑의 종류, 독특한 판매 전략, 시장 성장 및 최신 경향, 경영팀 소개 및 장점, 필요 재정 및 예상 비용, 재정 사용처 및 레스토랑 운영의 윤곽, 투자 이익 등이 포함되어 있다.

레스토랑 콘셉트 설명

사업계획서의 두 번째 부분인 콘셉트 설명은 레스토랑의 전반적인 내용과 메뉴, 서비스의 특성을 좀 더 자세히 설명한다. 기본적으로 메뉴 견본이 들어가며, 종종 콘셉트 개발 과정을 포함시켜야 한다. 예를 들어 법적 형태는 유한회사인지 합작회사인지 개인 경영인지 제시해야 하며, 기업 이념 역시 포함되어야 한다. 또한 레스토랑을 본격적으로 운영하기까지 걸리는 기간 등 시간적인 부분 역시 중요하다. 콘셉트 설명 및 경쟁사와 비교했을 때 강점을 가지고 있다는 점도 언급해야 한다.

시장 분석

이 부분에서는 사전조사를 통해 수집한 정보를 사용할 수 있다. 레스토랑을 세울 위치를 설명하고 최신 경향 및 실질적 또는 잠재적 경쟁자를 포함해 해당 지역 상권을 정의 및 분석한다. 시장의 위험성도 이 분야에 포함된다. 잠재적 투자자, 대금업자는 레스토랑의 강점뿐만 아니라 약점도 알고 싶어 하며, 만약 시장분석 결과 약점이 없다면 과대평가되었거나 조사자가 중요한 정보를 놓친 것이 된다.

PESTLE 분석

PESTLE 분석은 기업들이 외부 환경을 분석할 때 사용하는 방법으로, 사업계획에서 고려해야 할 정치적(Political), 경제적(Economic), 사회적(Social), 기술적(Technological), 법적(Legal) 그리고 환경적(Environmental) 문제와 요인들의 첫 글자를 딴 것이다. 레스토랑 경영자들은 PESTLE 분석을 통해 레스토랑 경영을 생각할 때 커다란 틀을 볼 수 있게 해준다. 아래 목록은 각 부분에 있어서 여러분이 고려할 만한 문제들을 정리한 것이다. 이 문제들은 하나의 예일 뿐이며, 최종적인 내용은 아니지만 PESTLE라는 분석도구를 더 깊게 이해할 수 있게 해줄 것이다.

- 정치(Political) 정부 정책, 지역 의회 및 무역 정책, 테러, 전쟁, 정치 정세
- 경제(Economic) 외국의 경제력, 자국의 경제력, 지역 경제력, 인플레이션, 유통 추세, 세금, 실업률
- 사회(Social) 생활방식의 변화, 소비자 행동의 변화, 인구 변화, 인구 통계
- 기술(Technological) 최신 기술, 혁신 기술, 커뮤니케이션 기술, 생산 기술, 서비스 기술
- 법(Legal) 지역 및 국가 규제, 국제법 또는 EU법, 인허가법, 고용법, 환경 규제
- 환경(Environmental) 지속가능성 문제, 국제 및 지역 규정, 소비자 의식 변화

표 4.2 레스토랑에 대한 SWOT 분석의 예

	긍정적 요인	부정적 요인
내부 환경	강점	약점
	평판	낮은 수익률
	두터운 고객층	종업원들의 높은 이직률
	독특한 메뉴	
외부 환경	기회	위험
	새로운 매장 개업	새로운 경쟁자
	미래의 주요 회의	규정의 변화

SWOT 분석

시장 계획 과정의 일부분으로 경영상의 강점(Strengths), 약점(Weaknesses), 기회(Opportunities) 그리고 위협(Threats)을 분석할 수 있다. 위의 네 가지 분야에서 앞글자를 딴 SWOT 분석은 경영 내적인 부분과 외적인 부분에 관한 모든 관점에서 체계적인 분석을 하는 데 도움이 된다. 강점과 약점을 내적인

부분, 기회와 위협을 외적인 부분으로 분류하기도 한다.

패스트푸드 가게의 운영을 예로 들면 경영상의 내부적인 강점은 상품의 질이라고 할 수 있다. 손님들은 업체의 상품을 언제 어디에서 구매하더라도 같은 품질의 상품을 구매할 수 있다는 것을 알고 있다. 반면에 약점으로는 선택의 폭이 제한적이고 포장해서 가져가면 얼마 지나지 않아 음식이 식어버린다는 점을 들 수 있다. 기회 요소는 별도로 비싼 장비를 구입할 필요 없이 추가적으로 소스나 반찬 등을 제공해 메뉴의 폭을 넓히거나, 새롭고 효율적인 포장을 일정한 비용 내에서 찾는 것 등이다. 위험 요소는 경쟁 패스트푸드점의 등장이나 주 원자재 가격의 폭등을 들 수 있다. 원자재 값의 상승은 메뉴 가격 및 레스토랑의 매출 배합 등에 영향을 미친다.

SWOT 분석은 종합적인 관점에서 조직을 분석한다는 점에서 경영 도구로 이용할 수 있다.

경영 팀

경영 팀은 투자자와 대금업자에게 매우 중요한 부분이다. 경영 팀의 실력에 따라 투자자의 결정이 크게 영향을 받기 때문이다. 예를 들어 Gordon Ramsey가 새로운 사업을 하기 위해 은행을 방문한다면, Ramsey라는 존재만으로도 융자를 받는 데 충분한 자산이 될 수 있다. 경영 팀은 사업을 효과적으로 이끌 수 있고 경영 팀이 쌓아온 경험이 레스토랑 운영에 있어서 성공을 보장한다는 것을 나타내기 때문에 매우 중요하다. 경영 팀 분야는 팀 구성원들의 경력, 즉 식음료 업계에서 가지고 있는 경험, 특정 프로젝트에서 맡는 역할을 나타낸다. 또한 경영 팀 설명에는 조직구조, 즉 사업소유의 유형이나 경영진 구성원, 각 구성원들의 경력이 포함된다.

운영

운영 분야에서는 어떻게 비즈니스를 운영할 것인가를 밝히고, 사업계획을 실행하는 데 필요한 전략을 설명한다. 여기에는 서비스 방식과 기준, 상품 기준과 품질 관리와 함께 관련 비용들이 구체적으로 드러난다. 보다 상세한 운영계획에는 마케팅 전략, 상품 계획, 서비스 계획, 직원 설명 및 고객 지원 등의 내용이 포함된다.

사업상의 위협 요소

레스토랑 경영에 영향을 미칠 수 있는 잠재적인 위협 요소를 밝혀, 읽는 사람이 사업과 관련한 위협이 존재한다는 사실을 솔직하게 알린다. 잠재적인 투자자들은 정직한 내용을 인정할 것이며 전문적인 사업가들은 사업계획서에 위협 요소를 포함시키는 것을 하나의 규범으로 여긴다. 여기에는 내적 및 외적인 위협 요소들과 보험 준비, 만일의 사태에 대한 대비책 등을 포함해야 한다.

재무계획

사업이 재정적으로 앞뒤가 맞지 않는다면 투자해야 할 이유가 없을 것이다. 재정 보고서는 사업에 대한 정확한 이해와 실현 가능성을 보여주어야 한다. 신규 사업의 경우 예상 수치를 보여줄 수도 있지만, 이미 운영하고 있는 레스토랑의 경우 최근 3~5년간의 실제 사업 실적 자료를 제시해야 한다. 기본적으로 필요한 재무제표는 손익계산서, 현금흐름표, 대차대조표이다(표 4.4 및 4.5). 예상 보고서의 경우 향후 최소 5년간의 자료를 제시해야 한다. 재무계획은 월별, 분기별, 연간 보고서로 작성할 수 있으며, 손익분기 분석 또한 일반적으로 여기에 포함된다.

부록

여기에는 일반적으로 읽는 사람이 참고할 수 있는 추가 정보들이 들어간다. 예를 들어 경쟁사의 메뉴, 고객 설문조사 등의 1차 데이터, 메뉴 샘플, 홍보 및 광고 자료 등이 있다..

표 4.3 소득증명서와 현금흐름 증명서

	2007	2006	2005
운영활동			
순이익	£479	£400	£390
운영 관련비용 적용			
감가상각비	195	162	140
소득세	133	87	76
타임쉐어 활동	–195	–102	28
기타	48	19	–22
운전자본 증감			
외상매출금	–53	–126	–104
재고	–4	–17	15
다른 유동자산	28	–38	–16
외상매입금 및 이자	219	326	98
운영활동에 사용된 현금	850	771	605
투자활동			
자본 지출	–1,095	–929	–937
주식 인수	–	61	–48
재산 양도	742	436	332
대부금과 전도금	–389	–144	–48
부채수금 과 판매	93	54	169
기타	–377	–143	–192
투자활동에 사용된 현금	–1,026	–787	–724
재무활동			
신규 어음	46	355	426
장기부채 발행	338	366	868
장기부채 상환	–26	–63	–473
대체 상환금		–120	
Class A 보통주의배급	58	15	43
배당금	–55	–52	–37
자기주식 구매	–340	–354	–398
Old Marriott 로부터의 선금	–	–	–100
재무활동에 사용된 현금	21	175	301
현찰이나 등가물의 증가(감소)	–155	99	182
연초의 현찰 & 등가물	489	390	
연말의 현찰 & 등가물	£334	£489	£390

USAR		
THE Tsolias Taverna 2007년 12월 연말 소득 보고서		
판매		
음식	1045800	75.85%
음료	333000	24.15%
총 판매	1378800	100%
판매 금액		
음식	448000	32.49%
음료	85200	6.18%
총 판매량	533200	38.67%
다른 수입	5100	0.37%
총 수입	850700	61.70%
운영비		
임금 및 봉급	332200	24.90%
직원 복지	57440	4.17%
직접운영비	88440	6.41%
음악, 엔터테인먼트	14200	1.03%
마케팅	30000	2.18%
공과금	37560	2.72%
일반 운영 금	56400	4.09%
보수 유지비	26600	2.07%
점유비용	82200	5.96%
감소	31200	2.26%
총 운영비	758240	54.99%
운영수입	92460	6.71%
이자	21600	1.57%
소득세 이전 수입	70860	5.14%
소득세	24801	1.80%
총 수입	46059	3.34%

표 4.4 대차대조표의 예

2007 12월 / 2008년 12월	2007	2008
자산		
현재 자산		
현찰 & 동등 물	334	489
외상 매출 계정	728	740
시장 평균가보다 낮은 재고	97	93
선납세금	197	220
기타	59	58
	1415	1600
건물과 장비	3241	2845
무형자산	1883	1820
계열회사의 투자	747	294
어음과 다른 미수금들	661	473
기타	340	292
	8237	7324
부채와 주식자산		
외상매입금	660	628
미지급부채와 수당	440	399
자기 보험	27	36
기타 지불액 이자,	790	680
	1917	1743
장기 부채	2016	1676
자가 보험	122	142
다른 장기유동 부채	915	855
주주자본		
ESOP 우선주	–	–
255.6 million 기 발행 클래스A 공통주식	3	3
추가적인 납입자본금	3590	2738
보유한 수익	851	508
임금 이외의 벌어진 ESOP shares	−679	–
자기 주식	−454	−305
수집된 다른 총 수입	−44	−35
	3267	2908
	£8237	£7324

경영자금 조달

레스토랑의 규모와 경영 팀의 경험에 따라 레스토랑 경영을 위한 자금 조달 방법이 여러 가지 있다. 여기서는 몇 가지 가능성을 살펴보도록 하겠다. 완벽한 목록은 아니지만 여러분이 레스토랑을 경영자금을 조달하고 싶을 때 활용할 수 있는 잠재적인 방법을 알 수 있을 것이다.

상업은행 대출

레스토랑 경영자로서 확실한 실적이 없다면 은행에서 대출을 받기 어렵지만, 사업계획서를 제대로 작성해서 가져가면 확실히 큰 도움이 된다. 좋은 대답을 들을 때까지 은행을 수없이 방문하는 경우도 빈번하게 일어난다. 운영자의 첫 번째 레스토랑의 성공 이후, 두 번째 가게를 열기 위해서 대출을 할 때 경영실적을 가지고 있다면 좀 더 쉬워진다. 이미 한 두 개의 레스토랑을 성공적으로 경영하고 있다면 대출을 받을 가능성은 더욱 늘어날 것이다. 상업은행 대출의 문제점은 레스토랑 경영이 잘 되지 않을 경우에도 대출금을 상환해야 하며, 레스토랑의 지분을 매입한 투자자 역시 위험을 나눠 가진다는 것이다. 상업은행 대출의 장점은 레스토랑 경영이 성공적일 경우 경영자가 자기 뜻대로 경영할 수 있다는 것이다.

중소기업 지원금 및 대출

소규모 창업자금 조달을 위한 여러 가지 대안이 있다. 가령 '초기성장기금(Early Growth Fund)'프로그램은 새로 창업했거나 성장 중인 기업들의 자금 조달을 돕기 위해 마련된 제도로, 자격을 갖춘 기업들에게 평균 5만 파운드의 자금을 지원한다. 다른 흥미로운 융자 방법은 소기업 대출보증제도(Small Firms Loan Guarantee)인데, 유망한 사업 계획을 가지고 있으면서도 자산이 부족하여 일반 금융권에서 대출을 얻지 못한 이들을 지원하는제도이다.

또 다른 예로 미국에서는 작은 레스토랑 경영자가 SBA(Small Business Administration)라는 대출 기회를 얻을 수 있다. SBA로 대출을 받기 위해서는 경영자가 반드시 기존의 금융권에서 대출을 거절당한 경험이 있어야 한다. 대형 프랜차이즈 회사의 가맹 체인점을 경영하는 개인 경영자 대상에 들어간다. SBA 대출의 융자기준은 경영자가 대출금을 갚을 능력이 있다는 근거를 자세히 살펴본다.

활동 2

여러분이 사는 지역에 있는 50석 규모의 레스토랑에 자금을 제공할 수 있는 잠재적인 자금원을 적어도 두 가지 이상 찾아보자.
찾아낸 자금원에게 융자 기회를 얻기 위해서는 무엇을 보증해야 하는가?

투자자

레스토랑 경영에 있어 투자자를 유치하는 것은 힘든 일이 될 수도 있지만, 처음 레스토랑을 운영하기 위해서는 좋은 방법이 될 것이다. 좋은 인간 네트워킹을 가지고 있는 것도 큰 도움이 될 것이다. 일반적으로 레스토랑의 초기 투자의 경우 소액의 투자액을 많은 투자자로부터 지원받는 형태가 일반적이기 때문이다. 투자자들은 레스토랑 경영에 관한 자금을 지원해주기도 하지만 그들은 레스토랑의 소유권의 일부를 취득하는 것을 더 선호한다. 그러나 튼튼한 사업 기반을 마련하여 운영하려면 운영자가 사업의 의사결정권을 확실히 행사할 수 있어야만 한다. 투자은행 또한 레스토랑 경영에 필요한 자금을 융자하는 하나의 방법이지만, 이것은 이미 경영에 있어서 안정적인 궤도로 들어선 중견 레스토랑에 해당되는 사항이다.

파트너 쉽

파트너 쉽은 다른 기업이나 레스토랑과의 관계를 통해 자금을 모을 수 있는 좋은 방법 중 하나이지만 파트너가 될 회사는 새로운 사업과 관련된 위험성 역시 분명하게 존재한다는 점을 알고 있어야만 한다. 파트너 쉽을 통해서 위험과 책임이라는 부분을 공유 할 수 있다는 점, 서로의 강점을 공유하는 점, 아이디어나 개발 방법에 대해서 의견을 나누는 점 등은 이를 통해 얻어지는 장점이라 할 수 있다. 하지만 이러한 파트너 쉽은 경제상황이 좋지 않거나 양 회사간 이해의 충돌, 혹은 한쪽 회사가 기대만큼의 성과를 내지 못할 때 깨질 수 있고, 이런 경우 소송비용으로 많은 돈을 쓸 수도 있는 상황이 생긴다.

개인적 재정 융자

가계 자금 대출처럼 개인으로부터 융자금을 지원받는 형식으로 개인저축, 개인 퇴직 계좌, 신용카드 등이 포함된다. 하지만 이러한 개인적 재정 융자는 대부분 높은 이자율을 가지며 금전 및 개인적 자산 손실에 대한 추가적인 위험부담이 있다.

벤처 자금

레스토랑이 견고한 계획아래 잘 설립되었다면, 벤처자금 회사의 투자를 고려 해 볼 수도 있다. 이러한 벤처 회사들은 특히 투자 지원을 요청한 사업체가 주요한 확장계획을 가지고 있을 경우 더욱 쉽게 투자하는 경향이 있다. 다른 투자 방법과 비교했을 때 벤처 자금회사는 투자 받는 레스토랑과 자금회사 사이의 상당한 파트너 쉽을 요구한다. 그렇지만 벤처자금 지원을 잘 이용할 수 있다면 레스토랑이 나가야 하는 방향과 진로에 대해서 큰 도움을 받을 수 있다. 하지만 벤처자금 회사는 투자한 5년 내에 투자 금에 대한 상당한 이익을 기대하고 있을 것이다.

프랜차이즈

프랜차이즈는 레스토랑 경영에 있어서 자금을 모으는데 좋은 사업이 될 수 있다. 왜냐하면 좋은 프랜차이즈 회사는 은행이 융자를 해주느냐 해주지 않느냐에 영향을 미칠수 있는 긍정적인 요소를 가지고 있기 때문이다. 이미 레스토랑 시장에서 성공을 거둔 콘셉트를 지닌 회사는 이러한 자신들의 성공적인 콘셉트를 통해 프랜차이즈 사업을 하려 하는 경향이 있다. 프랜차이즈 사업은 본사에서 개발한 레스토랑 경영 방법을 다른 지점에게 알려주고 그 지점은 이 방법을 기준으로 하여 운영하는 방식이 프랜차이즈 경영으로 본사는 체인점에게 사업을 할 때 필수적인 자금, 프랜차이즈 레스토랑 경영을 위한 노력, 동기부여 등의 도움을 주는 대신 체인점들은 본사의 지시에 통제 받는 것에 합의 하는 형태이다. 따라서 프랜차이즈 본사는 체인점에 대한 훈련, 경영과정, 기타 전문 지식 등을 제공한다. 이러한 프랜차이즈 사업 방식은 특히 패스트 푸드와 같은 음식계통에서 주로 적용되는데, 이것은 패스트 푸드 레스토랑의 경영 방식이 메뉴의 규격화가 용이하고, 기존의 메뉴를 그대로 다른 지점으로 옮겨 사업을 확장하기에 유리한 구조를 갖추고 있기 때문이다.

프랜차이즈 가맹점의 장점은 아래와 같다.

1. 즉시 비즈니스에 뛰어들 수 있는 기회를 제공 받는다.
2. 증명된 브랜드의 상품과 패키지를 가지고 시장에 참여 할 수 있다.
3. 가게의 위치, 견적을 제공 받는다.
4. 최초의 레이아웃과 가게 내부의 세부사항, 적용 계획 등을 제공 받는다.
5 .경영 하는데 있어서 직원과 경영자 트레이닝을 받을 수 있다.
6. 본사에서는 메뉴, 판매품, 모든 음식, 음료 작은 장비, 기타 등을 제공 한다.
7. 모든 운영에 관한 문서를 제공 받는다
8. 국가별, 지역별로 홍보 지원을 받는다.
9. 본사에서 규칙적으로 충고와 평가를 제공한다.

프랜차이즈 본사의 장점은 아래와 같다.

1. 프랜차이즈 지점 경영자들의 투자를 통해 사업을 빠르게 확장할 수 있다.
2. 본사는 경영자들의 자금, 시간, 에너지를 이용해 상대적으로 쉽고 빠르게 시장으로 침투 할 수 있다.
3. 사업장이 될 장소를 찾는 일을 하는 개발 직원의 인원이 (만약 존재 할 경우) 감소 할 것이며 이것은 지점을 여는 기간을 단축하는데 영향을 미친다.
4. 시장에서 상품 노출이 증가함에 따라 이익이 증가 한다.
5. 프랜차이즈 본사측은 모든 형태의 경쟁사 제품을 배제한 상태에서 음식 음료 일회용품, 장비, 그리고 경우에 따라 비품이나 장치 등에 대한 필수 공급자가 된다.
6. 본사는 지점에게 일정 기간 동안의 계약을 체결함으로써 수익에 따라 결정되는 프랜차이즈 사업 시작료, 수익에 따라 부과되는 일정 비율의 수수료를 지불 받으며, 이 비용으로 지역이나 국가단위 홍보활동에 투자할 수 있다.

프랜차이즈 사업의 예를 들자면 맥도날드를 들 수 있을 것이다. 이러한 맥도날드 체인점은 어떤 레스토랑 경영자라도 선뜻 구매하고 싶어 할 것이다. 종종 사람들은 프랜차이즈와 체인을 혼동하는데, 모든 맥도날드 체인점은 대부분 본사가 소유하고 있으며, 일부 개인경영자가 맥도날드 본사에 프랜차이즈 지점에 대한 비용을 지불 한 경우만 개인이 소유할 수 있다. 이렇게 체인점이나 프랜차이즈 사업을 동시에 운영하는 맥도날드와 같은 경우에는 체인점과 프랜차이즈 업장간의 혼동이 자주 일어나며, 프랜차이즈 사업의 경우 많은 레스토랑을 소유한 형태가 될 수는 있지만, 소유한 레스토랑을 잠재적인 투자자들에게 팔수도 있어야 된다는 사실 역시 존재한다.

앞서 언급한 내용의 조합

위에서 언급한 2가지 이상의 방법을 토대로 사용해 레스토랑 경영에 필요한 재정적 견적을 낼 수 있다. 하지만 실질적으로 새로운 레스토랑을 열기 위해서는 임대를 받거나, 집을 저당 잡히거나 혹은 투자자로부터 자금 지원을 받아야 한다.

설비 디자인과 시설

레스토랑의 실내 디자인과 설비는 손님이 레스토랑에서 식사한 경험뿐만 아니라 그 레스토랑에서 일하는 직원들에게도 큰 영향을 미치는 분야이다. 이러한 설비, 디자인 부분은 레스토랑의 콘셉트, 그리고 사업규모에 따라 달라진다. 레스토랑을 디자인 할 때는 우선적으로 해야 할 중요한 부분과, 반드시 해야만 하는 요구사항이 있다. 이 책에서는 간략하게 레스토랑의 기본적인 구성 요소와 디자인, 그리고 시설 등을 설명해 놓았다.

활동 3

그림 4.6은 80개의 테이블 가지고 있는 Guildford Surry 의 Lakeside 레스토랑이다. 이 레스토랑이 직원 교육용 레스토랑일 때, 시내 중심가의 다른 고급 레스토랑과 시설 배치에 있어서 주요한 차이점을 찾아내 보자.

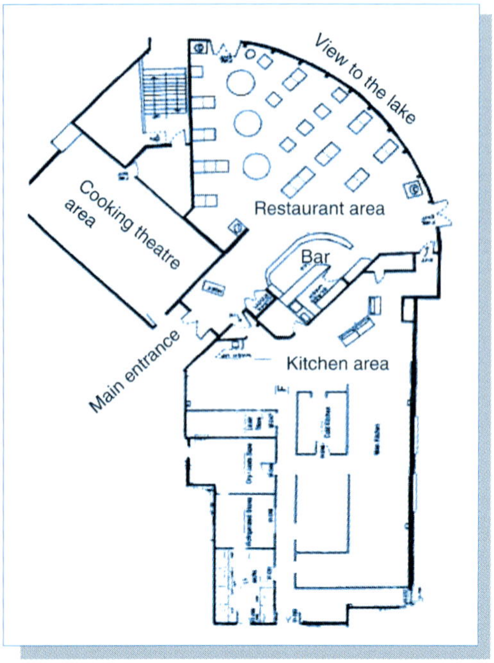

그림 4.6 Lakeside 레스토랑의 레이아웃

고객 서비스 분야

이 분야는 종종 레스토랑 직원들에 의해 '가게의 얼굴' 로 언급되는 분야이다. 이는 업장을 방문하는 손님들에게 단순하게 가게에 대한 전반적인 이미지를 주는 것 이외에 음식, 음료, 비즈니스 유형, 서비스의 질까지 짐작가능하게 만드는 부분이다. 따라서 레스토랑 서비스 공간은 실용성과 아름다움을 겸비한 공간을 창조하여 고객들의 식사 경험이 최고가 될 수 있도록 만들어져야 한다. 그리고 그 이유는 레스토랑의 주변 환경이나 디자인이 식사 경험에 있어서 큰 영향을 미치기 때문이다. 국가별 음식에 따른 테마를 가진 레스토랑이라면, 레스토랑 경영자가 가진 국가 테마를 이용해 그 레스토랑의 특징을 살릴 수 있도록 해야 하며, 패스트푸드 유형의 레스토랑의 경우라면 이러한 특정한 테마 보다는 기능성적인 측면을 더욱 강조해야 한다. 레스토랑의 서비스 공간은 서비스 종류에 따라 차이가 나게 된다. 일반적으로 고급 레스토랑은 패스트 푸드점보다 1인당 차지하는 공간이 더욱 넓게 디자인된다. 테이블은 고객 수용 능력을 최대로 이용할 수 있도록 배치되어야 하며, 이동이 가능한 실내 가구들은 연회나 행사가 있을 때에 고객 수용 능력을 더욱 끌어 올려주는데 큰 도움을 준다. 또한 레스토랑 안내를 위한 스테이션은 풀 서비스 레스토랑의 계산대 입구에 설치되어 있기도 하며, 어떤 레스토랑에서는 테이블이 없어 기다리는 손님들을 위한 대기 장소가 마련되어 있어서 손님들은 읽을거리를 읽으며 자신들의 차례를 기다릴 수 있다. 공공화장실 역시 레스토랑에 있어서 핵심적인 공간이다. 고객들은 화장실의 청결상태가 레스토랑 주방의 청결함을 반영한다고 생각하고 있으므로, 청결 상태를 유지하는 것은 매우 중요하며, 장애인을 위한 공간도 마련되어 있어야 한다. 마지막으로 만약 레스토랑의 주 고객층이 가족단위 손님들 이라면 휴게시설에 유아 기저귀 교체 공간, 아이에게 모유 수유를 할 수 있는 공간 역시 필요 하다.

주방 영역

주방은'가게의 뒤편'으로 불리며, 음식이 생산되는 부분 때문에 생산 구역으로 불리기도 한다. 오픈 키친의 경우 최근 음식 조리 과정이 식사 경험의 한 부분으로 인식 되며, 외식 산업의 하나의 유행으로 자리매김 하였다. 디자인 측면에서 생각했을 때, 개방형 주방은 레스토랑의 가치와 테마를 더욱 부각시켜주는 하나의 방법으로 자리 잡았다.

전통적으로 주방의 핵심 지역은 애피타이저, 디저트, 샐러드와 같은 차가운 요리를 준비하는 구역, 그리고 메인 코스 요리를 준비하는 구역, 준비된 음식이 손님에게 나가기 전에 대기하는 뜨거운 요리 구역으로 나눌 수 있다. 설거지 공간은 설거지를 해야 할 접시나 냄비들을 쉽게 옮길 수 있도록 요리 하는 곳과 가까워야 하며, 또 하나 주목할 만한 내용은 모든 건강관련 부서에서는 식기류를 설거지하고 위생처리를 하기 위한 공간을 따로 설치하도록 하였다는 것이다. 그리고 기계를 이용하지 않고 손 설거지를 해야 하는 구역도 있는데, 이곳에서는 도자기류와 프라이팬 등이 포함된다. 또한 각종 제품들이 수납 및 공급 지역, 혹은 디켄딩 지역(용액들을 통에서 다른 통으로 붓는 지역)과 쿨러, 저울, 접이 식 테이블 및 선반들을 보관하는 장소도 있다. 이곳의 선반은 냉동고, 냉장고 및 건조제품들을 놓기 위한 것으로 또한 린넨(레스토랑의 식탁보 냅킨 같은 것)등과 같은 것들도 이곳에 보관 되어 진다.

주방 외 기타 레스토랑

레스토랑의 기타 장소에는 사무실, 직원실, 휴게실 등이 있다. 종종 직원들의 공간을 만드는 것을 그다지 중요하게 생각하지 않는 경영자들이 있다. 하지만 실제로 고객을 상대하는 것은 직원들이며, 고객의 만족은 직원의 만족도와 상당히 연관이 깊다는 것을 고려해본다면 그 중요성을 알 수 있을 것이다. 따라서 레스토랑 경영자들은 레스토랑의 수준만큼 직원들에게도 그에 합당한 휴게 공간을 마련해 주어야 한다.

디자인에 관련한 다른 논점들

영국의 75세 이상의 노인비율이 50년 후에는 2배 이상으로 늘어날 것으로 예상된다. 그러므로 노년층 및 장애인 고객들 역시 레스토랑에 있어서 중요한 시장으로 인지된다. 따라서 레스토랑 소유주들은 이 시장들을 위해 인테리어 디자인, 메뉴, 레스토랑 외부디자인 등의 부분을 특별히 신경 쓸 필요가 있다. 이 시장을 위해 레스토랑 경영자들이 할 수 있는 최선은 메뉴와 레스토랑의 실내 디자인 등을 장애인이나 노년층의 필요에 적합하도록 디자인하는 것이다. 하지만 다른 업체와 경쟁하기 위해서 레스토랑 경영자는'포괄적(광범위한)인 디자인'전략 사용을 고려해야 할 것이다. 다시 말해 레스토랑의 모든 상품은 노년층과 장애인들 역시 염두에 두고 디자인 되어야 한다는 것이다.

참고문헌

Akbar, A. (2007). Record number of new restaurants were launched in London last year, The Independent on Sunday, http://www.news.independent.co.uk/uk/this_britain/article2866796.ece (accessed August 27th 2007).

Department of Trade and Industry. http://www.dti.gov.uk/bbf/small-business/info-business-owners/accessto-finance/Small%20Firms%20Loan%20Guarantee/page37607.html (accessed April 23rd 2007).

Huiskamp, R. (2001). *Great Restaurant Concepts: An In-Depth Analysis of Five Noteworthy European Success Stories*. Netherlands : Food and Beverage Publications.

Fuller, S. (2005). *Opening a Restaurant or Other Food Business Starter Kit: How to Prepare a Restaurant Business Plan and Feasibility Study*. Florida : Atlantic Publishing Group.

Guilding, C. (2002). *Financial Management for Hospitality Decision Makers*. London : Elsevier.

Jones, P. and Merricks , J. (1994). *The Management of Foodservice Operations*. UK : Thomson.

Kotler, P. and Keller, K. L. (2006). *Marketing Management*, 12th edn . NJ : Pearson Prentice Hall.

Mintel Reports, Restaurants – UK – April 2006 http://www.reports.mintel.com (accessed 2nd April 2007).

Yee, R. (2005). *Hotel and Restaurant Design*. New York : Visual Reference Publications Inc.

제5장

식음료

단원 소개

메뉴는 식음료를 판매하는 시설의 주된 판매도구이다. 고객들이 이용할 수 있는 항목들의 가격과 추가적으로 발생하는 비용을 정해 주며, 다른 외관적 기능들과 함께 제공되는 음식 서비스의 형식을 특징지을 수 있다. 업체의 관점에서 메뉴는 마케팅, 케이터링 그리고 재정상의 정책적 목표를 달성해야 한다.

마케팅 정책은 제공되는 상품과 운영 형태가 목표 시장의 요구에 최대한 부응할 수 있도록 케이터링 정책을 이끌어야 한다. 케이터링 정책은 적절한 형식의 서비스와 함께 제공되는 메뉴의 크기와 형태를 고려해야 하며, 이러한 정책은 각종 요구 즉, 필요 공간, 구매 설비의 종류와 수준, 직원 규모 및 숙련도에 영향을 미친다. 재정 정책의 목적은 가격 결정, 영업량 및 원가 관리를 고려해 예산을 책정해 이윤과 수익성을 창출하는 것이다.

단원 목표

이 단원을 읽고 나면 아래의 핵심 사항을 이해할 수 있어야 한다.

- 따블도트 (역주: Table d'hote)와 알라카르트 (역주: a la carte) 메뉴의 차이점을 이해한다.
- 메뉴 계획과 메뉴 디자인의 기초를 이해한다.
- 메뉴 가격 모델과 적용 방법에 대한 지식을 익힌다.
- 여러 종류의 음료 메뉴를 이해한다.
- 메뉴 설명시 요구되는 정확성과 진실성에 대해 이해한다.
- 판매 허가 및 판매 행위의 기초를 이해한다.

메뉴의 종류

세상에는 다양한 식사를 제공하는 식음료 업체가 많이 있지만, 식사 메뉴의 종류는 크게 따블도트와 알라카르트 두 가지로 나눌 수 있다. 개업시 이 두 가지 방식을 바탕으로 각색해 다양한 메뉴를 만들어낸다.

따블도트

따블도트는 'food from the hosts' table이라는 뜻으로 국문으로 의역한다면 미리 차려진 식단 이라는 뜻으로 아래와 같은 특징을 가지고 있다.

1. 메뉴가 제한됨
2. 보통 3-4가지 정도의 코스 메뉴 제공
3. 각 코스 내의 선택지가 제한적임
4. 판매가격 고정
5. 모든 식사는 지정된 시간에 준비됨

따블도트 메뉴에는 주로 잘 알려진 요리가 포함되며 내용을 조정하기 쉬운 편이다. 코스의 가격은 손님의 선택과 상관없이 고정돼 있거나 메인 음식에 따라 정해져 있으며, 때로는 추가 요금을 받고 요리를 추가하는 경우도 있다. 많은 레스토랑에서 따블도트 메뉴와 알라카르트 메뉴를 동시에 제공하며, 이는 아주 일반적으로 찾아 볼 수 있다(그림 5.1).

MAGNOLIA

선데이 로스트 메뉴

에피타이져

크림을 곁들인 브로콜리와 영국산 치즈수프

바삭한 빵과 함께 서브됩니다.

닭의 간 요리, 브랜디와 바질 테린

붉은 양파 양념을 곁들인 샐러드와 바삭하게 토스트 된 빵,
버섯, 크림 갈릭 소스가 함께 서브됩니다.

잉글랜드 산 아스파라거스

버터에 바삭하게 구운 햄을 살짝 튀겨 요리합니다.

스코틀랜드산 훈제연어

레몬과 함께 서브됩니다.

메인

구운 등심요리와 스코틀랜드산 쇠고기와 요크셔 푸딩

구운 닭 한 마리

구운 돼지 다리

오븐에 구운 돼지껍질과 신선한 사과소스가 서브됩니다.

농어 한 마리

허브와 마늘 레몬을 듬뿍 넣어 요리합니다.

모든 서브되는 요리에는 계절야채와 감자를 올려 서브합니다.

디저트

가벼운 카라멜 소스를 곁들인 구운 사과와 씨 없는 건포도

딸기류로 만든 묽은 과일소스를 곁들인 레몬 타르트와 베리류 크림과 설탕에 졸인

오렌지와 함께 초콜릿과 오렌지 리큐어를 넣어 만든 케이크 치즈의 선택

영국산 치즈, Soignon산 염소치즈, 프랑스산 부드러운 치즈, 성숙한 체다치즈.

2가지 코스 £13.95 3가지 코스 £16.95

"12.5%의 임의적인 가산세가 계산서에 포함됩니다."

그림 5.1 따블도트(table d' hote menu)메뉴 견본 (출처: Courtesy of Magnolia Restaurant, UK)

따블도트 메뉴들은 아침, 점심, 저녁식사 시간에 모두 제공할 수 있으며, 아래와 같이 응용할 수 있다.

1. 행사/연회 행사/연회 메뉴는 손님들에게 선택권을 주지 않는 지정된 세트 메뉴로 가격 역시 고정되어 있다. 그러나 고객이 케이터링 회사에 미리 채식주의자 및 특정 종교인들을 위한 특별한 음식을 요청하면 이를 제공 가능해야 하며, 모든 참석자들은 정해진 시간에 정해진 음식을 제공받을 수 있어야 한다.
2. 뷔페 뷔페 형식의 음식은 단순한 핑거푸드(식기가 없이 손가락으로 집어먹기 편하게 작은 크기로 준비된 음식들) 뷔페부터 따뜻하고 찬 음식이 한 사람씩 퍼갈 수 있도록 큰 접시에 풍성하게 준비된 풀 뷔페까지, 상황과 가격에 따라 다양하다. 뷔페는 웨딩 리셉션, 회견 리셉션, 프레젠테이션, 컨퍼런스 등에 자주 이용된다. 뷔페는 지정된 가격, 지정된 시간에 제한된 메뉴를 제공하며, 제공된 음식들에서만 선택을 제한한다는 점에서 따블도트 메뉴로 분류된다.
3. 커피하우스 요즘 호텔과 레스토랑에서 쉽게 찾아볼 수 있는 커피하우스의 메뉴는 따블도트 메뉴를 응용한 더욱 새로운 방식이다. 커피하우스 형식의 메뉴는 아래와 같은 특징이 있다.
   (a) 제공된 세트 메뉴는 12-18시간 동안 지속된다.
   (b) 각각의 아이템에 적절한 가격이 부과되어 있다.
   (c) 점심, 저녁, 가벼운 음식, 스낵 등 적합한 아이템을 제공한다.
   (d) 미리 조리된 음식, 먹기 편한 음식, 간단하고 빠르게 조리할 수 있거나 준비 시간이 짧은 음식들을 주로 제공한다. 대표적인 예로 오믈렛이나 햄버거가 있다.
   (e) 접시 서비스, 카운터 서비스 등 간편화된 서비스를 제공한다.
      - 몇몇 업체에서는 짧은 시간 안에 아주 많은 손님들에게 음식을 제공해야 할 때, 특별 조식메뉴 대신 제한된 종류의 커피하우스 메뉴를 2-3시간 동안 제공하기도 한다.
4. 주기적인 메뉴 따블도트 메뉴의 일부로, 정해진 기간 사이에 일정 주기에 따라(예: 4개월 동안 3주에 한 번씩) 메뉴가 여러 번 반복된다. 주기적인 메뉴는 주로 병원, 산업 케이터링에 사용되는데, 고객의 요구 패턴에 맞

춘 서비스 제공을 통해 재료 구매, 메뉴 아이템 준비 및 필요한 직원 투입을 원활히 하는 것이 목적이다.

알라카르트

알라카르트는 '메뉴에서 자유롭게 선택'한다는 뜻이다. 알라카르트 메뉴의 특징은 아래와 같이 정리할 수 있다.

1. 따블도트 메뉴보다 규모가 크고 선택의 폭이 넓다.
2. 에피타이저, 메인, 디저트와 같은 코스 제목 밑에 해당 업체가 제공하는 모든 아이템의 리스트를 제공한다.
3. 모든 음식은 주문시 준비된다.
4. 모든 음식 아이템에 개별적으로 가격을 책정한다.
5. 일반적으로 따블도트 메뉴보다 높은 가격이 책정된다.
6. 종종 특별한 재료 및 비용이 많이 드는 제철 식재료가 사용된다.

알라카르트 메뉴는 아플라뒤주르(a plat du jour) 또는 '오늘의 스페셜 요리'를 포함하는 경우가 많다. 이런 메뉴들은 주로 서로 다른 가격으로 책정된 1-2개의 메인 요리로 구성되는데, 이는 당일 미리 만들어 놓는 경우가 있으며, 이러한 스페셜 메뉴는 하루 단위로 바뀐다. 알라카르트 메뉴는 메뉴의 규모와 여러 아이템들에 대한 서로 다른 수요 때문에 따블도트 메뉴보다 관리하기가 더욱 힘들다(그림 5.2).

특별 홍보 중인 메뉴는 알라카르트 메뉴의 일종으로, 기존 알라카르트 메뉴에 추가적으로 제공되는 메뉴이다. 이러한 종류의 메뉴는 메뉴의 특정 부분을 판매하여 소비자의 이목을 집중시켜 평균 지출 규모를 늘리고 재고 회전률을 높여 판매 업장의 수익을 증대시키는 데 중점을 둔다. 아래와 같은 아이템들을 활용해 고객의 시선을 사로잡는 특별 메뉴를 발행해 홍보할 수 있다.

7월을 위한 메뉴

신선한 빵 & 버터	£1.50	
그린&블랙 올리브	£2.50	
딸기 벨리니(청량음료)	£6.00	
수프		
	£6.50	완두콩, 서양호박과 그 꽃 사탕무뿌리, 생강과 사워크림
에피타이저		
	£9.50	이탈리아 햄(di san Danielle)과 여름철 아티초크
	£9.00	훈제된 고등어, 어린 부추, 시금치&절인 생강
	£8.50	신선한 감자, 프랑스산 콩, 무&그린 올리브 샐러드
	£9.50	모짜렐라치즈(di bufala), 검은 무화과&자색 바질
	£8.50	기름에 볶은 야채들, 멸치&허브, 잘게 썬 홍고추
라이스 & 파스타		
	£11.00	허브과 식물인 회향(fennel) & 살라미(salami) 소시지로 만든 파스타 (Tagliolinmi)
	£12.00	자연산 새우, 겨자& 고추
	£11.50	토마토& 모짜렐라 리조또, 바질 파스타
메인 코스		
	£16.00	오리조림(프랑스 남부 가스코뉴 지역 스타일), 토마토&감자 'al forno'
	£15.00	오늘의 숯불 생선구이, 향신료(카르다몸)&서양고추냉이
	£13.00	가지, 시금치&염소치즈, 구운 홍고추 소스
	£15.00	두 번 구운 돼지 삼겹살, 간장, 생강&파
	£16.00	프라이팬에 살짝 튀긴 유기농 연어 살코기, 방울토마토&민트

계산서에 12.5%의 세금이 부과될 수 있습니다.

Acorn House는 고객님들의 건강을 위하여 흡연을 삼가 주실 것을 정중히 부탁드립니다.

그림 5.2 Acorn House 의 알라카르트(a la carte)메뉴에서 발췌한 메뉴 (출처: Courtesy of Acorn House Restaurant, UK)

활동 1

3성급 호텔 레스토랑에 적합한 간단한 더블도트 메뉴를 만들어 본다. 메뉴는 총 세 코스로 정하고, 각 코스마다 3가지 선택권을 제공한다. 모든 요리들이 정해진 가격 내에서 최대한의 이윤을 추구할 수 있도록 한다.

메뉴 제공

시간이 지남에 따라 식음료 제공 방법과 서비스 형식에도 많은 변화가 있었다. 전통적으로 고급 레스토랑에서 제공하던 서비스는 카트(Trolley)서비스로,

손님의 테이블에서 요리를 직접 만들어 제공하고, 야채의 경우 실버 서비스 또는 은접시에서 손님의 접시에 옮겨 담는 것으로 실버 서비스를 대신하기도 했다. 테이블 또는 가족 서비스 역시 이런 서비스 형식에 따른 것으로, 메인 요리를 고객의 접시에 미리 배치해두고 야채나 곁들인 음식은 테이블에 준비하거나 손님이 스스로 원하는 만큼 덜어먹을 수 있도록 하였다. 가장 낮은 수준의 서비스는 접시 서비스와 셀프 서비스였다. 접시 서비스는 손님이 받는 접시에 모든 음식을 미리 준비하는 것이고, 셀프 서비스는 손님이 서비스 카운터에서 요리를 직접 고른 뒤 계산하는 방식이었다. 기존의 메뉴들은 이러한 서비스 형식을 따라 발전했으며, 카트 서비스, 실버 서비스의 제공이 더 비싼 음식과 메뉴 프린팅 등 일반적인 레스토랑 분위기를 반영하는 기준이었다. 음식 제공 방법을 본격적으로 바꾸기 시작한 것은 누벨 퀴진(고칼로리의 프랑스 전통 고급요리에 대한 반작용으로 등장한 조리법으로, 음식의 본질을 살려 신선, 담백한 풍미를 내는 저칼로리 음식에 중점을 둔다)으로, 세계 일류 레스토랑의 유명 셰프들이 접시 서비스 형식을 일반적으로 선택하며 계속해서 발전했다. 셰프들은 소스 및 곁들인 음식까지 얹은 하나의 완벽한 음식을 접시에 준비하며, 요리에 대한 설명이나 사진도 만든다. 메뉴에는 이러한 음식 제공 스타일의 변화와 접시에 담긴 요리에 대한 인식의 변화를 반영되어야 한다. 이제는 대부분의 레스토랑에서 접시 서비스를 제공하기 때문에, 메뉴에 적혀 있는 음식들은 내용물에 대한 정확한 정보를 제공해야 한다. 고객이 싫어하는 음식이나 섭취해서는 안 되는 식재료가 들어있을 수도 있기 때문이다. 메뉴에 대한 설명은 소비자가 요리를 충분히 상상할 수 있도록 하기 위해, 예술작품에 대한 설명처럼 형용사를 다양하고도 풍부하게 사용하도록 발전했다. 주방장과 주인에게 있어서는 레스토랑 및 자기 자신의 정체성을 표현하는 부분이기도 하다.

메뉴의 내용

음식 메뉴의 내용은 메뉴의 종류, 목표 시장, 행사, 음식비용, 국가 및 지역 등에 따라 달라진다. 따블도트(Table d'hote)의 메뉴는 주로 3-4코스 정도만 사용한다. 호텔 룸서비스 조식 메뉴는 3-4코스의 따뜻하거나 차가운 각종 음식들을 제공하고, 신문, 잡지, 이른 아침 음료 등과 같은 보조적인 서비스도 제공한다. 아침식사 배달 시간은 업체에 따라 달라진다.

알라카르트(a la carte) 메뉴의 경우 하루 종일 같은 메뉴를 사용하는 업체는 드물지 않지만, 점심식사와 저녁식사 메뉴가 달라지는 경우도 많다. 예를 들면 영국에서는 진한 야채 스프, 곡류 음식, 고기푸딩(meat pudding. 푸딩 모양의 파이 안에 고기가 들어있는 음식), 고기 스튜, 조린 과일과 스폰지 푸딩은 점심 메뉴에 자주 등장한다. 반면에 저녁 메뉴에는 보다 가볍고, 섬세한 조리법을 쓴 요리들을 찾아볼 수 있는데, 예를 들면 스페셜 콘소메(consommés. 맑은 스프), 미각을 자극하는 향의 삶은 생선, 각종 가니쉬(garnish: 음식에 멋을 내기 위해 최종적으로 얹어지는 고명), 뜨겁거나 차갑고 달거나 짠 맛의 수플레(soufflés-달걀 흰자위에 우유를 섞어 거품을 낸 뒤 구운 요리) 등이 있다. 그러나 이러한 전통적인 요리의 대부분은 이제 하루 중 언제든지 만나볼 수 있다. 마케터들은 이러한 요리들을 재 유행 요리, 또는 과거에 인기가 많았지만 유행이 지난 요리를 다시 메뉴에 넣는 등, 마케팅 전략의 일부로 간주한다. 이러한 요리들은 특히 영양사들이 우리 몸에 좋지 않다고 말하는 것들에 적용할 수 있는데, 대표적인 것으로 슈에트 푸딩(steamed suet puddings. 다진 쇠고기 지방과 밀가루에 건포도 양념 등을 섞어 삶거나 쪄서 만드는 푸딩)과 같은 요리가 있으며, 여기에는 향수(nostalgia)가 강한 구매 동기로 작용한다. 전통적인 정통 알라카르트 메뉴에서는 코스 또는 섹션(부분)을 약 14부분으로 나눌 수 있다. 이러한 정통 알라카르트 메뉴에서 따블도트 메뉴가 나오게 되는데, 이는 스페셜 점심, 저녁 메뉴로 사용할 수 있다. 알라카르트 메뉴의 여러 섹션을 섞어서 만드는 메뉴는 행사의 종류, 가격, 고객의 요구 등에 따라서 크게 달라진다. 메뉴에는 전통을 따라 이미 정해진 식사 순서를 바탕으로 나타낸 섹션들이 있다. 케이터러는 이렇게 통용되는 순서를 이용해 고객들의 식사 시간에 맞춰 메뉴를 직접 편집할 수 있다. 전통적인 식사의 모든 순서가 사용되는 경우는 매우 드물지만, 제공되는 음식의 양이 비교적 적은 경우에는 다수의 코스를 제공할 수도 있다. M. J. Leto와 W. K. H. Bode가 규정한 '클래식 유럽 형식'은 커피를 제외한 총 16코스로 구성된다. 이 형식의 순서는 차가운 전채요리, 스프, 따뜻한 전채요리, 계란 및 곡류 요리, 생선 요리, 작고 따뜻한 고기 요리, 큰 고기 요리, 작고 차가운 고기 요리, 소르베, 구운 요리 및 샐러드, 채소 요리, 감자 요리, 따뜻하고 단 요리, 차갑고 단 요리, 치즈와 신선한 과일 요리이다.

메뉴 계획

앞서 언급한 것처럼 레스토랑 운영자에게 있어 메뉴는 중요한 마케팅 수단이자 판매도구이다. 그렇기 때문에 식음료 사업을 성공적으로 꾸려나가기 위해서는 아주 세심한 주의를 기울여 메뉴를 작성해야 한다. 운영자는 메뉴라는 집약적인 글을 통해 고객에게 방대한 양의 정보를 제공하기도 하고, 보다 무의식적으로 영향을 미칠 수 있는 메뉴의 색상, 배치, 메뉴 커버 및 종이의 질, 레스토랑 전체에서 느낄 수 있는 스타일에 대한 고객들의 요구와 같은 개념적인 이미지 등을 반영한다(그림 5.3과 5.4).

메뉴와 레스토랑의 외형적 특징은 고객의 기대 수준 형성에 기여한다. 성공적이고 수익이 높은 레스토랑 운영자가 되기 위해서는 이러한 고객 기대 수준을 만족시켜야 하고, 그 기대 수준 이상의 서비스를 제공해야 한다. 이렇듯 메뉴는 레스토랑의 운영 방식, 가격구조 그리고 전반적인 설계에 있어 중요한 역할을 하기 때문에, 계획 단계부터 메뉴와 레스토랑의 위치가 잘 어울리는지,

Marlow에 위치한 Compleat Angler Hotel의 새로운 레스토랑은 그 어떤 서비스보다 음식 제공에 초점을 두고 있다. 그 호텔에서 수석주방장으로서 7년 이상을 일한 Dean Timpson의 기획에 의해 호텔은 1million Pounds 이상을 투자하여 Fine-Dining 레스토랑을 만드는데 성공하였다. 레스토랑은 프랑스풍 스타일(brasserie-style bowaters)과 강가가 보이는 곳, 이렇게 두 군데로 나누었다.

그는 레스토랑에서 전보다 더 적은 수의 고객들에 초점을 맞추어 차별화된 음식제공서비스를 집중적으로 관리하였다. 수요일~일요일 점심과 목요일~토요일 저녁의 푸드 레벨을 올려 요리하였으며, 레스토랑의 음식제공업자를 새롭게 바꾸고, 재료 또한 매우 신선한 것을 사용하여 요리하였다.

점심시간에는 a la carte 뿐만 아니라, 3가지 코스 메뉴 또한 £24.50에 제공하였다. (코스 당 3가지 옵션을 제공하면서) 가재와 붉은 채소를 곁들인 훈제 연어 파스타 또한 새로운 애피타이저 메뉴이며, 완두콩을 곁들인 가자미의 살코기요리와 송로버섯 리조또는 메인에, 망고젤리와 코코넛 아이스크림을 곁들인 과일 무스는 디저트의 옵션이다.

저녁에는, a la carte와 6코스의 메뉴가 매우 잘 팔린다. 저녁 손님의 25%는 이들 메뉴를 선택하였고, a la carte는 코스별로 5가지 요리가 있다.

지역농장에서 온 오리알은 애피타이저 재료로 사용되는데, 예를 들면 아스파라거스와 식용버섯과 함께 삶은 오리알 요리에 사용된다.

영국산 완두콩 퓨어를 곁들인 기름에 살짝 익힌 가리비와 돼지삼겹살(£15) 또한 애피타이저의 옵션이다.

메인코스에는 특별히 토끼 허릿살 요리와 자두 맛 퓨레, 양배추를 곁들인 작은 바닷가재(£24)가 포함되며 이것은 그가 6년 동안 레스토랑에서 일하면서 개발한 단맛과 짠맛의 균형을 유지하는 요리이다.

그림 5.3 신메뉴 콘셉트를 통한 레스토랑 활성화

메뉴에 무엇이 포함되는가?

• 파인애플 퓨레를 곁들인 두 개의 프와그라와 카라멜화한 파인애플	£14
• Parma햄으로 감산 메추라기요리와 루비브 퓨레와 소스에 적신 호두	£13
• 구운 어린돼지와 노란(saffron) 마요네즈와 토마토 드레싱	£12.50
• Parma햄으로 감싼 잉글랜드 산 아귀, 재운 토마토와 아스파라거스	£23
• 농어의 살코기와 오렌지 드레싱, 어린 시금치, 조개와 맛 조개 라자냐	£27.50
• 민트 아이스크림과 다크 초콜릿 수플레	£7.50
• 초콜릿으로 감싼 딸기 파르페와 벌꿀 카라멜	£8
• 샴페인과 서브되는 차가운 살구스프와 살구무스	£7.50

그림 5.4 The Compleat Angler, Marlow, Buckinghamshire website: www..deantimpson.co.uk

출처: Caterer & Hotelkeeper, June 2007

지역 경쟁에서 살아남을 수 있는지, 시장이 형성되어 있는지 등에 메뉴 계획 단계에서 고려해야 한다. 부유층 거주 지역에서는 적은 수의 손님에게 높은 가격, 높은 질의 요리를 제공하는 소규모 레스토랑이 성공적일 수 있지만, 지불 능력이 낮은 학생들이 많이 거주하는 등 부유층 인구가 낮은 거주 지역에서는 저가의 음식과 서비스를 제공하는 작은 레스토랑이 더욱 큰 성공을 거둘 수 있을 것이다. 위의 두 가지 예는 양극화된 것이며 실제로는 명확히 구분되는 것은 아니지만, 레스토랑의 스타일이나 메뉴를 계획하기 전에 이러한 점을 반드시 고려해야만 한다는 점을 잘 알려준다.

테마

메뉴의 디자인은 글꼴, 색상, 그래픽, 모양 또는 재질 이상으로 중요한 부분이다. 현대인들은 고품질의 그래픽과 인쇄 작업을 할 수 있는 컴퓨터 기술에 대해 잘 알고 있다. 조금 더 정교한 소프트웨어를 써서 다양한 그래픽을 구사하고 높은 사양의 컬러 프린터로 화려한 색상의 메뉴를 만드는 것은 최근 비교적 간단하면서도 저렴해졌다. 그렇기 때문에, 전체적인 메뉴 디자인으로 메뉴 아이템들을 소개하고 묘사하는 케이터링 비즈니스는 메뉴 디자인에 더 많이 의존한다. 메뉴를 설명할 때 사용되는 언어는 특히 여러 가지 언어—예를 들어 영어와 불어—를 섞어서 사용하는 경우 어려워진다. 불어를 메뉴 설명에

전시 스페셜

붉에 생선이 구워지는 이 수채화는 대략 1585년에 John White에 의해 그려졌다. 북미대서양의 청어들로, 민물고기이다. 영국은 2007년 3월 15일~ 6월 17일까지 room5에서 처음 전시했다.

보스턴 조개 스프(chowder) 7.50

화이트 치즈(ricotta)와 체더파스타(cheddar cannelloni)(V) 13.00
어린시금치 / 메추라기 알
메인 킹 크랩 집게 & 크랩 케이크 13.50
아보카도&망고 쿨리스(coulis:묽은 과일쥬스) / 야채 샐러드
뉴욕 스트립 등심 스테이크 15.50
작게 구운 감자/ 양배추
바닐라& 초콜릿 치즈 케이크 5.80
오렌지 세비체(ceviche) / 딸기 샤벳

가격은 17.5%의 부가가치세(VAT)가 포함된 가격입니다.
계산서에 12.5%의 세금이 부과될 수 있습니다.
이것은 팁으로 공유됩니다.

그림 5.5 대영 박물관 전시를 위한 스폐셜 이벤트 메뉴 (출처: Courtesy of DO & CO)

The Danesfield Afternoon Tea

핑거 샌드위치, 초콜렛 칩, 플레인 또는 과일 스콘, 코니쉬 클로티드 크림, 과일케익, 쇼트브래드, 홈메이드 데니쉬 케익, 패스트리, 고품질의 내려마실수 있는 차 등을 선택할수 있습니다.

£17.50

The Danesfield Champagne Tea

Deanesfield House Hotel 만의 에프터눈 샴페인 셋트 메뉴: 샴페인 1 글라스와 Bucks Fizz(오렌지 쥬스를 혼합한 형태의 알콜 함량이 낮은 샴페인 으로 영국 내 결혼식 또는 사교클럽에서 여성들에게 주로 제공된다) 또는 샴페인 칵테일 중 선택하실수 있습니다.

£24.50

Cream Tea

내려마실수 있는 고품질의 차(tea)셋트 메뉴로 초콜렛 칩과 스콘 또는 마른과일을 함량한 스콘 그리고 스트로베리 잼과 스콘과 가장 잘 어울리는 코니쉬 클로트 크림이 함께 제공됩니다.

£10.50

그림 5.6 Danesfield House Hotel의 오후 차(Tea) 셋트 메뉴

섞어 넣으면 레스토랑 운영자들은 요리에 좀 더 고전적인 이름을 붙일 수 있겠지만, 자칫하면 이상한 영어나 불어가 들어간 퓨전 이름이 되는 바람에 손님들이 이해하기 힘들 수도 있다. 만약 레스토랑의 테마가 어떤 나라를 대표하는 것이라면 메뉴를 그 나라 언어로 쓸 수 있지만, 이 경우에도 각 메뉴를 정확하게 번역해 고객들이 이해하기 쉽게 해야 한다. 이렇게 해야 특별한 테마나 이벤트를 메뉴 디자인이나 내용에 반영할 수 있다.

메뉴 프레젠테이션

비교적 낮은 생산 비용과 현대적 소재를 사용할 수 있기 때문에, 메뉴는 항상 청결한 상태로 손님 앞에 내놓을 수 있어야 한다. 망가지거나 더러워진 메뉴, 가격이 덧인쇄 되었거나 새로운 가격이 기존 가격과 함께 표시된 메뉴를 사용해서는 안 되며, 이러한 메뉴를 본 손님은 그 레스토랑을 평균 이하 수준으로 취급할 것이다. 메뉴는 언제나 읽기 쉽고 간결하면서도 필요한 정보를 정확히 전달할 수 있게 만들어야 한다. 고객은 메뉴를 보고 레스토랑에서 얼마나 지출할 지 가늠해 볼 수 있어야 하며, 추가 비용이 얼마나 발생하는지도 명확히 알 수 있어야 한다(예: 서비스 비용). 메뉴 상의 요리에는 필요시 정확한 설명을 곁들여야 하며, 레스토랑 스타일과 서비스 스타일을 반영하여 고객의 기대치를 충족시킬 수 있어야 한다. 메뉴는 레스토랑이 고객의 기대치와 최근의 시장 추세에 버금가는 서비스를 제공한다는 점을 나타내야 한다. "메뉴는 레스토랑을 홍보하여 외식하는 사람들이 먹고 싶은 마음이 생길 수 있도록 만들어야 한다. 평균적으로 사람들은 메뉴를 읽는 데 약 2분 정도밖에 쓰지 않는다. "읽는다"는 표현도 지나치게 긍정적인 표현으로, 실제로는 빠르게 훑어보고 지나갈 뿐이다. 레스토랑의 메뉴는 단 2분 안에 고객들에게 제공하는 모든 식음료에 대한 정보를 전달할 수 있어야 한다. 이때, 메뉴는 고객들을 만족시키면서 레스토랑의 재정적 목표도 달성할 수 있어야 한다(Bates 2004, p.30)."

활동 2

당신이 지정한 어떤 특별행사가 당신 레스토랑에서 진행된다고 가정하고, 레스토랑을 나서는 고객들에게 나눠줄 전단지를 만들어보자. 다양한 글꼴, 색상, 그래픽, 모양 또는 재질을 사용해 메뉴의 내용을 돋보이게 해보자. 다 만들어지면 친구들이나 동료들에게 나누어주고, 전단지의 내용과 스타일이 이벤트 참석 여부를 결정하는 데 필요한 모든 정보를 제공하였는지 알아보자.

메뉴의 레이아웃

메뉴가 많을수록 손님들이 음식과 와인을 선택하는 데 많은 시간이 걸린다. 그렇다고 메뉴가 지나치게 짧다면 요리와 서비스에 대해 손님들이 만족하지 않을 수도 있다. 즉 레스토랑 경영자는 고객의 주된 요구에 맞춰 메뉴의 분량을 조절할 필요가 있는 것이다. 이때, 메뉴가 길면 길수록 관리에 신경 써야 한다는 사실을 염두에 두어야 한다. 와인 리스트의 길이는—와인에 대한 이해가 깊은 손님이 아닌 이상—손님들을 혼동시키거나 당혹스럽게 만드는 주범이다. 이러한 형태의 와인리스트는, 아주 잘 분류하거나 고객들의 선택에 추가적으로 도움을 주지 않는 이상 와인 매출에 전혀 도움을 주지 못한다. 메뉴의 레이아웃은 일반적으로 고객이 메뉴를 어떻게 읽느냐를 고려하여 만들어야 한다. 이는 그림 5.7에 자세히 설명되어 있다. 업체에서는 이 중요한 부분을 능숙히 활용해야 예산 목표를 달성할 수 있다.

크기와 형태

메뉴의 크기와 형태는 레스토랑에 독특함을 더하거나 더욱 돋보일 수 있도록 도와준다. 식음료 메뉴는 고객이 다루기 쉬워야 하며 읽을 때 혼동의 여지를 주어서는 안 된다. 메뉴의 형태는 아주 다양하여 칠판에 적는 메뉴부터 간판과 사진을 통해 제공하는 메뉴, 전통적인 카드 형식, 텐트 카드(테이블에 올리거나 세울 수 있는 삼각형 메뉴), 플레이스 매트(식기 밑의 깔개에 적힌 메뉴), 부채에 프린트된 메뉴 그리고 연회 고객에게 기념으로 주는 실크 손수건에 프린트된 메뉴 등 종류에 제한이 없다. 특히 전문적인 인쇄 업체가 참여할 경우 메뉴 제작비용을 고려해야 하는데, 메뉴가 사용될 기간, 메뉴가 회전하며 더러워지는 정도 등을 고려한 뒤 메뉴를 만들어야 비용을 절감할 수 있다.

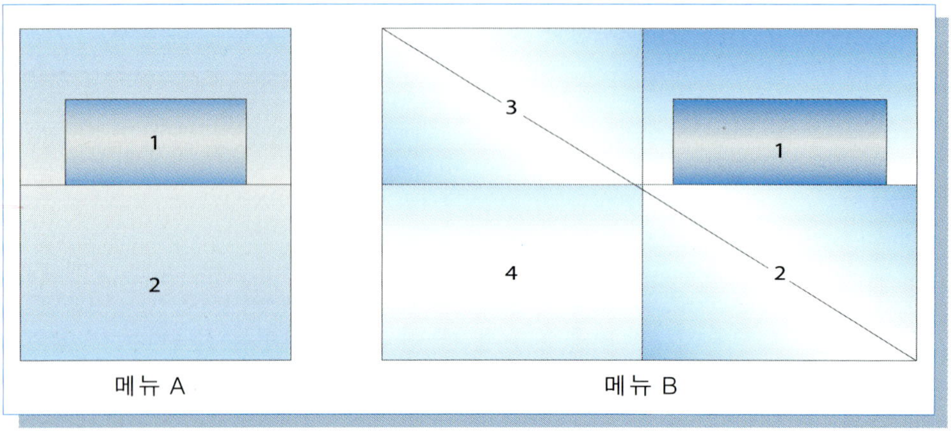

그림 5.7 인체공학에 따른 메뉴 설계(일반적으로 사람들이 메뉴를 읽는 패턴)

메뉴 가격 결정

메뉴 가격은 케이터러는 충분한 수익을 올리고 고객들은 지불할 만큼 가치를 느낄 수 있도록 두 가지 필요조건을 모두 충족시켜야 한다. 목표가 어느 쪽에 있든 메뉴의 정확성은 기본중의 기본이 되는 사항이다. 최근 고객들은 레스토랑 식사에 대해 더욱 정교한 매너를 가지고 있고 대부분의 사람들이 메뉴에 대해 잘 이해하고 있으며, TV 요리 프로그램과 유명 요리사들의 쇼를 보면서 가격 대비 질에 대해 평가한다. 수익성을 평가하는 관점은 제 7장에 더 자세히 소개하겠지만, 메뉴에 관한 필수적인 수익성에는 총 3가지가 있다. 각 메뉴에 대한 수익, 매출 배합(sales mix), 수량이 바로 그것이다. 레스토랑 운영자의 가격정책은 반드시 사업에 대해 총괄적으로 이해하고 있어야 하고, 기대 투자 회수율, 시장 수요, 경쟁 및 가격 대비 소비자가 얻을 수 있는 상품과 서비스의 질, 운영 형태에 따른 식음료 산업 기준 등을 고려해야 하며, 특히 직원 인건비, 임대료, 지방 의회에 지불하는 비용 등 사업 간접비에 영향을 주는 장소 선정 역시 고려해야 한다.

그림 5.7은 미국 캘리포니아의 요리학교에서 연구한 결과이다. 이윤과 가격 분석, 다시 말해 메뉴 엔지니어링에 많은 시간을 투자하기 때문에, 그림 5.8이나 5.9처럼 매번 정확한 정보를 제공하지는 않는다.

가격 모델

가격 모델은 아주 다양한데, 이 중 몇 가지는 상업적인 업체에 적합하며 몇몇은 '비영리 기업'에 더욱 적합한 모델들이다. 이러한 관점에서 식음료 산업 분야에서 여러 업체들이 사용하는 가격 모델을 비교 분석해 보면 적합한 모델을 찾을 수 있는 '감'이 생길 것이다.

원가 가산 가격결정

원가 가산 가격결정은 식재료 또는 메뉴에 들어 있는 요리 하나의 식품비용 요소를 가지고 그 가격에 배수의(Multiplier) 금액 또는 추가 가격을 더해 소비자 가격을 결정하는 방법이다. 간단한 가격 결정 방법이면서도 원하는 이윤과 약간의 추가비용만을 결과물로 낸다는 점에서 가장 흔히 이용되는 방법이다.

전형적으로 더 많은 구매 비용이 발생하는 하우스 와인의 경우, 예를 들어 비용가격이 4파운드라면 판매가격은 원 구매 가격에 3배를 더한 12파운드 이상 또는 12파운드에 판매 세금이 포함되어 판매가격이 결정 된다. 이러한 간단한 가격결정 접근법은 공급자에게 전화할 때나 시장에서 효과적으로 의사결정을 할 수 있도록 도와준다. 여러 가지 정해진 배율을 간단히 적용시킴으로써 판매가격을 추정할 수 있다.

위 방법을 쓰는 대신에 정해진 금액을 추가적으로 더해서 판매가격을 결정할 수도 있는데, 이를테면 4파운드(한화7,100원정도2011년 8월환율기준 1파운드=1,780원)의 150%가 정해진 이윤의 폭일 경우 최종적으로 10파운드(한화 17,800원)가 판매가격이 되는 것이다(4파운드(한화7,100원정도) + 이윤폭 150%(6파운드)=10파운드). 이렇게 간단한 방법을 이용하면 주방장이나 바이어가 빠른 의사결정을 할 수 있다.

매니저 1

여기 3명의 매니저가 동일한 메뉴에 대해 판매 가격을 결정한 표가 있다. 첫 번째 예를 보면, 매니저는 식자재 구매 비용의 33%를 예산으로 잡고 각 요리에 동일한 비율을 설정하는 간단한 방법을 선택하였다. 이론적으로 보면 식재료비용은 예산에 모두 포함되어 있기 때문에 고객이 무엇을 선택하든지 이 방법은 안전하며, 이를 통해 모두가 다 만족해야한다. 자, 아래의 표를 좀 더 자세히 보자.

항목	판매가격	판매수량	판매수익	개당가격	개당 이익	총 비용	순이익	식재료비용 %
구운 치킨요리	$9	9	$81	$3	$6	$27	$54	33%
송아지 구이요리	$36	1	$36	$12	$24	$12	$33	33%
튀긴 연어요리	$13.50	4	$54	$4.50	$9	$18	$36	33%
합계		14	$171			$57	$114	33%

매니저 2

두번째 매니저는 메뉴 가격 결정을 위해 다른 방법을 사용하였다. 똑같은 메뉴를 사용하였지만 닭고기 가격을 $3씩 인상하고 송아지 고기를 $12 인하하여 고객들이 닭고기 요리보다 송아지고기 요리를 더 많이 구매하게 만들었다. 이 경우 식재료 비율은 어떨까? 당연히 상승하여 약 40%까지 올라갈 것이다. 그러나 여기서 주목해야 할 점은 이윤도 마찬가지로 크게 상승한다는 것이다. 이 때 매니저 2는 매니저 1보다 식재료비용을 5% 많이 지출했음에도 불구하고 더 많은 돈을 은행에 저축할 수 있을 것이다. 이러한 결과는 퍼센트가 아니라 실질적인 돈의 가치에 초점을 맞춘 결과이다.

항목	판매가격	판매수량	판매수익	개당가격	개당이익	총 비용	순이익	식재료비용 %
구운 치킨요리	$12	5	$60	$3	$9	$15	$45	25%
송아지 구이요리	$24	5	$120	$12	$12	$60	$60	50%
튀긴 연어요리	$13.50	4	$54	$4.50	$9	$18	$36	33%
합계		14	$234			$93	$141	40%

그림 5.8 원가 계산 방식

경쟁 가격결정

이름 자체에서도 알 수 있듯이 경쟁 가격결정은 경쟁 업체들의 가격과 비슷한 가격을 책정하는 방법이다. 이는 단기적으로 사업 수익의 상승세를 가져올 수는 있으나 가격전쟁을 확산시킬 수 있다는 단점이 있다. 이 때 사람들이 간과하는 점은 경쟁 업체의 비용 구조와 수익에 심각한 피해를 끼칠 수 있다는 점이다.

매니저 3

앞에서 봤던 것처럼 우리의 두 번째 매니저는 여러분이 편안하게 생각하는 정도의 레벨보다 좀 더 공격적인 가격결정 방법을 사용했는지도 모르겠다. 매니저 3의 경우 다른 매니저들보다 좀 더 보수적인 방법으로 접근을 시도했는데, 고객들 중의 몇몇은 $9의 닭고기 요리를 이 레스토랑의 간판 요리로 생각하고 있기 때문에 같은 가격에 그대로 메뉴에 남겨두기로 결정했다. 그러나 우리의 매니저 3은 송아지 고기가 고객들에게 좀 더 가까이 다가갈 수 있을 만큼만 가격을 내리고, 송아지 고기 요리를 얻기 위해 닭고기 요리를 시킬 수도 있었던 몇몇의 고객을 움직였다(이 예에서는 2명이 이동함). 식재료 비용은 다시 올라가 이번엔 37%까지 증가하게 되었지만 그래도 매니저의 수입은 첫 번째 매니저보다 더 높다.

항목	판매가격	판매수량	판매수익	개당가격	이익	총 비용	수익	식재료비용 %
구운 치킨요리	$9	7	$63	$3	$6	$21	$42	33%
송아지 구이요리	$28	3	$84	$12	$16	$48	$48	43%
튀긴 연어요리	$13.50	4	$54	$4.50	$9	$18	$36	33%
합계		14	$201			$75	$126	37%

메뉴 가격결정은 저가 식재료 비율을 기반으로 정한 비율, 또는 모든 요리에 같은 가격 요소를 사용하는 것보다 더욱 역동적이어야 한다. 적은 식재료 비율이 꼭 높은 이윤을 남기는 것은 아니다. 마지막으로 만약 어떤 사람들이 식재료 비율이 낮다고 자랑하더라도 이윤이 높을 것이라고 확신하지 않아야 한다.

그림 5.9 원가계산 방식 2 (출처: Marriott Streamlines Menuing, Lodging Hospitality, 2007)

수익률 가격결정

이 방법은 예상 비용과 판매량을 바탕으로 손익분기점을 구축하고 가격을 결정하는 방법이다. 예를 들어 만약 레스토랑 투자액이 30만 파운드(한화 5억 3천만원정도)이고 투자 회수율을 20% 정도 요구한다면, 레스토랑은 1년에 6만 파운드(약 1억700백만 원 정도)의 수익을 올릴 것이다. 비용, 판매가격 그리고 양에 대한 가격 모델링으로 의사결정시 필수적인 정보를 얻을 수 있게 되고, 최상의 투자 회수율을 위해 가격을 어떤 수준으로 유지해야 할 것인지 알 수 있게 된다. 그리고 한 단계 더 나아가 사업 타당성 조사를 통해 레스토랑 운영 형태에 현 가격 정책이 잘 맞는지 검토해야 한다. 수익률 가격결정 모델은 초기 사업 설립에 시사점을 주기는 하지만, 최종 확정적인 메뉴 가격을 정해줄 수는 없다.

탄력성 가격결정

이 가격 모델은 시장과 민감한 가격변동에 대한 부분을 모두 염두에 두고 있다. 만약 레스토랑이 가격이 수요에 영향을 미치는 결정적인 요인으로 작용하는 시장에서 운영되고 있다면 가격을 낮게 책정해 판매량을 충분히 올릴 것이고, 결과적으로 이윤의 향상을 가져다 줄 것이다. 공급이 가격을 결정하는 주요 요소로 작용하는 시장의 경우 판매량에 따라 부당한 결과가 나지 않을 만큼의 가격 인상이 허용된다. 도심의 유명 햄버거 패스트푸드 레스토랑 또는 다른 패스트푸드 레스토랑을 운영할 때 시장 점유율이 중요한 문제로 대두된다면 소비자 수요와 가격 민감성을 염두에 두고 운영하여야 한다. 그러나 이러한 종류의 레스토랑들이 고속도로 휴게소에 있을 경우에는 공급에 영향을 받기 때문에, 가격은 좀 더 올릴 수 있다.

과거 가격결정

과거 가격결정은 가격에 대해 고객이나 시장이 어느 정도로 부담을 할수 있는지를 염두에 두는 방법이다. 과거 가격결정 방법은 스낵류나 캔음료와 같은 제조업에서 주로 찾아볼 수 있었고, 레스토랑 사업에서는 자주 찾아 볼 수 있는 방법은 아니다. 그러나 새로운 상품을 개발하거나 새로운 레스토랑을 런칭할 때 이러한 방법이 유용하게 쓰일 수 있다. 이러한 상황에서 과거 가격결정 방법을 쓸 경우 판매량 예측 결과에 많이 의존해 상당히 정확한 재료와 과정 비용을 설정해놓아야 한다. 간단한 공산품 예로 아이폰을 들어보자. 제조 시점(예, 2010년)에서 구입한 원자재의 가격을 기초로 아이폰의 판매가격이 결정되고 이는 실제 판매시점(예, 2011년)이 달라짐에 따라 원자재 가격의 상승 또는 하락이 있었다 하더라고 변동없이 판매가격을 유지한다.

매입 원가

매입 원가와 다양한 실제 원가는 더욱 정확한 비용 모델을 제공하기 위해 노력한다. 매입 원가는 식재료비용에 인건비를 더하여 얻어지며, 실제 원가는 간접비용까지 포함하여 계산된다. 둘 다 전자주문시스템매장(EPOS-Electronic Point Of Sale)을 통해 일정 기간 내에 얻어진 자료에 의하여 만들어지는 모형이며, 식음료 산업 분야의 다른 사업 기준치와 비교해 업체의 현재 상황을 알아 볼 수 있다. 가령 Pizzaria's에서 식재료비용으로 평균 20%, 인건비로 평균 30%를 사용하고 투자회수율은 20%가 요구될 경우, 피자 재료가 1파운드라면 1.50파운드는 노동비용, 1.5파운드는 간접비용, 그리고 2파운드는 투자회수율에 따른 금액이 된다. 이 때 이 숫자를 합하면 판매가격 5파운드와 같아지며 필요에 따라 판매 세금을 포함시킨다. 매입 원가 가격 결정 모델은 다른 방법보다 더욱 정교하며 산업 기준에 따라 더욱 정확한 가격결정을 할 수 있는 방법이 분명하지만, 전자주문시스템(EPOS-Electronic Point Of Sale)에 있는 데이터를 사용하면 잘못된 의사결정을 내릴 수도 있다는 단점이 있다. 우선 비용을 계산할 때 모든 부분에 대해서 가격을 맞추는 것은 불가능하며, 또한 유형에 따른 전자주문시스템(EPOS-Electronic Point Of Sale) 데이터는 업체의 과거에서 중요한 부분이기 때문에 이전 판매량은 연속적인 영업기간 동안 달성하기 힘들 수도 있고, 판매량 감소는 재고와 비용 항목에 각각 나눠서 실리게 된다.

부서 이윤

메뉴 가격 결정 방법은 전반적인 개요와 정해진 부서의 재정적 목표 또는 수익 목표에 따라야 한다. 각 부서들은 전체 조직을 구성하는 개별적인 중요한 업무가 있으며, 개별적인 수익 목표는 서로 연관되어 있지 않다. 예를 들어, 호텔 알라카르트(a la carte) 레스토랑에서 요구되는 수익은 커피숍에서 나는 이윤보다 훨씬 적을 것이라고 예상된다. 그런데도 호텔에서 알라카르트(a la carte) 레스토랑을 운영하는 이유는 호텔의 이미지나 품위 유지 때문이며, 수익성이 절대적인 목표가 되지는 않는다는 것을 알고 있어야 한다. 호텔 운영에서 가장 중요한 점은 개별 부서의 수익에 대한 기여도가 적어도 호텔 전체의 수익 목표를 위한 기여도는 일치해야 한다는 점이다.

차별 이윤

식음료 메뉴에 나타난 모든 요리의 총 수익률을 균등하게 적용하는 방법은 비영리 부문 식음료 산업에서는 종종 볼 수 있지만, 모든 메뉴에 총 수익률을 균등히 적용시키는 것은 아주 드문 일이다. 비영리 부문 식음료 산업의 장점 가운데 하나는 총 수익률이 동일하게 적용되면(예: 60%) 매출액에 근거한 총 수익의 40% 정도의 비용이 사용되었다는 사실을 단시간에 알 수 있으며, 실제 재료 사용량에 대한 즉각적인 비교가 가능해진다는 점이다. 이러한 장점에도 불구하고 영리 부문에서 총 수익률을 균등히 적용시키지 않는 이유는 제 7장에 더욱 자세히 설명하겠지만, 여기서 간단히 설명하자면 투자 자본금과 업체 간 경쟁 등과 같은 요소를 감안하고 있지 않았고 비용을 지나치게 많이 고려하는 경향이 있기 때문이라고 할 수 있다. 또한 이러한 방법은 가격 범위 및 업체에서 제공하는 요리의 가치를 왜곡하게 된다. 즉 비용이 적게 들어가는 품목에는 지나치게 낮은 가격을 책정하게 만드는 현상을 보이는 반면에 비용이 많이 들어간 품목에는 터무니없이 비싼 가격이 책정될 수 있는 가능성이 높다. 더욱이 이러한 방법은 판매 품목에 대해 유연성 있는 방법들을 전혀 허용하지 않는다. 차별 이윤은 식음료 메뉴 품목들의 매출 배합(sales mix)을 염두에 두고 있으며, 최종적으로 고객들이 매력적으로 느끼면서 부서의 매출과 목표 수익을 달성할 수 있도록 경쟁력 있는 가격 선정을 도와준다.

가격결정시 고려해야 하는 특별한 사항

판매세

어떤 정권이 들어서느냐에 따라 판매에 대한 세금은 다르게 적용될 수 있지만, 집권하는 동안에는 동일한 세율이 적용된다고 볼 수 있다. 중요한 점은 판매 가격을 제시할 때 이러한 판매세가 포함된 가격인지, 제시 가격에 판매세가 추가되었는지 명시할 필요가 있다는 점이다. 추가적으로 케이터링 업자가 염두에 두어야 할 점은 이렇게 세금용으로 모인 금액은 때가 되면 정부에 지불해야 하기 때문에, 평균 지출이나 수익에는 포함되지 않아야 한다는 것이다.

서비스 요금

이 비용은 고객에게 추가적으로 부과되는 비용이며 식음료의 총 가격에 정해진 비율을 적용해 계산한다. 이 때 적용 비율은 호텔이나 레스토랑의 매니지먼트 팀이 정하며 식음료 메뉴에 명시된다. 이렇게 하면 고객들은 가격의 몇 %만큼 팁을 주어야 하는지 고민하는 것으로부터 해방될 수 있다. 서비스

요금은 주로 포인트 시스템에 따라 나중에 직원들에게 배분되기 때문에 판매세와 마찬가지로 식음료 수익이나 평균 지출 계산 시에는 제외시켜야 한다.

봉사료

봉사료는 레스토랑에서 주문한 요리 가격 이외에 추가적으로 지불하는 비용으로, 레스토랑에서 서비스의 일부분으로 제공하지만 메뉴에는 표시되지 않는 빵 및 버터와 같은 품목들의 비용을 맞추기(커버하기) 위한 금액이다. 그러나 일부 고객들은 이 비용이 추가되면 강한 반발심을 갖기 때문에, 이 비용을 추가적으로 받을 때에는 여러 가지 사항을 잘 고려해야 한다.

최저요금

몇몇 레스토랑들은 고객이 방문하여 아주 적은 가격의 식음료 품목만 구매하고 장기간 그 자리를 차지하는 등의 사태를 방지하기 위하여 종종 최저요금 구매제도를 실시한다.

메뉴가격 결정법의 적용

가격결정에 어떠한 방법을 선택하고 적용시켜야 할지는, 업체가 소속된 산업, 이윤 수준, 보조금 필요 수준, 기본적인 업체 정책 등에 영향을 받는다. 그러나 기억해야 할 점은 가격 자체가 판매 도구가 되며 원하는 판매량을 달성하기 위해 중요한 역할을 한다는 점이다. 가격결정 자체가 어떤 과학적인 논리를 필요로 하는 것은 아니기 때문에, 앞서 언급된 여러 가격결정 모델을 하나 또는 여러 가지 선택하여 사용할 수 있다.

따블도트 메뉴

따블도트 형태의 메뉴는 각 코스에 적은 종류의 요리를 선택할 수 있도록 제한된 형식을 가지고 있으며 미리 책정된 가격이 적용된다. 이 때 가격에는 정해진 코스 요리를 포함시킬 수도 있지만, 주로 몇 코스의 요리를 미리 선택해 놓느냐에 따라 달라진다. 정해진 가격결정 방법은 각 부서의 목표 이윤과 메뉴의 차별적 이윤 측면을 모두 고려해야 한다. 판매량을 기반으로 예측한 기대 판매량을 바탕으로 평균 가격을 정할 때 사용되어야 할 것이다. 이 때 평균치는 진정한 수치일 수도 있고 반올림된 수치일 수도 있다. 업체의 존속 목표가 더 많은 고객의 이목을 사로잡아 더 많은 식음료 메뉴를 주문하도록 하는 것이거나 또는 알라카르트 메뉴가 제공되는 레스토랑의 경우 평균 이상의 가격이 될 수도 있다. 그렇다고 따블도트 메뉴의 가격 차이를 지나치게 매력적으로 만들어서 많은 고객들이 알라카르트 메뉴로부터 멀어지게 만드는 것은 바람직하지 않다고 할 수 있다.

알라카르트 메뉴

알라카르트 메뉴는 따블도트 메뉴보다 더 큰 메뉴로 알려져 있는데, 이는 더욱 많은 코스와 각 코스에 다양한 요리를 제공하고 각 품목마다 개별적으로 가격 정보가 제공되기 때문이다. 이런 메뉴의 가격결정 방법 역시 부서별로 요구되는 목표 이윤과 코스에 따른 차별 이윤을 고려해야 한다. 그러고 나서 일반적인 조리법으로 만들어진 각각의 요리 품목에 가격을 매겨야 한다. 또한 목표 이윤을 달성하기 위해 각 코스별 잠재적 매출 배합에 대한 내용을 메모해두어야 한다.

연회메뉴

연회에 제공되는 메뉴는 주로 따블도트(Table d'hote) 메뉴의 형태를 지니고 있으며 고객이 주문할 수 있는 요리는 제한되어 있다. 이러한 메뉴에 대한 가격결정에 특히 차이가 나는 점은 식음료 품목을 제외한 모든 추가적인 품목들에 가격이 별도로 매겨져 있으며 추가 요금이 청구된다는 점이다. 이렇게 추가 요금이 청구되는 품목으로는 테이블에 놓아둔 꽃, 음악 연주 밴드, 밴드에 제공되는 식사 및 간식, 연회 사회자의 서비스, 마이크, 연회를 위한 특별 메뉴 프린팅 등이 있다. 최근 들어 여러 회사들이 위와 같이 고객들에게 제한적이던 서비스 형태를 바꾸기 위해 여러 가지 노력을 하고 있다. 대표적인 예는 메리어트 호텔로, 비즈니스 연회 패키지에 식사 메뉴와 함께 기술적인 지원 부분을 첨부한 연회 운영을 하고 있다. 자세한 내용은 그림 5.10에 나와 있다.

메리어트 인터내셔널은 최근 메리어트 및 르네상스 호텔의 미팅 및 이벤트를 위한 새로운 메뉴를 선보였다. 메리어트사가 새로 선보인 메뉴는 이벤트 플래너들이 더욱 쉽게 메뉴를 선택할 수 있도록 배려하였으며, 고객의 요구 조건에 보다 잘 부응할 수 있도록 하였다. 새로운 메뉴를 선보이기 위해 메리어트사는 미팅 플래너들과 메리어트 직원들을 대상으로 설문 조사를 실시해 고객들이 알라카르트식 미팅 메뉴에서 필요한 것(아침 식사, 점심식사, 저녁식사, 음료, 쉬는 시간, 리셉션, 기술지원 등)을 고르기 쉽도록 아름답게 디자인 한 메뉴를 프린트하여 사용하고 있다.

그림 5.10 고객의 필요에 의해 구성된 메뉴 옵션(Source:)

고객을 위한 연회 메뉴 가격결정은 유연성을 갖는 경우가 많다. 연회 부서 매니저가 고객에게 메뉴 이외에 추가적인 사항을 추가 비용 없이 제공하는 경우가 그러한데, 이는 연회 비수기에 고객을 유치하기 위해 제공하는 서비스에 해당한다고 생각하면 된다. 예를 들어 연회 부서 매니저가 일반 기존 메뉴에 무상으로 수프 코스, 소르베, 프티 푸르(커피, 차와 함께 제공되는 케이크 또는 쿠키) 등을 제공하는 경우이다. 또한 어떤 경우에는 연회장을 대여료 역시 할인가격 또는 무상으로 제공하는 경우가 있다.

음료 가격결정

음료에 대한 가격결정 방법은 음식 가격결정과 별반 다르지 않다. 음식의 경우에는 우선 부서 별로 정해진 목표 이윤과 총 수익률을 정한 다음에 매출 배합(sales mix)에서 벌어들일 수 있는 차별 이윤을 설정해야 한다. 매출 배합을 어떻게 세분화할 지는 레스토랑 운영 형태 및 판매량 세분화가 얼마나 자세하게 요구되느냐에 따라 달라진다. 판매자 브랜드(house brand) 음료의 총 수익률은(예: 고객이 특정 브랜드를 지정하지 않았을 때 제공되는 특정 브랜드의 음료) 보통 다른 음료들보다 높은 편인데, 이는 공급자가 특별히 할인된 금액에 제공하는 것이기 때문에 당연하다고 할 수 있다.

음료 가격결정은 음식 가격결정보다 좀 더 정확하게 이루어질 수 있다고 할 수 있는데, 이는 음료의 경우 셀 수 있는 병(예: 맥주, 와인)이나 용기에 담긴 상태 또는 측정할 수 있는 상태로 구매 및 판매되기 때문이다(예: 와인, 75센티리터 등). 음식처럼 여러 음료를 섞어서 판매하는 경우는 보통 특정 레스토랑이나 바에서 정해진 제조법을 준비해 사용한다.

보조금을 지원받는 사업 운영

비영리 부문 식음료 산업의 여러 업체들은 어떤 형태로든 보조금을 받는 경우가 많다. 보조금에는 무료 사업장, 자본 설비, 서비스 그리고 노동력 등이 포함될 수 있고, 또는 케이터링 부서가 비용의 일정 비율을 지급하고 나머지 잔여 비용을 보조금으로 충당하는 형태도 종종 볼 수 있다. 이러한 경우 가격결정은 판매 소득 가운데 식재료비만 충당할 것을 요구하거나 식재료비에 추가적으로 특정 비용(예: 인건비)이 더해진 가격만 지불할 것을 요구하거나, 또는 식재료비에 미리 동의된 일정 비율(예: 20%, 모든 간접비용에 대한 부담액으로)을 더한 가격이 요구될 수도 있다. 이 경우 가격결정은 종종 비용에 추가 발생 분을 더해서 지불하는 형식으로 이루어지는데, 이 모든 것은 보조금 지원자가 누구냐에 따라 달라진다. 발생된 비용보다 더 많은 금액을 지불해야 할 경우에는 경쟁력 있는 가격을 제공하여 충분히 많은 판매량을 올릴 수 있도록 해야 한다.

최근에는 스타셰프(StarChef)와 같은 조리법 비용 계산 및 메뉴 테스팅 소프트웨어도 개발되었다.NET(www.chef365.com/)또는fourthhospitality (fourthhospitality.com/fourth/RandM.html)는 이미 레스토랑 소유주들이 각기 다른 조리법을 사용한 여러 메뉴의 거래 현황 및 가격 비교에 사용하고 있다.

Kasavana와 Smith(1982), Keiser et al.(2008)이 분석한 메뉴 엔지니어링(역주: 레스토랑의 대표 메뉴에서 최대한의 이윤을 얻기 위해 실시하는 마케팅 평가)은 4가지 행동 유형을 규명하기 위해 메뉴의 비용, 이윤, 판매량 등의 관점도 고려한다. 이 때 4가지 행동 유형이란 농마(農馬), 별, 개 그리고 수수께끼라 불린다(plow horses, stars, dogs, puzzles) (그림 5.9 참조). '농마(農馬)'는 메뉴 가운데 레스토랑에서 인기는 가장 높지만 이익공헌도(contribution margin, 차익)가 낮은 편에 속하는 메뉴들이 해당된다. '별'이라고 규정되는 행동 유형은 손님들에게 인기가 가장 많으면서 이익공헌도 역시 높은 메뉴 품목들을 가리킨다. '개'로 분류되는 품목들은 인기가 많지도 않고 높은 이익을 창출하지도 못하는 품목들이며, 마지막으로 '수수께끼'로 분류되는 형태는 인기도는 낮지만 높은 이익을 내는 품목들이 들어간다. 이러한 분류 기준은 주로 이익공헌도에 기반한 것인데, 이익공헌도는 판매가격에서 식재료비용을 뺀 차익이라고 할 수 있다. 이 방법은 현재 가지고 있는 정보에 근거하여 분류한다는 점에서 상당히 직접적이라 할 수 있지만, 각각의 메뉴 품목에 더하기 힘든 간접비용과 인건비를 고려하지 않고 있다. 일에 대한 결과나 생산성을 가격에 추가하는 것은 시간이 많이 소요되는 일이며, 직원 개개인마다 수치가 달라질 수 있기 때문에 상당히 어려운 일이라고 할 수 있다. 간접비용은 각각의 메뉴 품목에 평균적으로 일정하게 적용될 수 있지만 아주 부정확한 방법이다. 간접비용이나 생산력과 같은 항목을 적용시키지 않는 것은 앞으로 언급될 예와 같은 상황에서 오해를 일으킬 소지가 다분하기 때문이다. 우선 '별' 유형과 같이 높은 판매량과 높은 이익을 창출하는 품목의 대표적인 예는 피자이다. 이 때 총수익을 85% 정도 추가적으로 창출하는 판매가격에 비해 재료로 사용되는 치즈와 토마토는 비용이 매우 저렴하다. 그러나 피자를 만드는 것은 시간이 오래 걸리고 영업시간 동안 피자를 따뜻하게 유지하기 위해 오븐을 켜 두어야 하므로 에너지도 많이 사용하게 된다. 그리고 피자 레스토랑은 대부분의 경우 주방에 주문이 들어가야 피자를 만들기 때문에 레스토랑 소유자 또는 관리자들은 피자 준비 직원 및 판매직원을 적절히 배치해야 하는 의무가 생기게 된다.

가격결정은 메뉴 인쇄에 따라 비교적 유연성 있는 문제가 될 수 있으며, 목표 시장과 레스토랑이 위치한 지역에 매력적으로 다가갈 수 있도록 해야 한다는 점을 반드시 고려해야 한다. 레스토랑에서 가격을 낮게 설정하면 고객들에게는 매력적으로 보일 수 있어도 경영면에서는 그다지 만족스러운 성과를 얻지 못할 것이며, 높게 설정하면 고객들은 발길을 돌리게 될 것이다.

부가가치

메뉴에 대한 가격결정시 메뉴에 있는 품목 사이의 관계에 대해 반드시 고려해야 메뉴에 제시된 가격이 시장의 소비자들에게 좀 더 가까이 다가가고 문제없이 받아들여질 확률이 높다. 일반적으로 애피타이저(스타터라고도 함)나 디저트의 경우 비슷한 가격이 책정되고, 메인 요리의 경우에는 가장 비싼 애피타이저와 디저트 가격보다 약간 높은 수준에서 시작한다. 식음료 업자들은 가격결정시에 메뉴 가격에 재료비를 포함시켜야 하며 평균적으로 제시된 가격의 20~30% 정도가 재료비를 나타낸다. 이에 대한 좀 더 자세한 내용을 6단원에서 설명하도록 하겠지만, 고객의 관점에서 재료의 가치는 부과된 가격의 가치에 대한 인식과 긴밀히 연관되어 있다. 바로 이러한 점이 가격결정을 더욱 어렵고 복잡하게 만드는 딜레마에 빠지게 한다. 왜냐하면 현대의 가격결정이란 부가 가치에 대한 소비자의 인식과 수요 공급, 추세와 유행, 품질에 대한 소비자의 견해 등을 고려해 이루어지기 때문이다. 낮은 비용으로 최대의 수익성을 올릴 수 있는 가격을 책정하는 것은 사업자의 의무이며 기술이고 이를 가능케 하기 위해 사업자는 교육 및 부가 가치 전략 기술 역시 습득해야 한다. 가령 적어도 한 레스토랑에 지난 50년 동안 메뉴에 들어있었던 품목인 피쉬 케익(fishcake, 영국인들이 즐겨 먹는 음식으로 생선살과 으깬 야채들을 넣어 만든 크로켓류 음식)을 예로 들어 보자.

피쉬 케익은 복지 케이터링 산업의 주요 메뉴 중 하나로 생산 단가가 저렴하고 생산 과정이 쉬우며, 다른 요리에서 남은 생선살과 감자를 처리하기에도 좋고 미리 만들어진 식품을 사기에도 좋다. 이 때 피쉬 케익에 신선한 재료를 사용해 생산할 경우 비용은 개당 약 1파운드 이하가 들며, 남은 식재료를 이용해 만들 경우 아주 미비한 비용만 든다. 직원 식당이라면 이 메뉴는 3~4파운드 정도에 판매될 것이며, 번화가의 고품격 레스토랑의 경우라면 약간의 샐러드와 마요네즈 등을 함께 곁들여 약 10~11파운드 정도의 가격이 책정될 것이다. 두 가지 예시에서 알 수 있듯 적절한 마케팅 활동을 통해 케이터링 업자들이 부가 가치에서 이윤을 낼 수 있게 되는 동시에 소비자들 역시 가격에 합당한 상품을 제공받았다고 느끼게 된다. 이러한 방법을 통해 비교적 적은 비용에 이익공헌도가 높은 메뉴 품목들은 총 수익에 긍정적인 영향을 미치게 된다. 레스토랑의 명성 역시 레스토랑의 또 다른 부가가치를 창출하는 것에 일조하게 되는데, 이 때 직결될 수 있는 부분은 바로 고객의 식사경험 부분이다. 예를 들어 레스토랑이 미쉘린 가이드에 별 3개가 붙어 있다면 레스토랑은 독특한 메뉴에 상당한 가격으로 상품 및 서비스를 제공할 것이다(그림 5.11).

메뉴 지식

메뉴는 레스토랑의 가장 중요한 판매 도구이기 때문에 상품 또는 세부 품목을 디자인할 때에는 메뉴 지식(menu knowledge)을 따르는 것이 중요하다. 특정 음식에 일어날 수 있는 알레르기 반응과 관련한 문제뿐 아니라 고객의 특별한 식이요법 및 선호 식품 등에 대해 숙지하고 있으면 레스토랑의 운영이 더욱 수월해지기 때문에 직원들은 식품 및 메뉴에 대한 높은 수준의 지식이 필요하다. 직원들은 모든 메뉴 품목의 재료, 준비 과정 및 요리 과정 등에 대해 철저하게 숙지하고 있어야 한다. 좋은 메뉴 지식은 판매과정에서 아주 중요한 역할을 하며, 어떤 품목을 업셀링(up-selling)할 수 있는지도 알 수 있게 해준다. 그리고 결정적으로 이러한 행동을 통해 고객들은 레스토랑이 전문성을 가지고 운영되고 있다는 확신을 가지게 된다.

세일즈 믹스

보통 식재료비용은 평균적으로 메뉴의 20~30% 정도를 차지하지만 종종 변동사항이 생긴다. 앞서 든 예에서도 알 수 있듯이 메뉴에 나타난 품목들은 각각 다른 이익창출에 공헌한다. 한 예로 수프를 만드는 비용과 훈제연어를 만드는 비용을 비교하거나 스테이크 Guinness 파이(파이 안에 잘려진 스테이크용 고기를 넣은 요리)와 그릴 스테이크를 비교할 경우 각 품목들은 차별화 가격결정 방법에 근거하여 가격이 정해지고, 전체적인 메뉴의 경우에는 상호 보완 가격결정(complementary pricing) 구조를 채택하여 가격 차이가 메뉴에 잘 나타나도록 하고, 고객이 수용할 수 있는 범위를 만족시킬 수 있도록 한다.

EPOS시스템(Electronic Point Of Sale, 판매 시점에서 컴퓨터로 판매 활동을 관리하는 시스템)을 통해 이루어지는 정교한 판매 데이터 분석은 사업자들이 세일즈 믹스에 변화를 주어 최종적인 수익성을 변화시킬 수 있도록 한다. 판매 리포트를 분석하면 판매 추세와 이러한 추세가 수익률에 미치는 영향, 필수적인 서비스 요건, 주방 생산능력 등에 대해 알 수 있다. 사업자는 메뉴 내용에 변화를 주어 총수익, 서비스 및 생산 등에 영향을 줄 수 있는 세일즈 믹스를 조정할 수 있게 되고, 결과적으로 총수익에도 영향을 미치게 된다. 메뉴를 조정하는 방법 또는 메뉴 엔지니어링 기법은 제 7장에 더욱 자세하게 설명할 것이다. 이러한 방법들은 본질적으로는 판매 분석의 한 기법으로 사업자에게 메뉴가 현재 어떻게 이용되고 있는가에 관한 정보를 알려주고 더욱 심도 있게 분석해야 할 부분이 어떤 곳인지도 알려줄 수 있다. EPOS(EPOS-Electronic Point Of Sale, 판매 시점에서 컴퓨터로 판매 활동을 관리하는 시스템) 시스템과 리포트가 제공하는 메뉴 계획(menu planning)에 대해서는 제 6, 7장에서 더욱 심층적으로 자세히 분석하도록 한다.

메뉴시식을 위한 샘플메뉴

샘플메뉴가격: 대략 26만원

니트로 그린 티와 라임 무스

석굴과 열대과일 류로 만든 홈메이드 스타일 젤리 그리고 라벤더

포머리 그레인 머스타드 아이스크림과 붉은 양배추를 재료로 만든 소스

쿼일 젤리와 란구스틴 크림이 곁들여진 거위간 파르페

그림 5.11 Fat Duck at Bray의 테이스팅 메뉴

떡갈나무 이끼와 송로버섯의 일종인 트뤼프로 만든 토스트

달팽이 죽(오트밀의 종류)

조셀리토 햄

구운 거위간 요리

부드러운 아몬드 젤, 체리, 카모마일

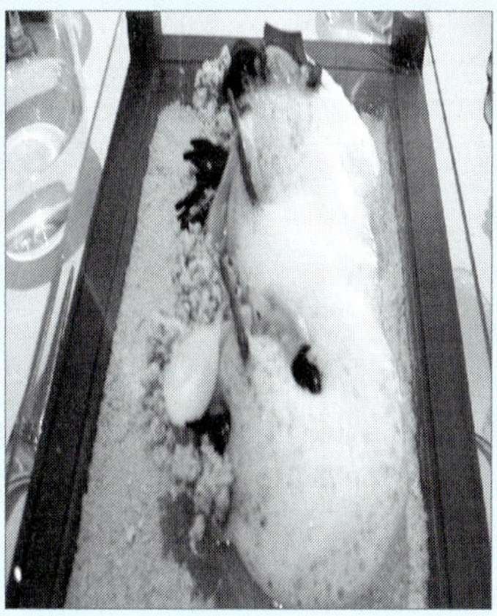

바다의 소리

젤리 형태의 감초로 감싼 삶은 연어

바닐라 마요네즈와 마니니 올리브오일 소스를 곁들인 아티초크

그림 5.11 Fat Duck at Bray의 테이스팅 메뉴

그림 5.11 Fat Duck at Bray의 테이스팅 메뉴

영양

21세기 들어 사람들은 식품의 영양에 관심을 많이 갖기 시작했다. 특정 유형의 케이터링 업체에서는 식음료를 제공할 때 영양 측면을 아주 많이 고려해야만 했고, 주로 그러한 관심이 높았던 케이터링 분야는 학교, 병원, 감옥, 군대, 그리고 대부분 '정해진' 시장이 있는 분야들이었다. 최근에는 대중들이 식품 영양에 대해 지대한 관심을 갖기 시작했고 사회 전체적으로 이러한 추세가 확산되었다. 학교에서는 특히 어린 아이들이 영양가 없는 식단에 적응했다간 나중에 성인이 되어서도 잘못된 식습관을 가지고 비만에 걸릴 수 있기 때문에 더욱 영양가 있는 식단에 대한 중요성이 부각되고 있다. 병원의 영양식단 역시 고령화에 따라 중요성이 더욱 강조되고 있다. 식품의 종류와 질은 해를 거듭할수록 빠르게 변화하고 있으며 라이프스타일, 이미지 그리고 미디어의 영향으로 레스토랑과 메뉴를 평가할 때 영양 면을 많이 반영하곤 한다.

조별 활동

건강한 삶을 영위하기 위해 자주 제안되는 것은 하루에 5가지의 과일과 야채를 섭취하는 것이다. 아래에 5가지의 과일과 야채의 종류가 적혀 있다. 두 그룹으로 나누어 한 그룹은 아래와 같은 선택에 찬성하는 입장, 그리고 다른 그룹은 반대하는 입장으로 토론해보자.
바나나, 삶은 콩을 베이컨 등과 함께 구운 요리, 토마토 캔, 감자, 씨 없는 포도
각각의 야채와 과일들의 좋은 점과 안 좋은 점에 대해 토론해보자.

메뉴와 법률

식품과 음료를 생산할 때에는 이와 연관된 법률 사항을 반드시 알고 있어야 한다. 본 단원의 서두에 설명했듯이 메뉴는 정확해야 하고 어떤 음식을 제공하는지 적어놓은 메뉴 설명에도 사실 그대로 적어야 한다. 영국 법에 따르면 고객에게 제공되는 모든 메뉴는 정확하게 작성하여야 하며, 이 때 메인 요리뿐만 아니라 부수적으로 제공되는 식음료 역시 정확하게 메뉴에 명시되어 있어야 한다. 이는 메뉴가 종이에 인쇄되어 있는지 칠판이나 유리창 등에 쓰여 있는지에 상관없이 소비자에게 보이는 모든 메뉴의 형태에 해당되는 법률이다. 이 때 가장 주의해야 할 점은 이 법률에 서비스 직원이 말로 전달하는 메

뉴 소개 역시 포함된다는 것이다. 식품에 라벨을 붙이는 것에 대해서도 고객에게 정직하게 모든 관련 정보를 제공할 것을 요구하고 있는데, 만약 오해할 만한 소지의 정보를 소비자에게 전달할 경우 형사 처분 대상이 된다. 영국에서 이러한 법률 조항의 실시에 대한 검토와 감독은 지역 의회 산하의 상업 부서(trading department)가 담당하고 있다. 지역 의회는 또한 환경 부서를 통한 공공 의료 및 보건에 책임이 있고 알코올음료를 제공하는 업소의 인허가 교부 문제에도 관여하고 있다.

식품 설명 문제

메뉴에 '닭 살코기(chicken fillet)'나 '닭 가슴살(chicken breast)'이라는 말을 쓰면 잘리지 않은 닭고기 한 덩이를 내놓는다는 뜻이다. 만약 '형태를 바꾼' 또는 '잘린, 다져진'이라는 말이 적혀 있는 상품을 사용하면 이미 가공되어 형태가 바뀐 음식이 된다. 따라서 소비자를 위한 메뉴 설명을 적을 때에는 반드시 이러한 점을 고려해야 한다. 이 부분에서 빈번히 일어나는 문제로 예를 들면 'Chicken Kiev(닭 가슴살 안에 허브 등을 다져 넣은 뒤 겉에 빵가루를 입혀 튀기거나 구운 요리)'가 있다. 이 경우 레스토랑에서는 보통 이미 조리가 된 것을 사서 판매하는 경우가 많은데 주로 형태가 변한 음식이라는 라벨이 붙게 된다. 그러나 제공되는 음식은 닭 가슴살의 전체 모양을 그대로 유지하고 있기 때문에 정확히 구분을 짓기 어렵다. 또한 외부 업체로부터 공급받은 음식을 제공할 때 '홈 메이드'를 붙이는 경우, 제공되는 식품이 모든 편의 식품을 하나로 합친 것에 불과한 요리에 '홈 쿡트(home cooked)'라는 말을 붙이면 위법행위가 된다. 예를 들어 스테이크 스튜와 키드니 콩이 든 캔을 따서 그릇에 넣고 따뜻하게 데운 뒤 냉동 파이를 곁들여 내면서 '홈 쿡트'라는 말을 붙여서는 안 된다는 것이다. 어떤 상품들은 판매 전 재료의 최소 정량을 반드시 포함해야 한다고 명시되어 있다. 예를 들어 햄버거의 경우 판매하기 전에 80%의 고기를 포함하고 있어야 한다. 조리 방법에 대한 설명에도 세심한 주의를 기울여야 한다. 구운 고기(roasted joint meat)를 만들 때에는 우선 한 번 쪄낸 뒤 굽는데, 이러한 경우에 구운 고기라고 묘사해서는 안 된다. 어떤 재료를 굽는다는 것은 이미 명백하게 정의된 방법으로(제6장 참조), 이 때 이용된 조리법은 현대적인 기술을 도입한 오븐에서 오랜 시간 낮은 온도의 수증기를 넣어주며 굽는 조리법과는 크게 다르다고 할 수 있다. 그러나 이러한 방법을 사용해 요리를 할 경우 원재료에 함유된 수분을 최대로 보존해 무게가 거의 줄어들지 않으면서도 요리가 가능해지며 그 뒤에 짧은 시간동안 높은 온도로 요리해서 먹음직스러운 색상을 입힐 수 있다. 이렇게 만들어진 음식은 케이터링 업자들에게 충분한 이점을 제공하지만 제대로 된 굽기 절차를 사용한 음식과는 다소 다르기 때문에 적절한 단어를 골라 묘사할 필요가 있다. 빈번하게 오류가 생기는 단어들을 예로 들어보면, 치즈 대체품을 이용했을 때 치즈라고 묘사하는 경우, 훈제 맛이 나는 재료를 사용한 뒤 훈제라고 표기하는 경우, 그리고 마가린을 사용하고 버터라고 표기하는 경우 등이다. 또한 사업자가 사용 전에 반드시 세심하게 주의를 기울이고 확인해야 하는 경우가 있다. 예를 들면 '신선함', '저칼로리' 등의 표기를 할 때 채식주의자, 절대채식주의자(달걀, 우유의 섭취도 하지 않음) 그리고 지방변증 환자 등에게도 적절한지 여부를 표시해야 하며, 전매특허가 있는 Hellmann's 마요네즈가 Tesco 자체 브랜드 상품에 이용된 경우, 스코치 비프(Scotch beef)라 쓰고 실제로 그 지역에서 자라고 처리되지 않은 고기를 사용할 경우 등에는 더욱 각별히 신경을 써야 한다. 스테이크와 같이 메뉴 품목의 중량 부분을 명시할 때에는 반드시 요리하기 전의 중량을 명시해야 한다. 160g 스테이크는 요리 과정에서 중량이 약 40% 감소할 수 있기 때문이다. 제 6장 에서 식품 설명에 대해 더욱 자세하게 이야기할 것이며 이를 통해 더욱 정확한 메뉴 품목 설명이 가능해질 것이다.

음료 메뉴/리스트

와인 또는 음료 메뉴를 준비할 때 사용되는 기준은 5단원 앞부분에 언급한 음식 메뉴 작성과 크게 다르지 않다. 와인 메뉴와 음료 리스트의 경우 주류 판매 허가 규정과 밀접한 관계가 있으며 이 가운데 일부는 앞서 설명한 바 있다. 이러한 사항은 시간이 지남에 따라 달라질 수 있으며 운영 중인 주류 판매 업소 역시 이러한 변화에 주의해야 한다. 음료 또는 와인 메뉴가 판매 도구로 얼마나 중요한 역할을 하는지는 몇 번을 강조해도 지나치지 않다. 레스토랑에서 식사하는 고객들은 음료를 구매할 의무도 없고, 구매하지 않는다고 해서

민망한 느낌을 받지도 않는다. 그렇기 때문에 소비자의 음료 및 와인 구매를 촉진시키는 것은 사업자가 해야 할 일이며, 소비자가 음료를 구매하고 싶도록 만드는 것도 사업자가 해야 할 일이다. 대부분의 음료는 적은 서비스 직원 수만 가지고도 충분히 판매가 이루어질 수 있기 때문에 당연히 식품판매보다 수익률이 더 높다고 할 수 있다. 따라서 사업자는 수익성 증대를 위해 음료 부문에 더 많은 관심을 가질 필요가 있다. 음료 리스트에 나와 있는 음료들은 항상 일정 수량 판매 가능할 정도로 구비해놓아야 하는데, 그 이유는 고객마다 원하는 음료의 종류가 매우 다양하기 때문이다. 특정 국가의 테마를 가지고 있는 레스토랑의 경우 음식뿐만 아니라 음료 역시 그 나라에서 많이 판매되는 품목들을 판매할 수 있다. 또 이러한 레스토랑에서 일반적으로 볼 수 있는 와인 리스트를 이용하는 것은 적절치 않을 수 있지만, 몇 개의 유명 브랜드 와인이나 음료를 구비해 놓을 경우 판매량 증가에 도움을 줄 수 있을 것이다. 음료와 관련하여 또 다른 중요한 사항은 반드시 적정 서비스 온도를 유지해야 하며 적절한 유리잔을 사용해야 한다는 것이다. 호텔이나 레스토랑에서 와인과 칵테일을 판매할 경우 일반적으로 판매량이 다른 업체들보다 낮을 수 있는데, 그 이유는 가격이 너무 높게 책정되었거나 와인과 칵테일에 얽힌 통념 등의 요소가 고객들을 불편하게 만들기 때문이다.

음료 메뉴/ 리스트의 유형

음료 메뉴의 유형은 매우 다양한데, 단순화 시켜보면 와인 풀 와인 메뉴, 제한적인 와인 메뉴, 연회, 이벤트 메뉴, 바 메뉴, 룸서비스 음료 메뉴 그리고 스페셜 프로모션 음료 메뉴 등 약 6가지 형태가 있다. 이러한 형태들은 아래 다음과 같이 세부적으로 다시 나눌 수 있다.

1. 풀 와인 메뉴 또는 리스트 이 메뉴는 주로 고품격 레스토랑 또는 호텔에서 많이 사용되며, 고객의 평균 지출 금액이 아주 높고 식사 시간으로 일반적으로 1.5시간 정도가 소요된다. 대부분의 메뉴들처럼 풀 와인 메뉴는 디자인하기가 매우 어렵다. 만약 어떤 레스토랑의 고객층이 어느 정도 지위가 있는 사람이라면 특정 와인을 반드시 메뉴에 포함시켜야 하며, 이러한 근거는 매니저의 다년간의 경험과 판매실적 분석을 통해 이루어진다.

이런 방법으로 고객의 선택의 폭을 납득 가능할 정도로 제한하면서도 균형을 유지할 수 있다. 풀 와인 리스트는 작은 책자 모양으로 길이는 약 15~40페이지 정도이다. 규모와 비용 때문에 주로 아주 질 좋은 표지를 사용하고, 안쪽에는 필요시 메뉴를 업데이트하기 쉬운 재질의 종이를 사용한다(그림 5.12). 풀 와인 메뉴에는 주요 와인의 원산지를 지도에 표시하고 자세한 설명을 곁들이기도 한다. 풀 와인 메뉴를 사용할 경우 업장에서 제공하는 와인은 가격이 높은 편인데 이는 판매 상품의 질 때문이다. 풀 와인 메뉴 안에는 아래와 같은 내용이 순서대로 포함되어 있다.

(a) 하우스 와인

(b) 샴페인, 스파클링 와인

(c) 레드 와인

(d) 화이트 와인

(e) 포트, 셰리, 발효 및 증류주

(f) 코냑, 알마냑, 진, 보드카, 베르무트, 위스키

(g) 맥주, 라거

(h) 미네랄 워터, 과일 주스

그림 5.12 와인리스트 발췌 (출처: Acorn House 레스토랑)

2. 제한된 와인 메뉴 또는 리스트 제한된 와인 메뉴는 풀 와인에 대한 수요가 적은 중·고급 레스토랑에서 많이 사용된다. 제한된 와인 메뉴를 사용하는 레스토랑의 경우 고급 와인 웨이터를 반드시 고용해야 할 필요는 없으며, 보통 식음료 서비스 직원들을 대신 이용한다. 제한된 와인 메뉴를 만드는 것 역시 매우 어려운 일이며 과거의 와인 판매를 바탕으로 제작할 수 있다. 제한된 와인 메뉴의 경우 고객들에게 친숙한 유명 브랜드의 와인을 메뉴에 구비해 놓는 경우가 많다. 가격대는 풀 와인 메뉴보다는 낮게 책정되지만 음식 가격과 어느 정도 연관성을 가지고 책정된다. 제한된 와인 메뉴의 또 다른 면모 중 하나는 주로 잔 단위로 판매된다는 것이다.

3. 연회 및 행사 메뉴 이러한 형태의 메뉴는 보통 제한적인 와인 메뉴의 일부로 보일 수 있는데, 그 이유는 풀 와인 메뉴보다는 훨씬 제한된 종류의 와인을 제공하기 때문이다. 일반적으로 연회나 행사시에 사용되는 음료의 종류는 연회나 행사의 종류와 관계가 깊다. 그러나 고객 개개인의 입맛을 맞추기 위해 여러 종류의 와인이 다양한 가격에 제공되기도 한다. 그리고 연회 및 행사의 와인에서는 주로 아주 잘 알려진 브랜드의 대표 와인을 찾아볼 수가 있다. 그러나 유명 와인의 대표적인 와인을 제공할 때에는 가격을 책정할 때 아주 조심해야 한다. 왜냐하면 이러한 와인들은 슈퍼마켓에서도 구매가 가능하여 고객들이 가격에 대해 숙지하고 있기 때문이다. 자칫 너무 터무니없이 높은 가격을 책정했을 경우 고객을 불만족스럽게 하는 결과를 초래하게 될 수도 있다.

4. 바 메뉴/리스트 바 메뉴 및 리스트에는 2가지가 있다. 여러 음료와 가격을 바의 뒤쪽 또는 옆면에 있는 큰 메뉴판에 표기하는 종류(대부분의 국가들은 이러한 방법을 요구한다), 그리고 작은 프린트 메뉴 및 리스트를 바 또는 바 테이블에 놓아두고 가까이에서 보게 하는 종류가 있다. 커다란 메뉴판은 주로 일반적인 바에서 많이 사용하는 형식이며 사람들이 매일 즐겨 마시는 종류의 음료가 판매된다. 그보다 사이즈가 작은 프린트 메뉴는 라운지나 칵테일 바 등에서 주로 찾아볼 수 있다. 칵테일 바 메뉴/리스트는 주로 칵테일(마티니, 맨해튼 등) 그리고 믹스 드링크(증류주와 탄산 또는 주스 등과 섞은 알코올음료), 셰리, 포트, 증류주, 발포주, 브랜디, 와인(주로 잔으로 제공된다), 미네랄 음료와 과일주스 등을 제공

한다. 칵테일 바의 메뉴/리스트의 형태는 정해져 있지 않으며 특정 품목을 특히 더 강조하는 경향이 있다.

5. 룸서비스 음료 메뉴　룸서비스 메뉴의 크기와 형식은 주로 어떤 룸서비스가 제공되는가에 따라 달라진다. 호화로운 고급 호텔의 룸서비스 메뉴는 종류가 꽤 많을 것이며 풀 와인리스트와 바 메뉴가 합쳐진 품목들로 이루어져 있을 것이다. 대체적으로 룸서비스 직원들의 인건비는 상당히 높기 때문에 오늘날 호텔에서는 작은 냉장고를 각각의 객실에 배치해 기본적인 음료를 제한적으로 제공하고 있다. 요즘에는 특히 객실 내부에 여러 종류의 음료가 구비되어 있으며 어떤 곳에서는 컴퓨터로 이루어지는 통제 시스템을 구축하고 있기 때문에 고객이 어떤 아이템을 이용하면 그 자리에서 자동적으로 컴퓨터에 기록되어 계산서에 포함되기도 한다(그림 5.13).

그림 5.13　음료 메뉴 (출처: Wagamama 레스토랑)

샴페인과 스파클링 와인 시장은 2003년 이후 빠른 속도로 성장하고 있으며 지금은 약 12.2억 파운드 정도의 규모를 가지고 있는 것으로 보인다. 레저, 식음료 섭취 습관의 변화를 포함한 여러 가지 요소가 이러한 성장의 원동력이 되었고, 또한 스파클링 와인이 미디어에 자주 노출되면서 사람들이 친숙하게 느끼게 된 것 역시 큰 이유가 되었다. 수요를 높인 원인에는 여러 가지가 있지만 가격 감소로 시장에 더욱 많이 유통된 것이 주된 원인이었다. 또한 더욱 경쟁력 있는 가격의 샴페인과 스파클링 와인들이 출시됨으로서 시장의 규모를 확장시키고 있다.

그림 5.14 샴페인 수요의 증가 (출처: Mintel 리포트 샴페인, 스파클링 와인, 영국, 2006)

6. 특별 프로모션 음료 메뉴 특별 프로모션 음료 메뉴는 연회나 행사 이전에 음료를 무료로 제공하면서 특정 음료를 홍보하기 위해 사용된다. 그리고 점심식사와 저녁식사 이후의 알코올음료를 홍보하기 위해 매력적인 텐트 카드를 사용하거나 이달의 칵테일 등을 홍보하기 위해 사용하기도 한다. 다행히 공급자들은 음료 홍보를 돕기 위해 무료로 광고 및 홍보 재료들을 공급하고 어떤 음료는 특별 구매가에 제공하거나 무상으로 제공하기도 한다.

활동 3

칵테일을 한 가지 선택하여 만들어보자. 이 때 정확한 재료, 만드는 방법(정량 사용) 등을 참고한다. 그리고 나서 가격, 음료의 이름, 고객들이 흥미롭게 여길 언어로 된 정확하고 합법적인 설명 등의 정보가 포함된, 간단하면서도 이목을 사로잡을 수 있는 텐트 카드를 만들어보자.

주류 판매 허가

영국에서 2005년 11월 24일부터 시행되기 시작한 '새로운 주류 판매 허가법 2003'은 사업체들이 영업시간을 더욱 유연하게 조정할 수 있도록 하고 알코올음료 판매를 위해 단일 업체 허가를 내주기 시작하였으며, 제한적인 오락시설을 밤까지 운영할 수 있게 하고, 알코올 판매를 위한 개인 주류 판매 허가 시스템을 새로 도입했다. '2003년 법'의 전문은 영국 정부 웹사이트에서 확인

할 수 있다. 하급 법원 대신 지자체가 개인 및 업체 허가장을 발급하게 되었으며 대부분의 레스토랑 영업자들은 특별 기관이나 법무관을 통해 지원할 수 있게 되었다. 지원자들은 최소한 국가 허가권 사용자 증서(National Certificate for Licensees) 또는 국가 허가 소매업 증서(National certificate in Licensed Retailing)를 소지하고 있어야 한다.

음료 메뉴 설명

식품 메뉴를 다루는 대부분의 규정은 음료 또는 와인 메뉴 리스트에도 그대로 적용되며, 1잔당 공급되는 양에 대한 규정이 추가적으로 붙게 된다. 맥주와 사이다의 경우 캔이나 병에 넣어서 팔지 않는 이상 1/3파인트나 1/2파인트, 또는 1/2파인트의 배수 단위로 판매해야 한다. 생맥주를 판매하는 유리잔의 경우 표면에 왕관 모양을 찍어야 한다. 증류주는 25ml 용기 또는 그보다 2배 큰 용기에 담아 제공해야 하며 와인은 125ml, 175ml 또는 위의 2배 용량으로 제공할 수 있다. 와인 잔 역시 왕관 모양을 찍어야 한다. 왕관 모양을 찍지 않은 유리 용기들은 병이나 유리병에 담아 제공할 수도 있다. 이렇게 법에 근거한 정량제와 수학적 단위를 이용한 음료 제공은 주류 판매 허가법에 포함되어 있는 내용이다. 브랜드가 있는 식품 품목과 브랜드 주류, 맥주 또는 탄산음료 등은 다른 용기로 옮겨서 제공할 수 없기 때문에 Sainsbury's 콜라는 Pepsi 콜라의 용기에 넣어 판매할 수 없고, Sainsbury's 보드카 역시 Stolichnaya에 담아서 팔 수 없다. 따라서 맥주나 증류주 등을 물이나 다른 물질과 함께 섞어서 제공할 경우 이는 처벌 대상이 된다.

일반적인 와인 제공 관련 법규

레스토랑에서 아주 특별한 경우를 제외하고 각 코스의 음식과 어울리는 코스 별로 다른 와인을 마시는 것은 최근에는 보기 힘들어졌다.

고객의 와인 선택은 아주 개인적인 판단으로 이루어지며, 어떤 음식에 어떤 와인이 어울리는가에 대한 이론은 이제 아주 특별한 시간이 아니고는 더 이상 현대 사회에서 찾아보기 힘들어졌다. 몇몇 관점에서는 아직도 고전적인 방법이 유지되고 있는데, 오늘날에도 계속 사용되고 있는 이론은 아래와 같다.

1. 메뉴에서 코스별 와인 선택을 진행할 때에는 가볍고 부드러운 와인에서 풀 바디 와인으로 옮겨가는 것이 좋다. 가벼운 느낌의 와인은 주로 햇수가 오래되지 않은 와인들이다.
2. 몇몇 와인이 메뉴와 함께 서빙 될 때 서빙 순서는 주로 드라이 화이트 와인으로 시작해 레드 와인으로 이어지며 마지막에는 단 맛의 화이트 와인으로 마무리한다.
3. 몇몇 나라의 와인은 식사와 함께 제공할 수 있으며 음식과 함께 할 때 가장 조화를 잘 이룰 수 있는 와인들이 있다.
4. 샴페인은 식사가 진행되는 동안 계속 제공될 수 있지만 디저트 코스가 시작되면 좀 더 단 맛이 나는 샴페인을 선택할 수 있다. 중간 정도의 단 맛을 내는 샴페인의 경우 이러한 코스와 더욱 조화를 잘 이룬다.
5. 로제 와인은 어떤 메뉴에서든지 다양하게 사용될 수 있다. 그러나 로제 와인은 격식 있는 자리에는 어울리지 않는 선택일 수도 있다.
6. 드라이 화이트 와인은 일반적으로 생선, 조개 그리고 흰 살 요리(닭, 오리, 꿩고기나 송아지고기, 돼지고기 등)와 함께 제공된다.
7. 레드 와인은 일반적으로 빨간색 고기류(예: 쇠고기, 사냥한 고기, 사슴고기, 토끼고기 등) 와 함께 섭취하면 좋다.
8. 단 맛이 나는 화이트 와인의 경우 주로 단 맛이 나는 코스 요리와 함께 제공된다.
9. 포트는 치즈나 디저트와 함께 제공되면 좋은 음료이다.

메뉴 상품화 계획

효과적인 메뉴 판매 촉진 계획은 식음료 시설을 사용하고자 하는 소비자의 수요 및 메뉴 품목의 선택에도 영향을 미치기 때문에 자연스럽게 사업체의 세일즈 믹스에도 영향을 주게 된다. 의심할 여지없이 메뉴는 가장 중요한 판매 도구지만 대부분의 케이터링 사업체 운영자들은 메뉴를 판매 도구로서 완전하게 이용하지 못한다. 앞서 언급한 것처럼 메뉴는 프레젠테이션, 깨끗함, 읽기 용이함, 크기와 형태, 레이아웃과 내용 등에 주의를 기울여 제작해야 한다. 그러나 여기서 가장 주목할 점은 바로 레스토랑 소유주들이 메뉴를 어떻게 이용하면 최대 성과를 올릴 수 있을 것인가이다. 케이터링 업체의 운영에는 공공 미디어를 이용해 그 시설의 판매 시점을 반영한 홍보가 포함되는데 이는 광고와는 조금 다른 방법이다. 그러나 세일즈 프로모션의 경우 고객의 행동에 단기간 내에 영향을 주고자 하기 때문에 비록 비용을 들이지 않는 방법이라 하더라도 최대의 성과를 올려야 하는 것은 광고와 다를 바가 없다.

고객이 레스토랑을 방문했다면 이는 소비자들이 어떠한 종류의 업장에서 식사를 하고 싶은지를 벌써 결정했다는 의미가 된다. 그 다음 결정은 선택한 레스토랑에서 어떤 상품을 고를 것인가이다. 고객들은 광고를 보고 당신의 레스토랑에서 식사하고자 마음먹었을 수도 있다. 그렇기 때문에 어떤 수준의 음식이나 음료, 서비스가 제공될 것인지에 대한 기대도 확실히 하고 있다. 바로 이 단계에서 레스토랑의 판매 시점 상품화 전략은 레스토랑의 광고 전략을 뒷받침하여 일관성을 유지할 수 있도록 해야 한다. 예를 들어 레스토랑에서 특정 주간에 특별한 요리를 광고했다면 손님들이 때맞춰 레스토랑에 왔을 때 이 요리들을 선택할 수 있어야 한다.

레스토랑에서 선택, 이용 가능한 상품화 계획의 주요 유형은 아래와 같다.

플로어 스탠드

바닥에 세워 놓는 판을 대기실이나 리셉션 등 사람이 많은 장소에 세워두면 아주 효과적이다. 호텔, 레스토랑 그리고 클럽 등의 경우 사람이 많이 몰리면 문 앞쪽의 대기실에서 기다리는 경우가 종종 발생하는데, 이 때 기다리면서 천천히 읽을 시간이 많기 때문에 스탠드를 세워 효과적으로 사용할 수 있다. 또한 사람이 많이 지나다니거나 모이는 장소인 로비에 세워두면 더욱 효과적이며, 예를 들어 자판기 옆 등이 있다. 이러한 스탠드에 적혀 있는 광고 문구는 매우 흥미롭게 써야 하며 반드시 최신 내용이 들어가야 한다. 왜냐하면 그 내용이 낡을수록 사람들이 더 이상 관심을 가지지 않게 되기 때문이다. 어떤 셀프 서비스 업장들은 플로어 스탠드를 대기선 앞쪽에 배치해 놓고 메뉴와 스페셜 요리를 미리 볼 수 있는 기회를 제공한다다.

포스터

포스터의 경우 플로어 스탠드보다 더욱 많이 배포해 사용할 수 있다. 로비 지역, 엘리베이터, 화장실, 레스토랑을 비롯해 사람들이 서서 읽을 시간이 많은 장소에 부착된다. 엘리베이터의 경우 포스터를 주로 엘리베이터 문의 정면 벽에 부착되게 되는데, 일반적으로 사람들은 엘리베이터를 타면 바로 다시 문을 향해 돌아서 위를 보거나 문 정면을 향하게 된다. 따라서 부착된 포스터에 아주 잠깐 동안만 시선이 머물게 되므로 더욱 전략적으로 포스터의 배치를 생각할 필요가 있다. 로비 근처에 부착되는 포스터에도 비슷한 논리가 적용되는데, 포스터는 사람들의 눈높이에 맞게 부착되어야 하며 사람들이 빠르게 왕래하는 출입문 근처에서는 멀리 떨어져 있어야 한다.

벽 부착

패스트푸드 레스토랑들의 경우 조명이 있는 벽에 주요 내용을 부착하는데, 주로 주문 가능한 식음료의 커다란 컬러 사진이 붙어 있다. 이러한 방법은 와인바, 칵테일 바 그리고 라운지 등에서도 자주 사용되며 밤에는 더욱 아름답게 보인다. 칠판은 펍, 바, 학교 식당, 매일 스페셜 메뉴가 바뀔 수 있는 레스토랑(테마 레스토랑)에서 자주 사용된다.

텐트 카드

텐트 카드는 레스토랑의 식당 테이블 위에 배치되며 특별 이벤트, 장소 등을 선전하기 위해 사용된다. 고객은 식사 도중 언제든 이 텐트 카드를 집어서 읽을 것이고 때로는 집에 가져가는 사람도 있기 때문에 가장 중요하면서도 좋은 판매 촉진 도구라고 한다. 이러한 텐트 카드는 특별 요리 또는 와인을 광고할 때, 또는 크리스마스, 새해 등 특별한 날의 행사를 홍보하기 위해 사용되기도 한다. 이러한 카드는 다른 방법들과 마찬가지로 자주 업데이트해야 하며 고객의 관심을 끌기 위해 깨끗하게 유지해야 한다. 호텔이나 다른 여러 종류의 케이터링 업체에서 텐트 카드는 업체 안의 다른 시설을 소개할 수 있는 아주 좋은 도구로 사용할 수도 있다. 예를 들어 칵테일 바의 경우 텐트 카드는 알라카르트 레스토랑을 홍보하기 위해 사용할 수도 있고, 레스토랑 고객들이 업체 산하 사업체가 제공하는 행사 및 연회에 관심을 가지게 할 수도 있다. 이러한 판매 촉진 방법은 고객이 케이터링 사업체의 다양한 시설을 인지할 수 있게 함으로써 판매량을 올릴 수 있도록 해준다.

클립 온 – 탈착식 홍보 종이

메뉴 클립 온은 레스토랑에서 특별한 메뉴, 오늘의 요리, 알라카르트 레스토랑에서 제공되는 스페셜 따블도트 메뉴 등을 홍보하기 위해 가장 일반적으로 사용되는 형태이다. 와인 리스트에도 클립 온 형식으로 특정 지역에서 생산된 와인을 홍보하는 데 사용할 수 있다. 텐트 카드와 클립 온은 호텔이나 레스토랑에서 식음료 품목의 수익성을 높이기 위해 자주 채택하는 방법이다.

참고문헌

Bates, D. (2004). Pleasure reading: Menus should be designed to market the restaurant, entice diners to eat. *Nation's Restaurant News*, 38(23), 30–80. 7 June 2004, p. 2

Caterer and Hotelkeeper 21st June 2007 'Menuwatch: The Compleat Angler', Marlow, Buckinghamshire www.deantimpson.co.uk

Green, E. F. et al. (1987). *Profi table Food and Beverage Management: Operations*. Jenks, Oklahoma: Williams Books.

Kasavana, M. (1990). *Menu Engineering: A Practical Guide to Menu Analysis*. Lansing, MI, USA: Hospitality Publications.

Kasavana, M. and Smith, D. I. (1982). *Menu Engineering: A practical Guide to Menu Pricing*. Lansing, MI, USA: Hospitality Publications.

Keiser, J., DeMicco, F. J., Cobanoglu, C. and Grimes, R. N. (2008). *Analysing and Controlling Foodservice Costs: A Managerial and Technological Approach*. NJ, USA: Pearson Education Inc.

Leto, M. J. and Bode, W. K. H. (2006). *The Larder Chef: Food Preparation and Presentation*, 4th edn. London: Butterworth-Heinemann.

Lodging Hospitality (2006). *Brand Report: Renaissance Thinks Outside the Box*, 62(15), 8 –10. Penton Publishing.

Marriott Streamlines Menuing. Lodging Hospitality, 1/8p, 20-Minute University, The Culinary Institute of America, *Restaurant Business*, 62(14), 15 September 2006, p. 10; 10 September 2007, p. 47.

Morrison, P. (1996). Menu engineering in upscale restaurants. *International Journal of Contemporary Hospitality Management*, 8(4), pp. 17–24.

The 3 Michelin star Fat Duck Restaurant at Bray August 2007 www.fatduck.co.uk/menu_degustation.html

http://www.culture.gov.uk/about_us/tourismleisure/licensing_act.htm

http://www.danesfi eldhouse.co.uk/dining/dining.html

제 6 장

식음료 운영: 구매 및 저장

단원 소개

식음료운영의 흐름을 크게 기본적으로 본다면 자원의 공급, 운영과정 그리고 만들어지는 생산물의 산출이라고 볼 수 있다. 식음료 운영에서 자원의 공급이라 함은 식음료와 음료 그리고 기타 관련 기자재 공급을 말하며, 운영과정이란 식음료의 저장, 준비과정, 조리 등을 들 수 있겠다. 마지막 과정인 생산물의 산출을 본다면 만들어져 판매되는 식사와 음료를 들 수 있겠다. 이상적으로 말하면 식음료 운영은 특정한 테마를 위한 아이디어나 매력적인 스타일의 레스토랑에 기초하였다고 볼 수 있다. 이러한 특정한 목적을 가지고 시작된 식음료 운영이 업장의 운영에 현실적 영향을 주는 첫 번째 요소를 뽑는다면 그것은 "메뉴" 일 것이다. 그 외 영향을 주는 요소들을 본다면 가능한 공간, 건물의 형태, 서비스 스타일 그리고 지리적 위치를 들 수 있다. 만약 레스토랑이 다양한 상품과 서비스를 제공할 수 있는 위치(호텔, 푸드코트, 병원 또는 쇼핑몰 등)에 있다면 다른 요소들은 아마도 운영스타일에 영향을 끼쳤을 것이다. 식음료 운영이 자원의 공급에서 생산물의 산출로 이어져 간다고 가정한다면 식음료 운영을 위한 디자인은 거꾸로 시작한다고도 볼 수 있다. 생산물 결과는 케이터링 정책, 마케팅 정책 그리고 회계학적 관점에 따라서 철저하게 계산된다. 재정적 목적들, 관련 직원 채용과 질적인 이슈들, 운영에 있어서 마지막 부분은 관리를 어떻게 실행하고 측정하느냐에 달려있다. 식음료 운영은 비용에 대한 가이드와 규제 그리고 호텔, 레스토랑, 병원, 학교, 직원 식당 그리고, 기타 관련 시설에서의 식음료 공급에 대한 영업 매출로 정의될 수 있다. 관리는 수익성, 질적 문제, 그리고 신뢰성 유지 등 산술적 자료에 기초를 둔 것에서부터 직원 규율, 규칙 문제, 그리고 채용 비용등과 같은 시너지 효과나 그 외 산술적 부분 밖의 영향력 등 많은 이유들을 위해 필요하다. 식음료와 음료 규제 과정은 책의 후반부 단원에서 자세히 다룰 것이다. 1995년에 제정된 식음료 안전 법안은 구매, 배달, 저장, 관리, 과정, 식음료와 음료의 판매와 관련된 법적인 필요조건을 개요화하고 있으며, 이것은 건강과 안전을 다루는 장에서 자세히 다뤄질 것이다.

단원 목표

이 단원을 읽고 나면 아래의 핵심 사항을 이해할 수 있어야 한다.

- 어떤 식음료재료를 구매하거나 보관하는 스케줄을 쓸 수 있어야 한다.
- 식재료들의 명세서를 자세하게 쓸 수 있어야 한다.
- 경영을 위해서는 구매스케줄의 중요가치를 인지하여야 한다.
- 좋은 스케줄을 만들면 경영 측면에서도 이익을 창출할 수 있다는 것을 이해하여야 한다.
- 재고 전환율(turnover)을 개선해 보아라.

구매

식음료 운영에 있어 구매는 일반적으로 '탐색, 선택, 구매, 수취, 저장 등 확립 된 케이터링 정책에 따른 구매 물품의 최종사용 승인등과 관련된 하나의 기능으로 정의할 수 있다. 이것은 구매담당자자가 식음료를 구매할 때 단지 일용품을 구매하는 것뿐 아니라 수령하고 보관하고 지급하는 것을 말하고 있다. 또한 어떤 품목을 구매했는지 알고 어떤 것이 마지막으로 쓰였는지도 알아야 할 것이다. 많은 조직에서는 재경부나 주조달청(the heading of procurement)에서 이것을 담당하고 있다.

표 6.1 구매 시스템

경영 정책 설립	시장세분화를 통한 예상고객 선별, 예상 고객층의 소비범위에 부응할수 있는 가격대 형성, 예외없는 운영규정의 메뉴얼화
메뉴	생산, 판매 가능한 메뉴 기획(객단가 및 식자재 공급 확보 포함)
수량 예측	예산 판매량 또는 이용자 수를 예측하여 구매할 물품의 수량 결정
청구방법	문서를 통한 청구방식 또는 전자결제 중 택일 (장단점 있음)
구매	식음료 공급업체 선정 및 계약, 최소/최대 주문단위 및 도매할인가 적용 협의, 구매를 희망하는 물품의 보관에 있어 적절한 시설을 보유하고 있는지 확인, 지속적이고 안정적인 유통망을 확보하고 있는지 확인
구매 물품 수령	저장에 앞서 구매된 모든 물품의 수량과 품질확인, 적절한 온도와 상태로 이동하였는지 운반설비 및 냉동차량 확인,
저장	주문한 물품의 상태확인 후 개별적 온도 및 습도를 필요로 할 경우 개별저장, 상하기 쉬운 물품의 경우 우선적으로 저장, 냉동시설의 경우 과도한 냉각으로 인해 물품의 파손이 생기지 않도록 확인
생산	저장된 물품을 생산, 이용 할수 있는 상태까지 준비
판매	생산된 물품의 품질과 만족도를 확인하고 가격대비 만족 또는 가격대비 품질을 확인
조절	경영정책설립부터 판매까지의 모든 과정에 대한 전반적효률성 조사, 경영팀은 조사내용을 기반으로 미비한점 보안

구매 기능의 책임성들

구매 담당자의 많은 책임성들은 특히 소규모 조직에서 여타 역할로 포함되어 왔다. 일반적으로, 상급 세프 또는 주방 직원은 공급업체들에게 직접 주문을 한다. 알콜 음료의 구매/저장 역시 레스토랑 매니저 또는 알콜 음료 저장 담당자가 직접 주문을 할 것이다. 많은 경우에서 소규모 시설을 제외하고, 큰 업체들의 주문들은 경영자에 의해서 사전에 승인받은 (사내 구매 또는 입찰 규정 및 조항에 따라 승인된 공급업체)에게 하며, 일반적으로 재정 관리담당자에 의해서 관리가 된다. 대규모 단체에서는 구매 담당자 또는 저장 담당자가 구매 역할을 한다.

구매책임에 대한 업무들은 회사마다 다르며 구매 및 책임의 범위역시 다양하지만, 일반적으로 구매 관련 사항은 다음과 같은 면에서 이뤄질 것이다.

1. 구매/저장 그리고 구매 기록을 남기고, 제품을 수령하고 저장하는 것을 기록하는 의무
2. 그들의 책임소재 범위 내에서 모든 물품을 구매하는 것
3. 사용자 또는 해당 부서에게 이런 품목의 공급의 지속성을 확실하게 하는 것
4. 같은 품질을 가진 제품 중 더 저렴한 것을 찾고 이런 역할의 일부분을 형성하는 공급의 유효한 업체를 찾는 것
5. 새로운 제품 추세를 항상 대응하고 평가하는 의무
6. 제품, 시장, 가격 트렌드에 대한 리서치
7. 물품을 표준화하는 생산 부서와의 협조, 그리고 재고량을 감소
8. 생산, 통제, 회계, 그리고 마케팅 부서와의 협력
9. 중간 경영인들(Senior management)에게 정해진 채널을 통해 보고하기

큰 규모의 단체에서, 구매 기능은 작은 식음료 기구, 청결 재료, 섬유 제품을 포함한 비 식음료 품목을 다루어야 한다. Feinstein and Stefanelli(2005, pp. 108-109)에 따르면, 구매 기능이 달성해야할 5가지 필요한 목적들이 있다고 언급했다.

구매 과정

구매를 하나의 일시적인 행동이 아니라 사이클이라고 간주해봐라. 구매는 단순히 전화로 해결하는 문제가 아니다. 당신은 품목이 다 떨어지거나 재고물량이 넘치는 것을 원하지 않는다.

이 과정은 8가지 단계로 나눠진다.

1. 조직의 각 섹션은 정해진 재고 수준과 재고를 대체하는 것에 대한 과정을 가지고 있다. 이것은 상급 셰프, 레스토랑 매니저에서부터 저장 담당자까지 해당하는 일이다. 더 복잡한 전자적 판매점 시스템은 많은 재고품이 떨어지거나 또는 재고품이 적다고 알려주는 기능을 한다. 더 큰 조직에서 이런 시스템들은 주문을 행하게 하고 그것을 전자 메일로 승인된 공급업체에게 통보한다.
2. 공급의 업체에 대한 선택은 일반적으로 미리 담당부서 매니저 또는 관련 매니저의 동의를 거쳐 계약을 맺는 역할을 한다. 예를 들어, 사전 계약금 지불, 제품의 배달 목록, 시간등이 포함되어있다.
3. 주문 과정은 전자 우편, 전화 또는 서면으로 이뤄진다.
4. 주문된 제품의 수령과 배달된 물품의 품질 또는 양의 차이 조절, 배달 기록과 인증서를 기록한다.
5. 배달시 제품의 온도를 체크하고 이것을 서면으로 기록한다.
6. 포장상태 또는 콘테이너 보관 상태 체크와 이것이 나쁜 상태일 경우 거절하는 것
7. 정기적으로 배달 차량의 온도를 체크하고 이것을 서면으로 기록한다.
8. 물품을 주문 부서로 이동하거나 저장소로 옮기는 것

이런 과정은 1995 식품 안전 법안(Food Safety Act)과 해로운 질병(전염성 포함) 분석 및 관리규정(Hazard Analysis and Critical Control Point-HACCP)의 필요조건을 충족시켜야 하며 호텔 및 레스토랑등 관련 시설의 해로운 식음료 분석과 중요한 관리 법안에 맞아야 한다. 예를 들어 병원 또는 고급 레스토랑의 질병관리점검에 있어 병원 또는 업장과 식음료 공급업체와의 거리, 저장공간의 규모 및 식음료 재품의 유통기간은 중요한 평가기준이 된다.

어떤 형태의 회사라도 구매 관리에 있어 정해진 평균 이상의 만족할만한 수준에 도달하기 위해서는 확실한 구매 규칙과 관리 시스템이 있어야 한다.

구매는 따로 독립된 행위가 아니다. 당신이 무엇을, 어떻게, 언제 구매하는가에 따라 회사의 목적이 영향을 받게 된다. 추세는 변화되고, 그래서, 당신도 변화되어야 한다.

5가지 구매 전략을 사용하라. 당신은 다음과 같은 것을 구매하기를 원한다.

1. 올바른 제품
2. 올바른 품질
3. 적절한 가격
4. 적절한 시간
5. 올바른 업체선정

당신의 계획을 종이에 적고 그것을 다른 스태프들이 늘 읽도록 보관해둬라. 누구라도 다른 사람의 역할을 대행할 수 있어야한다.

공급업체 선택

글로벌 시장에서 경쟁력 있는 가격을 가진 공급업체의 선택은 주의 깊게 고려되어야 한다. 새로운 공급업체를 찾는 것은 주의가 필요하고 세부적인 고려사항들의 검토가 이뤄져야 한다. 기본적으로 규모가 큰 호텔 또는 업장들은 공급업체가 실제 존재하는지, 운영을 지속적으로 해왔는지 등의 신용확인 절차를 정기적으로 확인해야 한다.

1. 회사의 모든 내용과 그들이 판매하는 품목
2. 최근 가격 리스트 사본
3. 교환 및 거래 규정에 대한 상세한 내용
4. 다른 고객들과의 거래 내역
5. 제품 샘플

식음료 구매시 공급업체 사전방문은 반드시 시행되어야 하며 이때 회사의 크기, 판매제품의 종류와 품질, 물품의 준비부터 발주까지의 모든 진행과정과 저장소의 크기, 적절한 관리 팀이 있는지, 운송 시스템 등을 사전에 볼 수 있도록 공급업체에 요청해야한다. 마지막으로 확인된 모든 부분은 조직의 위험분석과 중요 관리 점(HACCP: Hazard Analysis and Critical Control Point) 조치로서 기록되어야 한다.

선택된 공급업체들은 승인된 공급업체 목록에 집어넣고 정기적으로 그들의 역할을 평가해야 하며, 일반적으로 이것은 가격, 품질, 운송 관련 사항을 포함한다.

가격과 품질 유지능력

구매에 있어 제품에 대한 가격 책정은 큰 의미를 가진다. 소비자가 지불하는 금액만큼의 가치를 물건이 가지고 있는가에 대한 부분은 구매결정에 있어 핵심적 역할을 담당한다. 현대사회에 존재하는 모든 비즈니스에 있어 필요한 것은 공급의 지속성과 공급업체와의 관계를 유지하는 것으로 이는 물건가격에서 몇 원을 아끼는 것보다 중요한 것이다.

가장 저렴한 품목이 최고의 구매가 되는 것은 아니다. 저렴한 품목은 품질이 떨어질 수가 있고 구매 사양에 맞지 않을 수 있다. 예를 들어, 비도덕적인 환경에서 생산되었거나 유전학적 변이로 급조된 제품일 수 있다.

배달 능력

배송 횟수와 구매자와의 배송 날짜를 협의하고 그것을 구매자에게 배송하는 것은 공급업체들의 능력을 의미한다. 정확한 배송은 제품이 필요할 때 배송되고 관련 부서 직원들이 질적 양적으로 만족하는 것을 의미한다. 식음료의 배송은 1995 식품 안전 법안 - 온도규제 관리(Food Safety Act 1995 temperature controls and falls under the establishment's record of HACCP)아래 규제되어야 한다.

구매촉진

앞선 페이지에서 다루어진 복잡한 구매 행위를 간단하게 정리 하고자한다.

그러나 구매자들은 두 가지 주요한 문제를 계속 직면하게 될 것이다.

그것들은:

1. 모든 시장의 추세를 잘 대응해야 한다.
2. 모든 제품 가격을 잘 알아야 하는 것은 매우 중요하며 이는, 식음료 구매 시 구매자와 공급업자가 효율적으로 협상할 수 있기 때문이다.

이런 어려움을 줄이기 위해, 구매자들은 그들을 도와줄 일반적인 정보 서비스가 무엇인지 인식하고 있어야 하며 이런 도움들은 6가지 제목 아래 세부 그룹화된다.

1. 무역 공급 언론(The supply trade press) 무역 저널들은 일주일 단위로 발행되고 대부분의 구매된 물품들이 다뤄진다. 그들은 가치 있는 현재의 모든 정보와 미래 추세를 나타낸다.
2. 물품 무역 단체들(The commodity trade organizations) 이런 단체들은 즉시 특정 물품에 대한 식음료 공급자에게 정보를 제공할 것이다. 그것은, 활용 가능한 형태와, 그것들이 어떻게 저장되야 하는지 그리고 지역과 전국적인 공급업체 목록들이 포함된다.
3. 공급업체 언론(The catering trade press) 이 신문과 저널들은 물품 목록 뉴스와 현재와 미래 가격 정보를 포함한다.
4. 전국적 언론(The national press) 국가 내 대표적인 신문들은 물품 시장에 관한 내용을 발행한다.
5. 정부 간행물(Government publications) 이것들은 전국의 식품 반응, 특정 물품과 현재 식품 규제에 대한 정보들을 제공한다.
6. 공표된 가격(Published price indexes) 이것들은 정부 단체, 소비자 단체, 그리고 무역 저널에 의해서 만들어지고, 이런 인덱스들은 큰 단체의 물품에서부터 그것들에 대한 정기적인 가격을 포함한다. 이것은 일반적이고 특별한 가격 트렌드 정보와 최근의 물품에 대한 지불 가격 비교도 제공한다.

식자재 구매

식품을 구매할 때 공급업체가 정한 물품 가격이 정확한지 검토할 필요가 있다. 정확한 순수 가격 확인을 위해 견적 가와 요청 할 수 있는 할인율을 별도로 보아야 하며, 물품 저장 비용(이것은 대량의 제품을 특정 가격에 구매할 때 관련이 있고 안전 문제도 포함된다); 그리고 생산 비용도 포함해야 한다. 정확한 비용 계산은 더 저렴한 가격으로 구매할 수 있는 기회를 주거나 장기적으로도 저렴하게 구매할 수 있게 한다.

식품 구매에 사용될 수 있는 7가지 주요한 구매 방법이 있다. 특정 방법 선택은 시설 위치, 사업의 형태 및 규모, 구매력과 구매된 식품 형태에 달려있다. 구매자들은 사용될 구매 방법이 무엇인지 그리고 구매 가격의 협상을 위해 필요한 정보를 어떻게 결정한 것인지에 대한 정확한 수치를 가지는 것이 중요하다.

계약 또는 입찰에 의한 구매

계약 또는 입찰에 의한 구매들은 특수하게 대규모 식음료 제공운영과 관련이 있는데, 이것은 예를 들어, 윔블던 경기장에 대량으로 필요한 딸기구매를 예로 들 수 있다. 이러한 대규모 단위의 구매에 있어 일반적으로 2가지 형태의 계약서가 사용된다. 구매기업 또는 회사는 무역관련 신문 및 저널에 공고를 하게 되며 공급을 희망하는 업체들은 심사를 통해 선정될 경우 구 회사가 정한 기간 동안 물품을 납부하게 된다.

1. 일정 기간 계약형태 공급 업체와 명시된 기간 동안 제품 가격을 정하는 것이 목표인 일정 기간 계약 형태로 통상 3~개월을 기준으로 정한다. 계약을 통해 양측은 근로 임금, 구매단가, 최소단위 주문량 등의 구매 관련 사항에 있어 추가 협의 없이 일정기간 동안 구매가 이루워질수 있도록 협의 시간을 줄일 수 있다. 또한 구매회사 입장에서 본다면 계약된 기간 동안 구매단가의 변동이 없는 만큼 예산 집행, 판매가격 책정을 도와줄 수 있는 장점을 가지고 있으며, 목록에 대한 가격은 특정 기간 안에 사전에 정해질 것이다. 우유, 크림, 빵과 같은 고정된 가격을 가지고 있는 품목은 이런 방법으로 계약될 수 있다.
2. 일정 수량 계약형태 양적 계약은 특정 거래 기간 동안 협의된 가격으로 필요한 물품의 양을 지속적으로 공급하는 것을 목표로 한다. 여름철 또는 연회에 자주 쓰이는 얼린 과일과 야채 등의 구매가 대표적 예로 들 수 있

겠다. 특히 기후에 민감한 농작물의 경우 시장 가격이 급격히 상승되는 등의 변수가 발생 할수 있으므로 대량판매가 이루어지는 업장들에게 유용한 계약형태로 볼 수 있다.

모든 계약이 그렇듯이 회사 간의 계약은 법적인 문서에 근거하는 만큼, 계약 조항들은 회사 책임자 및 변호사와의 토의를 통해 준비되어야 한다.

현금에 의한 구매와 운송

이런 방법은 특히 구매를 대량으로 하지 않는 중소 업체에 맞는 것으로 도매업자와 식품 제조업자로부터 정기적인 배달을 얻는 것이다. '현금에 의한 구매와 운송' 식품 판매업체들은 대부분 모든 지역에 있으며 대형 수퍼마켓 운영과 비슷하다. '현금에 의한 구매와 운송' 저장소는 단지 거래처에게만 거래를 허가한다. 이러한 식품판매 업체는 소량의 물품을 구입하는 거래처를 위해 적절한 가격으로 판매한다. 소매 수퍼마켓 또는 수퍼스토어 등의 이름으로 불리기도 하며 최근에는 24시간 운영을 하고 있기도 하다.

'현금에 의한 구매와 운송 또는 소매 수퍼마켓에서 구매하는 특별한 장점은 다음과 같다;

1. 이런 저장소들은 식음료 제공 시설과 가까이 있어야 하며 운영시간은 일반 도매상들 보다 길어야 한다.
2. 소량 또는 대량은 경쟁력 있는 가격으로 구매되어야 한다.
3. 고객들은 구매하는 것이 무엇인지 직접 볼 수 있고, 또한 특정 식품 회사의 제품을 직접 볼수 있으며, 그것들을 맛볼 수 있다.
4. 고객들은 그들이 원하는 만큼 소매 판매업체를 사용할 수 있고 재고 수준을 맞출 수 있다. 또한, 판매량이 갑작스럽게 증가될 경우 식자재 구매를 수월하게 할 수 있다.

반면, 두가지 단점이 있다.

1. 구매자는 저장소로부터 물품을 적재하고 운송하기 위해 자사 직원을 동

원해야 한다.

2. 구매자는 그들이 구매하고자하는 물품을 현금으로 지불해야 한다.

예약에 의한 구매

이 방법은 메뉴에 대한 물품의 공급 지속성을 확신할 때 사용되며, 그것은 특히 레스토랑에서 필요한 방법이다. 큰 식음료 제공업체들은 하나 또는 그룹으로 이루어진 공급업체로부터 제품 전체를 구매할 수 있다. 이 방법에 의해 구매된 제품들은 과일, 야채, 빵 호밀 등을 예로 들 수 있겠다. 이것을 성공적으로 교환하기 위해서는 양측이 공정해야 하며 신뢰성 있는 관계를 구축해야 한다.

전체 공급

이 방법은 몇몇 주요 대규모 공급업체에서 제공되는 것으로 식음료 관련 판매업장에서 필요한 모든 물품을 제공하는 것이 특징이다. 구매업장은 업장 운영에 필요한 모든 물품구매와 관련하여 하나의 공급업체와 협상할 수 있다는 장점이 있다. 이러한 형태의 구매방식은 불필요한 서류업무를 줄여주고 분산될 수 있는 다양한 품목의 배송횟수를 줄여줄수 있다. 단점으로는 한 업체가 가격을 높게 책정할 수 있다는 것으로 알려져 있다. 전체 공급 구매방식은 일반 기업에서는 잘 사용되지 않으며 일반적으로 특수목적에 의해 이용된다. 영국의 British Army를 대표적인 예로 들 수 있는데 작전을 위해 적국 또는 작전이 진행 중인 국가에 주둔중인 영국 군인들을 위한 식음료 배송의 경우 전체 공급 방식을 사용한다.

식품 사양에 따른 구매

구매 사양은 특정 품목의 품질의 크기, 무게에 대한 정확한 묘사를 뜻한다. 해당 물품의 목록과 사양은 구매하는 회사나 업장의 경영 팀에 의해서 결정되어야 한다. (구매 담당자, 헤드 셰프와 식품과 음료 담당자). 관련 멤버들은 식품 사양을 계속해서 기록하고 모든 공급업체들에게 이것을 보내야 한다.

사양을 준비하는 이유들은 다음과 같다;

1. 표준화된 식자재는 주방에서 균일한 무게와 형태로 조리되어 상항 일정한 수준으로 고객에게 제공된다.
2. 정확히 필요한 사항에 대해 서면으로 공급업체들에게 알려줄 수 있으며, 이는 공급업체로 하여금 사전에 가격을 조정할 수 있는 시간적 여유를 주게 되므로 가격경쟁력을 가지게 된다.
3. 식자재의 적재와 저장을 담당하는 담당자에서 식자재의 사양을 알려줌으로서 물품 수령시 확인이 수월하다.
4. 생산에 있어서 일어날 수 있는 차이점, 크기, 무게, 품질, 양과 같은 것들을 관련 담당자들에게 알려줌으로서 차이에 대한 인식을 확실히 전달할 수 있다.

상세한 식자재의 사양이 기록, 주문되어 구매된다 하더라도 식자재의 품질은 보증이 안 될 수도 있다. 예를 들어, 주문된 식자재가 크기와 무게는 사전 요청된 사양에 부합된다 하더라도 방사선이나 또는 유전학적 조작을 거쳐 단기간 내에 성장해버린 제품이라면 사양 확인이 가능하겠는가? 영국의 식자재 규제는 Food Standard Agency 에 의해서 관리된다. FSA 는 특정한 식자재의 사양에 대해 정해놓은 지침은 없으나 식품안전을 위해 European Community and UK Regulations 에 따른 안전지침을 가지고 있으며 특히 과일의 등급, 생산지에 따른 야채 분류, 도살된 육류의 등급, 방사선을 통한 생산 그리고 유전자 조작을 통한 재배 등에 대한 세부적 가이드라인을 가지고 있다. 식자재 사양에 따른 구매에는 도덕적인 부분도 포함된다. 저개발국가의 농장에서 재배된 식자재의 공정거래나 친환경 작물, 가두지 않고 농장에서 방목 사육한 닭고기 등을 예로들 수 있겠다. 선진사회일수록 이러한 사회적 문제에 관심이 있는 소비자가 많으므로 식음료 업장들은 메뉴에 이러한 부분들을 표기함으로서 차별화된 마케팅전략을 세울 수도 있을 것이다.

활동 1

종이에 구매하고 싶은 또는 평상시 즐겨 구매하는 육류, 어류, 유가공 식자재 리스트를 작성해보자. 특정회사의 브랜드는 사용하지 않도록 하며, 구매를 희망하는 식자재의 사양을 만들어보자. 완성하였다면 옆 사람과 종이를 바꿔서 읽어보자. 과연 당신은 종이에 적혀있는 식자재의 사양에 따라 구매를 하겠는가? 본인 생각에 종이에 쓰여 있는 식자재 사양은 적절한가?

음료의 구매

알콜 및 무알콜 음료의 구매는 식음료 재료를 구매하는 것과 마찬가지로 최대한의 경쟁력 있는 가격으로 더 나은 품질의 음료를 구매하는 것을 목표로 한다. 음료수는 종종 식자재 보다 더 수익성이 있고, 식자재에 비해 더 적은 숫자의 서비스 인원이 필요하다. 따라서 적절한 인원의 배치와 구매를 통한 수익의 증대를 생각할 수 있다. 기본적이나 항상 흥미로운 사실은 브랜드다. 음료를 구매할 때 항상 염두에 둬야 할 것은 브랜드가 있는 제품들이 항상 소비자의 관심을 끈다는 것이다.

다음과 같은 사항들은 음료를 구매할 때 염두에 두어야 할 것들이다.

1. 공급 업체가 더 적고 더 자주 제한적이라는 것
2. 품질이나 높은 가치(고가의 와인이나 꼬냑 등)가 있는 음료의 경우 저장고의 크기, 음료의 가치/구매비용 그리고 안전을 위한 보안시스템은 중요한 고려사항이다. 특히 와인의 경우 만약 상당한 기간 동안 보유하기를 원한다면 적절한 와인 저장 창고가 필요할 것이다.
3. 구매에 있어서 무료 조언과 무상 지원은 와인과 알코올음료(Spirit) 협회에 의해서 제공되며 이것은 특히 좋은 와인 리스트를 세팅하고 유지하는데 있어서 도움이 된다.
4. 음료의 구매에 있어 질적인 요소들을 인식하고 평가하기 위해서는 특수한 훈련이 필요하다. 또한 소비자들은 와인이 서비스 될 때 직원들로부터 이 제품에 대한 지식을 얻기를 기대한다. 따라서 직원들의 와인에 대한 전문지식 습득을 위하여 일 년에 몇 차례 맛보는 시음회를 가질 필요가 있으며 이러한 시음회는 대부분 와인 공급업체로부터 제공 받을 수 있다.
5. 식재료와 달리 음료의 경우 가격을 책정하고 재고를 관리하는데 있어 보편화된 표준화 방식이 적은 만큼 재고관리 및 구매과정에 있어 각별한 주의가 필요하다
6. 식재료와 달리 음료의 경우 제품의 품질에 대한 규격기준이 명확하다. 예를 들어 미네랄, 음료와 같은 많은 품목들은 몇 년간 변하지 않는 표준이 있고, 와인의 경우 특정 기간 동안 숙성되었거나, 특정한 해에 생산된 와인은 세계적으로 잘 알려진 생산업체로부터 생산되므로 구매 시 업체의 선정

과 식별이 용이하다. 반대로 식자재의 경우 여러 가지 등급과 활용 가능한 품목 범위가 있으며 심지어 어떠한 식자재는 구매 기준에 있어 등급이 불분명한 경우도 많다. 게다가, 식음료 품목들은 자연 상태 그대로나, 급냉동 기법으로 살짝 얼린 상태, 완전 동결된 상태, 그리고 통조림으로 된 것과 같이 다른 형태로 판매가 가능하므로 음료에 비해 다양성을 가지고 있다.

7. 알코올음료의 가격은 식음료 가격만큼 변동이 심하지는 않다.

와인 리스트에서 선택된 음료는 레스토랑이나 와인 바의 운영 스타일에 맞아야 하며 소비자의 기대를 충족시켜야 한다. 그것은 식음료 메뉴와 조화를 이루어야 하며 지속적으로 구매할 수 있어야 하고 경쟁력 있는 가격으로 구매가 가능해야 한다. 하우스 와인으로 선택된 와인에 대한 공급의 지속성은 업장에서 판매중인 와인 리스트에 첨가되기 전에 확정되어야 한다. 특수하거나 저가의 와인은 와인 이벤트적 성향을 가지고 있는 만큼 고객에게 다양성과 관심도를 제공할 수 있다. 주의해야 할 것은 그들은 짧은 기간 동안만 공급이 되기 때문에 저평가로 오인될 수 있는 할인이나 기타 가격인하 행사를 해서는 안 된다.

와인 배송회사

와인 배송회사들은 단어 그대로 와인 생산지에서 와인을 구매하고 그것은 구매 희망하는 지역으로 배송하는 회사이다. 일반적으로 배송회사들은 특정 지역에서 생산된 와인에만 관심이 있는데 이것은 판매될 제품의 범위가 제한적이라는 것을 의미한다. 이 문제를 더 언급하자면, 배송업자들은 권위 있는 단체나 또는 규모가 큰 회사 이외에 일반 소비자들을 상대로 판매하는 것을 원하지 않는 성향을 가지고 있다. 와인 배송회사들의 제품들은 대개 와인과 음료 도매업자로부터 구매가 된다.

도매회사

이것들은 대개 큰 술 양조 회사 또는 독립적인 와인 회사들의 계열 와인 회사들이다. 술 양조 회사들은 그들만의 라벨을 붙인 제품을 판매하며 이는 회사가 판매하는 상품군 중 주력상품이라는 의미로 해석될 수도 있다. 도매회사들은 모든 음료수 종류의 광범위한 범위를 제공할 뿐만 아니라 레스토랑이나 식음료 제공 업장들에 정규적인 배송 서비스도 제공한다. 게다가 그들은 식음료 공급업자들에게 바와 레스토랑 판매 모두에 대해 할인 또는 프로모션을 포함한 내용으로 종종 지원한다. 음료 공급 산업이 매우 경쟁적이기 때문에, 도매업자들은 마케팅 및 선별적인 소비자 시장 점유를 목적으로 지속적인 프로모션 프로그램을 구매업체에 제공한다.

현금구매와 배송

이 구매방식에 대해서는 앞선 장에서 설명된바 있다. 현금구매를 원칙으로 하는 소규모 구매방식에 적합한 소규모 도매상의 경우 매우 제한적인 증류주, 와인, 맥주를 제공한다. 매우 경쟁력 있는 가격으로 제공하지만 그 외 다른 서비스는 없다. 이러한 방식은 식음료업장 운영에 있어 예상치 못한 긴급 상황이 발생하였거나 판매가 자체를 크게 낮춰서 제공하는 프로모션이 제공될 때 요긴하게 사용된다.

경매

이것은 일반적으로 와인을 판매할 때만 사용되는 제한적인 구매 방법이다. 그것은 소규모로 와인을 제조하는 일반 농가 또는 호텔이나 식음료 공급 시설로부터 소량의 와인을 저가로 구매하는데 유용한 방법이다. 이러한 이례적인 소규모 와인 구매 역시 업장의 와인 리스트 에 포함시킬 수 있다.

음료구매사양

일반적으로 음료의 판매와 구매는 제품의 상표와 상호에 많은 영향을 받으며 각 음료제품들은 모두 일정한 표준 품질과 판매량을 가지고 있다. 와인에 대한 사양 또한 빈티지의 세부사항과 생산지 도매 운송회사, 성분 내용 등으로 세부 분류하는데 프랑스 포도 품종으로 나누어지는 와인의 다양성은 사양에서 제외된다.

음료구매에 있어 가장 어려운 점은 제품의 품질과 일관성 그리고 양적 부분이 일정하지 않다는 것이다. 다시 말해 이러한 부분들이 실재적으로 제품의 가치를 측정하는 척도가 되며 저가 또는 고가 음료의 구매 비용은 이러한 요소들이 확인되고 인식되었을 때 거기에 맞게 책정된다. 따라서 음료 공급 회사들은 수량 할인과 프로모션에 대해 상당한 예산을 투자하고 구매회사들은 이러한 프로모션을 예의주시하게 된다.

식음료 수령

많은 식음료 서비스 업장에서 식음료 물품의 수령은 매우 중요한 것이라고 인식되지 않는 경우가 많으며, 따라서 일반적으로 매우 적은 인원을 배치하는 경우가 많다. 그러나 식음료 물품의 수령이 효율적으로 운영되지 않는다면 그것은 식음료 관리 시스템에서 취약한 연결고리가 될 수 있으며 결과적으로 나머지 관리 시스템에서 더 큰 취약점으로 나타날 수 있다. 이러한 물품수령의 문제는 조직의 HACCP(Hazard Analysis and Critical Control Point) 규제에 따라 제기될 수 있다.

모든 제품이 재무적인 가치가 있기에 제품에서 이런 가치를 정확하고 적절하게 고려되어지고 받아들여지는 지 확인하는 것이 필요하다. 많은 음료 제품들은 판매 가치가 일회성이 아닌 만큼 음료저장시설의 온도가 매주 중요하다. 따라서 모든 음료판매 업장의 주요 목적은 다음과 같다.

1. 수량에 맞게 배송되는 제품들을 주문해야하며, 수령 시 제품들이 무게가 책정되거나 세어져야 한다.
2. 배송된 제품의 품질은 사전에 요청된 사양에 따라 정해진다.
3. 견적된 가격과 일치하여야 한다.
4. 물품 수령시 음료의 양이나 품질이 주문과 다를 경우 또는 주문된 물품의 항목이 제외되고 도착하였을 경우 운송을 담당한 책임자(운전자)의 확인 동의서를 받아야 하며 가장 빠른 시간 내에 물품이 쓰이게 될 부서 책임자에게 연락을 취해야 한다.

5. 정확한 기록은 운송 기록부에 기록되어야 하며, 온도와 패키지 상태를 포함한 상세한 배송 기록을 포함해야 한다.
6. 제품들은 깨끗한 저장 컨테이너로 옮겨져야 하는데, 예를 들어, 고기는 냉장고에 옮기기전에 오염을 방지하게 위해 감싸고 있는 비닐 또는 종기 포장를 제거하고 뚜껑이나 밀봉이 가능한 깨끗한 컨테이너로 저장되어야 한다.

대형 업장의 운영에 있어서, 창고를 만드는 것은 필요하다. 주문된 식음료 물품을 수령/적재 하는 부서에서 채용된 인원들은 믿을 수 있는 성품과 자질을 가지고 있어야 하며 정확한 과정에서 철저한 훈련을 받아야만 한다. 이들은 물품의 수령부터 적재까지 모든 과정을 정확하게 숙지하고 있어야 하며 주문한 내용과 배송된 물품이 질적, 양적으로 모두 부합하는지 점검할 수 있는 능력 또 한 가지고 있어야 한다. 이들은 또한 물품을 공급하는 회사에 요청하여 물품 수령 및 적재를 위해 사전에 협의된 시간에 물품이 도착할 수 있도록 요청하여야 한다. 물품 수령 및 적재 관련 부서는 전담팀을 구성하여 주기적으로 물품창고를 검사하여 사내 절도 및 파손, 유통기간 초과 등 발생 할수 있는 사고를 방지해야한다.

고단가 식자재

대부분의 식음료 업장에서 고기 또는 햄, 구어진 연어와 같은 가공된 고기와 생선은 높은 가격에 구매가 이루어진다. 이런 높은 구매비용 때문에 이 품목의 특정 관리 형태를 준비하는 상세한 점검 시스템을 운영하는 것이 일반적이다.

고가의 식자재에 부착하는 바코드는 여러 가지 기능을 수행한다.

1. 고가의 식자재 관리를 지원한다.
2. 각 품목을 기록하고 배송 기록을 확인한다.
3. 그것은 더 정확한 당일 식자재 비용 퍼센트를 확인하는데 도움이 된다.
4. 고가의 식자재 품목에 있어 제고 수준을 관리하는데 도움을 준다.

모든 품목에 부착된 바코드 운영은 다음과 같다.

1. 물품에 부착된 바코드를 인식함으로서 컴퓨터 시스템에서 다양한 정보 확인이 가능하다
2. 바코드 인슥을 통해 품목 별 주문/재고 품목/구매 필요 확인이 가능하다.
3. 회사에 따라 다른 양식으로 인식될수 있는 킬로그램 또는 인분등의 척도를 바코드 인식을 통해 EPOS 제어 시스템으로 확인 가능하다.
4. 이 시스템은 회계 부서, 셰프, 또는 바 매니저에 의해서 접근이 가능해야 한다.
5. 판매는 전자주문시스템(EPOS-Electronic Point Of Sale)이 적절하게 보유하고 있는 재고를 줄일때 까지 지속된다.
6. 좀더 발달된 전자주문시스템(EPOS-Electronic Point Of Sale)은 새로운 주문의 필요를 알려줄 수도 있고 또는 공급업자에게 직접 주문을 넣을 수도 있다.

식음료 저장 및 불출

식자재 창고에서의 주요 목적은 식음료 서비스 업장의 즉각적인 필요에 대해 식음료의 적절한 공급이 항상 활용가능하게 하는데 있다. 식음료 저장은 위험 분석과 중요 관리 점(HACCP: Hazard Analysis and Critical Control Point) 규제와 같은 위생법에 따라 이루워 지는데 저장 관리의 기본 목적은 절도, 도난, 부패 때문에 제품이 상하는 것을 방지하는 것이다.

수령 부서에서 식자재를 수령할때 부패할 수 있는 것과 부패할 수 없는 품목으로 범주화된다.

부패할 수 있는 식음료는 바로 주방으로 보내서 냉장고에 보관되어야 한다. 부패할 수 있는 식음료는 주방에 보내져 냉장창고에 보관되어져야 하며 보통 1~3일 이내에 사용되어야 하다. 고기, 생선, 과일, 야채, 얼려진 식자재들은 각기 서로 다르게 보관되어져야 한다. 실제로 더 작은 시설에서 특정 식자재 품목의 저장을 함께할 수 있지만 각기 보관 온도가 다른만큼 부패 가능성이 없는지를 확인해야 하고 저장소 온도가 적절한지도 확인해야 한다. 부패하지 않는 품목들은(통조림으로 된 식음료) 식음료 창고로 보내지는 데, 그곳

에서 손상이 없는지를 체크하게 된다. 식음료 창고에 대한 설계는 회사마다 다를수 수 있지만 사용이 용이하여야 하며 전자 재고 조사가 가능해야한다.

식자재 불출

업장마다 차이는 있으나 보통 근무 시간중 정해진 시간에 이루어지며 예를 들어, 총주방장또는 레스토랑 매니저와 같은 권한이 있는 사람이 불출 청구서에 사인을 하는 것으로 진행된다. 불출되어 사용되는 식자재 물품은 구매된 가격을 기준으로 가격을 책정하며 설령 할인 받은 금액이 있다하더라도 할인율을 적용하지 않고 '구매된 가격'으로 적용시켜야 한다. 부패하지 않는 식자재의 경우 언급된 가격책정 방법은 더욱 용이하게 쓰일 수 있다. 부패하기 쉬운 식자재의 경우 보통 공급자의 청구서를 확인 후에 가격을 책정한다. 불출은 식자재제품이 불출될 때 바코드 또는 차트로부터 코드를 인식하는 전자 시스템으로도 이루어진다.

식음료의 재고 검사

재고 검사의 중요 목적은 다음과 같다.

1. 제품의 가치를 결정하는 것. 이것은 너무 많거나 너무 적은 식자재가 재고로 있는지 검사하거나 재고에 대한 전체 가치를 업장의 재정적 조치에 따르는 것이다. 재고에서 발생된 식자재의 총 가치 또한 수익성이 필요하고 재무 재표가 필요하므로 조직의 회계 부서에서 이뤄진다.
2. 특정 기간에 업장에서 제품의 가치와 재고 가치를 비교하는 것은 다음과 같은 공식으로 결정된다.

   창고 불출시 재고 가치 + 저장 기간 동안의 구매가치 − 저장 기간동안의 청구
   = 창고 마감 시 가치

   이것은 운영에서 재고 제어 시스템의 효율성을 가리키고 차이가 나는 점을 강조할 것이다.
3. 수요가 없는 식자재 품목 목록을 구성. 이것은 구매 담당자와 총주방장

등의 관심을 가져온다. 수요가 없는 재고 품목은 마지막 재고 검사이래로 검사되어야 한다. 이 품목들은 도매업자에게 반환되기 전에 판매 가능한 메뉴로 구성하여 판매해본다.

4. 식음료 사용량과 판매를 비교하기 위해, 식음료 퍼센트와 총수익을 계산
5. 손해와 도난에 대한 억제
6. 여러 종류의 식자재 품목을 위해 재고율을 결정하는 것. 이것은 다음과 같은 공식에 의해 결정된다.

$$\frac{\text{소비된 식음료 비용}}{\text{구매 가격에서 평균 재고 가치}} = \text{주어진 기간에 회수될 수 있는 재고율}$$

예를 들어, 28일 동안 소비된 식음료의 비용은 3.000파운드. 1일째 창고 불출시 재고는 800이였고 28일째 마감된 창고 재고품은 700파운드.

이것은 28일 동안 재고회전율이 총 네 번 이뤄진 것이고 한주 재고의 평균은 그 기간동안 이뤄진다.

재고회전의 변환율은 배송 횟수, 일회용품, 활용가능한 창고 사이즈, 그리고 업장이 재고를 위해 얼마만큼의 재정상태를 준비하였는지에 달려있다.

한달동안 전형적인 재고 전환 숫자는 적어도 상할 수 있는 품목에 대해 20일(예를 들어 한달동안 대부분의 날짜에 운송이 발생했다면) 그리고 부패하지 않는 품목에 대해서는 4일 (예를 들어, 일주일에 한번 배송)이다.

재고품 검사는 표준화된 포맷으로 인쇄되어져야 한며 때때로 저장 창고의 내부 모양을 그대로 출력하여 검사양식으로 쓰기도 한다. 이는 창고 내부의 모양을 따라 물품을 확인함으로서 물품을 놓치는 일을 방지하기 위함이다. 재고 검사는 늘 정기적으로 이뤄져야 하며 하나의 물품도 빠뜨리는 일이 없도록 해야 한다. 큰 조직에서는 재고 검사는 바코드 시스템 또는 코드 입력을 통해 전자적으로 이뤄질 수 있다. 전자 시스템은 신속하게 이뤄질 수 있고 노동비용도 줄일 수 있는데, 이것은 자동적으로 재고 품목과 총 재고 보유로 가치를 계산할 수 있다.

재고 검사는 일반적으로 매달, 매 4주마다 이뤄지지만, 문제가 있다면 더 자주 이뤄질 수 있다. 이상적으로 재고 검사는 거래 기간 말에 이뤄져야 하며 다음 거래 기간 운영 시작 전에 이뤄져야 하고, 일반적으로 늦은 저녁 또는 이른

아침에 이뤄진다. 연말에 이뤄지는 재고 이월은 더 자세하게 이뤄지고 거래 기간 동안에 더 많은 인원들이 포함된다. 전문적인 재고 파악 전문가는 연말에 주로 활동한다.

음료 수령

음료 수령의 목적은 식자재 수령 목적과 유사하지만, 음료 구매 가치가 높아지고 손실 가능성이 크기 때문에, 음료 수령에 더 큰 관심을 두는 것이 중요하다.

주요 목적은 식음료 배송과 동일하나 그 외..

1. 상자와 케이스는 개봉하여 비워져있거나, 분실되었거나 깨진 병음료를 확인해야 한다
2. 재활용이 가능한 모든 병 또는 용기들의 배송과 회수는 모두 기록되어야 한다.
3. 음료 배송에 있어 저장 공간이 충분한지를 파악한 후 공급업체와의 협의를 거쳐 날짜를 정하는 것이 좋다.

음료 저장과 불출

음료수가 수령되고 확인된 후에 적절하고 안전한 장소에 저장되어야 한다. 큰 조직에서 음료의 저장은 다음과 같은 5가지 분야로 나눠진다.

1. 화씨 55~60도(섭씨 13~16도정도)에서 증류주와 레드 와인을 저장할 장소가 있어야 한다. 이 장소는 일반적인 제품과 다양한 바에서 쓰이는 음료 그리고 대형 맥주 저장용기도 보관한다
2. 화이트 와인와 스파클링 와인 저장을 위한 화씨 50도(섭씨 10도)의 저장소가 필요하다.
3. 화씨 43도~47도(섭씨 6도~8도)의 저장소도 필요하다. 이것은 대형 맥주 저장 용기를 보관할 때 필요하며, 만약 전환이 느려진다면 화씨 55도에

서~60(섭씨 13~16도정도)도 저장소가 필요하다

4. 맥주 병과 소프트 드링크 저장을 위해 화씨 55(섭씨 13도 정도)도 저장소가 필요하다
5. 위의 것들로부터 빈 병과 빈 캔등을 저장할 수 있는 장소가 필요하다. 이 장소는 음료 저장소로 회수해야 하기 때문에 매우 타이트하게 관리되어야 한다.

물품은 지하저장고에서 개봉하고 정확하게 표준화된 코드를 표기하여 같은 선반 또는 선단에 저장된다. 표준 병 코드/와인 숙성 통 리스트를 준비하는 목적은 병 사이즈의 혼란, 다른 브랜드 명의 혼동을 예방하고 음료 관리에 대한 적절한 구분 점을 만들기 위해서 이다.

현재 식음료와 음료의 주요 운영은 빈 시스템의 설치가 비교적 직접적인 전자주문시스템(EPOS-Electronic Point Of Sale) 시스템을 사용한다는 것이다. 각각의 제품은 측정 가능한 것과 부과된 가격을 인식하는 판매 시스템으로 암호화된다. 이것은 현재 재고 수준에 대한 관리를 알려주는 재고 관리 시스템과 연결될 수 있고, 물리적으로 필요하다면 체크가 될 수 있다.

- **저장소 기록** 만약 저장소에 있는 재고 가치가 높다면 그것은 거의 전자 기록 시스템을 통해 특별히 관리 될 것이다. 그러나 이러한 상황은 일상적으로 보관되는 저장 기록에 대한 관리는 아니다.
- **저장소 내부 기록 책** 이것은 저장소로 들어오는 모든 음료의 품목별 입고와 출고에 대한 정확한 기록을 제공한다. 필요할 때마다 식음료와 음료 관리 및 회계 부서에서 벌어지는 지속적인 음료 재고 조사에 확인을 하기 위해 쓰이는 유용한 검사라고 할 수 있다.
- **저장소 카드** 이것들은 재고품에서 각각의 음료에 대해 제공되는 것이고 모든 배송과 입/출고를 기록한다. 카드는 각 음료수가 나열되어 있는 선반 또는 선단에 고정한다.
- **저장소 관리 책** 이것은 저장소에서 매일 일어나는 배송 기록과 저장소로부터 많이 운반되는 음료의 목록도 제공한다. 저장소 카드에 있는 목록을 상호 체크 하고 다양한 전자주문시스템(EPOS-Electronic Point Of

Sale) 판매와 재고 관리 시스템도 상호 검사가 이뤄진다.

- 손실량과 파손 이것은 식음료 부서나 바와 같이 식음료의 손실 및 파손에 대한 모든 것을 기록해야 한다. 모든 손실 및 파손 기록을 자주 하는 것은 개선할 수 있는 기회를 준다.
- 내용물이 새어나오는 와인 병, 파손된 코르크가 있는 와인 병 등 과 같은 파손된 음료를 커버하는 데 사용된다. 이것은 공급업자에게 보내서 교체하도록 해야 한다. 음료 병의 파손은 대개 저장소와 바 직원들에 의해 잘못 다뤄지는 것이 한 요인일 수 도 있다.
- 비어 있는 것들 대용량 맥주 용기, 병맥주, 음료수 병 등과 같은 음료 컨테이너들의 빈 용기는 공급업체에서 회수하게 된다. 그러므로 이 비어 있는 것들은 공급업체들에게 보내져야 하고 상호간에 협의된 포인트로 적립되어야 하며 이러한 포인트는 차후 주문 시 쓰일 수 있다.
- 서비스 기록 책 이것은 주방으로 음료들의 불출를 기록하는 데 필요하고 회사 정책에 의해 직원들의 직책도 기록한다.

음료의 불출

일반적으로 음료들을 불출하는 것은 일일 근무시간 동안 정해진 시간에 이뤄지고 입증된 사람에 의해서 서명된 확인서가 필요하다. 재고품이 저장소로부터 판매가 이루어지는 부서 또는 업장으로 이동될 때 그것은 시스템에 따라 판매 데이터베이스에 입력된다. 알콜 음료 재고품의 이동에 대한 기록은 재고변화를 책임지는 담당자나 재고품 저장소에 접근할 수 있는 사람들이 있을 때 필요하다. 이런 상황에서 이동되는 물품에 대한 리스트 및 관련서류의 복사가 필요하며, 출납을 허가한 책임자와 사용하는 사람 모두가 관리를 해야 한다.

불출된 음료의 가격을 책정하는 데 있어 대개 두 가지 가격이 기록되는데 비용 가격, 즉 원가와 판매 가격이며, 이것은 식음료에 대한 가격책정과는 다르다.

비용 가격은 음료의 수령 및 적재, 불출을 책임지는 관리부서의 구매현황과

악을 위해 기록되며 동시에 회계부서의 거래 회계장부와 재무제표의 목적을 위해 기록된다. 판매 가격은 아래와 같은 기본 공식을 통해 판매 업장에서의 판매 가능성을 측정하는 데 목적을 둔다.

재고량 시작(저장고를 열어서 재고량을 파악한 시점) + 구매 −
재고량 종료(판매를 종료하고 저장고의 재고를 파악하는 시점) = 총 음료 소비량

총 음료 소비량 = 음료 매출

위의 공식을 통해 재고의 가치와 구매를 계산할 수 있다.

1. 비용 가격에서 사용과 실재 판매를 비교하고 수익률과 음료 총 수익을 확신하는 것
2. 판매 가격에서 판매 가능성과 실제 기록된 판매와 비교하기 위한 것

음료 판매수익은 판매된 모든 음료수의 높은 비율 또는 바의 카운터에서 만들어진 병의 판매와 같은 요인 때문에 판매 가능성 수치와는 다르기 때문에 유용하다.

음료수 재고량을 검사하는 것

재고품을 검사하는 주요 목적은 식음료로 판매 될 수 있는 지를 보는 것이지만 다음의 사항들을 파악하기 위함이기도 하다.

1. 도난을 방지하는 것
2. 재고파악을 통해 고가의 음료소비를 장려하여 재고율을 줄이는 것
3. 부패하기 쉬운 품목의 상태와 품질을 관리하는 것. 예, 리얼에일 맥주(Real Ale)

음료 재고품의 실제 판매로서의 전환은 식자재 재고 전환과 같은 방법으로 계산된다.

$$\frac{\text{사용된 음료 비용}}{\text{비용 가격에서의 재고 가치 평균}} = \text{저장품 전환 비율}$$

음료에 대한 저장품의 전환 비율은 사이즈와 양, 저장 장소, 위치, 그리고

와인의 저장을 투자의 형태로 판단하고 실제 부가가치 수익으로 연결할 수 있는지 여부에 따라 달라진다. 일반적으로 식자재에 대한 재고품의 전환 패턴과 유사하다. 사용량에 따른 저장 수준 또는 평균 저장률, 예측된 수요, 물품의 크기, 배송횟수 등은 재고율에 영향을 주는 요인들이다. 많은 식음료 서비스 업장들이 식음료 물품의 주문/수취를 주 단위로 하는 이유는 과도한 재고량과 불필요한 적재공간의 사용을 방지하기 위해서이다.

참고문헌

Briggs, R. (2000). *Food Purchasing and Preparation (paperback)*. London : Continuum Publishing .

Brown, D. R. (2005). *The Food Managers Guide to Creative Cost Cutting*. Ocala, Florida : Atlantic Publishing .

Davis, B. and Lockwood, A. (1994). *Food and Beverage Management – A Selection of Readings*. Oxford : Butterworth-Heinemann.

Feinstein, A. H. and Stefanelli, J. M. (2005). *Purchasing: Selection and Procurement for the Hospitality Industry*, 6th edn., Hoboken, NJ : John Wiley Inc.

Mintel, (2006). *Intelligence Report Champagne and Sparkling Wine March 2006* Mintel International Group Limited.

Stevens, J. (1987). *Measuring Purchasing Performance*. London : Business Books.

제 7 장

식음료 운영: 생산과 서비스

단원 소개

식음료 생산은 원자재를 통한 식음료 재료 준비와 관련된 식음료의 구매부터 고객에게 상품으로서 제공되는 모든 흐름 단계로 정의된다.

제품의 결과물은 고객들에게 서비스 되어질 수 있는 상태로, 식자재가 조리되어 서비스가 가능한 상태를 말하며, 요리는 서비스되기 전에 조리된 식음료를 차갑게 하거나, 또는 얼리는 것을 말한다.

음료 생산 또한 원자재 및 완제품으로의 준비를 말하는데, 일반적으로 고객이 바로 음료할 준비가 되지 않은 상태(Raw), 이미 어느 정도 준비가 된 상태(Semi-prepared), 그리고 즉시 음료가 가능한 상태(Prepared) 3가지 상태를 말할 수 있다. 예를 들어, 주문 전까지 준비가 되지 않은 상태로 있게 되는 차(Tea) 같은 원료 음료 생산은 부분적인 준비만 필요한 코디얼(Cordial) 차 정도의 준비 과정이나 후레쉬 주스 및 와인 병과 같은 완벽한 준비가 필요한 것까지 모든 절차가 포함된다. 최고의 서비스를 제공할 때, 식음료와 음료 생산의 구별은 항상 명확하지 않으며 제품 생산이 완료되고 서비스가 개시될 때는 그 경계가 더 규정하기 어렵다. 따라서 일정한 설명을 포함하는 것이 필요한데, 예를 들어 식음료 생산 방법을 묘사, 설명할 때 식음료를 서비스 하는 부분에 대한 언급을 함으로서 서비스와 생산과정을 따로 구별하지 않고 전체 총 식음료 공급 운영 안에 모두 포함해야 한다.

특정 식음료 공급 운영에 사용되는 식음료 및 음료 생산 방법의 결정은 첫 번째 계획 단계에 속하는 데, 이것은 예상된 식음료 서비스를 이용할 고객시장과 식음료를 생산하기 위한 공급 시설의 제공이 결정되는 단계이다. 식음료 서비스 시설의 첫 계획은 장기간의 운영을 성공적으로 이끄는 요인이며, 불필요한 비용의 낭비를 방지하기 위한 시간, 재정, 의무가 효율적으로 제공되어야만 가능하다. 기본적으로, 선택된 식음료 생산과 서비스 모델은 식품 위생 규정의 모든 필요조건을 충족하는 동시에 조직이 필요한 운영 형태에 맞아야 하며, 기본적인 부분으로서 어떠한 식음료와 음료를 만들 것이냐에 따라 뜨겁거나 차가운 식음료의 온도를 유지하는 부분 또한 신경써야할 부분이다. 현실적 측면에서 볼 때 주방이나 관련 기구의 설치에 앞서 매우 유용한 방법은 지역 보건 당국 관계자(영국의 경우 Environmental Health Officer)를 초대하여 검사하는 것이다. 최초 설비 단계에서 그들의 신임을 얻는 것은 앞으로 좋은 관계를 맺으면서 일을 할 수 있는 발판이 되며 또한 관련 법령의 변화, 규제에 대한 정보를 계속적으로 받아, 효과적으로 대처할 수 있게 된다.

단원 목표

이 단원을 읽고 나면 아래의 핵심 사항을 이해할 수 있어야 한다.

- 식음료 생산에 대한 많은 과정을 이해할 수 있게 된다.
- 현대 식품 안전 규제에 대한 규칙, 실용성, 복잡성을 이해할 수 있게 된다.
- 특정 업장 형태에 있어 정확한 식음료 생산 방법과 수익성을 이해를 할 수 있게 된다.
- 적절한 식음료 생산 방법과 그에 맞는 식음료 및 음료 서비스를 이해할 수 있게 된다.

위험 및 중요 관리 분석

위험 및 중요 관리 분석(HACCP)은 위험한 것들을 인식하고 관리하는 시스템적인 접근으로, 자연 상태를 기준으로 하여 미생물학적, 화학적, 물리적인지를 알아보는 것이다.

식음료 운영에 있어 동일한 많은 위험 요소들이 존재하나, 각 관련 시설은 특정 조직에 대해 잠재적인 위험 요소를 인식할 수 있는 분석을 하는 것이 필요하다. 지역 보건, 건강 당국은 사업 운영자가 이러한 위험 요소를 인식할 수 있도록 조언과 아이디어를 줄 수 있으며 이러한 위험 요소의 탐지를 위해

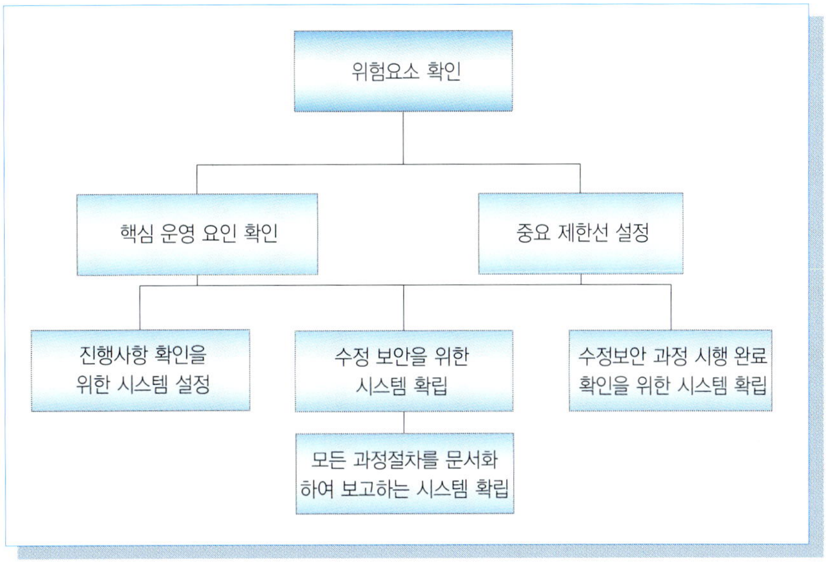

그림 7.1 영국 써리대학(Surrey University)내 레스토랑인 레이크사이드(Lakeside)에 의해 개발된 위험 및 중요 관리 분석 (HACCP)방법에 기초를 둔 모델

어떠한 것들을 기록, 관리해야 하는지 알려준다. 식품 안전 관리 시스템은 7가지 단계로 구성되고 실행될 수 있으며 이 모든 과정은 시스템적이고 제품의 각 그룹에 적용될 수 있다.

식품 서비스 시설 계획

식품 서비스 시설을 계획하는 것은 여타 다른 프로젝트를 계획하는 것보다 더 복잡한데 이는 다음과 같은 식음료 사업의 독특한 특징 때문이다.

1. 활용 가능한 식자재의 다양성, 선택의 폭 그리고 등급
2. 몇몇 원자재의 높은 부패성 (날생선, 육회, 유지방 류 등)
3. 즉시 또는 약간의 준비로 취식이 가능하게 만들어진 제품의 다양성
4. 완성품의 부패성 (부패성이 높은 원자재를 이용한 식품)
5. 몇몇 제품 소비의 빠른 전환, 예를 들어, 아침에 신선한 상태로 배송되었던 품목은 준비하여 점심시간때 고객에게 서비스 할 수 있고 발생한 매출은 오후까지 은행에 들어갈 수 있을 정도로 구매, 저장, 판매, 이윤 등

의 운영과정이 빠르게 진행될 수 있다.

6. 식음료 서비스 사업의 특징상 제품은 고객들이 있는 곳으로 대부분 전달되지 않고, 고객이 제품을 구매하기 위해 상점에 가야하며, 그것을 소비하고, 대개 어떤 특정한 장소(레스토랑) 내에서 소비된다.
7. 제품은 긴 시간 동안 저장될 수 없다.
8. 다양한 고객들에게 같은 시설 내에서 상품과 서비스를 공급할 수 있다.
9. 업장에 따라 운영되는 생산과 서비스 방법의 차이와 다양성이 있다.
10. 식품 서비스 시설 계획은 위험 및 중요 관리 분석(HACCP)기준에 따라야 한다.

식음료 생산 계획에서 늘 나타나는 문제는 식음료 서비스 시설에 대한 고객의 수요가 일정하지 않다는 것이다. 레스토랑, 카페, 또는 패스트푸드 업장은 식사 시간에만 활용되므로, 이것은 하루 중 특정 시간에만 크게 수요가 늘어나며, 다른 시간 때는 그 수요가 거의 없다. 이런 문제는 각 식사 시간에 다른 스타일의 식음료 서비스 또는 메뉴를 제공하는 공급 시설에 의해서 더 복잡하고 다양해진다. 예를 들어, 호텔 레스토랑은 아침 식사용 뷔페 서비스를 제공할 수 있고, 점심과 저녁때는 좀 더 다른 형태의 식사가 제공될 수 있다.

효율적인 식음료 서비스 계획의 중요성에 대한 강조는 매우 중요하며, 그것은 총 통합된 시스템을 함께 형성하는 상호 교환적인 과정을 통해서 이뤄진다. 비용 제한성은 계획 과정의 각 단계에서 항상 있는데, 자금은 특히 실제 시설, 인테리어 시설, 기계설비에 대해 특별히 할당된다. 그러한 자금들은 넓게 사용되어야 하는데, 자칫 단기적 안목으로 인하여, 투자되어야 하는 시설 비용을 아끼다가 장기적으로 더 큰 지출을 불어오는 경우를 종종 볼 수 있다.

잘못 계획된 사업계획으로 인해 어려움을 겪는 사업체를 종종 볼 수 있는데 최초 잘못된 계획의 사업 및 시설 설비 등은 일회성이 아닌 지속적이고 반복적으로 일상적인 운영에 있어 문제를 발생시킨다. 예를 들어 최초 사업구성에서 발생할 수 있는 비효율적 계획과 그에 따른 비효율적 인력관리 및 분담은 표준 이하 수준의 식음료 생산과 불필요한 과대지출로 이어지고 이 모든 것은 소비자로부터의 외면 또는 비선호로 이어진다. 가장 기본적일 수 있는 뜨겁고 차가운 식음료의 온도를 유지할 수 있는 서비스 역시 식음료 서비스 계획에서 요구되는 필수 조건들이다. 적절치 못하게 구성된 식음료 서비스 계획의 올바른 수정은 수정전보다 축소된 고용 인원들이라 하더라도 더 효율적으로 일을 하게 되는 요인이 된다.

목적

식음료 공급 시설 계획에서의 첫 단계는 운영 목표를 문서로 기록하는 것이다. 식음료 서비스 운영의 주요 목적은 특정 시장 분야에 있어 예상되는 소비자를 만족시키는 데 목표를 두고 식음료 서비스가 제공이 되어야 한다. 큰 테두리에서 본다면 언급된 것처럼 식음료 사업의 목적은 업종이 다르거나 목표로 하는 소비자층이 다르다 하더라도 공통적일 수 있다. 그러나 경우에 따라 몇 가지 상황에서 목적하는 바가 다를 수도 있는데 예를 들어, 이윤을 추구하는 상업적 레스토랑의 경우 최소한의 짧은 기간 안에서 투자 대비 회수를 극대화 시키는 것이 목표이며, 비영리산업의 카페테리아의 경우 순수익 창출 또는 이윤의 극대화 보다는 정부 또는 관련기관에서 보조된 식음료 공급 시설의 원활하고 충분한 제공이 목적인 경우가 많다. 그러나 일반적인 계획의 목적은 다음과 같은 모든 형태의 식음료 공급 시설을 인식할 수 있는 것이다.

1. 고객에 어필하는 것(Customer appeal) 식음료 공급 시설의 주목적은 시장이 명확히 정해진 구역에 식음료 공급 서비스를 제공하는 것이며, 일단 식음료가 제공될 시장의 구역은 식음료공급 시설을 구축하는 시작점을 뜻한다. 고객은 레스토랑, 카페테리아 혹은 다른 어떤 종류의 식음료 서비스를 제공하는 곳에 들어감과 동시에, 제공받을 수 있는 서비스와 식음료의 수준, 레스토랑운영방식에 대한 기대를 가진다. 만일 고객에게 현대화된 주방시설을 어필하고자 한다면 레스토랑의 이미지와도 반드시 일치해야한다. 현대식 기계화로 자동화된 주방과 중세풍의 바로크 가구로 구성된 레스토랑 내 분위기가 어울리겠는가? 많은 호텔내 식음료사업은 호텔객실사업(Room Division) 만큼이나 동일한 수준의 이익을 창출해 오지 못했으나, 확실히 지난 10년간 호텔 레스토랑은 그동안의 부진을 뒤바꿀 만큼 이익창출을 이끌어 내었으며 폭넓은 마케팅 노력의 일환으로써 식음료 서비스 산업 고유의 기틀을 마련하였다.

부분			뜨겁게 서비스되어야 할 냉장음식			
날짜	시간	저장 물품	개별 온도	물품온도	특이사항	기록자
01/03/07	11.00 AM	철판에 구운 육류	+1C	+2C	없음	J. Holland
01/03/07	11.10 AM	조리된 육류	+3C	+4C	없음	J. Holland

그림 7.2 레이크사이드 레스토랑(Lakeside Restaurant)냉장시설 온도기록 예제

고객과 식음료 공급운영 간의 조화가 시설전반에 걸쳐 확대된다는 사실은 매우 중요하다. 예를 들어 수준 높은 레스토랑에서 고객은 일품요리 메뉴(a la carte menu), 은포크나 은스푼으로 서비스 받는 격식 있는 만찬 서비스(silver service), 식탁보가 깔린 식탁이나 유니폼을 바르게 갖춰 입은 종업원 이외에도 전반적으로 우수한 서비스 수준을 기대한다. 식음료 운영에 있어서 이 모든 개개의 요소들이 조합될 때 고객에게 식음료 서비스에 대한 만족도는 한 폭의 그림처럼 나타난다. 그러므로 식음료제공 운영(catering operation)은 계획 단계에서부터 생산과 서비스에 관한 모든 다른 요소들이 어우러져 특정시장분야를 겨냥하는 생산시설을 만들어내듯이 한 덩어리로 계획되어져야 하는 것이 중요하다.

2. 비용 관리(Cost control) 어떤 형태의 식음료 공급 시설이건 간에 비용은 반드시 관리가 필요하다; 식음료 공급 운영에서 관리되어야 할 것들에는 초기계획과 설립 비용, 그리고 자재, 인건비, 조리하는데 필요한 연료와 같이 매일 지출되는 운영비가 포함된다. 어떤 운영법은 특히 이윤추구를 목표로 하는데, 영리목적 레스토랑이나 구내레스토랑이 그렇다. 혹은 보조금으로 제공이 이뤄지는 시설들은 반드시 최소 비용을 유지하는데 목표를 둬서 아주 조금이라도 이윤을 만들어 내야하고, 운영에 재투자를 할 수 있도록 해야 한다. 따라서 전체적인 운영에 있어서 유지비(운영비)를 줄여나가야 한다.

3. 생산과 서비스를 활용하기(Facilitate production and service) 이것은 생산 및 서비스 분야뿐 아니라, 주방이나 레스토랑 및 바에서의 조리기구들의 배치를 인간 중심으로 구성하는 것을 포함한다.

미국 켈리포니아 베버리힐스에 위치한 힐튼호텔 그룹 내 식음료 책임자인 알 페론(Al Ferrone)은 "오늘날의 호텔 운영팀은 레스토랑 운영자와 같이 생각해야한다" 라는 표현을 시작으로 호텔 식음료 산업이 나가야 방향을 제시하였다. 알 페론은 "현재와 같은 호텔 식음료 서비스는 고객들의 기본적인 기대치만을 충족시켜줄수 있을 뿐 점차 개인의 기호와 특성에 따fms 맞춤형 서비스를 희망하는 고객들의 변화에 부합하지 않는다. 따라서 빠르게 변화하는 고객의 기대치에 부응하기 위해서는 외부에 위치한 최고급 레스토랑의 서비스를 우리도 제공할 필요가 있다고 하였다"

미국 메데스다(Bethesda)도시에 위치한 메리어트호텔그룹내 식음료 운영 책임자인 필 데이비스(Phil Davies)는 인터뷰 서두에서 "호텔산업내에서 식음료사업에 대한 전반적인 변화가 시작되었다. 현재의 외식산업은 그 어느 때보다 경쟁적이며 이는 단순히 특급 호텔들 간의 경쟁만이 아닌 호텔과 일반 고급 레스토랑의 경쟁도 포함된다고 하였다."

호텔운영에 있어 식음료 사업이 차지하는 비율은 나날이 커지고 있다. 특급호텔의 경우 지난해와 비교하여 식음료사업과 관련된 직접적인 지출은 1.9% 오른 반면 발생한 수익률은 평균 4.4% 증가하였으며 이는 결과적으로 식음료 사업 부서를 보았을 때 18%의 성장률을 나타내고 있다.

출처: 호트피탈리티 리써치(Hospitality Research)

그림 7.3 식음료 매출 증가를 위한 호텔의 다양한 시도

조리실의 디자인은 특히 중요한데, 이것들에는 조리기구가 반드시 탑재되어야함; 조리실은 독립적으로 디자인 되어있어야함; 저장설비; 조리판(working benches)의 높이와 폭; 테이블의 높이, 크기와 모양; 조명, 가열, 소음억제가 요구됨; 등등의 요소들이 있다. 식음료 서비스 설비에 관한 이 모든 요소들이 긴밀하게 짜여졌을때 안전하게 디자인된 조리공간이 만들어지고, 또한 고용인들과 모든 자재들이 물 흐르듯 자연스레 이동이 이뤄진다.

4. 재료 다루기(Material handling) 식음료 공급 운영에서 재료의 이동은 최소한의 핸들링이 가능하도록 계획되어져야 한다. 재료 흐름이 가능한 한 직관적이어야 하는데, 이를테면 저장소로부터 식음료 준비를 위한 조리판(working bench)까지를 뜻한다. 재료끼리 서로 엇갈리거나 한 바퀴 되돌아오는 식의 재료의 흐름은 시간낭비가 될 뿐 아니라 잠재적인 사고의 위험을 초래할 수 있으므로 반드시 피해야한다. 식음료제공의 운영(catering operation)중에 재료를 다루는 설계(designing materials handling)에 있어서는 활용 가능한 여러 가지 도움요소가 있는데, 재료다루기를 실질적으로 최소화 시키는 시스템 설계에 있어서 도움이 되는 것들로 공정도(flow process chart), 띠로 된 도표(string diagrams), 이동 차트(travel chart) 등등이 있다. 직원들이 재료를 다루는데 소비되는 시간

들은 바로 노동비용으로 해석할 수 있다. - 즉 직원들이 재료들을 이동시키는 동안에는 그들은 판매할 수 있도록 준비되는 걸 뜻하지 않는다. 기계의 도움이 반드시 수반되어야 하는데 컨베이어벨트나 이동용 바퀴달린 탁자(trolley)나 이동용 카트 등은 직원들이 재료를 직접 다루는데 드는 많은 노력을 줄여줄 수 있다. 이것들은 원래 계획에 모두 포함이 되며, 어떤 기계적인 도움이나 노동력절감 장치들은 비용대비 효율적인 경우에만 구입되어야 한다.

5. 노동 활용(Labour utilization) 효율적인 노동 활용계획은 작업연구(work-study), 동작경제(motion economy)등과 같은 운영법의 사용여부에 따라 크게 좌우된다. 식음료공급의 운영과 연관된 생산과 서비스 분야에서 수행되어야할 일들은 반드시 확인이 이뤄져야하고, 그러한 일들의 가장 효율적인 수행방법에 대한 분석이 필요하다. 그래야 상세한 업무 설명과 작업스케줄이 만들어질 수 있다. 식음료공급 운영(Catering operations)에서의 끊임없이 상승하는 오늘날의 고용임금은 효율적인 식음료생산과 서비스분야에서의 계획이 뒤따라야만 더 나은 근무효율성을 보장한다.

6. 감독과 관리(Supervision and management) 계획 단계부터 식음료공급의 운영 중, 직원, 훈련, 시연 등과 관리 사이에서 유동성 있는 적합한 시간과 시설을 할당해주는 업무뿐만 아니라 특히 생산과 서비스 직원들을 관리 감독하는 업무를 잘 고려해야 한다. 따라서 관리를 함에 있어서 처음 고용되는 순간에만 모든 직원들에게 적용되는 것이 아니라 지속적으로 이뤄져야 하는 과정이어야 하며 잘못될 경우 절대 돌이킬 수 없으므로 유의하여야 한다. 다른 분야에서도 식음료공급 시설의 관리 또한 반드시 충분한 고려가 수반되어야 하는데, 예를 들자면 그날그날 필요한 식음료, 노동력, 연료비용 등이 이에 해당한다. 식음료 공급 운영의 효율적 운영을 위한 결정을 내리는데 꼭 필요한 운영정보를 제공할 수 있도록 효과적인 피드백 정보 시스템이 구축되어야 한다.

7. 위생과 안전 기준(Hygiene and safety) 위생과 안전 기준은 계획 단계부터 식음료공급 운영에 구성되어야 하는 중요한 요소이며, 이것은 고객과 직원 모두의 웰빙에 꼭 필요한 것들이다. 오늘날 영국의 환경보호관리자(EHOs : Environmental Health Officers) 들은 필요하다면 조사할 권한이

있고, 위생 기준이 만족스럽지 못하면, 사업장을 폐쇄하기도 한다. 사업장의 위생관리와 화재규정을 통제하는 법규들은 반드시 고려해야하고, 모든 식음료관련 기관들로부터 엄격히 관찰되어야 한다. 허가받은 사업장 범위 내에서 어떠한 새로운 형태나 디자인이든지 간에 소방당국에 알려야한다. 차후에 점검을 통해 추가적인 구조변경을 받지 않으려면 지방의회의 환경보건당국 으로부터 의견을 수렴하는 것도 좋은 방법이다.

8. 청결과 유지(Cleaning and maintenance)　이는 안전이나 위생 상태와 엄밀히 연관되어있으므로 손쉬운 청소와 유지관리를 위해 식음료서비스 시설의 계획 단계에서 고려해야할 요소이다. 고려해야할 여러 가지 요소들은 다음과 같다 : 바닥과 벽 그리고 천정의 구성과 마감; 벽에서 완전히 분리되는 움직이는 기구들의 디자인 ; 바닥을 깨끗이 청소할 수 있도록 기구들과 바닥간의 충분한 공간 확보 등이 있다. 평소 자주 사용되는 기구들의 유지보수는 특히 중요하다. 만일 비용이 많이들 수 있는 물건의 고장이나 일어나기 쉬운 사고는 반드시 피하도록 해야 한다.

9. 유연성(flexibility)　초기 계획 단계에서의 유연성은 장기적인 운영비용을 절약할 수 있다. 대부분의 식음료 공급 시설들은 그들의 운영되는 기간 동안 몇 번의 변화를 거치므로, 이에 대해 먼저 예측하고 미리 계획한다면 이행(transition)이나 전환(changeover)시에 상당한 도움이 된다. 식음료 서비스 운영에서의 대부분의 변화는 사용되는 재료나 만드는 방법에서 발생한다. 예를 들어, 조리하기 간편한 식음료를 소개하는 비율이 높으면 노동과 기구의 필요성이 줄어들고 더 많은 주방공간이 활용 가능하게 된다. 초기 계획 단계에서부터 이러한 실행 가능한 변화는 반드시 고려되어야하고, 따라서 운영함에 있어서 필요하다면 언제라도 효율적으로 관리되어야 한다. 생산설비의 계획과 실행을 하기위한 모든 재정상의 예측은 처음부터 가늠하기 힘든 것이 일반적인데, 정상적인 재정예측이 가능할 때 계획은 단계별로 시행되어야하고, 종종 2-3년이 지난 시점에서야 가능하다. 예를 들자면, 식음료 공급 운영은 운영상 2년차가 되기 전에는 몇몇 특정 기기들의 구매가 어려운데, 늘 초기 계획단계부터 고려의 대상이 되어야 할 가스, 전기, 물, 배수시설, 조명, 환기 등등의 기본적인 서비스 항목들이 언제라도 이용 가능하게 되어있어야 한다는 것도 중요하지만, 차후 사용

량 증가에 있어서도 언제라도 증설이 가능하게끔 되어있어야 한다는 사실은 매우 중요하기 때문이다.

만일 위에 나열되었던 유용 가능한 돈, 자재, 인력, 그 외에 주요 필수요소들이 최적의 상태로 사용이 가능하다면, 이는 식음료 서비스 시설을 계획함에 있어서 가장 기본으로 생각되어야 할 것이다.

초기 단계에서 적절한 계획도 없이는 운영은 방향성을 잃게 될 것이고, 특정한 맞춤이 아닌 흔해빠진(모호한) 것이 될 뿐만 아니라, 운영은 원래 계획한 대로 되지 않고 혼합식장(mixed market)에서 식음료를 공급하려고 시도하는 상황에 직면하게 될 것이다. 결국은 꼭 필요한 설비를 갖추지 못하는 꼴이 된다.

식음료 생산 방법

오늘날의 식음료 생산방식을 연구하는데 있어 예전부터 영향을 끼쳐온 전통적인 생산방식을 참고하는 것은 반드시 필요한 일이라고 할 수 있다.

식음료공급에 있어 식음료생산방법은 노동력이 풍부했을 시기를 거쳐서 발전되었다. 19세기 후반 처음 영국에 소개 되었을때 전통적인 주방 디자인은 그룹(특정 그룹의 사람들이 수많은 식음료를 다루면서 비슷한 업무를 하는 위주로)별로 일의 분담을 목적으로 형성되었다. 이게 바로 그룹(partie)시스템의 발전이라 할 수 있다. 부서들 간의 엄격한 구분은 직원의 비율이 제공되는 식음료의 수에 비해서 더 높음을 의미했다.

20세기 초반 동안, 호텔과 레스토랑 주방에서는 기술적인 변화는 거의 혹은 전혀 이뤄지지 않았고, 대부분의 매니저와 셰프들은 예전 전통적인 방법으로 훈련받았으며, 그것은 대체로 만족스러운 결과를 얻은 탓에 그들은 변화의 필요성을 거의 느끼질 못했다. 전통적인 방법이 발전하며 변화가 시작된 것은 근래에 들어선 지난 30년 정도 밖에 채 되지 않아, 이런 변화들은 호텔 및 레스토랑 주방보다 오히려 제조 산업에서 서서히 드러나다가 먼저 시작되었다.

주요 식품공급업체들은 기술적인 연구를 시작했고, 그 생산품들이 서서히 식음료공급 산업에서 수용되기 시작했으며 이때 숙련된 식음료공급 직원들이 단기적으로 채용되기 시작했다. 이는 전통적인 주방에서는 꼭 필요했던 주방공간의 비율상승에 따라 더 가속화 되어, 전통적인 주방업무는 급속도로 사라지기 시작했다. 1966년 냉동포장식품이 영국에 처음 등장했고, 냉동포장이나 및 냉장포장법 으로부터 다양한 파생품들이 발달하기 시작했다. 모든 식음료 공정은 1990년에 만들어진 온도에 관한 식음료 안전 규제 법률(Food Safety Control of Temperature Act 1990) 하에서 가능하다는 것을 알아야 한다.

전통적인 방법

전통적인 그룹 방법

전통적인 그룹 방법에서, 대부분 식음료들은 날 것으로 구매되고, 소위 즉석식음료(convenience food)의 범주에 거의 속하지 않았으며, 설비들은 물품의 수령이나 저장, 준비, 요리, 보유(holding)과 식음료제공 서비스, 그리고 설거지를 위한 설비들만이 제공되었다. (표 7.4 참고)

하루 동안 들어가는 노동력은 집약적이지 않으며 식사시간 전에만 최고조에 다다를 뿐이다. 조리기구 또한 마찬가지인데, 짧은 시간동안 집중적으로 사용될 뿐 전반적으로 자본설비에 비해 사용빈도가 매우 낮다. 대신에 비록 겨우 효율적으로 사용되는 거라고는 몇 시간 밖에 쓰지 않는데도 불구하고 하루 종일 켜놓는 전기와 가스 기기의 사용이 적은 편이다.

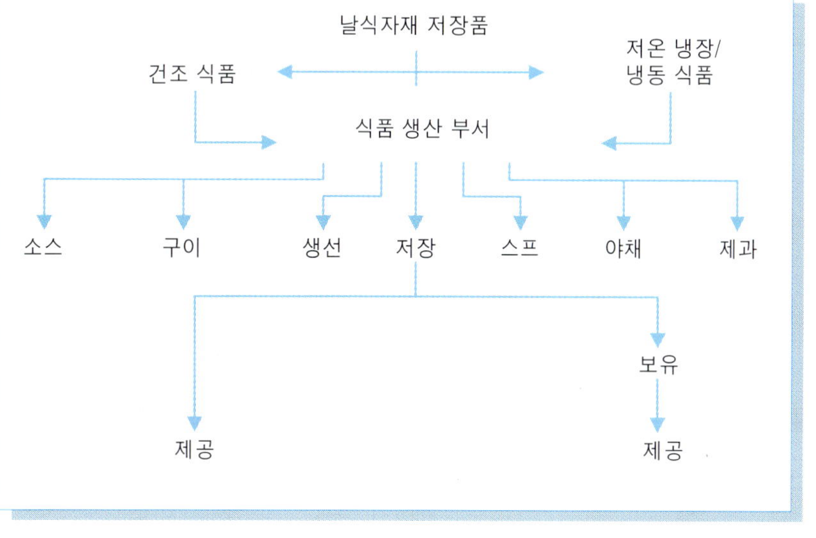

그림 7.4 전통적인 식자재 생산 방법 주요 분류 진행 표

간편 식음료의 전통적인 생산

간편 식음료가 전통적인 생산주방에 소개가 되었다. 간편 식음료를 이용한 전통적인 생산법은 한 부분에서 오늘날 가능한 다양한 간편 식음료에 대한 활용을 통한 사실상 완전한 의존에 이르기까지 아주 광범위하다. 그러나 그러한 간편 식음료의 최고의 활용방법은 계획된 식음료 공급 시스템을 통해서만 가능하다고 할 수 있다.

운영을 하나의 큰 덩어리로 고려하면서, 시스템의 일부분에 변화가 주어졌을 때 다른 부분에 미칠 수 있는 결과를 충분히 검토한 다음 시스템 접근을 하는 것이 가장 기본이라고 할 수 있다. 따라서 만일 간편 식음료가 전통 주방에 소개를 시키고자 한다면, 우선 모든 신선한 재료를 사용하고, 노동력, 장비, 공간에 영향을 받는 것과, 가장 중요한 고객을 반드시 염두해 둬야 한다.다.

중앙 집중식 생산법

중앙 집중식 생산법은 생산과 장소, 시간처럼 식음료 진행시스템과 같은 서비스요소들이 분리되어 있어야한다. 중앙에서 생산된 다음, 한 집단 내에 서비스 점으로 유통 되거나 미리 배치가 되며, 그것은 바로 제공될 수 있는 상태로 운송되는데, 예를 들어 이동식 주방이나 일반 주방에서 재처리가 필요한 뜨거운 식음료이나, 냉장 혹은 냉동식음료들이 있다. 이러한 형태의 식음료제조는 1970년도나 1980년도에 유행하게 되었는데, 이런 형태의 중앙집중식 생산과 그로인한 절감에 연관하여 주로 복지후생 부문의 요구에 의해 기인하였다. 그러나 특히 병원의 식음료 공급 서비스의 변화된 성향으로 인해, 중앙집중식 생산 장치(CPUs : Central Production Units)는 주로 높은 운영비용 때문에 수요가 줄어들게 되었으며, 현대의 병원식음료 공급은 높은 품질의 식음료가 조리되어 수준 높은 기준에 맞춰 다양하게 제공 받는다.(표 7.5 와 7.6 참고)

더 작은 형태의 중앙집중 생산장치(CPU)는 상업 분야에서 인기를 끌었는데, 특히 전문매장을 통해 제품 제공을 표준화하는 방식으로 레스토랑 체인망에서 인기를 끌었다.

중앙집중식 생산의 장점은 다음을 포함한다.

Frimley Park Hospital Catering Services 오신 것을 환영합니다.
*서비스에 대한 의견이 있으신 분들은 말씀해 주시기 바랍니다. -호텔 서비스 부 매니저-

세프 노트: 7일째 점심

로스트 비프와 요크셔 푸딩 – 전통적인 주일 구운 소고기와 가정에서 직접 만든 홈메이드 요크셔 푸딩
크리미 피쉬 파이와 더치 토핑 – 잘게 다져서 으깬 대구 살과 콩을 섞어 만든 화이트소스 에 감자와 크림을 얹은 요리
콜리플라워와 구운 브로콜리 – 꽃양배추의 꽃 부분과 브로콜리를 증기로 삶아 그 위에 치스를 토핑 한 후에 오븐에서 구운 요리

양념과 소스
소금, 후추, 식초, 소스 가 준비되어 있으니 담당자에게 말씀하시기 바랍니다.

땅콩 알레르기
제공되는 음식물에 땅콩 또는 소량의 땅콩성분이 들어갈 수 있으므로 땅콩 알레르기가 있으신 분은 수간호사에게 말씀하셔서 환자정보 카드를 작성해주시기 바랍니다.

식이요법 특식 요청
인종별 또는 국가별 다른 문화, 종교 또는 어떤 특정한 이유로 인한 식이요법이 필요한 경우 말씀해 주시면 적절한 음식을 제공해 드릴 수 있습니다. 환자분이 특별한 식이요법을 이미 하고 있을 경우 특정 음식은 적절하지 않을 수도 있으므로 의문사항이 있을 경우 담당 간호사에게 문의 바랍니다.

카페 글레이드
1층 정문 리셉션 옆에 위치한 카페 글레이드는 방문하시는 모든 분들을 환영합니다. 간단한 스낵 과 커피가 준비되어 있으니 언제라도 방문해주시기를 바랍니다.
개점: 주 7일
월요일 – 금요일: 9.00am to 8.00pm
토요일, 일요일: 10.30am to 6.00pm

파인트리 레스토랑
2층에 위치하고 있으며 주 7일 모두 개점합니다. 뜨거운 음식과 차가운 음식 모두 제공하며 간단한 샌드위치, 스낵 그리고 다양한 음료를 맛보실수 있습니다. (식사와 음료 모두 포장 가능합니다)
식사시간
아침: 7.30 – 10.00am
점심: 12.00 noon – 2.00pm
저녁: 6.15 – 8.00pm

당신의 방문을 기다립니다.

그림 7.5 Frimley Park Hospital 간편식 생산 시스템 의 주일 메뉴 예문

1. 생산 및 서비스 활동의 개별화는 운영상 최고(peaks)와 최저(troughs)의 편차가 심한 전통적 주방보다 더 안정적인 효율수준으로 업장 운영이 가능토록 한다.
2. 중앙집중 생산장치(CPU)에서 숙련된 생산 인력의 집중시킴으로서, 높은 기준치의 준비와 시연이 가능해야 하나, 이동식 주방(satellite kitchen)은 그러한 숙련된 직원을 필요로 하지 않는다.

Frimley Park | 일요일 점심 | 7일차 | NHS

	메뉴		
☐	슈프림크림수프 (아래 한가지중 선택)	♥	Svd
☐	로스트 비프 요크셔 푸딩	♥	Sd
☐	크리미 피쉬파이와 더체스 토핑	♥	Sd
☐	컬리플라워와 브로컬리 베이크		Svd
☐	에그 마요네즈 (아래 두가지 선택)		vd
☐	케비지	♥	Svd
☐	베이비케롯	♥	Svd
☐	크림 포테이토	♥	Svd
☐	로스트 포테이토 (아래 한가지중 선택)		vd
☐	애플 크럼블과 커스타드		v
☐	크림 카라멜	♥	Sv
☐	오렌지	♥	Svd
☐	디아베틱 파인애플과 커스타드		vd

다이어트 라벨 부착 바랍니다.

식단 선택을 위해 검은색 펜으로 체크 부탁드립니다.

식단 중요사항
♥ 건강식
S 부드러운 다이어트 식
V 채식주의자 식
d 당뇨병 환자식

☐ 새로 오신 환자분은 체크 바랍니다.

☐ 당뇨 다이어트

성명 .... 구역 ....
병동 .... 침상 ....

그림 7.6 메뉴 견본(환자 전용 식단)

3. 대량 구매는 원재료 가격부담을 줄이고, 식사당 전체적인 비용을 줄이는데 도움을 준다.
4. 생산과 서비스간의 '저장 단계(storage stage)' 에 대한 소개는 인력과 장비의 더 효율적인 활용을 가능케 하여, 생산 장치(unit)로 하여금 최대효율을 가능케 한다.
5. 더 나은 근무 환경과 더 많은 사회교류(social hour)시간은 일반적으로 생산팀에게 적 용 가능하다.

6. 에너지 소비는 신중한 스케줄링과 각기 제품의 반복지속적인 활용을 통해 줄일 수 있다.

중앙집중식 생산의 단점은 다음과 같다.

1. CPU를 계획하고 구축하는 데 대규모 투자비용이 든다.
2. 완전가동을 하지 못하면 생산제품 대비 드는 비용을 크게 올라간다.
3. 전력 문제나 위생문제 혹은 식음료 오염으로 인해 불량품 생산되거나 가동중단이 발생하면 소규모 개인주방보다 더 큰 악영향이 발생하거나 급속히 악화될 수도 있다.

냉동식음료와 냉장식음료 시스템의 기본 원칙들

1. 사용되는 모든 원자재 식재료는 좋은 미생물품질을 갖춰야한다.
2. 식음료 조리의 첫 번째는 현존하는 어떤 해로운 병원성 미생물이나 이를 포함하고 있는 식음료재료에서 확실히 제거되었는지를 확인하는 것이다.
3. 일부 미생물은 일반적인 조리 온도에서는 파괴되지 않는 포자를 형성 하는데, 온도범위 +7°C ~ 63°C에서는 이 미생물들이 급속히 번식할 수 있으므로 조리중에 번식을 막기 위해 가능한 한 빨리 처리가 되어야하므로, 이것은 매우 중요하다. 똑같이 식음료를 재처리(regeneration) 할 때에도 똑같이 주의가 요망된다.
4. 교차 오염은 공정을 통해 피해야 하는데, 특히 날 식음료와 조리된 식음료 간에 더욱 조심해야한다. 사전준비 장소와 조리장소의 물리적인 분리는 큰 도움이 된다.
5. 조리되거나 냉장된 식음료의 저장 및 유통 상태는 그 품질과 안전을 보장받기 위해 엄격히 관리해야 한다.
6. 식음료를 재 가열시키거나, 식음료가 서비스 되는 과정들은 엄격히 감독된 모든 식음료의 온도와 더불어 식음료의 안전성여부를 확실히 검증 받기위해 충실히 잘 지켜져야 한다.
7. 모든 과정은 식품위해요소 중점관리기준(HACCP : Hazard Analysis and Critical Control Point)을 따르게 되어있다.

냉동식음료 생산

냉동식음료는 -18°C 혹은 그이하의 낮은 온도에서 잘 통제되어 저장돼, 급속냉동 되었다가, 차후에 완전히 재가열 시켜 즉각적인 소비가 가능하게끔 소비자에게 다가가는 완전한 조리에 기반한 식음료공급 시스템을 말한다. 냉동식음료는 원재료에서부터 제품이 마지막으로 소비되는 서비스까지 모든 식음료 생산 과정을 포함하며, 이는 대개 식음료 공급업자들보다 식음료 가공업체들에 의해서 실행된다.

1. 식음료의 품질 날 식음료는 품질과 일관성을 보증하기 위해 꼼꼼한 세부사항에 따라 구매되어져야 하는데 이는 대규모로 유통 및 유입되는 식음료에 대한 실험 또는 테스트가 품질관리의 기본과정이 되어야 하기 때문이다. 따라서 품질의 지속적인 점검과 공정 감독을 동반한 품질관리는 표준화 되어야한다.

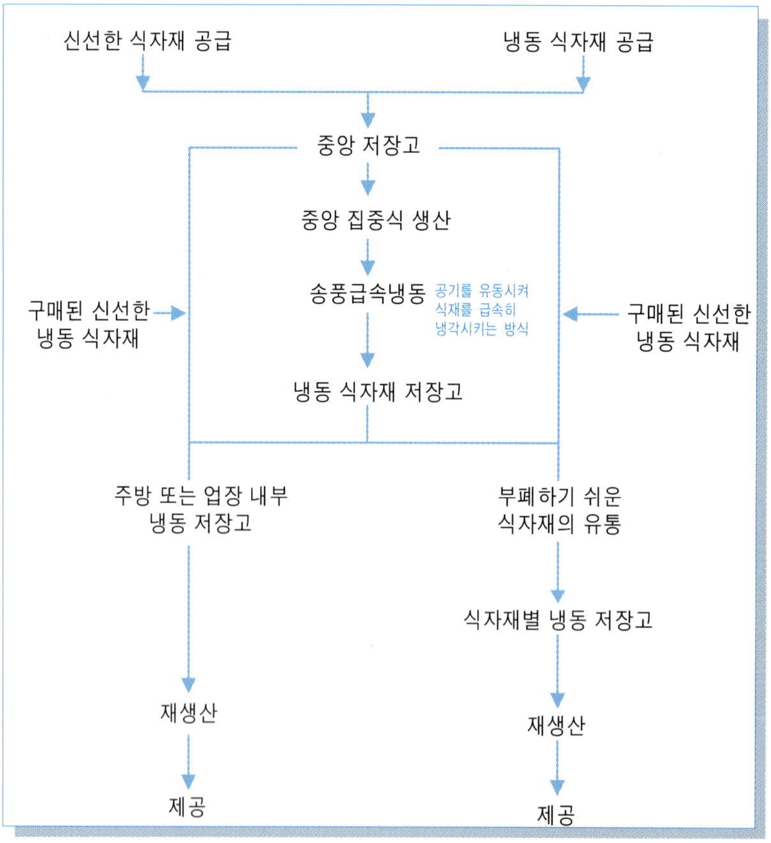

그림 7.7 냉동/냉장 식자재 생산 방법 진행 분류

2. 식음료 저장 모든 식음료들은 식음료준비에 필요할 때 까지는 엄격한 온도 관리, 위생상태 하에 보관이 되어야 하며, 교차오염을 피할 수 있도록 주의가 요망되어 모든 재고의 엄격하고 안전한 순환(rotation)을 반드시 보장해야한다.

3. 선행준비 조리가 이뤄지기에 앞서 식음료의 모든 준비과정을 뜻한다. 이 단계는 날 식음료를 다루는 모든 직원들이 반드시 위생상, 안전상의 이유로 이 구역 안에서만 활동하도록 제한시켜하는 차후의 단계와는 물리적으로 분리되어 과정(process)중에 따로 유지시켜야 한다.

4. 조리 이상적으로 조리는 한 번에 일괄적으로 만들어져야한다. 조리는 열이 식음료 가장중심까지 닿아서 비포자성 병원체(non-sporing pathogens)를 확실히 파괴하도록 반드시 보장해야한다. 이는 식음료의 가운데가 적어도 70°C에 다다랐을 때 가능하고 적어도 2분 이상 유지가 되어야한다. 이것은 온도 측정계를 통해 매우 신중히 체크되어야 한다. 때때로 조리법을 수정이 필요할 때가 있는데, 대규모의 단체식음료를 만들거나, 낮은 온도에서 8주 가까이 저장을 해야 해서 재료의 화학적 변화가 예상될 때가 그러하다. 오늘날의 오븐 디자인은 이 조리과정에 있어서 효율성을 매우 발전시켰다. 예를 들자면, 혼합오븐이 있는데 이는 알려진 바와 같이 건조열(dry heat)과 습한열(wet heat), 또는 둘 다 포함한 다양한 온도범위 내에서 조리가 가능하게 한다. 오븐은 온도측정계(관측기)가 달려있고 식음료 중심부 온도가 원하는 만큼 다다를 때까지 작동할 수 있도록 설정이 가능하다. 게다가 오븐은 전자두뇌(microprocessor)가 내장되어있어서 모든 조리 싸이클이 컴퓨터에 저장되었다가 다시 쉽게 확인이 가능하며, 전체 조리과정의 기록을 영구히 남겨뒀다가 다시 쓸 수도 있다. 다가올 미래에, 만일 때때로 식음료음독 사건과 같은 일이 생겼을 때 조리과정이 의심 받는다면 증거 자료로 제출이 가능하다는 사실은 매우 중요하다. 전자두뇌는 복잡한 조리과정을 수행 가능케 하여, 예를 들어 일정시간의 건조한 고열로 식음료를 brown off시킨 다음에 식음료 재가열을 위해 촉촉한 중간열 온도가 필요할 때, 이런 설정이 오븐에 프로그램 가능하다는 것이다. Pre-programming은 최소인력의 조작만으로 식음료의 지속적인 품질과 안전성을 유지하는데 매우

유용한데, 예를 들어 완벽히 훈련받은 셰프와는 정 반대의 사람이라도 식음료를 다룰 때 오븐에 치킨을 올려놓고 간단히 '구운치킨' 버튼만 누르기만 해도 된다.

또한 전자레인지 콤비 오븐은 미리 프로그램된 조리를 가능케 하는데 대신에 건식 습식 가열은 불가능한데, 이는 극초단파(microwave) 에너지를 적외선과 결합시켜놓은 형태로, 이것은 얼린 식음료를 해동시킬 수 있으며, 재가열도 가능하고, browning도 가능하다. 또한 더 정교한 고급 전자레인지 오븐은 바코드 리더기가 달려있어서 제조된 식음료의 재처리가 제조자의 해당식음료의 바코드를 통해 프로그램 된 그대로 가능하다. 따라서 식음료를 잘못 조리하거나 품질 기준에 맞추지 못하는 식음료제조 등이 상당히 줄어들게 되었다.

5. 배분(portioning) 제한된 30분 내에 모든 뜨거운 식음료는 냉동 전에 다양한 방법으로 배분이 되어져야 하며, 어떤 담는 용기가 쓰이든지 간에 식음료의 깊이는 최대 50mm로 제한 시켜야 한다. 저장 전에 급속도로 식히는 식음료는 식품 안전법(Food Safety Act)을 따라야 하고 식품위해요소중점관리기준(HACCP)평가를 받아야 한다.

6. 송풍 급속냉동(blast freezing) 식음료 품질을 보존하고 박테리아 증식을 막기 위해 모든 조리된 식음료는 마지막 조리 후 30분 내에 급속냉동기에 자리잡고 배분되어야 한다. 식음료는 냉동실에 들어가는 90분 동안 적어도 -5°C로 냉동되어야 하며, 그 다음 적어도 -18°C 온도의 저장소로 옮겨져야 한다.

7. 냉각 저장 사전 가공되어 동결된 음식의 유통기간은 식자재의 종류에 따라 다르지만 일반적으로 대개 영양소나 맛의 주요 손실이 없이 8주가량 저장이 가능하다. 저장된 모든 용기에 내용물에 대한 단순하지만 명확히 이해하기 쉽게 표기하는 건 매우 중요하며, 상품명이나 제품번호, 혹은 품질관리를 위해 재고 순환에 도움이 되는 만료일표기는 반드시 이뤄져야 한다.

8. 유통 모든 유통은 단거리 배송 시간에서는 차갑게 단열된 컨테이너로, 긴 배송 시간일 경우 냉동차량을 이용해 배송되어야 한다.

9. 재처리 얼린 식음료는 재생되기 전에 영상 3도에서 해동되어져야 하고, 식음료는 2분 동안 70도에서 가열되어져야 한다. 식음료 서비스는 엄격

하게 통제된 온도에서 9분 이내에 재생되어져야 하며, 63도 미만으로 떨어지면 안 된다. 차가운 디저트와 같은 식음료는 서비스되기 전에 반드시 해동되어져야 하지만 서비스가 될 때까지 차가운 캐비넷에 보관되어져야 한다.

10. 재생되는 모든 식음료와 소비되지 않는 것은 파괴 시키면 안 되고 다시 냉장고로 보내져야 한다.

냉장식음료 생산

'냉장식음료' 이란 용어는 0~3°C 사이의 낮은 온도로 보관되어 살얼음 낀 상태의 빠르고 차갑게 식음료가 공급되는 조리시스템을 말한다. 그리고 차후에 소비자가 먹기 바로직전에 완전히 재 가열시켜 제공된다. 이것은 냉동식품에 비해 오래 보관 될 수가 없는데 생산, 유통 시간과 재처리 날짜를 포함해서 최대 5일 이내에 이뤄져야한다.

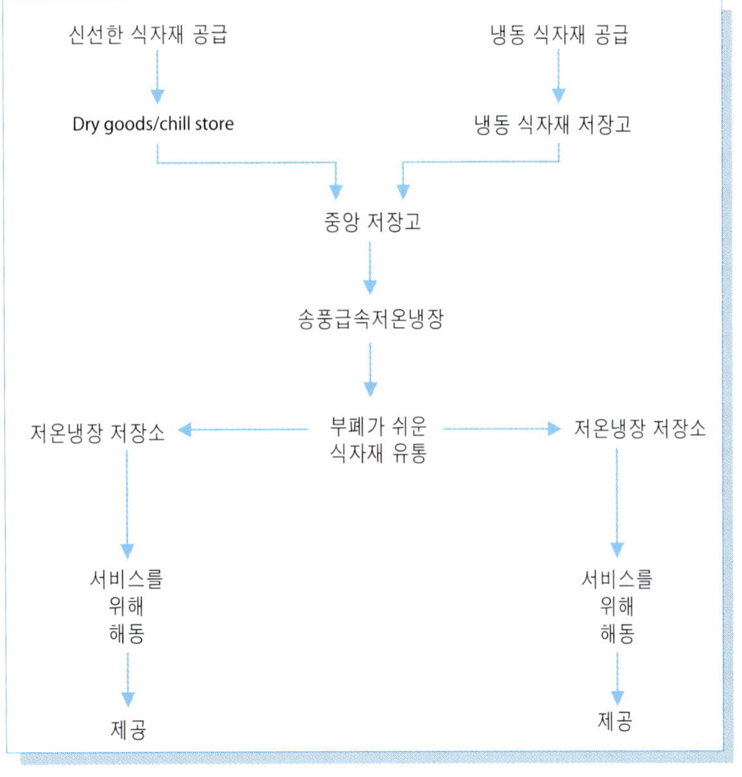

그림 7.8 해동 후 즉시 조리가 가능한 식자재의 생산 분류 진행 도표

1. 원재료 식음료 저장과 사전 준비: 구매, 통제, 저장, 냉장 처리과정에서 사용되는 원 재료의 사전준비는 앞서 언급한 냉동 식음료 과정과 같은 동일한 엄격한 요구조건을 가진다.
2. 조리 조리는 모든 식음료의 중앙에 닿는 열이 충분해야 하며 비포자성 병원체non-sporing pathogens)가 제거되어야 하고, 조리법 구성(recipe formulation)은 거의 필요치 않지만, 콤비 오븐의 사용은 냉동 요리 과정에서 설명한 것과 같이 유용하다.
3. 배분 뜨거운 식음료는 다양한 용기에 최대 50mm 이내의 깊이로 조리가 완료된 30분 이내로 급속냉장 전에 배분이 완료되어야 한다. 이는 식음료의 외관, 향, 영양소의 품질 및 안전을 보존하기 위함이다.
4. 급속냉장 모든 식음료는 급속냉장기에 놓인 후 90분 이내에 0°C ~ 3°C 사이로 냉장되어야 한다. 그 이유는 식음료의 품질 보존하고 박테리아 증식을 막기 위함이다.
5. 냉장보관 사전에 조리된 냉장식음료의 보관 기간은 준비, 배분시간, 재처리까지 포함해 최대 5일로, 식음료는 오직 냉장식품만 보관하는 장소에서 0°C ~ 3°C 사이로 보관되어야 한다. 그 이유는 이 까다로운 온도 범위를 유지하기 힘들고 또한 교차감염을 막기 위함이다. 모든 용기에 단순하고 명확히 이해하기 쉽게 표기하는 건 매우 중요하며, 상품명이나 제품번호, 혹은 품질관리를 위해 재고 순환에 도움이 되는 만료일표기가 반드시 이뤄져야 한다.
6. 유통 유통은 짧은 기간에는 냉장 단열된 컨테이너를 통해서 이뤄져야 하며, 긴 기간에서는 냉동차량을 이용해야 한다. 이 시스템 상의 유통단계는 효과적인 관리가 어려운데, 짧은 유통에서는 최대 +5°C까지 허용 가능하나, 물론 그 이후에 신속히 0°C ~ 3°C 사이로 온도를 되돌려 놔야 한다. 식음료소비를 위한 재처리 전까지 5 ~ 10°C에 온도가 다다를 수밖에 없는 상황이라면 그 식음료는 12시간 내에 소비되거나 파기되어야 하며, 식음료 재처리되기 전에 만일 온도가 10°C를 초과한다면 반드시 파기되어야 한다. 이 규칙은 유통단계 뿐만 아니라 동일하게 보관단계에도 적용된다.
7. 재처리 냉장식음료는 냉장보관에서 나온 이후에는 30분 이내에 반드시

재처리 되어야 한다. 식음료는 적어도 70°C이내의 최소온도 이상으로 가열되어야 하며, 식음료의 감칠맛과 안전을 위해 적어도 2분 이상 그 온도가 유지 되어야 한다.

수비

sous-vide 식음료 처리기술(영어로 under vacuum, 식음료를 진공 포장하여 일정기간 동안 놔두는 방식)은 1970년대 후반에 식음료가 수축되는 것을 막기 위해서 프랑스에서 소개되었는데, 한편 이는 식음료의 향을 유지하면서 냉장보관의 다른 형태로 바로 사용되었다.

이 시스템은 원 재료 식음료의 품질이 필요하고, 필요하다면 사전에 조리해 놓고(예를 들어 browning), 그리고 원재료 식음료를 특별한 플라스틱 가방이나 파우치에 넣고, 진공포장 혹은 밀봉한 다음에 파스퇴르 온도로 증기 조리를 하는 것이다. 이 식음료는 이 상태로 소비자에게 바로 제공이 가능하며, 혹은 1~3°C로 즉시 냉장되어 0~3°C 온도로 최대 21일간 보관이 가능하다.

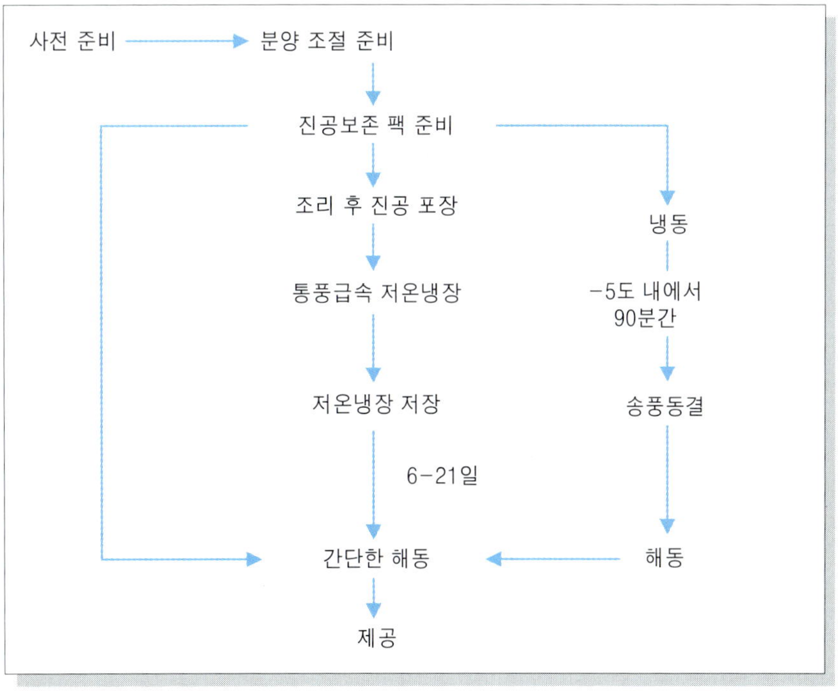

그림 7.9 수비(Sous-vide) 처리기술 진행과정 요약

과거 미국내 식음료 산업의 경우 고급 식음료 서비스 운영체계로 운영되는 레스토랑에서 자주 볼수 있는 조리법으로 대부분의 경우 진공 포장된 식음료(vacuum-sealed food)를 온도조절이 용이한 중탕을 이용한 조리방법(water bath)으로 조리하는 것이 보편적 이였으나 최근 변화하기 시작했다.

재료에서 다른 입맛과 질감을 느낄 수 있게 하는 기술을 전문 셰프는 찾으려 하는데, sous vide는 맛을 선도하는 앞선 주방에서 괄목할 만한 성과를 제공했다.' Perlik(2006)

sous-vide 방법은 3가지 방법으로 일반적인 냉장식품의 잠재적 보관 요소를 증진시킨다.

1. 플라스틱 백이나 파우치를 진공상태로 만들어 대부분의 박테리아 증식을 막는다.
2. 식음료는 대부분의 미생물의 파괴를 돕는 파스퇴르 온도 상태에서 조리된다.
3. 백이나 파우치 내에 밀봉된 식음료는 어떤 교차 오염으로부터도 저장과 재처리 기간 동안 보호된다.

냉장식음료 시스템으로 제공된 것 이외에 식음료공급자(제공자)에게 주어지는 sous-vide의 잠재적인 장점은 다음과 같다;

1. 보통의 처리과정에 비해 식음료의 향, 감칠맛과 영양소가 모두 증진되는데, 그 이유는 모든 요소가 밀봉된 파우치 안에 그대로 남아있기 때문이다.
2. 파우치는 다루고 배분하기 용이한 편리한 포장을 제공하고, 교차오염을 막아준다.
3. 일반적인 조리법에 비해 식음료의 수축이 줄어들고, 최대 20% 까지 증가된다.
4. 개별 메뉴나 기능 메뉴와 같은 각각 특별한 적용이 되어야 하는 모든 크기의 식음료 공급자(catering unit)에게 유연한 생산법을 제공한다.
5. 냉장조리법 보다 21일에 가까운 더 긴 보관시간을 제공한다.

sous vide 생산법의 단점은 다음과 같다.

1. sous vide법은 냉장조리법 보다 높은 설치비용과 운영비용이 든다.

2. 높은 생산 비용은 그 외 다른 업무의 다양한 활용을 제한하게 만들 수 있기 때문에 특정 산업분야, 특히 학교와 병원에서는 장려되지 않는 생산법이다.
3. 굉장히 높은 수준의 위생상태가 필수이다.
4. 육류나 채소류 등은 조리방식이 다르게 처리되기 때문에 이러한 특정 식음료와 같은 완전한 식사는 생산될 수 없다.

At the Mandarin Oriental, Parlo''s team uses temperature-controlled bain-maries to prepare pork belly. The pork is packaged with whole garlic cloves and cure seasoning, slow-poached for fifteen hours and cooled using ice baths or a blast chiller. For service, individual portions are sautéed crispy and paired with seared scallops.
Executive Chef Joshua Skenes attaches a $1,300 immersion circulator to a 30-litre basin for sous-vide recipes at Stonehill Tavern at the St Regis Monarch Beach Resort and Spa in Dana Point, California. He relies on the technique to tenderize tougher meats such as short ribs and to evenly cook delicate proteins, including duck breast.
"Sous vide slowly breaks down connective tissue like a braise, but braising is an extraction method while sous vide is a concentration method," says Skenes, who cooks vacuum-sealed short ribs for twenty hours at 170F.

그림 7.10 획기적인 수비드(Sous-Vide)조리 방식

더욱 최근의 sous vide법은 미국에서 다시 재생되었고, 한때 복지후생 분야에서 식음료의 대량 생산 방법으로 많이 사용되었던 것이 오늘날은 많은 상류층 레스토랑에서까지 주목을 받게 되었다(표 7.10).

음료 생산법

'음료(beverage)' 라는 용어는 알콜과 비알콜 마실 것들을 동시에 포함한다. 취향이 다른 고객에게 제공되는 음료들이 서빙되기 전에 필요한 준비의 정도가 다를수 있으나, 대부분의 비알코올성 음료의 경우에는 원료 그대로 혹은 반만 가공되는(prepared) 경우가 많으며, 알콜음료는 대부분이 완전히 가공되어져 제공된다.

1. 원 재료 음료(Raw beverages) 다른 범주들에 비해 고객에게 제공되기 까지 높은 수준의 준비를 요하는 음료로, 차와, 커피 같은 음료는 제공 가능한 수준이 되기까지 15분가량 소요된다. 예를 들어 고객이 큰 호텔의 주방에 있는 증류실처럼, 비록 몇몇 특별한 레스토랑이나 커피숍에서는 차나 커피를 만드는 설비가 식음료제공과 운영하는 전체 서비스의 일부분으로 이미 내장되어 있을 수도 있겠지만, 이들 원재료 음료의 준비는 서비스 분야와는 거리가 멀다고 할 수 있다.
2. 사전 준비된 음료(semi-prepared beverages) 이것들은 원재료 상태에서 준비될 필요가 없는 것들이며, 꼭 제공되어야 하는 것은 아니다. 사전에 준비된 음료의 예로는 물을 조금 더하기만 하면 되는 fruit cordial이 있으며, 아이스커피와 칵테일 같은 것들도 포함된다. 이런 사전에 준비된 음료의 준비는 서비스의 한 부분으로 형성되는데, 예를 들어 칵테일 바에서 칵테일혼합과 같은 쇼맨십이 그러하다.
3. 완전히 준비된 음료수(Fully prepared beverages) 이것들은 손님에게 제공되기 전에 준비가 전혀 필요 없는 것들이다. 예를 들어 병에든 과일주스, 증류주(spirits), 와인 등이 바로 그것이다. 대부분의 경우에 이들 음료들은 고객 바로 앞에서 제공되며, 바에서 제공되는 증류주나 혹은 테이블에 제공되는 와인들이 있다.

식음료공급 운영에서 음료제조의 형태는 식음료 제조법에 보완적이어야 하므로, 고품격 레스토랑에서 넓은 범위의 알콜, 비알콜 음료는 가능할 수도 있다. 그러나 구내레스토랑 운영에서는 제한된 범위의 음료가 제공된다. 그리고 차, 커피 혹은 오렌지 스쿼시같은 비알콜 음료는 자판기 혹은 차, 커피, 소프트드링크 머신을 이용해 고객들 스스로 제공받게 된다.

식음료공급 운영에서 음료 제조법은 식음료 제조법의 선택과 똑같은 중요도와 고려대상으로 수용되어야한다. 예를 들어 차나 커피는 종종 고객 식사의 마지막을 장식하는데, 이들 음료의 맛에 따라서 명성을 얻거나 망칠 수도 있다. 음료제조는 또한 서투른 직원에게 맡겨져서는 안된다. 이는 차, 커피를 만드는 증류실(stillroom)에 있는 직원이나 혹은 혼합음료나 칵테일을 만드는 바텐더에게도 해당된다. 훌륭한 음료제조를 위한 필요조건은 다음과 같다.

우수한 품질의 원재료-예를 들어 잘 혼합된 차 혹은 커피; 제조하는 작업을 제대로 수행할 수 있게 만드는 꼭 필요한 장비-잘 청소된 증류기 혹은 기기들, 만일 칵테일도 제공된다면 칵테일쉐이커나 여과기 등의 제공; 그리고 마지막으로 직원은 그들이 수행하는 임무를 반드시 잘 훈련받아야 한다. 식음료공급 구축에 있어서 음료제조의 기준이나, 음료 장비의 위생 및 청결기준은 규칙적인 점검이 필요하다. 음료제조법은 금전적 정책을 설립하는데 따라서 재정한도 내에서 수행되어야하며 설비의 수익창출의 목표대상과 맞아떨어져야 한다. 음료제조에 있어서 잘못된 운영은 설비의 전체 수익의 창출에서 상당한 결과를 끼칠 수 있으며, 같은 방식으로 식음료제조가 만들어 낼 수 있는 것 만큼이나 결점을 초래할 수 있다. 이런 이유로 충분한 시간과 숙고 그리고 재정지원이 요구되므로, 특정 식음료공급 운영에 걸맞은 적절한 방법의 음료제조가 선택되어야 한다. 21세기는 커피숍의 상당한 성장이 이뤄져왔으며, 물론 여기서는 '커피' 음료가 설비의 가장 중요한 주인공이며 주요 판매제품이다. 커피숍의 시장 비교기(market comparator)는 커피의 품질 뿐 아니라 일반적인 분위기에 따라 함께 제공되는 다른 음료도 잘 고려해야한다.

식음료 서비스 방법

소개

식음료 서비스는 식음료흐름(말하자면 식음료가 구매된 후에 소비자에게 제공되기까지)의 단계라고 말할 수 있는데, 식음료가 다 만들어진 다음에 주로 고객에게 식음료가 배송 되고 제공(시연)되는 것과 연관이 있다. 어떤 상황에서 식음료 서비스는 식음료 생산과는 별개로 식음료 서비스 시설의 개별화 덕분에 운송 요소를 포함하기도 하는데, 중앙 집중화된 냉동 식음료 운영을 보조하는 주변부서가 그것이다.

음료 서비스는 음료 생산이 완료된 후에 소비자에게 음료를 시연하게 하는 음료 흐름의 단계로 정의될 수 있으며, 음료 서비스에서 음료 생산과 실제 거리가 얼마든지 간에 제공되는 서비스 시설과 거의 무관하기 때문에 운송 요소를 거의 고려하지 않는다.

식음료 생산과 더불어, 수많은 식음료 서비스 방법들이 있다. 그러나 식음료 생산과는 달리 식음료 서비스는 고객에게 보여지는 식음료 공급 운영의 한 부분이기 때문에, 종종 레스토랑의 이런 면들이 시설의 명성을 쌓거나 훼손하는 역할을 한다는 것을 꼭 기억해야한다. 여기서 중요한 점은, 식음료 서비스 운영에서 고객의 성격을 날카롭게 만들 수 있는 것들이 서비스 카운터 또는 테이블에서 발생한다는 것이다. 고객의 서비스 사이클(Customer service cycle)은 많은 산업분야에서 사용되어 명확히 정의되어있는 경로로 따라가게 되어있는데, 그것은 직원에게 불만 사항을 토로하는 것; 직원이 그 문제를 경영에 반영하여, 그 문제를 조사하고 해결책을 짜고, 그 해결책이 고객만족에 긍정적으로 작용하여 마지막으로 이것들이 직원에게 다시 연계될 수 있는 등을 말한다. 만약 식음료 서비스법이 성공적이라면, 틀림없이 식음료 서비스 관점에서 발생하는 문제에 대한 확실한 이해가 가능하다. 따라서 어떤 식음료 서비스 방법에서든지 마주칠 수 있는 근본적인 필수조건들은 다음과 같다.

1. 그 장소에서 적극적인 소비자와 직원의 피드백 과정을 확인하기.
2. 선택된 시스템은 식음료 공급 시설의 전체적인 개념(concept)을 반드시 따를 것과, 고객의 돈의 값어치를 인식할 것.
3. 예를 들어 뷔페나 고객 앞에서 구운 고기를 저며서 차려주는 carvery처럼 식음료를 구매력이 생기게끔 전시하여 보여주거나, 식음료의 온도, 모양과 영양소의 품질을 보존하기 위한 시설을 제공하는 능력.
4. 우수한 품질 관리의 제공. 이것은 수많은 부분의 비슷한 식음료 제품이 판매용으로 제공되는 장소의 셀프-서비스 전시 보관함(cabinet)에서 특히 중요하다
5. 효율적인 서비스를 제공. 만약 고급 레스토랑에서 식사한다면, 고객은 일반적으로 더 많은 시간을 보내며 식사를 즐길 것이다. 반대로 예를 들어 셀프-서비스 구내레스토랑 같은 곳에서 너무 느리게 서비스를 제공해서는 안 된다.
6. 환대와 매력적인 분위기 제공; 지속적으로 체계성과 청결성이 강조되어야 한다.
7. 위생과 안전에 있어서 우수한 수준을 유지. 식음료와 기구가 오염될 빈

도는 다양한 사람의 손을 거치거나 식음료가 놓여있는 시간이 늘어남에 따라 증가한다. 박테리아의 증식을 막기 위한 올바른 온도를 유지하는 것을 보장하기 위해 가능한 모든 주의조치를 취해야 한다. 식음료와 손의 접촉을 최소화하고 식음료를 다루는 기구의 접촉도 최소화 시켜야 하며, 모든 직원은 개인위생상태를 깨끗이 유지하는 훈련을 해야 한다. 또한 직원들이 식음료 기구를 다룰 때에는 반드시 안전하게 다뤄야 하며, 그들은 기구를 활용하고 작동시킬 때 완벽하게 지침을 숙지해야한다.

8. 시설의 비용과 이익 목표 내에서만 운영. 그것은 식음료 공급과 재정적 방침에 상세히 기술되어 있다.

이러한 기본적인 필요조건들은 단순하든 수고스럽든지 간에 어떤 식음료 서비스 운영에 있어서도 충족되어야 한다. 특정 식음료 서비스 방법에 관련된 다른 더 상세한 요구조건들은 이번 챕터에서 나중에 다양한 서비스방법의 제목에서 자세히 논의될 것이다.

식음료 서비스 방법

주방에서 만들어진 식음료가 고객에게 전달되기 위해서, 몇몇 형태의 식음료 서비스가 필요하다. 이것은 식음료가 고객의 테이블까지 전달되는 고급 레스토랑 또는 호텔에서 제공되는 최고 서비스로부터 고객이 서비스 카운터에서 자기식음료를 직접 담아야하는 평범한 셀프 서비스들의 카페테리아까지 다양하다. 전통적으로, 풀 웨이터 서비스가 식음료 서비스에서는 압도적으로 가장 많은 방법이었다. 그러나 외식을 할 때 격식을 파괴하는 비율이 높아짐에 따라서, 비용 상승은 생산성 증가의 필요성이 높아짐에 따라 다른 형태의 식음료 서비스 방법과 발전된 형태로 이끌어 갔다. 이들은 전통적인 구내레스토랑과 다른 많은 파생시설들, 카운터 서비스(counter service), 포장식음료 서비스(take-away foods), 자판기 시스템, 그리고 수많은 쟁반을 활용한 서비스 시스템들처럼 복지시설분야에서 활용되던 것들을 포함한다.

시설에 의해 채용된 식음료 서비스 경향은 상호 밀접한 관계가 있는 요소에 따라 좌우된다. 그것은 시설의 형태, 예를 들어 저가 식음료를 제공하는 산업

구내레스토랑, 또는 더욱 다양하고 값비싼 식음료가 제공되는 고품격 레스토랑; 연관된 식음료 생산법의 형태에 따라서 다른데, 예를 들면 전통적 혹은 종래의 생산법을 이용하거나, 혹은 sous vide와 같이 비교적 최근의 방법을 활용할지가 있다; 식음료를 제공받는 고객의 타입이나 제공되는 메뉴의 타입에 따라; 직원의 가용여부나 그들의 숙련도에 따라; 사용가능한 공간과 마지막으로 비용과 설비의 이익목표(profit target)에 따라서, 또 투입 가능한 재정지원 고려여부에 따라서 결정된다.

몇몇 운영에서 한 가지 이상의 식음료 서비스 형태가 같은 시설에서 제공될 수 있다; 예를 들어 큰 사무실의 구획에서는 대부분의 직원들이 사용하기 위한 구내레스토랑이 있고, 중간급 관리들이 이용 가능한 쟁반 식음료 서비스가 제공되는 웨이터 서비스 레스토랑과, 그리고 최고 수준의 경영진이 사용하기 위한 최고급 식음료 서비스를 제공하는 레스토랑이 있다. 한 가지 이상 등급의 식음료 서비스가 제공되는 곳에서는, 다른 운영법들이 한 주방으로부터 제공된다. 비록 건물의 교차된 부서(cross section)때문에 여러 다른 등급 고객을 위한 큰 규모의 사무실 구획에 맞춘 식음료공급(office blocks catering)이 이뤄지고 있지만, 실제로는 여러 주방이 사용되어야 한다.

그러나 식음료 서비스 방법이 어떤 것이든 간에, 외식은 즐거움을 줘야 한다. 운영의 주요 목적은 고객에게 적절한 온도로 만들어진 우수한 품질의 식음료를 우아하게 제공 받음과 동시에 고객의 인정을 받는 것(ensure acceptability)이다. 사용되는 서비스 방법은 조직의 정책과 목적과 부합하여 경제적으로 잘 조화를 이뤄야 한다. 이는 업장으로부터 효율적으로 구성된 식음료 서비스 설비를 요구하는데, 그것은 식음료 서비스 운영의 모든 면이 고려되어야 하고, 특히 식음료공급이 되는 시장이 고려되어서 고객의 필수 요구조건이 잘 반영되어야 한다.

식음료 서비스 방법의 분류

이 책의 목적에서 알 수 있듯이 식음료 서비스 분류화는 다음과 같이 크게 3가지(셀프서비스, 웨이터 서비스 그리고 특별 서비스 형태)로 분류되며 대부분의 서비스 형태는 이중 한 가지에 포함되는 경우가 많다.

셀프-서비스

현재 운영 중인 가장 간단한 식음료 서비스 방법은 셀프서비스 방법이다. 셀프 서비스 방법은 서비스 직원이 테이블에 오지 않으며 고객의 시중을 들지 않고, 고객 스스로가 식음료를 고르고, 포크 나이프 그릇 등을 직접 준비해서 식사 장소로 가져오는 것이다. 이러한 방법은 완벽히 셀프서비스라 볼 수 있는데, 벤딩 운영(vending operation)과 같은 것이다. 혹은 셀프서비스로 도움을 받는데 예를 들어 구내레스토랑 운영처럼 카운터 직원만 있어서 고객이 접시에 식음료를 배분받거나 건네받을 때에만 도움을 받도록 되어있다.

구내레스토랑 타입의 서비스를 선택하는 두 가지 주요 이유는 속도와 경제성이다. 이러한 시설은 대규모 단체 손님에게 제한된 인원으로 빨리 식음료를 제공할 수 있다. 근본적으로 구내레스토랑은 서비스 카운터에 직원만 배치되어 있어서 고객은 식음료가 준비된 곳에서 선택하기 전에 먼저 눈으로 식음료를 볼 수 있다. 카운터에는 식음료가 배치되어 다양하게 가열 혹은 냉동된 식음료가 구성되어 있다.

Warsaw Hotel Finds Innovative Way to Use Induction Technology

Marriott Warsaw International Airport Hotel의 Brasserie Restaurant 최근 뷔페에 제공되는 식음료를 위한 첨단 조리기술 설비를 완비하였다. 새로운 조리기술은 다름 아닌 "인덕션"설비로 기존의 가스나 기타 화석연료를 이용하는 대신 전기로 열을 발생시켜 음식을 보온하고 쉽게 온도를 조절할 수 있어 서비스 종사원들의 편의를 도모하는데 큰 공헌을 하고 있다. 뉴욕에 위치한 Tishman Hotel Corp의 임원인 Randy Villareal은 인덕션의 특징과 장점을 극찬하였다. "인덕션은 그릇이나 용기 자체에 열을 전도시키는 것이 아니라 세라믹으로 만들어진 용기내부와 담긴 음식물에만 열을 전도 시키는 기능을 가지고 있어 기존의 조리법의 단점인 용기에 발생하는 그을림이나 음식물이 타는 경우가 없으며 열을 발생시키지 않기 때문에 화구 및 주변에 열이 발생하지 않아 쾌적한 환경을 만든다. 인덕션은 기본적으로 불을 발생시키지 않기 때문에 사고의 위험 또한 적다".

이러한 뷔페를 위한 전문 인덕션 기술은 프랑스 제조업자 팀에 의해 맞춤형식으로 제작되었으며 최초 깨끗하고 멋있어 보이는 것에 그 목적이 있었다고 해도 과언이 아니었다.

Warsaw는 뷔페 전체 인덕션 설비에 총 $ 22,000 달러가 소요되었다고 설명하였으며 이것을 뷔페 하나를 위한 설비금액으로 본다면 결코 적은 지출은 아니었다. 또한 인덕션 설비에 따른 특수 용기 구매의 지출은 설비 지출을 넘어서는 수준이었다. 그러나 Villareal 은 불필요한 에너지를 절약함에 따라 ROI(Return on Investment)는 오히려 60% 이상을 기대할 수 있으며 전체적으로 보았을 때 설비 및 용기구매에 사용된 지출보다 불필요한 에너지 사용 지출을 줄이고 그에 따른 관련 비용이 줄어듦에 따라 발생하는 이익이 더 크다고 설명하였다. Villareal은 인터뷰 말미에서 "아직 미국 내 많은 호텔 및 일반 레스토랑들이 인덕션의 사용을 주저함에 따라 교체율이 빠르지 않으나 나는 인덕션을 "미래의 주방" 이라고 믿는다" 는 그의 말처럼 Marriott Hotel 그룹은 현재 전 세계에 퍼져있는 자사 계열의 호텔에서 사용할 수 있는 인덕션 시스템의 보급 계획에 착수했다.

그림 7.11 식음료 산업내 인덕션 조리 기술 이용 사례 (출처: Strauss, 2004)

전통적인 구내레스토랑

전통적인 구내레스토랑의 배치는 곧은 일직선 카운터(식음료대)로 구성되어 있는데, 고객이 줄 끝에 서서 트레이를 들고 카운터를 계속 따라가면서 메뉴를 고르는 식이다. 트레이 레일은 고객이 식음료를 고를 때 라인을 따라 트레이를 편하게 이동할 수 있게 도와준다. 서비스 카운터와 식사장소는 레일이나 칸막이(partition)로 구분되어있고, 선택된 메뉴에 대한 지불은 대개 줄의 끝에서 계산하는 직원에 의해 이뤄진다.

구내레스토랑 라인을 통한 흐름 비율(rate of flow)은 제공된 식음료의 선택 다양성을 포함한 여러 요소에 따라 달라진다. 따라서 라인의 길이, 구내레스토랑의 배치에 대한 고객의 친숙함정도, 그리고 계산대의 신속성이 바로 그것이다. 한 줄로 구성된 구내레스토랑의 경우, 분당 4~6명의 고객수가 타산성이 맞다. 한편 학교 구내레스토랑의 경우는 8~10명 정도면 무난하다.

전통적인 카페테리아 배치를 통한 고객 흐름의 비율은 하나 이상의 줄을 설치할 때 늘어날 수 있다. 예를 들어 서비스 시설과 그 사이에 나란히 배열시킨 카운터 라인이 바로 그것인데, 전통적인 일직선 줄에서 제공되고 그 줄을 구내레스토랑 안에서 다른 형태로 배치되는 식음료 배치(stations)나 혹은 식음료 줄(banks)로 대체함으로써 고객을 더 많이 증가시킬 수 있으며 그러한 형태(layout)가 '개방형' 구내레스토랑(free-flow) 이란 이름으로 아우러져 있다.

개방형 구내레스토랑

이런 형태의 카페테리아는 또한 '속이 빈 광장 (hollow -square)' 으로도 알려져 있다. 뜨겁거나 차가운 식음료를 위해 분리된 카운터는 대개 방 하나의 3면을 따라 설치되 있는데, 이것의 4번째 면은 출입인원을 위해 개방되어있으므로, U자형 식음료 배치가 형성된다.

개방형 구내레스토랑(free-flow cafeteria)에서 식음료배치(food stations)는 카운터의 오른쪽에 있거나, 코너의 가장자리에 놓여있다. 크루즈 배 카운터는 일반적으로 중앙에 배치되어 있으며 사이드와 내부 모두에 개방형 좌석과 함께 설치되어있다. 다른 형태와 크기의 물리적인 역학관계를 고려하여 고객의 이동 흐름에 따른 무게중심의 흐름을 설정하는 능력은 이런 형태의 서비스의

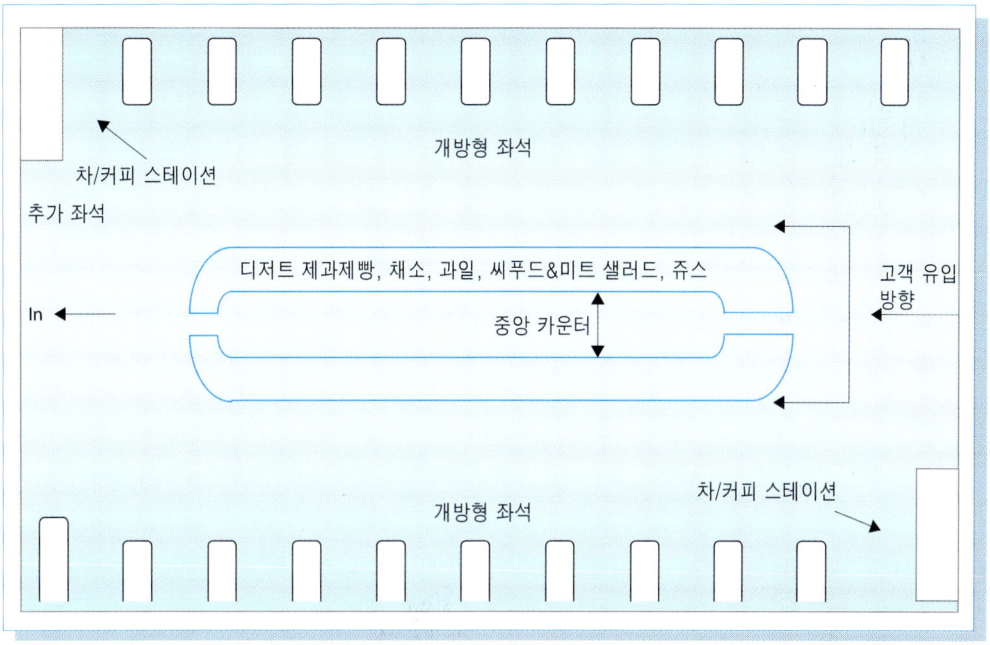

그림 7.12 전형적인 크루즈 내부 까페테리아 레이아웃 동선 모델

매력이라고 할 수 있다. 레스토랑 안으로 들어가는 고객들은 식음료를 기다릴 필요 없이 바로 본인이 선호하는 식음료코너로 가면되며 아주 바쁜 시간대에는 인기 있는 식음료코너에는 이례적으로 줄을 설 수도 있을 것이다.

음료 섹션은 광장 한 가운데에 설치되어있거나 또는 식사 공간 주변에 설치되어있는데 이는 고객이 식사 중에 손쉽게 닿을 수 있게 하기 위함이다. 그러나 이용자가 지나다니는 곳이 붐빌 때에는 식음료를 공급하는 곳(supplying stations)을 적절히 배치하여 흐름을 유연하게 하는데 특히 중앙에 위치하여 식음료를 공급하는 것을 예로 들 수 있겠다.

개방형 구내레스토랑은 또한 주문한 고객에게 번호를 부여하며 주문을 확인 제공하는 콜오더 서비스(Call Order)로 조리되는 서비스 코너를 운영할 수 있으며 이곳에서 그릴(Grill) 조리나 튀기는 식음료들의 조리가 주문가능하다. 이것은 일반 구내레스토랑과는 달라서 줄은 꾸준한 움직임을 유지시켜주고, 기존의 서비스 시설의 변동이나 추가시설 없이 활용이 가능하다.

개방형 서비스법은 특히 한꺼번에 도착한 많은 수의 사람들에게 제공하는데 유용한 방법이므로 식음료 서비스에서는 확산 서비스 법(scatter approach)이라고 한다.

오늘날의 크루즈 이용객은 과거 어느 때보다 선택의 폭이 넓다. 전세계 최대 규모를 자랑하는 크루즈 선박회사들–Norwegian, Carnival, Princess, Royal Caribbean, Cunard, Seabourn에서 운영하는 크루즈 선박 내에는 다양한 종류의 식음료 서비스가 제공된다. 일식, 태국요리, 스테이크 하우스, 프랑스요리 등 다양한 전 세계 요리를 맛볼 수 있다. Tobler Report는 이러한 일련의 상황을 이렇게 표현했다. "우리는 우리의 고객이 누구인지 정확히 알고 있습니다. 이용고객들의 인종, 종교, 소득, 거주, 나이, 성별, 직업 등 정보를 수집 분석하여 그것을 바탕으로 메뉴를 기획합니다. Poirier는 "스시에서 고멧(Gourmet) 까지 최신 트렌드에 맞추어 고객이 원하고 메뉴를 지속적으로 교체하고 변화되고 있습니다. 현대사회의 식음료 서비스가 시간의 제약을 벗어나 24시간 서비스 체제에 들어온 순간부터 서비스 인력 수요가 증가하기 시작하였고 따라서 함께 업무를 하는 일선 매니져(Middle Management)들의 역할이 어느 때보다 중요합니다. 라고 설명하였다.

프리스타일 크루징: Tobler에 따르면 Norwegian Cruise Line은 2000년 5월부터 "프리스타일 다이닝(Freestyle Dinning)서비스를 제공하고 있다고 하였다. 선박내 모든 고객은 언제라도, 어디서라도, 누구와 함께라도 그들이 원할 때 다양한 종류의 메뉴로 식사가 가능한 서비스를 제공받을 수 있다. 식사시간은 5:30 PM ~ 12 Midnight 까지로 개인에 따라 다른 식사시간대를 모두 충족시킬 수 있다.

그림 7.13 크루즈 내 변화하는 외식 유형과 서비스

이런 타입의 구내레스토랑 배치는 분당 15~20명 정도의 고객을 서비스 할 수 있으며, 고객이 이 형태에 일단 익숙해지면 수용인원은 더 늘어날 수 있다.(표 7.13)

식사에 대한 지불은 비록 크루즈 선박에서는 지불이 선불로 이뤄지긴 하지만 대개 모든 식사에 대한 고객들이 개방형 구역에서 떠날 때 이뤄지며, 표준화된 구내레스토랑에서는 일반적으로 지불 가능한 구간이 많이 있어 몇몇 고객들에게 동시에 지불할 수 있게 해준다.

전통적이거나 또는 개방형 구내레스토랑 시스템과 같은 경우 모두 식사도구, 양념 소스, 마시는 물의 위치는 지불구간(cash point)을 지나서 있는데, 이것은 흐름을 유연하게 하기 위한 것이다. 그것은 고객들이 항상 어느 식탁에 앉을 수 있는지 명확히 알 수 있게끔, 호감도가 발생할 수 있을 정도로 명확하게 나타내는 방법 또한 고려해야할 중요한 사항이다. 이러한 서비스를 명확히 하는 이 방법은 이것을 전담하는 직원을 채용하거나 혹은 고객이 그들만의 식탁을 명확하게 하도록 고객에게 알려 줌으로서 가능케 된다.

회전식 선반

회전 선반이나 또는 회전식 서빙기(server)는 다른 높이에서 움직이는 여러

회전선반(대개 3개)으로 구성되는데, 이것들은 대개 직경 6피트와 분당 1회전하게 되어있다. 식음료는 주방으로부터 차갑거나 뜨거운 쟁반식음료가 식탁까지 회전선반을 통해 전달이 되어야 한다.

전형적인 carousel의 형태는 다음과 같다. 아래 선반은 샐러드나 달콤한 케이크와 같은 차가운 식음료를 수용한다. 이 선반은 대개 미리 냉장고에서 차갑게 만든 식음료를 제공하는데 잘게 부순 얼음을 바닥에 깔아 식음료가 공급되는 시간동안 낮은 온도를 확보하기도 한다. 만약 뜨거운 식음료 선반이 차가운 식음료 선반 위에 위치해 있다면 그것은 뜨거운 기운이 아래쪽의 차가운 선반에 영향을 주지 않도록 해준다. 맨 위의 선반에는 롤빵이나 버터 등이 놓여있게 된다. 쟁반, 식사도구, 냅킨이나 음료수도 (때론 이런 품목들도 돌아가는 선반위에 놓여져 있기도 하지만) 일반적으로 carousel에서 떨어져서 따로 배치가 되어야 한다.

회전식 선반 장치는 고객들이 가만히 있는 채로 원하는 식음료를 선택할 수 있도록 여러 개의 식음료차림 구간(servery)으로 구성되어 있어, 각각의 회전선반위에 식음료를 올려놓게 된다. 지불은 회전선반의 레스토랑 방향에 있는 계산직원에게 하면 된다. 이 회전식 선반은 시간당 500~720명 정도 서비스가 가능한데, 분당 8~12명에 해당한다. 이런 고객흐름 비율은 여러 요소에 좌우되는데, 회전식 선반에 배치에 친숙함정도, 제공된 식음료의 범위, 회전선반이 운영자에 의해 선반이 리필 되는 비율(속도)에 따라 달라질 것이다.

이 회전 선반은 비록 이 방법이 활용된다면 효율적으로 작용할 듯 하지만, 식음료공급 산업에서 실제로 식음료 서비스 방법으로 큰 범위까지 사용되지는 않는다. 다만 실제로 식음료공급 운영에 적합한 형태의 식음료 서비스인데, 예를 들어 이 서비스 방식에 익숙하지 않은 늘 새로운 고객이 찾는 업장 보다는 직원구내레스토랑처럼 관습적으로 반복되는 곳에 적합하다. 회전 선반은 비록 특별한 세부 요구사항이나 제한을 두는 특정 식음료공급 운영에서는 특히 적합할 수 있겠지만, 식음료 서비스 방법으로는 제한된 활용범위를 갖고 있다.

자판기

오늘날 vending은 말 그대로 자판기와 같은 용어가 되었다. 그것은 또한 '자동소매 판매'(automatic retailing) 나 '전자 구내레스토랑'(electronic cafeteria)

핵심 사항

1. 자판기는 기종에 무관하게 동전 또는 지폐를 입출금하여 운영되는 시스템이며 기종자체의 성능 보다는 내용물의 변화에 더 영향을 받는 만큼 기계 자체의 가치하락폭이 적다. 이러한 자판기의 성능을 대체할 수 있는 대체설비는 가격이 높으므로 자판기 사업을 대체할 사업은 현재까지 뚜렷이 개발되지 않았다
2. 자판기 판매 실적을 보면 3가지 분야에서 월등하게 높은 판매수익이 발생하는 것을 알 수 있다 – 음료수, 담배, 스낵류(과자류 포함)와 간단한 간편 식사류. 이중 가장 판매율이 높은 분야는 음료수 이다.
3. 음료수 부문 판매기록을 보면 온 음료 관련하여 유기농, 신선도, 사회 도덕적 중점의 음료가 주류를 이루었고, 냉음료 부문 에서는 기존의 캔 용기를 사용하던 제품에서 플라스틱 병에 담겨있는 음료쪽으로 판매율이 이동하는 것을 볼 수 있다
4. 스낵(과자류 포함)과 간편한 식사 부문 판매에서는 과자류 부문이 가장 높은 판매율을 보였으며 특히 교육기관 내에서의 판매율이 높게 조사되었다. 그러나 기본 영양소의 기준 공시 정책 후 판매량의 증가는 멈추었다.
5. 담배 자판기 판매량은 높은 증가율을 보였는데 이는 여러 가지 외부적 요인에 영향을 받을 것을 알 수 있다. 첫째로, 24시간 운영을 하는 편의점등에 의한 상승작용과, 둘째로 증가하는 광고비에 따른 자판기의 변화 그리고 마지막으로 영국 전역에서 시행되는 금연법 및 금연 캠페인에 따른 풍선효과로 볼 수 있다.

그림 7.14 자판기 운영의 특징 및 핵심사항 (출처: Mintel Report, June2007a,b,c)

으로 알려져 있기도 하다. 이것은 동전이나 신용카드 지불을 통해 고객에게 제품을 파는 기계를 포함하기도 한다. 벤딩이 2차 세계 대전 이전에 영국에서 주로 초콜렛과 담배를 파는 기계로 소개되었지만, 음료수와 스낵에 대한 것은 1950년 이후에 와서야 설치가 되었다. 자판기 판매제품에 대한 시장은 지난 50년 동안 지속적으로 발전해왔다. 음료수 자판기 분야 안에서, 캔음료, 곽음료(cartons)나 병은 1996년까지 근 30년 넘게 발전해왔고 과거 10년 동안 스낵 식음료가 가장 많이 팔렸다고 볼 수 있다.

자판기 판매제품에 대한 시장은 다변화 되었고 다음의 3가지 분야로 그룹이 된다.

1. 일반적인 시장의 자판기와 그 판매제품은 일반 대중이 대개 접할 수 있는 장소에 설치되어야 한다. 예를 들어, 쇼핑장소, 고속도로 서비스 구역, 주차장 앞마당, 공항, 항구, 여객선, 철도, 버스 터미널, 도서관, 수영장, 각종 레저 시설, 운동장, 전시회장, 영화관이나 극장 등이 바로 그렇다.
2. 산업적인 시장은 자판기를 회사 내에 적절한 곳에 설치되어야 한다. 영국에서 회사의 80%는 자판기가 설치되어 있다.

3. 제도적인 시장은 병원, 학교, 감옥, 대규모 스포츠 경기장, 대학, 호텔에도 자판기를 설치하는 것이다.

이런 자판기 설비의 범위는 두 가지 주요 그룹으로 나눠진다.

1. 음료 자판기　음료 자판기는 지난 30년간 자판기의 가장 큰 판매 비중을 차지해왔고, 이에 따라 식음료 자판기 보다 더 많은 형태의 발전이 이뤄져 왔다. 이것은 후에 다시 자세히 언급될 것이다.
2. 식음료 자판기 또는 상품판매자　식음료 자판기는 단 식음료, 스낵, 쟁반식 음료 등의 다양한 식음료 제품을 자판기를 통해서 판매한다. 그리고 대개 다음의 3가지 형태의 기계 중 하나에서 자판기를 통해 판매한다.
   a) 스낵 자판기: 단 식음료, 바삭한 과자, 비스킷 등은 일반적으로 이런 품목들이 오랫동안 보관이 가능하고 주변온도에 영향을 덜 받으므로 특별한 온도 관리가 필요치 않다. 이런 요소 때문에 최소한의 물품보충을 제외하고는 기계의 운영비용을 최소로 유지할 수 있다.
   b) 냉장 자판기: 샌드위치와 롤 같은 것은 전시 보관상 제약이 있어 유통 만료 기한의 도장을 꼭 찍혀 있어야하고 냉장 기기를 통해서만 판매가 되어야 한다. 보관 온도는 2 ~ 5°C 사이를 유지해야한다. 이런 온도에서 식음료는 2~4일 정도 보관이 가능하지만, 어떤 가공품의 경우에는 24시간만 보관가능하기도 한다.
   c) 뜨거운 식음료를 판매하는 자판기: 이 자판기는 많은 방법으로 판매가 된다. 첫 번째는 6시간동안 약 69°C의 그릇에 담겨 식음료의 온도를 유지해야 하는 가열식음료 자판기이다. 두 번째는 대개 몇 가지 품목선택을 제공하는 뜨거운 캔 판매기이며, 수프나 구운 콩, 파스타, 캔으로 된 식사류의 선택은 68도에서 관리되어야 한다. 돈을 구멍에 넣으면 뜨거운 캔이 일회용 용기, 식사 도구와 함께 나오며, 이 캔은 맨 위의 고리를 잡아당기면 쉽게 개봉된다. 세 번째는 냉장시설 가까이 있는 전자레인지 오븐을 사용하는 것이다. 조리된 식음료는 주방 직원에 의해 그릇에 담기고 급속으로 식혀진 후 냉장시설(refrigerated merchandiser)로 보내진다. 만일 주방 설비가 여의치 않으면, 바로 먹을 수 있게 이미 그릇에 담겨진 요리나 반쯤 조리된 식음료 상태로 공

급자로부터 제공된다. 이러한 제품들을 그릇에 담은 다음에 자판기에 넣는다. 이 식음료는 전자레인지에 놓이면 가열되는데, 이 전자레인지는 다른 종류의 식음료를 조리하기 위해 자동 시간 조절장치가 달려있고, 동전이나 코드(code)가 전자레인지로 투입되면 작동이 된다. 식음료가 완전히 데워지기까지 시간이 걸리는데 그 소요시간은 스낵 품목이냐 아니면 식사 품목이냐에 따라 달라진다. 스낵 품목은 냉동 상태에서 가열되기까지 10~30초정도 걸리며, 식사 품목의 경우 40~60초까지 걸리기도 하는데, 이것은 식음료의 양, 깊이와 전자레인지의 공급전압에 따라서도 달라진다. 뜨거운 식음료 판매가 가능할 만큼 오늘날 자판기의 활용 범위는 매우 넓지만, 주로 스낵과 샌드위치가 큰 비중을 차지한다.

위의 각 그룹의 자판기 형태는 자판기에서 판매되는 제품의 종류에 따라 좌우되며(표7.15), 과자류(confectionery)와 미리 포장된 제품은, 아래로 꺼낼 수 있게 서랍형식으로 간단히 만들어진 자판기 형태가 사용된다. 그것은 무료 스탠딩 타입이이거나, 벽에 고정되는 타입 또는 고정된 면에서 설치될 수 있는데 전기 또는 물 공급이 필요 없다. 스낵과 샌드위치 자판기는 전력 공급만 필

	2002		2004		2006*		변동 점수 비율 %
	단위: 1천개	%	단위: 1천개	%	단위: 1천개	%	2002-2006
과자류/스낵	78.9	79	85.8	80	96.0	81	21.6
그 외 음식류/간편한 식사	21.4	21	21.6	20	21.9	19	2.3
합계	100.3	100	107.5	100	117.9	100	17.5

그림 7.15 영국 자판기 산업 분야별 개수(과자, 스낵, 식음료 부문)

요 하고 판매 제품은 쉽게 소비되기 때문에 자판기는 병원 밖이나 호텔복도, 잠정적 이용 고객이 밀집되어 있는 장소의 가까운 곳에 설치될 수 있다. 그릇에 담긴 간단한 식사를 판매하는 자판기는 레스토랑 근처나 주방설비 근처에 설치되어야 한다. 어떤 자판기 종류는 물건을 채워 넣기 쉽게 하고, 부엌 앞에 자판기가 위치하기도 하고, 식사장소 바로 앞에 자판기가 자리 잡기도 한다.

이런 형태의 기계는 회전식 드럼이나, 회전식 선반 디자인을 하여 원하는 품목을 가까이 오도록 하고 플라스틱으로 만들어진 개폐형 문(flap door)을 통해서 전시대에서 꺼내가는 방식이다.

특별한 시설에 설치된 자판기의 설치대수는 식음료 공급 횟수, 자판기 사용빈도, 직원이 자판기 이용을 위해 이동하는 거리 등에 따라 좌우된다. 음료 자판기는 대략적으로 150~250명의 고객을 수용할 수 있고, 모든 자판기 서비스가 제공될 때, 식품, 음료 자판기가 2대가 50~100명 정도의 고객에게 서비스가 가능하다. 많은 시설에서 자판기를 운영상 필요하다고 해도, 대개 식음료공급용으로는 잘 쓰지 않는다는 것을 알릴 필요가 있다. 하지만 종종 단순히 레스토랑을 보충하는 역할로 설치되기도 한다. 그러므로 식음료공급 운영상 구내레스토랑 배치와 자판기 배열의 조화가 필요하다. 자판기는 가급적이면 구내레스토랑의 식단과 중복되지 않는 간식거리와 음료를 제공할 필요가 있다.

자판기를 사용할지에 대한 기본적인 질문은 단체의 식음료 공급과 재정적인 정책에 대한 충분한 고려와, 자판기가 제공해야 하는 것이 무엇인지에 대한 평가가 내려진 다음에 이뤄져야 한다.(표 7.16참고) 자판기와 관련된 주요 장점은 다음과 같다;

1. 유연성(Flexibility) 벤딩은 24시간 식음료 서비스를 제공할 수 있고 그것은 다른 식음료 제공 서비스와 같이 제공되거나 아니면 단독으로 실행될 수 있다. 구내레스토랑이 열려있을 때에만 사용 가능한 것과 달리 고객들은 그들이 원할 때 자판기를 사용할 수 있다.
2. 상황(Situation) 자판기는 예를 들어 사무실 복도에서처럼 고객 시장으로 더 근접할 수 있다. 이처럼 일터에서 간단한 스낵이나 음료를 사기위해 줄을 서야하는 시간낭비를 줄여준다.

   고객들은 또한 그들의 일터로 자판기에서 뽑은 음료를 가져와서 소비하

- 과거의 자판기와 달리 현대의 신형 자판기는 다양한 종류의 뜨겁거나 차가운 식음료 제품을 판매가능하게 되었다. 그러나 이러한 기술의 발달 및 제품의 다양화에도 불구하고 지난 5년간 소비자의 자판기를 통한 식사류 제품 구매 수익은 그다지 변화되지 않았다.
- 이러한 수익지표는 자판기의 식사류 제품 판매에 대한 소비자의 생각을 단편적이지만 확실하게 보여주는 좋은 사례이다. 확실히 소비자는 자판기에서 판매되는 제품을 식사대용이기 보다는 식사와는 별개 또는 도움이 되는 정도의 제품으로 인식하고 있는듯하다.
- 그러나 이러한 일반적인 소비자들의 생각과는 달리 특정한 분야에서는 자판기는 필수적인 아이템으로 자리잡았다. 예를 들어 24시간 운영되며 따라서 고용주는 근무 중인 직원에게 시간에 구애받지 않고 식음료를 제공해야 하는 의무가 있는 경우가 그렇다. 이럴 경우 자판기를 통한 다양한 제품의 제공이 가능하며 그러한 제품을 제공하는데 있어 소요되는 지출경비의 절감효과를 본다면 아마도 자판기 통한 방식을 능가하는 운영방식은 아직까지 없다고 봐도 좋을 것이다.
- 최근 들어 자판기 기계에 대한 기술적 개발덕분에 보다 많은 회사들이 다양한 식사대용 제품들을 선보이고 있으며 특히 자판기에서 판매되는 뜨겁거나 차가운 식사류 제품에 대한 소비자의 선입견은 Selecta's Steamplicity 나 Bon Appetit's The Little Tasty Food Outlet and Feed Rapide 등과 같은 전문 업체에 의해서 빠르게 변화되고 있다.

그림 7.16 자판기에서 판매되는 뜨거운 식사류 제품에 대한 낮은 소비자 요구

출처: AVA Mintel Report, June 2007a, b, c

는 경향이 있다. 따라서 구내레스토랑까지 가서 시간을 낭비할 필요가 없는 것이다. 이동식 자판기는 또한 식음료공급 시설로부터 편의를 받지 못하는 지역에서 사용될 수 있는데, 예를 들어, 대규모 산업 복합단지가 바로 그러한데, 자판기들은 주요 주방과 식사할 장소로부터 약간 떨어진 곳에 설치되어야 한다.

3. 품질관리(Quality control) 품질에 있어서, 자판기는 공급업자로부터 제공받은 제품을 꾸준히 판매할 수 있는데, 특히 음료, 밀봉된 스낵, 그리고 간단한 식사를 제공할 수 있다. 주방에서 사전에 준비된 식사는 또한 엄격한 품질과 배분 관리 하에서 자판기를 통해 제공될 수 있다.
4. 위생 관리(Hygiene control) 제품에 손이 덜 타는 자판기 판매된 식음료는 제품의 오염가능성을 줄일 수 있다. 많은 음료 자판기는 현재 자가 청결 기능을 탑재하고 있다.
5. 운영 관리(Operating control) 노동력이 절감되고 따라서 일단 청소 후 저장된 자판기 최소한의 유지용이 들기 때문에 노동 비용을 줄일 수 있다. 낭비, 좀도둑질, 돈 분실 또한 거의 없어야 한다.

6. 속도(Speed) 자판기는 제품을 신속히 판매할 수 있는데, 예를 들어 신선하게 준비된 칩을 제공하는 hot chip 자판기는 항상 표준화된 정상 제품을 정가에 판매한다.
7. 판촉판매(sales promotion) 자판기 판매 제품은 외관상 매력적으로 보이므로 '충동구매'를 가능케 한다. 특히 투명한 전면유리 뒤에 전시된 판매기(GFMs: glass-fronted merchandisers)는 신선한 과일과 달콤한 제품 등을 전시할 경우 더욱 그러하다.

자판기판매의 단점은 다음과 같다.

1. 비인간적임(Impersonality) 자판기는 사람의 손길이 부족한 탓에 몇몇 고객들은 기계를 통하기보다 항상 전통적인 방법으로 서비스된 식음료를 선호한다.
2. 제품의 비탄력성(Inflexibility of the product) 자판기로는 판매가능한 제품의 범위가 제한적이다. 그러나 오늘날 자판기는 더 폭넓은 선택사양을 제시하고, 특히 음료수는 상당한 비율로 고객들을 사로잡았다.
3. 신뢰성 과거 자판기에 대한 불만족 중 주요한 이유는 동전이 가끔 기계에 걸리고 기계는 그것에 대한 서비스를 해주지 않기 때문이다. 이것은 기계에 화풀이 하거나 공공기물 파손을 일으켰다. 자판기의 동전투입 시스템이 소개된 이후 정기적으로 외국동전이나 나사받이(와셔:washer) 이외의 것들을 투입하여 걸림이 발생해왔다. 전기 장치가 지속적으로 발전하여 대부분의 신형 자판기 안에도 적용이 되었다. 위조된 동전을 추적할 수 있고 기계가 받아들이지 않아 기계가 오작동을 하지 않게 된다. 이러한 전자 구조는 다른 여러 가지 동전을 구별하여 받아들이게 하였고, 넣은 전체 돈을 표시해주고 거스름돈을 주는 것 까지 표시해준다.
4. 제한성 대량의 식음료의 서비스에 있어서 자판기는 제한이 있다. 주요 식음료의 공급에 있어서 자판기가 고객의 줄서는 시간과 기다리는 시간을 줄여주는 방식으로 적절한 지원만 해주는 몇몇 상황에는 매우 훌륭하다. 물론 미니바와 같은 형태를 제외하고는 호텔과 같은 상류층을 겨냥한 상황에서는 적용이 현저히 낮다.

만약, 한 조직이 식음료공급 시설로 자판기를 사용하기로 결정했다면, 다음 질문은 그것을 구입하여 건물 안에 남겨놓을 것인지 아니면 계약자로부터 대여하여 일시적으로 사용할 것인가 하는 것이다. 이런 각각의 단체에 대한 주요 비용 구조는 다음과 같이 품목화 시킬 수 있다.

고객 또는 건물 내 운영 서비스

1. 기계에 대한 지출경비, 완전한 구매, 임대, 렌트 또는 할부, 게다가 기계의 가치하락과 자본에 대한 이자손실분. 고객에 의해 결정되는 기계 선택.
2. 전기와 물 공급과 같은 설치비용
3. 재료, 물품, 컵, 매일 판매하는 것, 비용 기록, 유지, 청결, 서비스와 같은 운영 비용
4. 고객에 의해 정해지는 판매가, 고객으로 전달되는 모든 현금

계약 운영 서비스

1. 기계에 드는 경비가 없음-계약자가 제공함.
2. 물과 전기 설비처럼 몇몇 설치비용이 고객에 의해 지불됨.
3. 계약자가 부담해야하는 재료, 물품, 컵, 유지, 청결과 서비스와 같은 운영비
4. 고객과 계약자 사이에 정해지는 판매가. 직, 간접적으로 계약자에게 드는 배상비용.

미국에서는, 계약자가 자판기 설치의 95%를 운영한다. (95 contractors operate per cent of vending installations.) 영국에서는 비록 증가추세를 보여주고는 있지만 대략 50%의 형태를 보여준다(AVAB). 전체건 부분이건 간에 식음료공급 서비스방법으로 자판기를 사용하는 고려하는 어떤 운영이든 간에 공급업자들을 선택하는데 주의를 기울여야 한다. 위의 요소들은 잘 고려되어야 하며, 계약자들을 활용하는 다른 운영들에 있어서도 꼭 한번 방문을 해야 하고, 관리자와 직원위원회간의 단체 안에 자판기 시스템을 도입할 수 있는 최상의 방법을 토론을 통해 적절한 방법을 찾아야 한다. 매우 경쟁이 치열한 시장이자, 수많은 발전과 시장동향 속에서 자판기 운영은 다음과 같은 자판기 분야에서 확인된다.

1. 현금이 없는 시스템 카드로 작동되는 자판기 발전은 자판기에서 가장 중요한 기술적인 발전이라고 할 수 있다. 이런 형태의 시스템을 이끄는 대표적 공급회사로는 Girovend를 볼 수 있는데, 이러한 시스템의 가장 주요한 요소는 신용카드 형태의 통행증 혹은 카드로 여기에 사용자 자신의 정보를 기록할 수 있도록 되어있다. 이러한 카드는 보안, 직원 통행증, 출근기록, 레저시설(leisure facilities)처럼 직원관리를 하는데도 쓰일 수 있다. 식음료공급 목적으로, 고객들은 현금 대신에 그들의 카드로 자판기를 통해 식음료를 구매할 수 있다. 이 카드는 구매한 양만큼 현금처럼 계산할 수 있으며 신용이 있어야 하는 등 은행에서 사용되는 신용카드처럼 여러 가지 방법으로 사용될 수 있다. 첫 번째로 관리자가 고객들의 전체적인 현금 사용량을 먼저 확인한 다음에 자판기에 충분한 크레딧을 보유하게 하여 이를 통해 카드를 실행시키는 식의 관리자 수행방식이다. 이 방법의 단점은 현금이 아직도 관련되어있고 최소한 한 사람이 이 일을 도맡아서 해야 한다는 것이다. 두 번째, 고객들은 구매하기 전에 그들의 카드에 충분한 현금을 스스로 채워 넣어야 한다는 것이다. 고객은 카드를

일반적으로 따뜻한 음료 관련 산업에 있어 도덕적 제품에 대한 소비자의 지각과 요구는 괄목한 만한 성장세를 보여주었다. 이러한 소비자의 지각과 요구에 부응하기 위해 음료업체(대부분이 자판기 사업을 운영함)는 상호간에 전략적 제휴를 통해 소비자로부터 도덕적 기업이라는 인식을 가지게 하기 위해 많은 노력을 기울이고 있다. 아마도 따뜻한 음료 사업에서 가장 보편적인 도덕적 기업 운영 방식을 꼽으라고 한다면 농장에서의 도덕적 구매와 원료가 되는 농작물의 농작에서부터 판매까지의 과정을 환경보호 또는 환경과 더불어 살아가는 방식의 낙농업 기술을 이용한 캠페인 장려를 들수 있을 것이다.
이러한 도덕적 기업 경영 전략은 차(Tea)산업에서도 예외는 아니므로 많은 거대한 차 판매회사가 도덕적 책임 기업 제휴를 맺고 있다.
차(Tea)브랜드 판매 업체중에서 거대 구모로 불리우는 Unilever 산하 PG Tips and Lipton은 2007년 5월 친환경 낭농업 제배 방식을 체택하기로 제휴 협의 하였으며 비슷한 시기, Lavazza 와 Tirra brand of coffee 역시 상호 제휴 협의 하였다.
차(Tea)산업의 거대 규모 기업인 Uniever, Tetley 그리고 Twinings역시 도덕적 책임에 대한 부분을 지각하여 Ethical Tea Partnership 에 가입하였다. 이들 기업은 생산 국가내 차 재배 농가 및 농장에 대해 지원하고 농장 종사자들의 근무환경 개선 및 교육 후원등 사회적 봉사에 참여함으로 자사의 기업 이미지 향상을 위해 노력하고 있다.

그림 7.17 사회 도덕적 제품의 성장과 역할
출처: AVA Mintel Report, June 2007a, b, c

장치에 넣음으로써 자신들의 현금 보유액을 체크할 수 있고 적절한 금액을 기계를 통해 넣음으로써 잔고의 낭비를 막을 수 있다. 이 방법의 단점은 카드를 인식할 특별한 장치가 필요하고 현금이 여전히 필요하다는 것이다. 셋째, 직불 카드 장치는 월급을 관리하는 총무부서(wage department)로 바로 연결되어있어서 카드사용자가 자신의 월급에서 비로 직불을 명할 수 있다. 이런 방식으로 현금 사용을 완전히 배제시키게 된다. 카드 자판기의 장점은 지불의 간편화다. 잔금을 가지고 다닐 필요가 없게 해주고, 기계 안으로 사라지지 않는다. 그리고 전체적으로 더 빠른 서비스가 가능하게 되었다. 카드 보유자들은 사용자 그룹으로 나뉘질 수 있고 이런 범주들은 다른 가격대로(price band) 분류될 수 있다. 이것은 같은 제품에 대해 다른 요금을 부과할 수 있다. 예를 들어, 정규직원, 임시직원, 방문자에게는 무료자판기 사용 등이 바로 그것이다. 현금 환불은 사용자에게 그들의 카드를 포기하게끔 만들 수 있는데, 현금도 고용자 자신의 계좌로 재 입금이 가능하다. 기계는 또한 분실된 카드 사용을 못하게끔 한다. 마지막으로 이런 기계에 저장된 판매 정보는 품목별, 가격별, 사용자 유형별로 인쇄될 수 있으며, 이런 것들을 통해 실제 돈과 카드에 사용가능한 돈의 비교가 가능해진다. 이런 최신 의 정보는 재정적인 조절과 금액계산에 큰 도움이 된다.

	2002		2004		2006*		% 변동
	단위: 1천개	%	단위: 1천개	%	단위: 1천개	%	2002-2006
전통적 방식	210.6	52	225.3	55	234.0	57	11.1
컵	91.0	23	90.4	22	82.0	20	-9.9
캔/플라스틱 재질/병	99.7	25	95.5	23	96.0	23	-3.7
합계	401.3	100	411.2	100	412.0	100	2.7

그림 7.18 판매 형태에 따른 영국 내 음료수 자판기 수, 2002–2006
출처: Mintel estomate, AVA census data trends for 2002-2005

2. 혼합제품 자판기 기계 구성이 허용되는 곳에서는 다른 제품들이 함께 자판기로 제공될 수 있고 각각 서로 보완할 수 있다. 예를 들어 함께 포장된 주스와 스낵은 하루 중 한 끼 식사를 대체하기도 한다고 할 수 있다. 또한 예를 들어 과자자판기와 같은 작은 장치는 더 큰 기기 한쪽 옆에 설치되어 동전이나 카드장치를 활용할 수 있게 한다.
3. 신선한 brew음료 자판기 차와 커피처럼 신선한 끓이거나 우려내는(brew) 시스템을 사용하는 자판기는 고객에게 더 나은 품질의 최종 생산품을 제공할 것을 보장한다. 재료들이 이미 컵 안에 담겨있는 컵 음료 장치는 더 나은 위생상태, 작동상태(operation), 서비스, 관리 상태와 제품의 다양성을 제공한다. 몇몇 음료 기계는 100개의 서로 다른 뜨겁고 차가운 음료 모두를 제공하고 있으며, 1000개에 이르는 컵을 수용할 수 있다.
4. 실내(In-room)음료 자판기 호텔 객실의 미니바는 다양한 알콜과 무알콜 음료, 스낵, 달콤한 과자를 제공한다. 이것들의 사용은 전자적으로 관찰되므로 고객이 미니바를 열면 무선으로 신호를 호텔지불담당 부서의 컴퓨터 데이터베이스에 보낸다. 일단 신호다 데이터베이스에 도달하면 객실 담당자에게 미니바의 사용을 알려준다. 매일매일 정해진 시간(혹은 손님의 체크아웃 바로 전)에 객실 담당자는 체크하고 미니바의 재고를 다시 채워놓고 이를 휴대용 무선장치에 기록하면 바로 사용된 품목이 손님의 계산서에 추가된다. 이 시스템은 효율적이다, 객실 담당자는 단지 체크하기만 하면 미니바가 열린 후 마지막까지 판매된 품목이 즉시 손님의 체크아웃시 계산서에 추가되기 때문이다.
5. 공간의 경제적사용 사무실의 사무 공간, 공장, 병원, 산업시설 등의 효율적인 활용은 오늘날 매우 중요하다. 이것은 많은 운영으로 하여금 그들의 식음료공급시설과, 그들에게 할당된 장소공간을 비판적으로 검토하게끔 이끌어 주었다. 특히 24시간 서비스가 요구되는 곳에서는 더욱 그러하다. 많은 상황에서 자판기는 공간과 비용절감을 위해 기존의 식음료공급서비스 대체물로 활용되고 있다. 더 나아가, 자판기 제조업자들은 자판기 설치에 필요로 하는 공간을 인식하고 자판기의 전체크기를 줄일 수 있는 방법을 조사하고, 제공 가능한 다양한 품목을 넓히고 품질을 높이기 위해 노력하고 있다.

6. 냉장식품과의 양립성 식음료 준비방법 중에 냉장조리법은 미리 준비된 용기식음료를 가능케 하고 차후에 소비가능하게 냉장상태로 제공되므로 자판기 사업을 지원한다. 예를 들어 샐러드, 차가운 고기, pâtés 등이 있고, 전자레인지처럼 몇몇 형태의 가열시스템과 결합시킨 것들도 있다.

자판기는 그 자체로도 이미 식음료 서비스의 한 방법으로 확립되어서 여러 형태의 운영에서나 상황에서도 고려되고 있다.

식음료공급 산업의 몇몇 분야에서 그것은 총괄 식음료 제공 시스템으로 채택되어 사용되는데, 예를 들어 직원 구내레스토랑과 화장실, 병원 구내식당(canteen) 등이 있다. 다른 분야에서는 하루 중 다른 시간대에 다른 형태의 식음료공급 서비스의 경제적인 대체 방법으로 채택되기도 하는데, 예를 들어 병원에서의 야간교대근무, 24시간 돌아가는 공장과 사무실 등이 있다.

고객 앞에서 구운 고기를 바로 썰어서 제공하는 형태

Carvery 형태의 운영은 이제 더 이상 새로운 현상이 아니며, 20세기 중반 호텔에서 명확해졌다. 거기서 carvery는 점차적으로 gueridon(손님 테이블로 작은 서빙 테이블을 가지고와서 직접 손님들에게 서브하는 방식)이나 carving trolley로 변화하기 시작했다. 과거 10~15년 넘게 carvery는 호텔 및 고급 식음료 산업에서 반복적으로 유행되어 왔고, 최근에는 몇몇의 대형 영국 전통술집(pub)체인점과 더불어 수많은 호텔 레스토랑들에서 채택되어지고 있다.

carvery 레스토랑은 세트를 포함한 가격으로 3가지 코스 식사를 제공한다.(음료는 제외됨) 첫 번째 코스는 웨이터에 의해서 제공되며 대개 5,6가지 선택된 품목이 제공된다. 메인 코스는 carvery 카운터에서 선택이 되며, 보통은 조심스레 다루는 셰프로부터 도움을 받지만 여기서는 고객이 직접 가져온다. 또한 첫 번째 코스와 비슷하게 웨이터에 의해 달콤한 후식코스를 제공받는다.

carvery 카운터(식음료판매대)는 일직선이거나, 원형 혹은 더 일반적인 U자 형태로 운영된다. 이 카운터에서는 따뜻한 고기, 채소, 감자, 소스, 그레이비(gravie: 고기를 익힐 때 나온 육즙에 밀가루 등을 넣어 만든 소스) 등이 제공된다. 이 카운터에는 따뜻한 식음료들이 줄지어 있고 위에 달려있는 램프의 도움으로 식음료를 계속해서 따뜻하게 유지시켜 줄 수 있다. 또한 차가운 고기와 샐러드 같은 식음료들은 따로 분리시켜서 선택할 수 있게 차가운 테이블로 제공한다.

Carvery 스타일의 서비스는 매우 특별하고 전문적인 식음료서비스 방법이어서 활용할 때 제한이 있다. 이는 주로 호텔이나 개인 레스토랑, 스테이크하우스나 주점에서 볼 수 있으며, 이는 특별한 기능성 식음료공급(special function catering)을 목적으로 활용될 것이다. 이것은 유행에 민감한 식음료서비스 방법 중의 하나라고 말할 수 있는데, 유명세를 타는 기간을 경험하게 될 것이고 그 다음엔 서서히 사라지게 된다. 현재는 carvery 방법의 식음료서비스는 유행을 탄다고 말할 수 있으며, 특히 산업지구의 영국 전통술집에서 더욱 두드러지게 나타난다(particularly in the public house sector of the industry).

뷔페

뷔페는 진정한 셀프 서비스의 일부 수정된 형태의 식음료서비스 방법이다. 그것은 하나 혹은 여럿 연결된 테이블에 식음료를 멋지게 진열시켜 놓는 식음료서비스 배치의 한 형태인데, 식음료의 진열을 통해 멋지게 보여주는 것이 가장 중요한 요소이다.

고객은 테이블 맨 끝에 놓여있는 접시를 가져온 다음에 스스로 원하는 식음료들을 담으며 테이블을 따라서 이동한다. 뷔페는 뜨겁고 차가운 식음료가 모두 조화롭게 섞여 진열되어있다.

포크를 주로 이용하는 뷔페식에서는 고객이 식음료를 먹을 수 있게 하기위해 나이프 · 포크 · 숟가락과 같은 식사도구(cutlery)가 제공된다. 핑거뷔페(샌드위치처럼 손으로 먹을 수 있는 뷔페)에서는 대부분의 식음료들은 한입에 먹을 수 있는 작은 크기로 식음료가 나오고, 식사도구(cutlery)는 거의 준비가 되어있지 않는다.

뷔페는 레스토랑 운영(operation) 혹은 개인 연회들(private functions)과 조화롭게 이뤄 활용되곤 한다. 레스토랑 형태의 운영에서 고객들은 뷔페에 일정 금액을 지불하고 그 가격에 따라서 고객들이 원하는 만큼 가능한 한 여러 번 식음료를 고객들이 먹을 수 있게 된다. private functions에서는 서비스 제공하는 사람들이 식음료나 음료를 담아오는 고객들 사이사이를 끊임없이 돌아다니면서 접시를 치우는 게 일반적이다. 뷔페는 많은 호텔과 레스토랑들에서 채택되었는데 예를 들어 Spanish week, Scandinavian evening처럼 특별한 주에 테마 또는 이벤트성 식음료 메뉴를 제공하거나, 이국적인 식음료나 와인들을 특별히 판매촉진 하기도 한다. 몇몇 운영 법에서 아침, 점심, 저녁식사처럼 특정기간을 위해 뷔페를 활용하기도 하는데, 예를 들어 아침, 점심, 저녁 외에 다른 형태의 식사로 전환하는데 뷔페를 활용하기도 한다.(표 7.11 참고)

뷔페 서비스는 적은 직원으로 주어진 시간동안 많은 수의 손님을 수용 가능케 한다. 그러나 다른 형태의 식음료서비스와는 달리 뷔페는 높은 식음료 비용이 든다. 왜냐하면 식음료를 멋지게 보여주기 위해서는 자주 많은 양의 식음료를 적절히 보기 좋게 배치하여 보여줘야 하기 때문이다. 그리고 준비에 너무 많은 시간이 걸리며, 멋지게 보이기 위해 뷔페 식음료위에 고명을 얹어 보기 좋게 해야 하기 때문이다. 그러나 높은 식음료비용과 주방에서의 인건비(노동력)는 낮은 노동비로 상쇄될 수밖에 없으므로, 가능한 한 꼭 필요한 적은 서비스 인원을 써서 인건비를 낮춰야 한다.

포장판매서비스

테이크아웃 서비스는 미국에서 널리 사용되는 방법인데, '패스트푸드'의 개념을 활용한 식음료서비스 방법이다. 이런 시설에서 제공되는 식음료는 대부분의 운영형태인 서비스, 판매관리, 제품포장 같은 방법에 따라 높게 표준화된다.

테이크아웃 운영은 고객들에게 제한된 기본적인 메뉴만 제공할 수 있지만, 이 메뉴 내에서 다양성이 가미된다. 이런 운영들은 낮은 혹은 중간가격의 식음료를 고객에게 제공함으로써 다량 판매를 목표로 하고, 그것들은 빠르게 제공되는 스낵이나 식음료를 원하는 소비자 욕구를 충족시켜주기 때문에 식음료공급 시장의 중요한 위치를 차지하게 되었다. 2002년 이래로, 시장의 식사 배달 시장 분야에서 꾸준히 성장해왔고 이 성장은 계속되고 있다(표7.19 참고).

고객이 주문을 하고 식음료를 받는 시간은 다른 그 어떤 방법보다 신속하게끔 목표를 두고 있고, 이를 위해 아직도 논의 중이다. 어떤 운영에서는 30초 정도를 목표로 하고 있고, 고객은 식음료를 포장해서 가져가서 먹거나, 혹은 가게 안에서 먹기도 한다. 소위 말하는 수많은 테이크아웃 매장은 오늘날 매우 확대된 서비스 공간을 제공하고 종종 그 수는 수백석을 넘기도 한다.

	상점내 식사	포장	배달
	지표	지표	지표
2001	100	100	100
2002	104	106	108
2003	110	111	112
2004	114	114	120
2005 (est)	120	118	130
2006 (fore)	125	122	140

영국 내 외신산업만을 볼 때 거주지로의 배달 서비스는 5%로 시장점유률이 크다고 볼 수 없겠다. 그러나 성장비율을 본다면 기타 식음료 산업과 비교할 때 가장 빠르게 성장하고 있다고 볼 수 있다.

그림 7.19 외식산업 내 분야별 업장 운영 활동 비교

왜냐하면 테이크아웃 매장은 높은 비율의 고객순환 목표로 하기 때문인데, 시장과 연계된 그들의 위치는 매우 중요하다. 그들은 일반적으로 길거리나 쇼핑몰, 또는 지나가면서 높은 비율로 소비가 가능케 하는 고속도로휴게소 등에서 찾을 수 있다. 테이크아웃에서 비록 평균적인 고객의 구매력이 앞서 논의된 다른 식음료 서비스 방법보다 상당히 낮기는 하지만, 높은 비율의 고객처리량으로 보상이 된다. 몇몇 패스트푸드 운영은 단독으로 테이크아웃 식음료만을 위해 있으므로, 실내에서 먹고 가는 고객수가 적거나 거의 없어서, 이는 필요한 장소공간을 상당히 줄일 수가 있고, 따라서 운영비를 대폭 줄일 수가 있다. 전형적으로, 이것들은 피쉬앤 칩 가게와 샌드위치 바가 바로 대표적인 예인데, 다른 형태의 예도 있다. 어떤 패스트푸드 매장은 조리공간에 비교해서 매우 적은 좌석을 가진 레스토랑으로 묘사되기도 한다. 이들 많은 매장들이 배송 서비스를 제공하고 그중에 가장 유명한 것은 배송 판매가 70%를 넘게 차지하는 피자 가게가 있다.

오늘날, 테이크아웃은 여러 종류의 식음료가 판매 제공되는데, 전통적인 피

쉬앤칩 가게는 현재 햄버거, 피자, 중국식, 인도식, 멕시코식 식음료, 샌드위치 바 등과 같은 다른 형태의 식음료와 어깨를 견줄 만큼 테이크아웃으로 많이 제공되고 있다.

따라서 셀프서비스는 소비자들이 서비스 카운터(물건 판매대)에서 그들이 원하는 식음료를 고를 수 있는 식음료서비스 방법이며, 셀프의 대가로 더 낮은 가격으로 식음료를 제공받게 된다. 예를 들어, 웨이터 서비스를 제공하는 운영이 바로 대표적인 예이다. 셀프서비스 운영법에서 식사지불은 식사 전에 지불하거나, 아니면 몇몇 카페테리아에서 식사 후에 지불하거나 두 가지 방법이 있다.

식음료공급 시장의 산업 분야에서 식음료 서비스의 이 방법은 확실하게 정착되어왔다. 사람들의 주요한 식사는 주로 저녁에 이뤄지는데, 따라서 그들은 상대적으로 간단한 점심 식사를 먹게 되고, 이럴 때 셀프서비스 운영이 필요하다. 사회복지 분야에서 이러한 실용적인 식음료서비스법이 또한 광범위하게 사용되는데, 저녁식사 시간은 모든 업무에 관련된 일과가 끝난 시간이기 때문에 더 즐겁게 활용되어야 한다. (leaving the more leisurely dining to that part of the day, which is not associated with work.).

웨이터서비스

웨이터서비스는 고객이 직접 식음료를 가져가는 게 아닌 테이블이든 카운터든 바(bar)에서든 고객에게 식음료 배달과 서비스를 제공하는 것을 말한다. 식음료 서비스의 방법은 또한 도움 받는(aided) 혹은 개인화된(personalized) 서비스로도 명시 되어왔다. 고객 처리량에 있어서 전통적인 웨이터서비스는 식탁에 앉아있는 고객에게 셀프 서비스 보다 더 느리게 제공되지만, 웨이터 서비스는 웨이터처리속도나 가격이 식음료서비스 선택에 있어서 지배적인 요소가 더 이상 아니므로 무관하다고 할 수 있다.

오히려 다른 요소가 식음료 공급자와 고객들에게 모두 중요한 것인데, 그것은 더 정성스런 서비스 제공, 더 좋은 저녁 식사 시설과 다양한 메뉴 선택 등이 있다.

카운터 또는 바 서비스

이런 식음료 서비스 방법은 셀프 서비스와 웨이터 서비스간의 상호 전환을 보여주는 적절한 예라고 할 수 있는데, 그것은 셀프서비스법의 격식이 아닌 약식을 제공하고 또한 웨이터 서비스에 준하는 부가적인 서비스도 결합되어 제공된다. 바 서비스에서 고객은 일렬로 늘어선 카운터 의자, 혹은 일반적으로 U자의형태의 의자에 앉아서 웨이터의 서비스를 받을 수 있다. U자형태의 테이블에서 웨이터는 상당한 수의 손님을 단독으로 응대가 가능한데, 평균적으로 10~14명의 고객에게 서비스가 가능하며, 더 큰 바에서는 2명의 웨이터가 20~28명의 고객에게 서비스를 제공할 수 있다. 이런 형태의 식음료 서비스는 동시에 들어온 많은 인원을 서비스 할 수 없지만, 한명에서 4~6명의 소규모 그룹으로 꾸준히 들어온 많은 인원에게 서비스를 제공할 수 있다. 이정도 소규모 그룹이 평균적으로 방문할 경우 카운터를 이용하는 고객의 테이블회전이 적절히 이뤄진다 할 수 있다.

커버(cover)는 카운터 뒤에 있는 웨이터가 고객 바로 앞에서 놓아 지고 치워진다. (The covers are laid up and cleared in front of the customer by the waiter behind the counter.)

주문은 웨이터가 받은 뒤 주방으로 전달되고, 식음료가 그릇에 담기면 카운터로 옮겨진 후 고객에게 전달된다. 조리장소와 카운터 사이의 공간은 식음료를 빨리 제공할 수 있도록 하기 위해 최소화하고 있는데, 이런 서비스형태의 좋은 예가 국제공항에 있다. 30~40명의 손님이 U자 형태 식탁 둘레에 팔걸이와 등받이가 없는 의자에 둘러 앉아, 식음료가 진열되는 중앙의 식음료제공 장소(central island)에서 초밥이나 신선한 생선회 진미를 제공받는다. 이것은 웨이터가 신속히 고객에게 식음료를 제공할 수 있게 하고, 식음료들의 멋진 전시를 통해 고객들의 구매 욕구를 불러일으키고, 주방직원이 주방 내 판매안하는 곳에 위치한 재료들을 필요할 때 가져다 채워놓을 수 있게 해준다.

테이블 서비스

테이블 서비스는 웨이터가 고객에게 테이블로 식음료를 가져와서 그것을 고객 앞에 놓아두는 서비스 방법이다. pre-plated방법이든 최고급 오찬이든지 간에 식음료가 쟁반에 담겨 가져와서 고객 앞에 제공된다. 테이블 서비스는 지금까지 언급한 것들 중 가장 여유롭게 식사를 즐길 수 있는 방법이라고 할 수 있다. 고객들은 최소 30분에서 45분 이상 식사를 즐기고 손님 규모에 따라서 많게는 3~4시간이 걸리기도 한다.

고객들은 그들의 식사를 고르는 것에서부터 테이블 서비스 안에서 기본적으로 선택 가능한 두 가지 형태의 메뉴가 있다. 첫 번째는 각기 가격이 따로 적혀있는 각각의 메뉴(àla carte menu)를 고객이 선택하여 그 선택에 따라 식음료가 같이 나오는 것이고, 다른 것은 정해진 가격에서 세트메뉴 식사에 다 따라 나오는 따블 도트 메뉴(Table d'hôte menu)가 있다. 예를 들어 Table d'hôte menu는(d'hôte menu)는 전체 코스에 두 가지 애피타이저와 야채류를 포함한 서너 가지의 본 식음료가 있고, 커피와 같은 음료가 식음료비 안에 모두 포함되어있다. 'table d'hôte'란 이름은 오늘날 주로 정가 메뉴(fixed price menu)란 이름으로 바뀌었다.

수없이 다양한 테이블서비스가 있는데 다음과 같다.

1. 손님의 식사에서 미국식 서비스에서는 주방에서 만들어져 배분된 것들을 웨이터가 레스토랑 안으로 가져와 고객들에게 제공한다.
2. 가장 정성들인 테이블 서비스 방법인 프랑스식 서비스는 주방에서 고객들의 요리를 준비하고 은쟁반에 놓인 다음에 식사장소로 이동되는데, 게리동('gueridon')이라 불리는 작은 카트에 놓이게 된다. 이 카트에는 레쇼('réchaud')라 부르는 식음료를 데우거나 가열하는 장치가있다. 이 식음료가 바로 손님 앞에서 카트의 은쟁반에서 손님의 접시로 옮겨지게 된다.
3. 러시아식 서비스는 식음료 서비스 방법이 흔히 최고급 서비스라 부르는데, 식음료가 준비된 뒤 주방에서 배분되어서 은쟁반에 놓여진다. 그런 다음에 레스토랑으로 전달된다. 저녁식사 접시는 손님의 앞에 놓여있는데, 여기에 식음료가 제공되게 된다.
4. 영국식 서비스는 테이블 서비스 중 가장 흔치않은 방법으로 묘사되는데, 대개 개인 연회'(private functions)'용도로만 사용된다. 주방에서 요리가 준비된 후 쟁반에 배분하지 않는데, 대신에 고기의 조인트까지 포함된 예를 들어 자르기 전의 완전한 칠면조가 고객 앞에 제공된다.
   레스토랑의 주인이나 서비스 종업원이 고기를 자른 다음 접시에 채소와 함께 놓는다. 그리고 그 접시를 손님 앞에 제공한다.

비록 다양한 것들이 물론 다른 형태의 서비스에서 행해지고는 있지만, 위의 것들이 4가지 전통적인 주요 테이블 서비스이다. 예를 들어, 프랑스식에서는 서비스카트가 주로 사용되지는 않는다. 비록 같은 수준으로 사용되지는 않더라도, 카트는 다른 형태의 서비스에서 다양하게 사용된다. 엄밀히 단어이름에서 보듯이, 다음의 몇몇 서비스 법들은 또한 테이블 서비스들이며, 그러나 더 일반적으로 알려져 있다는 전제하에 테이블 서비스의 한 종류들로 포함 되어 있다.

연회서비스

연회 서비스는 대개 큰 호텔에서 제공된다. 비록 오늘날은 여러 서비스운영분야에서 이익창출을 위한 부업의 형태로 병원, 대학, 소규모 레스토랑에서 이를 채택하고 있기도 하다.

연회 서비스에서 사용되는 다양한 식탁 배열이 있는데, 원형, 정사각형, 직사각형 및 서로 교합 연결된 형태의 테이블이 있다. 만일 상석(Top table)이 있으면 주인과 중요한 손님을 상석에 앉히고 먼저 식음료를 제공한다. 연회 서비스에서 식음료제공을 받게 될 인원수는, 개인적인 저녁 파티에서 적절한 6~8명 에서부터, 수천명의 대규모 총회까지 다양하다. 고객에게 제공되는 식음료는 주방에서 미리 접시에 준비(미국식 서비스)되거나 고객 앞에서 제공(러시아식 서비스)된다.

또 다른 방법은 고기나 생선 메인 코스요리에 위의 방법들 중 한 가지를 사용하는데 고객들 스스로 가져다 먹을 수 있게 야채요리나 곁들여 먹는 식음료를 테이블 위에 놓고 그것을 덜어 먹을 수 있는 도구들을 갖추어 놓는다. 이 식음료 서비스의 이점은 식음료를 제공해야하는 인원을 미리 파악할 수가 있고, 정확한 저녁식사 시간이 알려져 있으며, 세트 식음료메뉴의 가격이 딱 정해져 있다는 것이다. 이것은 많은 사람들에게 제공되는 서비스가 비교적 적은 인원으로 할 수 있다는 것이다. 여기서 한사람의 웨이터가 일반적으로 10~12명의 손님을 응대할 수 있다.

룸과 라운지 서비스

룸서비스 또한 식음료 서비스의 한 종류인데, 연회서비스처럼 주로 호텔에서 이뤄진다. 간혹 몇몇 모텔이나 작은 규모의 호텔도 이와 비슷한 수준의 룸

서비스를 제공하기도 한다. 그러나 큰 호텔에서조차 과거에 하던 것처럼 일상적으로 쓰이던 방식과는 오늘날 행해지는 것은 방법이 다르다.

고객의 관점에서 보면, 호텔 손님은 일반적으로 그들의 방에서 식음료를 고르지 않고, 호텔 레스토랑에서 식사하거나 밖에서 외식하기를 선호한다. 매니저 관점에서 보면 많은 시간과 비용이 고객의 방에서 이뤄지기 때문에 제공하는데 비용이 많이 드는 방법인데 완벽한 코스메뉴의 경우 더욱 그러하다. 이런 이유로 오늘날 많은 호텔은 룸서비스를 간단한 스낵이나 일부만 식음료메뉴를 제공하여 제한적으로 시행하고 있다. 높은 비용이 드는 플로어 서비스는 직원이 항상 서비스를 가능하게끔 있어야 하므로 고객의 그때그때 변하는 요구를 맞춰가면서 서비스를 제공하기가 어렵다는 것과, 직원을 보유해야하는 수요의 문제점을 포함한다. 또 식음료를 주방에서 방에까지 나르기 위해 항상 트롤리(trolley), 식탁, 쟁반, 가열접시 등을 항상 준비해야한다. 좀 더 말하자면, 서비스 할 때 필요한 것들을 저장할 수 있는 공간은 수익성과 바로 직결되므로 식음료 공급을 하기 위해 가장 효율적이고 효과적으로 사용할 수 있는 공간으로 이용되어야 한다. 오늘날, 라운지 서비스 제공은 최고급 상류층 호텔이나 리조트형식의 시설에서만 제공되고 있다.

규모가 있는 중급호텔 이상의 호텔들은 24시간 커피숍 서비스를 제공하면서도 반면에 간단한 식음료를 라운지에서 제공하던 서비스는 많이 줄어들었다. 호텔 룸서비스를 좋은 예로 들 수 있는데 예를 들면 룸서비스는 주방에서 멀기 때문에 인력이 많이 필요하고 따라서 고객의 수요가 가변적일 수 있기에 추가 발생될 수 있는 운영비용을 줄이고자 하는데 목적이 있다.

드라이브 인 서비스

카서비스는 두 가지 방법의 서비스로 구성된다. 첫 번째는 고객이 차를 타고 있는 채로 드라이브 인으로 식음료를 먹는 것과, 두 번째는 고객들이 먹을 것을 차를 탄 채로 드라이브 인에서 사서 다른 장소에서 먹는 것이다. 첫 번째 운영법은 비록 지금도 여전히 많은 운영점들이 미국에 있지만, 지난 10~15년간 많이 인기를 끌지 못하였다.

웨이터(보통 carhop이라 불림)는 고객의 주문을 받고 트레이에 식음료를 준다. 이 트레이는 차량의 문이나 핸들 높이에 맞춰져 있어야 한다. 고객들은 그들의 식음료를 차안에서 먹고, 웨이터는 트레이를 치운다. 지불은 바로 이뤄진다.

이런 방법은 룸서비스와 같은 이유로 인기가 차츰 줄어들고 있다. 만들어진 곳과 고객 사이의 먼 거리로 인해 노동 비용이 많이 들고, 또한 사람들은 단지 스낵처럼 간단한 식음료를 먹을 때에만 이 방법을 쓰고 대개는 식사공간에서 식탁에 앉거나 카운터에서 먹는걸 선호하기 때문이다. 오늘날 많은 드라이브 인 운영은 고객을 위해 레스토랑 또는 레스토랑에서 제공되고 있는데, 그것들은 단지 차량 안에서 대체용 식사로만 으로 사용될 뿐이다.

두 번째 방법은 패스트푸드의 테이크아웃 방법으로 많이 쓰인다. 이 방법은 고객이 메뉴판을 보고 식음료를 드라이브인 입구에서 마이크를 통해 주문하면 출구에서 식음료를 받을 수 있게 되고 동시에 지불도 같이 이뤄진다. 이처럼 완전히 컴퓨터화된 시스템은 즉각적인 고객조치가 가능하고 주차공간 또한 따로 제공할 필요가 없게 된다. 그렇지 않으면 드라이브인 시스템도 역시 식음료를 먹는 공간을 제공해야하기 때문이다. 이러한 드라이브인 테이크아웃 방법은 원래의 방식보다 더 빨리 유명해져서, 적어도 고객이 어디서 식음료를 먹을지 선택할 여유를 준다.

따라서 웨이터 서비스는 식음료공급 시설로부터 고객이 개별화된 서비스를 제공받는 방법인데, 그 대가로 셀프서비스와 같은 곳 보다 높은 금액을 지불한다. 단순 비교로도 식음료값이 비쌀수록 고객은 서비스에서 기대하는 바가 더 높아진다.

정성스럽고, 전통적인 서비스 형태가 보이고, 특히 프랑스식 서비스와 같은 곳은 오늘날 한정된 수의 시설만이 남아있다. 특히 인건비 같은 비용의 상승으로 이런 타입의 서비스는 시장으로부터 상당수 제한이 되었고, 높은 비용을 지불하는 곳은 전체 시장의 작은 부분만이 존재하고 있다. 웨이터서비스를 제공하는 오늘날 레스토랑의 대부분은 미국식이나 러시아식의 서비스를 제공하는데 고객이 지불하고자하는 비용에 좌우된다고 볼 수 있다.

특별한 서비스 배치

몇몇 식음료공급 상황에서 준비된 식음료가 배송되어 곧바로 고객에게 제공되어야 할 때가 있다. 예를 들어 병상에 있는 환자, 배나 비행기 안에 있는 승객, 집에 사는 노인의 경우가 그렇다. 이런 경우 특별한 서비스 배치가 필요한데, 수많은 특별한 서비스 배치에는 적용 가능한 수많은 방법들이 있고, 대부분의 경우에 여러 비슷한 개념들이 기반하고 있으며 비슷한 특징들을 가지고 있다. 이 같은 고객의 편의를 생각한 서비스는 사회복지 영역이나 병원 등에서 흔히 찾아볼 수 있으며 이러한 서비스들을 식음료서비스 산업들은 간과해서는 안 될 것이다.

중앙관리식 트레이 서비스

오늘날, 병원 식음료공급에서 사용하기 위해 최적화된 다양한 중앙관리식 트레이 식사 시스템이 있다. 특정한 면에서는 서로 다를지 라도, 환자를 위한 기본 메뉴 선택 과정은 매우 흡사하다. 메뉴 카드가 식사 전날에 환자들에게 나눠지고, 환자들은 메뉴 카드를 보고 그 다음날 먹을 식사를 선택할 수 있다. 또한 메뉴 카드에는 필요한 분량의 식음료가 표기되어 있고 고객들에게 가져야할 특별한 다이어트 요구치도 함께 적혀있다.

메뉴 카드는 병동에서 다시 회수되어 식음료공급 사무실로 들어가면, 그곳에서 식음료공급할 인원수에 맞춰 식음료 양을 결정하고 다음날 식음료공급을 위한 스케줄을 준비한다. 그다음에 개인별 다이어트 카드가 병원의 모든 환자들에게 제공된다. 이후에 이것들은 컨베이어벨트를 따라서 이동하기 전에 트레이에 놓여진다. 그리고 나면 작업자가 각각의 환자에게 주어져야 할 것들을 정확히 파악하게 된다.

식음료가 특정 식사 시간에 준비될 때, 식음료는 가열되거나 냉동된 중탕기'bains-marie'에 보관되는데, 이것('bains-marie')은 컨베이어벨트를 따라 올라간 다음에, 주요 소켓에 끼워져서 제공되는 기간 내내 식음료를 적정온도로 유지시켜 주는 역할을 한다. 식사도구는 냅킨에 싸여져(혹은 미리 싸여진 식사도구가 사용되기도 한다) 트레이를 통해 환자의 식사카드와 함께 제공된다. 트레이는 자동으로 컨베이어벨트를 따라 이동되고, 기존에 준비된 트레이 위에 사전에 따뜻하게 데워진 접시와 제공되는 식사가 올려진다. 컨베이어벨트를 따라서 트레이가 움직이면 작업자가 해당 메뉴품목을 필요한 양만큼 접시에 제공한다. 트레이가 컨베이어벨트 끝에 도착하기 까지 완전한 식음료조합이 마련된다. 한 두 사람의 감독관이 메뉴카드를 보고 접시 뚜껑이 덮히기 전에 트레이의 품목을 점검하고, 이후 완성된 트레이가 병동으로 보내지는 이동용 캐비넷이나 트레이 카트(trolley) 안에 들어간다. 이와 같은 특별한 서비스 배치법을 이용해서 수백개에 달하는 식음료들이 짧은 시간동안 준비되고 또 관리감독이 이뤄진다. 메뉴 선택이나 다이어트 요구치, 식음료위에 올려지는 고명 등에 따라서 500개 정도의 트레이 식사가 한 시간에서 한 시간 반 동안 준비가 완료된다. 만약 냉장 컨베이어 벨트가 사용될 시, 주방의 주변온도는 5도 이하가 되어야 한다.

물론 여타 특별한 식사 서비스도 미국 병원에서 사용된다. 예를 들어, 차별화된 가열 컨테이너(DHC: Differential heating containers)는 다양한 성분의 식사를 데우기 위해 전라렌지를 사용한다. 준비된 트레이 위로 금속화된 보호막을 사용하고 그것을 렌지에 넣어 가열하는 방식이다. 다른 서비스 방법들을 보면, 환자 식음료(식단) 선택에서부터 서비스까지 모두 컴퓨터로 전자화되는것들도 있다. 그러나 오늘날 이러한 특별한 서비스 시스템의 정밀함과 설치에 드는 비용은 더욱 광범위한 사용에 제한적인 요소가 된다.

특별한 서비스 배치법은 대개 이미 사로잡힌 고객에게 있어서 가장 효율적인 방법으로 인식된다. 그것들의 주요 목표 중 하나는 표준화되고 영양소가 균형 잡힌 식사를 제공하는 것인데, 이런 목적들은 앞서 설명된 것처럼 이런 시스템을 사용하여 달성될 수 있다. 트레이 서비스 준비의 집중화는 장소와 장비의 중복을 막고, 필요한 만큼의 노동력을 합리적으로 사용하여 개별 식음료가 적절한 고객요구에 따라 주문될 수 있도록 한다. 또한 위의 절감을 통해 집중식 식음료량 조절의 도움을 받아 식음료비를 줄일 수 있고 불필요한 주문으로 인한 쓰레기까지 줄일 수 있게 한다.

그러나 병원과 같은 특별한 서비스 배치법이 사용되는 곳에서, 무엇보다 고객 만족도가 특히 중요하다는 것을 기억해야한다. 트레이, 식음료 배치, 색깔 조합, 치장 등의 겉으로 보여지는 모습은 매우 중요하여 항상 고려해야할 요소로, 제공된 식음료를 먹고 싶게끔 독려되어야 한다.

트레이

식음료 서비스 시설에서의 트레이 사용은 몇 가지 목적을 가진다. 첫 번째, 고객의 식음료와 음료의 배송은 카페테리아 또는 웨이터 서비스를 통해 식음료가 카운터에서 식탁으로 옮겨지는 것이다. 두 번째, 배분량의 통제에 있어서 도움을 주는데 사용되는데, 예를 들어 비행기나 최근의 학교 급식에서 식음료제공을 위해 트레이를 사용하는 것을 들 수 있다. 셋째, 트레이는 고객이 식사하는 장소로부터 설거지 장소까지 그릇을 치우는데 사용된다. 마지막으로 트레이에 시설 로고를 인쇄해 놓음으로써 광고에 도움이 될 수 있고, 백화점에서의 서로 다른 식음료공급 시설들처럼, 외부 업장에서의 운영에 있어 교차광고를 할 수 있게 해준다.

트레이가 식음료 서비스에 도움이 되는 용도에 있어서 식음료공급방법은 플라스틱 트레이를 사용하는 셀프-서비스 카페테리아 배치법에서부터 실버 트레이를 사용하는 고가의 레스토랑이나 기차나 비행기에서 탑승중일 때와 같이 완벽한 식사가 트레이를 이용해 제공되는 여행중 식음료공급법에 이르기까지 다양하다.

마지막으로, 셀프-서비스와 웨이터 서비스의 조합법은 오늘날 식음료공급 운영법에서 매우 인기 있는 방법이다. 고객들은 뷔페 배치식음료에서 첫 번째 코스를 선택하고, 카운터나 웨이터에게 메인 코스요리를 주문하는 데, 그것은 나중에 식탁에서 미리 준비된 요리를 제공받는다. 마지막으로 디저트 커피 등도 이런 방법으로 제공받는다. 예를 들어 하비스터 레스토랑(Harvester Restaurants)이 이런 방법으로 운영된다. 고객은 샐러드 카트에서 자신만의 샐러드를 만들고, 그들의 주 요리나 디저트는 메뉴에서 선택하는 방식이다. 대안적으로, 고객들은 카운터에 식사를 주문할 수 있는데, 운영자에게 그들의 식탁 번호를 주면, 나중에 식음료가 그들의 식탁으로 제공되는 식이다. 이런 서비스 형태는 특히 펍 레스토랑에서 유명하다. 이런 도움 받거나 보조받는 서비스는 더 많은 고객으로 하여금 적은 수의 웨이터로부터 효율적으로 도움 받을 수 있게 해줘, 웨이터가 주문받고 고객이 주문한 서비스를 제공받는 사이의 시간을 절약할 수 있다. 냉동된 디저트의 전시는 주문하는 카운터 옆에 배치되고 주문하기까지 기다리는 동안 이것은 충동구매 욕구를 끌어올릴 수 있게 만든다.

음료 서비스 방법들

음료 서비스는 전체 식음료공급 과정을 통틀어 가장 수익이 많이 남는 과정이 될 수 있음에도 불구하고 식음료공급 운영에서 간과될 수 있는 분야인데, 따라서 올바른 방법으로 접근하고 관리를 해야 한다.

식음료공급 시설에서 채택된 음료 서비스 방법은 식음료 서비스 방법을 보완해야 한다. 예를 들어 최고급 레스토랑에서는 저녁 식사 전 음료를 고르려 할 때, 가까이에 칵테일 바를 쉽게 발견할 수 있는 것이 일반적이다. 거기서 고객은 웨이터를 통해 바에서 또는 테이블에서 음료를 제공받는다. 식사 후 고객 테이블에서 음료가 바로 제공받거나, 개별 커피 라운지에서 제공받는다. 식음료공급 시설에서 식음료 셀프서비스 같은 서비스방법으로 운영하는 것은, 고객이 카페테리아 줄을 따라서 움직이면서 셀프로 음료를 마시게 하거나 자판기를 통해 스스로 구할 수 있게 하거나, 또는 카운터 뒤에 있는 운영자에 의해 제공받는 식이 된다. 필요한 공간조건이 허락됨에도 불구하고 이는 늘어나는 고객처리량을 돕기 위해 제공될 것이므로, 셀프서비스 레스토랑에서 개별적인 커피 라운지는 자주 있는 것이 아니다. 알콜 음료는 면허자격제한에 의해 공공장소에서 자판기로 판매되지 않는다.

음료 서비스 방법의 분류

앞서 언급된 식음료 서비스와 같이 두 가지 주요한 음료 서비스가 있다. 셀프서비스와 웨이터 바텐터 서비스가 바로 그것이다. 그러나 식음료 서비스와는 달라서 바를 제외하고 특별한 음료를 위해 특별히 제공된 공간이 없다. 그것은 앞서 언급한 바와 같이 음료 서비스가 병원의 식음료공급과 같은 특별한 배치법의 한 부분으로 포함되어 있음에도 불구하고 말이다.

셀프서비스

셀프서비스 음료 방법은 웨이터가 고객의 테이블에 음료를 제공해 주는 것이 아니라, 고객이 카운터나 자판기로부터 그들의 음료를 구하는 방법이다. 음료를 자판기에서 뽑는다거나 혹은 전통적인 카페테리아 배치법에서 운영자가 컵이나 글래스에 음료를 담아서 고객에게 건네주는 것과 같이 보조받는 이러한 방법이 바로 셀프서비스라고 할 수 있다.

카페테리아

전통적인 카페테리아 배치법에서 음료는 주요 카운터 라인의 주로 끝에 있고, 계산대 바로 옆에 설치되어있다. 그러나 음료를 서비스 하는 것은 카페테리아 라인 중에서 가장 느린 요소이고, 오늘날의 추세는 주요 라인으로부터 음료를 분리시켜 그것들을 구별된 카운터에서 제공하고 있다. 이런 전통적인 카페테리아 라인으로부터 탈피는 개방형 카운터 배치(free-flow cafeteria arrangements)에서 더 잘 구현된다. 이것은 음료가 있는 개별적인 카운터의 연속된 배열로 구성되어있다.

몇몇 카페테리아 배치법에서 음료 카운터들은 식사공간에 자리잡고 있다. 이것은 주요 카페테리아 구역에서 고객의 처리속도를 속도를 높이려는 시도인데, 카운터 직원은 이러한 음료 장소를 담당하는 사람이거나 또는 자판기가 사용되기도 한다.

바 또는 카운터 서비스

이러한 음료 서비스 방법은 일반적으로 허가된 바(bar)가 있는 선술집, 호텔 또는 레스토랑에서 주로 볼 수 있다. 바에서 고객이 마실 것을 구매하고 그것들을 테이블로 가져가서 마시는 것으로, 음료에 대한 지불은 직접 바텐더에게 주면 된다. 이런 형태의 서비스 의 증가는 컴퓨터 자동화시스템으로 맥주, 스프라이트, 또는 소프트드링크 양을 재어서 제공하는 기계가 사용되기도 하는데, 이것은 음료를 전시하고 상품화하는 역할도 한다.

회전판매대

미리 배분된 차가운 드링크는 carousel에서 판매 제공되기도 한다. 이것들은 대개 냉동선반 보관소에 놓여있고 이러한 음료에는 와인, 신선한 주스, 우유, 아이스커피 등이 있다.

차나 커피와 같은 뜨거운 음료는 carousel 근처에 있는 별도의 카운터나 주요 식사장소에 위치하여 제공된다.

벤딩(자판기)

음료 자판기는 차갑고 따뜻한 음료를 따로 제공하거나 혹은 한 기계에서 동시에 제공하고 또한 알코올과 무알콜 음료도 제공한다(자판기에서 나온 알코올음료는 다음 섹션에서 다루게 될 것이다).

1. 뜨거운 무알콜 음료 자판기는 커피, 차, 초콜릿, 그리고 때로는 수프도 제공한다. 그것들은 다양한 범위의 것들을 제공하는데, 예를 들어 설탕을 첨가하거나 안하거나, 크림이나 분말크림을 넣거나 안 넣거나, 농도가 다른 음료, 신선한 증류잎 차, ground coffee 나 continental coffee 등이 있다.
2. 차갑고 무알콜 음료 자판기는 비록 일정량 분말이 사용되지만 주로 시럽이나 농도가 짙은 다양한 음료를 제공한다. 차가운 음료의 예는 탄산이 없거나 탄산이 들어있는 병에든 물과 주스, 곽에든 우유나 밀크셰이크, 과일음료나 건강음료, 그리고 추정치하기를 90%가량이 캔 음료로 자판기 판매가 되고 있는 코카콜라나 펩시 같은 음료가 있다.
3. 뜨겁고 차가운 무알콜 음료자판기는 자판기를 이미 사용하고 있는 몇몇 시설에서 차가운 음료의 늘어난 요구치를 충족시키기 위해 발달되어왔지만, 단지 차가운 음료만 제공하는 자판기만 요구되는 건 아니다. 따라서 차가운 음료를 제공하는 자판기는 조금 어려움이 있지만, 대부분 존재하는 뜨거운 음료도 제공하게끔 맞춰서 설계되었다.

음료 자판기는 식음료공급 산업 내에서 넓은 용도로 활용이 되고 있다. 첫째로 그것은 병원과 같이 전반적인 자판기 서비스를 운영하는 방식으로 활용되는데, 이것은 자판기를 통해 식음료와 음료가 함께 판매되는 것을 말한다. 둘째로 음료자판기는 전통적방식의 라인에서 모든 식음료가 제공되지만, 음료는 구분되어 자판기로부터 제공되는 카페테리아 배치법과 같이, 식음료 및 음료 서비스의 기존 방법을 보완하는 방식으로 사용된다. 마지막으로 음료 자판기는 실제 레스토랑 운영 내에서 사용될 수 없지만, 아직도 전반적인 식음료공급시설의 한 부분으로 사용되고 있는데, 예를 들어 사무실이나 공장 배치를 통해 혹은 호텔에서 floor 서비스를 대신하거나 보완함으로써 개별적인 혹은 여러 대의 음료자판기가 구비되기도 한다.

룸 서비스

호텔과 모텔 룸의 음료 서비스는 비록 많은 시설들이 미니바나 고객이 음료를 얻을 수 있는 (Bell Captains 라 불리는)작은 자동공급기계를 설치하고 있음에도 불구하고, 웨이터 서비스가 가장 일반적이다. 알콜과 무알콜 음료, 스낵의 제한적인 선택사항들은 미니바에 해결해주고, 고객은 그들이 요구하는 간단한 것들을 해소하게 된다. 미니바는 독립적으로 설치되어있거나 기존의 가구 안에 설치되기도 한다. 1990년대 후반에 앞이 투명한 유리문으로 되어있는 미니바가 소개되어 충동적 소비를 증진시켰다. 이런 구성품에 달려있는 등은 방안의 등과 연결되어있어 함께 켜지게 되어있었지만, 인기가 줄어들어 금방 사라졌다.

오늘날 사용가능한 수많은 미니바 시스템이 있고, 물품에 대한 지불은 다음과 같은 몇가지 방법으로 이뤄진다.

1. 구매여부는 계산하는 사무실에 자동적으로 등록되어 고객 계좌(어카운트)에서 바로 빠져나간다. 소비된 음료는 손님 계산서에 곧바로 기록되는데, 이것 또한 구매시간과 가격을 보여준다. 통합 컴퓨터 시스템의 장점은 미니바에서 고른 모든 품목들은 즉시 등록되어, 호텔이 물품판매에 있어 거의 잃는 일이 없다. 손님은 호텔의 미니바의 물품재고 체크 따위로 매일 간섭 받을 필요가 없고, 판매 기록 분석이나, 들어있는 제품의 가격이나, 채워넣기 또는 유지관리 요구사항 등과 같은 상세 기록이 잘 보관되어 관리하는데 모두 활용이 가능하다. 이것의 주요한 단점은 시스템을 처음 구축하는데 높은 비용이 든다는 것과 이를 적용함으로써 노동비용 절감 여부와 유실물품의 비율, 손님과 호텔 양자에 효율성 및 안전성 증대여부와, 그리고 관리하는데 발생하는 부가적인 통제 정보 등을 잘 고려해야 한다.
2. 손님이 떠나는 아침에, 미니바는 체크하고 소비된 음료는 고객 계좌에서서 빠져나간다. 이런 형태의 관리는 완전히 수작업(manual)으로 이뤄지거나, 보통 수동으로 기록된 데이터를 처리하는 휴대용 장치를 이용해 보조를 받아 처리하기도 한다. 미니바를 모두 확인해야하는 이런 수동 시스템은 시간이 많이 걸리는 작업인데 호텔에서 매일 이뤄지고 사용했거나 지금 사용중이어서, 재고를 새로 채워넣어야 하는 것을 포함해 모두 손으로 이뤄진다. 그러나 이런 정직한 바(honesty bar) 시스템은 고객이 장치나 미니바로부터 구매한 것들을 기억해야하는 필요가 있고, 고객이 호텔을 떠나기 전에 충분히 일찍 구매품목을 확인하여야 고객의 계좌

에 비용을 부과시킬 수 있다. 따라서 이러한 시스템은 유실된 품목을 비율이 높을 수도 있다.

이런 수동 접근법은 휴대용 단말기 사용을 증진시켰다. 이런 미니바 관리 시스템(MMS: minibar management system)은 미니바 관리인이 미니바에서 사용된 기록을 저장하는 포터블 시스템이라고 할 수 있다. 이런 바코드 리더를 사용하고 미니바 제품의 항목나열(listing)한 바 차트를 통해, 데이터는 저장되고 전화를 통해 송장을 바로 출력 해주거나 곧바로 읽을 수 있게 한다. 이런 정보는 방의 사용이 기재된 개인 영수증 계좌에 바로 준비되거나, 또는 손님의 계좌로 바로 들어가게 된다. 이런 통합 컴퓨터 시스템으로 인해, 인건비 절감이 가능해지고, 상세한 최신 관리정보를 손쉽게 제공될 수 있다. 이것의 주요 이점은 기존의 전화시설과 케이블을 사용함으로써 설치비용이 덜 든다는 점이다. 그러나 이러한 시스템은 비록 이 시스템이 중앙의 화면을 통해 재서비스가 필요하도록 미니바가 사용된 방을 객실 관리자가 볼 수 있게 설치할 수 있지만, 여전히 객실 관리자가 물리적인 방법으로 매일 미니바를 체크해야 하기 때문에 여전히 시간이 걸린다는 점이다. 하지만 이 방법은 노동 비용을 절감하고 손님에게 번거로움을 줄일 수 있다. 더욱 최근에 소개된 무선 기술은 손님이 객실 담당자가 사용된 재고의 내역을 손쉽게 입력만 하고 계산하는 시스템에 전송만 하면, 자동적으로 기록이 손님의 요금에 부과되게 만들어준다. 미니바의 문에 장착된 전자택(tag) 미니바가 사용여부와 불필요한 손님의 간섭을 줄여줄 수 있게 고안되어있다.

3. 손님은 기계에 정확한 금액을 기계에 넣음으로써 음료를 구매하여 일반적인 자판기처럼 음료 품목을 받을 수 있다.

그러므로 미니바는 룸서비스를 보완해주는 서비스로 존재하고, 손님으로 하여금 그들이 룸서비스를 원하지 않을 때에는 그대로 남아 있다가 다른 날에 손님에 의해 사용된다. 효율적으로 운영되고 관리된 미니바는 호텔의 부가적인 수익을 창출하여, 독립된 이익창출 장소가 될 수 있다.

환영선물 트레이(welcome tray나 hospitality bar)는 호텔 객실에서 증가되는 추세이다. 이것은 보통 단독으로 배치 되어있거나 안정과 보안을 위해 장치에 고정되어있거나 벽에 고정 되어있다. 예를 들면 전기 주전자, 원두커피를 내려 마실 수 있는 커피메이커와 원두커피, 차, 설탕, 우유나 크림이 담긴 단지, 때때로 포장된 비스킷과 컵, 컵 받침대, 스푼, 그리고 차주전자 등이 환영선물트레이(welcome tray)위에 놓여진다.

환영선물트레이(welcome tray)는 기본적으로 호텔에서 제공하는 무료서비스이다. 따라서 손님들은 룸서비스를 부를 필요 없이 언제라도 뜨거운 음료를 스스로 만들어 마실 수 있다.

뷔페

뷔페 형태 배치에서 음료서비스는 대개 웨이터 서비스다. 비록 몇몇 케이스에서는 제공된 음료가 판매를 돋우기 위해 뷔페 테이블에 배치되어있다. 이렇게 제공된 음료에는 와인, 신선한 주스, 아이스커피 등이 있다.

테이크 아웃

테이크아웃 운영에서 음료는 대개 주문한 식음료와 더불어 고객에게 제공된다. 고객이 주문한 식음료가 준비되면 식음료와 음료는 포장되어 고객들에게 전달된다. 테이크아웃 운영에 의해서 제공된 판매식음료와 같이 음료도 또한 높은 수준으로 표준화되고 종종 다양하지만 제한된 수량의 음료를 제공한다. 예를 들어, 테이크아웃은 6~8개의 다른 향이 가미된 밀크셰이크가 제공된다. 음료에 사용된 1회용 용기는 기업의 브랜드 이미지를 즉각적으로 드러내는 테마나 로고(예시: 맥도날드)를 가지고 있다.

따라서 셀프 서비스는 웨이터가 음료를 가져다주기 보다는 고객이 직접 서비스 지점으로부터 그들만의 음료를 수집하는 음료서비스방법이다. 오늘날 대부분의 산업적인 식음료공급 상황에서, 셀프-서비스는 음료 서비스의 가장 일반적인 채택방법으로, 그것은 고객의 흐름을 높이는 등의 이유로 음료는 메인 식음료 서비스 카운터로부터 구별되어있다.

웨이터/웨이트리스 서비스

웨이터/웨이트리스 음료 서비스 방법은 음료가 배송되고, 그 장소가 테이블이든, 카운터든, 바(bar)든지 간에 서비스 직원에 의해 고객들에게 서비스되는 것을 말한다. 앞서 언급한 몇몇 셀프서비스 운영법보다 더 높은 가격에 식음료공급 시설을 제공하며, 더욱 보편적으로 연관되어있는 음료서비스 방법이다. 그러므로 최고급 레스토랑이나 다른 풀-서비스 레스토랑에서 더 폭넓게 적용되고 있다.

카운터 또는 바 서비스

바 서비스에서 고객들은 카운터 근처 의자에 앉아서 바텐터로부터 서비스를 제공 받는다. 그들은 바 내부의 개개인 테이블에 앉아서 손님들을 위해 바에서 마실 것을 가져다주는 웨이터직원들의 서비스를 받는다. 앞의 음료서비스 방법에서는 고객은 바 혹은 테이블에 앉은 채로 있는데, 이는 가장 흔하게 사용되는 선술집이나 커피숍 형식의 식음료공급 시설이다. 뒤의 방법은 식사 전, 후가 완전히 구분되는 호텔이나 여타 레스토랑에서 폭넓게 사용되는 방법이다. 두 가지 식음료공급 상황에서 바는 시설을 위해 판매하는 역할을 하고, 따라서 고객의 관심을 끌 수 있도록 매력적으로 보여야하고 특별한 형태의 운영을 통해 그리고 목표로 하는 시장층을 잘 겨냥해서 적절한 음료 선택으로 특징을 드러내야 한다.

음료 공급 기계

알콜과 혼합 음료를 공급하는 자동 기계를 따로 분류해 놓은 편리함의 이유로 공급기계(dispensing machine)라는 이름을 얻었다. 한편 무알콜 음료를 제공하는 기계는 자판기(vending machine)라고 이름 지어졌다. 자동 공급하는 기계들은 정확한 양의 알코올 음료를 공급하는 데 사용되고, 이런 형태의 기계는 단순한 것부터 정교한 것까지 다양하다. 많은 것에서 기계의 조절은 필요한 양 만큼만 공급하도록 설정되어 있고, 병(bottle)은 기계 안에서 거꾸로 뒤집어진 채로 놓여있으며, 기계는 일정량을 측정하여 기계에 설정된 정량만큼만 공급할 것이다. 더 정교한 기계에서는 칵테일이 믹스되어 공급되기도 한다.

자동공급기의 사용에는 몇 가지 장점을 가지고 있는데, 각각의 양 배분이 정확하게 측정되어 넘치거나 모자라게 공급하는 경우가 없고, 항상 표준 음료가 고객에게 제공된다. 어떤 공급기계는 바텐더보다 더 빨리 음료를 붓고 섞을 수 있다. 만약 기계가 제공된 음료의 숫자를 정확히 잰다면, 제공받은 음료의 개수와 바에 지불한 정확한 금액의 돈에 있어서 정확한 체크가 이뤄진다. 자동공급기 사용은 파손과 낭비, 도난을 줄여준다. 또한 바의 외관을 더 간결하게 만들 수 있어 공간을 절약할 수 있다. 마지막으로 이러한 기계는 음료를 측정하고 제공하는 것 이외에도, 끊임없이 재고를 유지해 줄 수 있어서, 새로 주문을 넣고 관리하는데 매우 유용하다.

테이블 서비스

테이블 서비스는 고객 테이블에서의 음료서비스를 설명하는 데 사용된다.

고객의 음료주문은 테이블에서 이뤄지고 음료는 대개 바의 한쪽 면이나 공급 바(dispense bar)에서 가져온다. dispense bar는 서비스 직원이 준비하여 고객에게 제공하는 바인데, 보기 좋게 꾸며진 판매설비가 아니어서 고객에게 바로 제공되지는 않는다. 이것은 호텔처럼 다수의 레스토랑이나 시설내의 다른 음료판매 매장을 지원하기 때문에, 일반적으로 미적으로 어필할 수 있을 만큼 설계되기 보단 오히려 기능적으로 설계되어 있다. 몇몇 레스토랑에서 trolley나 카트는 식탁까지 음료를 공급하는데 사용되는데, 특히 술이 제공될 때에는 식사 후에 제공되도록 한다. 음료 카트의 사용은 음료 서비스를 보조하는 목적 외에도 중요한 비주얼적인 판매도구가 되기 때문이다.

연회 서비스

연회 기능에서의 음료 서비스는 이미 선택된 특정 음료에서 식음료 서비스와 비슷한데, 연회 안에서 특별한 음료가 먼저 골라서 준비되고, 특정 식음료와 어울리게 하기 위해서 식사 도중 정해진 약속시간에 제공받게 된다. 연회에서 식사 전에 나오는 음료는 직원에 의해서 서비스된다. 예를 들어 음료가 담긴 트레이를 손님 주변에 가져다 놓거나, 음료 선택을 제공하는 바(bar)를 손님이 모이기 위해 사용되는 방(room used for guest assembly)에 배치해놓으면 손님들은 여기에서 바로 구매할 수 있다. 식사 시간동안 호스트에 의해서 미리 선택된 와인이 제공되고 식사 후 커피나 술과 같은 음료 또한 손님 접대용 테이블에서 제공된다. 위의 시스템은 'inclusive bar'라고 부른다. 손님에 의해서 주문된 다른 음료수는 연회식사 비용에 포함되지 않고 손님에 의해서 개별적으로 지불된다. 이 같은 inclusive bar의 대안은 그 어떤 음료도 미리 주문될 수 없으며, 손님 스스로 모든 음료에 대한 지불을 하는 cash bar도 있다. 그러나 일반적인 관례처럼, 연회의 리셉션 공간에서 와인 웨이터들은 테이블을 세팅할 수 있고, 고객은 와인을 고를 수 있고 때때로 먼저 계산한 후 이용한다.

룸과 라운지 서비스

웨이터서비스 운영에 있어서 고객은 룸 과 플로어 서비스로부터 필요한 음료를 주문할 수 있고 음료는 객실로 전달되며, 지불은 웨이터에게 바로 할 수 있다. 더 일반적으로, 고객의 어카운트에서 돈이 지불될 것이다. 셀프서비스 기계가 사용되고 있지만, 웨이터서비스는 여전히 룸서비스에서 가장 일반적으로 사용되는 것이다.

호텔 라운지에서 단순히 식음료를 서비스 하는 것에서 벗어나 음료서비스도 점차적으로 고급 호텔에 특성화되어지고 있다. 호텔들과 리조트 또는 펍(Pub)들은 모닝커피나 오후의 차 서비스를 시행함으로써 식음료서비스 시간대를 확대하고 있다.

커피 카트

커피 카트 또는 차 trolley등의 서비스에서는 음료가 종종 고객의 책상 위나 테이블에 바로 제공되기도 하기 때문에 음료 서비스로써 포함될 수 있다.

이 방식의 음료 서비스는 상당부분 자판기서비스로 대체되었지만 오늘날도 여전히 사무실과 공장에서 사용되고 있다.

알코올음료 카트

알코올음료 카트는 다양한 레스토랑과 호텔에서 사용될 수 있는데, 이것은 식사 말미에 고객 식탁으로 가져오게 된다. 알코올음료를 카트에 충분히 담아놓고 보기 좋게 전시해 놓으면 고객들의 흥미를 끌어 판매를 촉진시킬 것이다.

음료 서비스 중 웨이터방식은 다른 식음료공급 상황에서도 다양하게 적용되기도 하지만 고가의 식음료공급 시설에서 가장 일반적으로 사용된다. 이런 형태의 음료서비스를 정의하자면 다른 셀프서비스 운영에 필요로 하는 형태보다 상당한 노동집약적인 서비스 형태이다. 예를 들어 최고급 레스토랑에서 프랑스 방식의 식음료서비스를 채택하고, 또 제공되기 전에 고객에게 먼저 식음료를 보여주는 것이 있다. 이와 비슷한 방식의 음료서비스가 있는데, 와인서비스가 바로 그것으로서, 이 서비스는 스타일과 격식에서 매우 흡사하여, 제공받기 전에 와인을 고객에게 보여주고 고객이 먼저 시음할 수 있게 해준다. 이런 형태의 서비스는 고객들이 원하는 식음료를 가져오게 하는 셀프서비스와 상당히 대조적이다. 그러므로 대부분의 식음료공급 상황에서 음료서비스 형태는 식음료서비스 형태를 반영하고 따라서 이 둘은 서로 상호 보완적인 관계다.

참고문헌

Automatic Vending Association of Britain (1996). *Census Vend Inform*, Automatic Vending Association of Britain .

Coltman , M. (2000). *Hospitality Management Accounting*, 7th edn. New York: John Wiley.

Cracknell, H. L. , Kaufmann, R. J. and Nobis, F. (1988). *Practical Professional Catering*. London : Macmillan.

Davis, B. and Lockwood, A. (1994). *Food and Beverage Management – A Selection of Readings*. Oxford : Butterworth-Heinemann.

Fiss, M. L. (2003). Charting a Course to Freedom: Cruise Lines Create Dining Revolution. FoodService Director, 08977208, 6/15/2003, Vol. 16, Issue 6.

Green, E. F. et al. (1987). *Profi table Food and Beverage Management: Planning*. Jenks, OK : Williams Books.

Hyman, H. H. (1982). *Supplies Management for Health Services*. London : Croom Helm.

Leto, m.j. and Bode, W. K. H. (2006). *The Larder Chef*, 4th edn. Oxford : Butterworth-Heinmann.

Lillicrap, D. and Cousins, J. (2006). *Food and Beverage Service*, 7th edn . London : Hodder and Stoughton.

Mintel (2006a). *Number of UK Confectionery, Snacks and Meals Vending Machines, by Type of Food Dispensed*, Mintel Estimate, Based on AVA Census Data Trends for 2002–05 Mintel International Group Limited , London.

Mintel (2006b). *Comparison of Performance of Different Sectors in the Eating Out Market*, 2001–06 Mintel International Group Limited, London.

Mintel (2007a). *Number of UK Drinks Vending Machines, by Dispensing Method*, 2002–06 Mintel International Group Limited, London.

Mintel (2007b). *Vending Performance Key Indicators* Mintel International Group Limited, London.

Mintel (2007c). *Ethical Role of Vended Drinks* Mintel International Group Limited, London.

Perlik, A. (2006). Seal of Approval: Restaurants and Institutions, 02735520 Vol. 116, Issue 8.

Silver, D. (2000). Breaking with Tradition Restaurants & Institutions, 02735520, 11/01/2000, Vol. 110, Issue 29.

Stevens, J. (1987). *Measuring Purchasing Performance*. London : Business Books.

Strauss, K. (2004). Hotels: *Full Scale Production* 38 (9), p. 67–70. Reed Elsevier Inc., New York.

Ward, J. (1984). *Profitable Product Management*. Oxford : Butterworth-Heinemann .

Westing, K. et al. (1983). *Purchasing Management*. New York : John Wiley. www.food.gov.uk/consultations/ukwideconsults/2005/genfoodlaw178 www.food.gov.uk/foodindustry

제 8 장

식음료 관리

단원 소개

식음료 관리란 식음료 업장에서 서비스 운영에 대한 매출과 비용에 대한 규제 및 지침이라고 정의할 수 있다. 성공적이고 총체적인 식음료 관리는 업장의 규모에 상관없이 식음료 업장 운영에 있어서 필수적이다. 식음료 자재 관련 지출 비용은 운영 형태에 따라 차이가 있지만 보통 전체 운영비용의 25퍼센트에서 많게는 50퍼센트까지 차지할 수 있다. 호텔이나 기타 추가적인 유락시설을 제공하는 종합적 서비스 사업과는 달리 레스토랑과 같은 식음료 업소에서는 오직 식음료 판매에서만 수익이 창출되는 경우 또한 자주 볼 수 있다. 공공 분야 케이터링에서, 직원 식당 또는 그와 비슷한 운영형태의 업소에서는 식음료가 일일 소비지출 단위에서 가장 주요한 비용으로 작용하게 되며, 이러한 비용들은 예산 또는 보조금 규모에 의해 관리된다. 그리고 이러한 비용에 대한 관리는 식음료 업체를 운영하는 전체 회사 규모에서 이뤄질 수도 있고, 또는 각 업장별로 이뤄 질 수 있다. 일반적으로 식음료를 판매하기 위해 이루어지는 업장운영 비용 관리의 규모 정도는 업장의 운영 형태와 크기에 관련이 있다. 대형 업장의 경우 그 규모가 상대적으로 작은 업장들에 비해 더 정확하고, 상세한 최신 정보를 필요로 한다. 그리고 대형 업장들은 소규모 업장들이 비용적인 제약 때문에 도입할 수 없는 컴퓨터 기반 운영 시스템을 도입, 운영할 수 있다(그러나 이러한 컴퓨터 기반 운영 시스템의 가격은 최근 몇 년 사이에 급격히 하락하였기 때문에 이제는 소규모 업체에서도 쉽게 도입할 수 있게 되었다). 어떤 업장이든지 효과적인 식음료 관리를 위해서는 운영과 관련된 자료의 양 및 유형이 선택적으로 사용되어져야 한다. 앞서 다루었던 5장과 6장을 통해 이 책을 읽는 독자들은 구매(제 6장)개념과 가격 결정(제 5장)이라는 개념이 모두 친숙할 것이라 사료된다. 구매와 가격 결정은 효과적인 식음료 관리를 달성할 수 있도록 도와주는 두 가지 중요한 요소들이다.

이 단계에서 관리 시스템의 몇 가지 제한점을 언급해야만 하는데, 그 내용은 아래와 같다.

- 식음료 관리 시스템은 사업에서 문제가 있는 부분과 추세만을 인식할 수 있다. 이러한 관리 시스템은 문제가 발견된 부분을 자동적으로 수정할 수 없다.
- 식음료 관리 시스템은 지속적인 관리와 감독을 통해 모든 기능들이 효율적으로 이뤄지고 있는지 여부를 파악할 수 있어야 한다.
- 식음료 관리 시스템은 생산된 정보를 분석하고 이에 따른 조치를 취하기 위해 관리 및 경영활동을 필요로 한다.

단원 목표

이 단원을 읽고 나면 아래의 핵심 사항을 이해할 수 있어야 한다.

- 식음료 비용 관리의 목적을 이해한다.
- 손익 분기 분석을 수행할 수 있어야 하며, 예산에 대해 이해한다.
- 표준화 된 조리법, 수익 그리고 1인당 식음료 분배량에 대한 개념을 이해한다.
- 다양한 식음료 비용 관리 방법을 이해한다.
- 총 수입 관리 기본에 대한 이해와 전산화 된 시스템과 수동화 시스템 사이의 차이점에 대해 이해한다.
- 운영 비율에 대한 기본적인 사항을 이해한다.

식음료 관리의 목적

식음료 관리 시스템의 목적은 다음과 같이 요약될 수 있다.

■ 수익과 지출 분석(Analysis of income and expenditure) 분석은 식음료 업체의 수입과 매출에 중점을 두고 있는 분석이다. 총 수입액(revenue) 분석은 일반적으로 각각의 판매 업장에 의해서 행해지는 데, 식음료 판매 량, 타깃 소비 시장(sales mix), 다양한 시간대에 보여지는 구매자의 평균 구매력(Average Spending Power, ASP), 서비스를 받은 소비자 수와 같은 요소들을 기준으로 행해진다. 비용 분석에는 객단가(일인당) 비용과 노동 비용, 음식과 음료 비용이 포함된다. 비용에 대한 분석은 주로 부서별 식음료 구매 비용, 1인 당 식음료 객단가, 임금 등의 측면에서 행해진다. 각 업

장의 성과는 매출총이익(gross profit)과 순 이익률 (net margin: 매출총수입-임금), 순이익(net profit: 매출총수입-임금 그리고 모든 고정비용)에서 고용 비를 공제하고 다시 임대료, 이자, 보험 등을 제외한 것으로 분류할수 있다.

- 표준화된 업장 (Establishment and maintenance of Standards) 식음료 업장 운영의 가장 기초적인 작업 중 하나는 바로 작업의 표준화이며, 식음료 업체들은 바로 이 표준화 작업의 산물이라고 볼 수 있다. 우리 주변에서도 흔히 볼 수 있는 체인 레스토랑이나 스테이크 하우스들이 이러한 식음료 사업의 표준화를 대표적으로 나타내고 있다. 식음료 업체 경영시, 일차적인 작업 및 운영에 대한 표준화 작업이 마쳤을 경우, 직원 및 관리자들은 이 표준화에 대해 숙지하고 있어야만 한다. 효율적인 작업 및 관리 표준화를 위해 업체들은 주로 표준 운영 절차(Standard Operational Procedures, SOPs)라고 불리는 매뉴얼에 모든 작업의 표준화된 내용을 적어 놓는다. 이곳에 적혀진 내용은 모든 직원들에 의해 즉시 적용된다. 이렇게 정해진 표준은 운영시 정기적인 검토에 의해 관리되어지며, 시스템에 대한 꾸준한 관찰과 소비자들의 의견에 의해 완벽해질 수 있다. 또한, 필요한 경우에는 수정된 표준화 절차를 직원들에게 훈련 시켜 숙지시킬 수도 있다.
- 가격 책정(Pricing) 식음료 관리의 중요한 목적 중 하나는 특별한 연회에 대한 견적 정보를 포함한 업장 메뉴 가격 책정을 위한 초석을 마련하는 것이다. 그러므로 음식 메뉴와 음료 의 가격을 결정할 때에는 정확한 식음료 비용을 파악하고, 업장의 다른 지출 사항 역시도 파악하여 이를 모두 반영해야 한다. 또한, 일반적인 시장에 대한 고려사항과 소비자의 지출 규모, 경쟁 업체의 가격, 소비자가 받아들일 수 있는 가격 정도 등도 역시 고려해야만 한다(가격 결정과 관련한 더욱 자세한 사항은 제 5장을 참고).
- 낭비의 방지(Prevention of waste) 어떤 업체의 운영 표준화를 이루기 위해서는, 목표는 매출, 비용 수준 그리고 수익 마진을 위해 설정된다. 사업의 이윤을 창출하기 위해, 재료의 낭비와 직결되는 준비 미숙, 초과 생산, 표준 조리법(recipes) 사용 실패 등은 반드시0 방지할 필요가 있으며 이를 위한 효율적인 관리 방법이 필요하다. 이러한 관리법은 구매, 가격결정 그리고 식음료 관리 전반에 걸쳐 적용되며, 조직의 기본적인 방침부터 서비스가 완료된 후 시행되는 사후경영 관리까지도 영향을 미친다(그림 8.1).

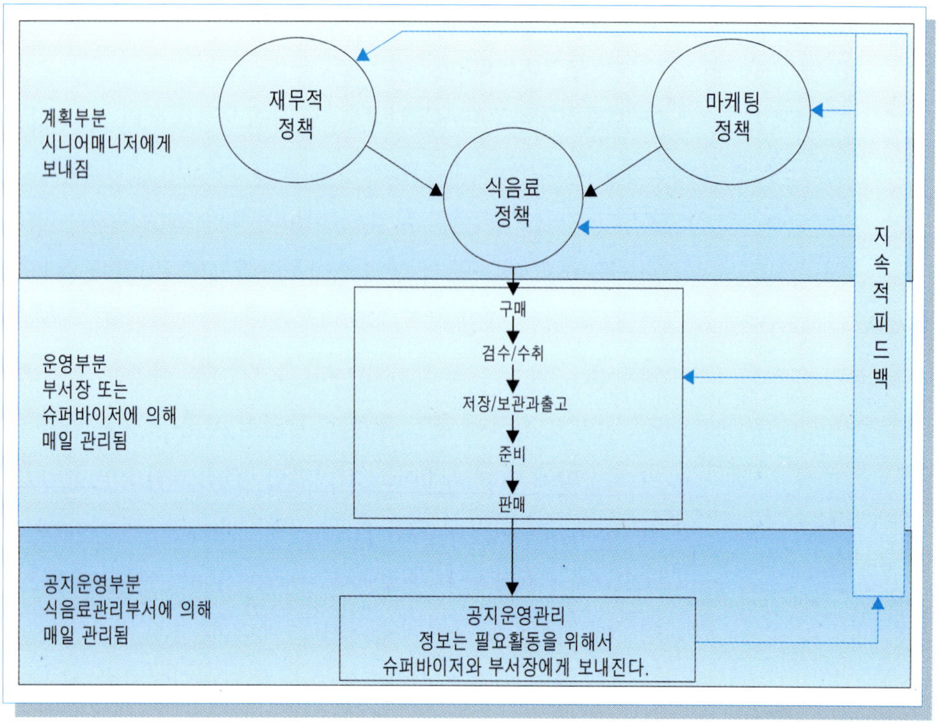

그림 8.1 전체 식음료 관리 시스템

- **도난 및 부정행위 방지(Prevention of fraud)** 식음료 업장에는 도난과 사기의 가능성을 방지하거나 규제할 수 있는 관리 시스템이 필요한데, 최소한 고객이나 직원에 의해 일어날 수 있는 부분에 대한 조치를 사전에 방지할 수 있어야 한다. 고객에 의해 일어날 수 있는 도난 및 부정행위는 주로 의도적으로 소비한 식음료에 대한 지불을 하지 않고 나가는 형태를 띤다. 또는, 식음료를 소비한 뒤 제품에 문제가 있다고 항의하여 고의적으로 식음료 값을 지불하지 않거나, 소비한 음료의 수가 다르다고 불만을 표출하거나, 훔친 카드나 수표로 지불하는 등의 모든 것들을 포함한다. 직원에 의해 일어날 수 있는 도난 및 사기 행위에는 주로 식음료에 대한 가격을 기준치보다 높거나 낮게 책정하는 경우 또는 식음료 절도 등이 포함된다.
- **경영 정보(Management information)** 관리 시스템은 경영에 대한 정기적인 기록을 통해 최신 정보를 제공해야만 하는 중요한 임무를 가지고 있다. 이렇게 모여진 정보는 이전에 정해진 업체 표준을 통해 각 업장의 시설 및 성과를 비교, 분석하는데 사용되어진다.

지나치게 많은 정보를 담고 있는 기획안이 과도하게 생산되었을 경우, 업장 관리시에 중요한 문제가 될 수 있다. 업장 운영에 있어 기획, 경영을 담당하는 부서 또는 담당자는 종종 많은 기록 양과 실무자가 그것을 실행하는 데 있어 예상 및 적용이 어려운 리포트를 제출할 때가 있다. 이런 경우 매니저는 방대한 양의 리포트와 운영통계 자료를 놓고도 어떻게 사용해야 하는지 모르게 되거나 시간이 없어 적절한 조치를 취하지 못하는 상황이 발생할 수도 있다. 따라서 업장의 규모에 따라서 적절한 관리 시스템이 선택, 적용되어야만 한다.

예를 들어, 작은 업장의 경우 일, 주, 일정 기간별 리포트가 불필요 할 수도 있지만, 규모가 큰 업장의 경우 경영 관리진의 빠른 문제 처리를 위해 이러한 리포트들이 반드시 필요하다.

식음료 관리의 문제점

식음료 관리는 많은 다른 산업에서 이루어지는 일반적인 재료 관리 보다 관리 및 운영이 더욱 어렵다. 이것에 대한 주요 이유는 다음과 같다;

- 식음료 부패 (Perishability of the product) 가공되지 않은 음식이든 가공된 음식이든 쉽게 부패할 수 있는 가능성이 있으며, 유통 기한이 정해져 있다. 그러므로 케이터링 서비스를 제공하는 사람은 예측된 수요량에 맞는 정확한 질과 양의 식음료 상품을 제공해야 한다. 그리고 이렇게 생산된 식음료 상품은 부패되지 않도록 제대로 보관 및 저장되어야 한다(음료의 경우 식자재 보다는 부패할 가능성이 적기 때문에 좀 더 손쉽게 관리할 수 있다).
- 사업 범위 예측의 어려움(Business volume unpredictability) 판매량이 예측하기 힘들다는 사실은 모든 케이터링 사업체에 적용된다. 이용객의 수가 매일 다르므로 제공되는 식음료 판매양이 변화하여 수요 예측이 쉽지 않다. 어떤 업장의 경우에는 매 시간마다 그 양이 변화되므로 업장에서 적정 수준의 생산 재료를 구비해 놓고, 직원을 적정수준 배치하는 일이 매우 어려워 질 수 있다.
- 메뉴 구성 및 예측의 어려움(Menu mix unpredictability) 식음료 서비스 업체는

어떤 특정 시장에 경쟁력을 갖추고 고객을 만족스럽게 하기 위해서 고객들에게 다양한 메뉴 아이템을 제공하려고 노력한다. 소비자들이 선호하는 메뉴 아이템을 측정하는 것은 매우 어려운 일이며, 이러한 이유로 총 식음료 관리 시스템에 대한 효과적인 수요예측 과정은 필수적이라고 말할 수 있다.

- 식음료 사업 운영의 짧은 주기(Food and beverage operation short cycle) 식음료 사업은 다른 산업에 비해 관리 운영에 허용되는 시간이 짧다. 일반적으로 매일 주문되는 아이템은 같은 날 또는 그 다음날까지 주문, 가공 및 판매가 완료되기도 한다. 이러한 업계의 사업 성격 때문에 규모가 큰 케이터링 업체에서는 일 또는 주 단위로 비용을 기록하고, 보고하게 된다. 그리고 부패 위험성이 있는 식재료의 경우 필요에 따라 대량으로 구매할 수 없기 때문에 그 당시에 사용 가능한 식자재를 판매가가 허용하는 범위 안에서만 구매할 수 있다.
- 부서화(Departmentalization) 대부분의 식음료 사업체들은 여러 개의 생산 및 서비스를 담당하는 부서를 거느리고 있다. 각각의 업장들은 각기 다른 식음료 제품과 방침을 가지고 운영된다. 따라서 이렇게 다양한 업장을 가진 사업체의 경우에는 각각 다른 생산 및 판매활동을 할 수 있도록 해야만 한다.

기본적인 관리 시스템

효율적인 업장의 시스템 운영을 위해 사업장이 마련된 뒤에는 계획 설립, 운영, 그리고 관리 세 가지 절차를 거쳐야만 한다.

계획 설립 단계

일반적으로 기본적인 규정이 확립되지 않고서는 효율적으로 식음료 사업장을 운영하는 것이 불가능 하다고 할 수 있다. 업장 내에 필요한 방침이나 규정들은 미리 정해진 지침으로서 주로 어떠한 세부 시장을 타깃으로 할 것인지, 그리고 세부 시장의 고객을 만족시키기 위해서 어떠한 절차를 거쳐 서비스를 제공할 것인지, 보조금 또는 수입 목표를 정할 것인지 등의 내용이 포함되어 있다. 비록 공공분야 식음료 사업 업체라고 할지라도 병원 케이터링 처럼 국가에서 정해놓은 사전 지침이 있기 때문에 이를 달성할 수 있도록 노력해야만 한다.

케이터링 운영은 식음료 사업을 시작하기에 앞서 일정 방침이나 규정들을 사전에 정확하게 정의하고 있어야만 한다. 그리고 사업 운영 중에도 필요한 경우에는 빠르게 재 정의되어 수정될 수 있어야만 한다. 예를 들어, 새로운 세부 시장을 만족시키기 위해서 레스토랑에 새로운 테마가 정해 졌다면, 이에 적당한 운영 방침과 규정들을 만들어 내야만 한다. 큰 조직에서 업장의 일정 방침이나 규정들은 문서로 기록, 보관되어 있어야 하고, 현재 사업과 향후 트렌드를 염두에 두고 정기적으로 재검토 되어야만 한다. 그러나 규모가 상대적으로 작은 조직에서는 규모가 큰 조직에서 생기는 의사소통 문제가 빈번히 일어나지 않기 때문에 격식을 갖추어 문서화 된 운영 방침이나 규율에 대한 사항을 제시해야만 할 필요는 없다. 이렇게 방침이나 규정에 대한 사항을 만들 때에는 아래 세 가지 사항을 고려해야 한다.

1. 재정적인 방침의 경우 주로 사업 총 수익 및 보조금 그리고 사업체 전체에 대한 비용 제한, 업장별 비용제한, 총 수익 기여도 등의 사항을 고려해야 한다. 따라서 이러한 재정적인 방침의 경우 사업 전체뿐만 아니라 업장과 부서의 재정 목표를 설정하는 활동도 포함하게 된다. 그러므로 대형 호텔에서 재정적인 방침은 호텔 전체에 대한 수익 목표를 설정하면서, 다른 부서들뿐만 아니라 각 업장 및 케이터링 부서의 수익 목표를 포함한다. 그리고 이렇게 설정된 목표는 호텔 내 레스토랑, 바, 연회부 등의 부서의 재정 목표로 나누어진다. 산업 계약(industrial contract) 케이터링의 경우 운영에 대한 전체 재정 목표를 세우고, 보조금과 관리비 그리고 각 업장별 비용 제한(음식 또는 직원 노동비 등)으로 나누어진다.
2. 마케팅 방침은 업체가 서비스를 제공할 전체적인 시장을 인식하고, 집중화 전략을 펼칠 수 있는 세부시장을 인식하는 단계를 포함하게 된다. 또한, 마케팅 방침의 경우, 현재와 미래 고객의 요구를 인식하고, 만족시킬 수 있도록 하는 방안을 포함하고 있어야만 한다. 대형 호텔의 경우 이러한 전체적인 시장 규모의 요구를 만족시킬 수 있어야 하며, 동시에 다양

한 형태의 세부 시장의 요구도 만족시킬 수 있어야 하는데, 예를 들어, 커피숍, 로스팅 된 고기를 제공하는 카베리 업장, 칵테일 바, 연회장 등을 호텔에 배치해 놓는 것 등이 있다. 이렇게 호텔 내에 배치된 각각의 업장은 각기 다른 고객의 요구에 응답할 수 있는 서비스를 제공해야만 한다. 다음 년도를 위해 만들어지는 영국의 전국 상업 케이터링 조직의 마케팅 방침은 아래와 같은 목적을 포함시킬 수 있다.

- 전국적인 인지도(National identity) 모든 업장이 전국적인 인지도를 얻을 수 있도록 하기 위해서는 반드시 사업 디자인, 고객 만족, '유명한 레스토랑' 콘셉트 등을 파악해야 한다
- 소비자(Customer) 사업가, 쇼핑을 좋아하는 고객, 성별에 따른 관광객 성격, 25세 또는 그 이상 연령대의 고객들, 주로 이용하는 상점 및 레스토랑이 위치한 지역(경제적인 능력이 높은 소비자들이 자주 방문하는 지역 또는 도심지역), 소비자가 소비하는 식음료의 일반적인 표준, 서비스 직원의 능력, 1인 당 평균적으로 한 가지 음식에 소비하는 금액 등에 대한 구체적인 소비자 프로파일 정보 수집 및 숙지가 필요하다.
- 시장 점유율 목표한 시장 점유율을 달성하기 위해 사업의 표적 시장 비율을 조절
- 전환율(Turnover) 전년 대비 판매량 증가율
- 수익성(Profitability) 각 업장별 전년 대비 순수익 증가량과 대비 비율(%)
- 1인 평균 구매력(ASP-Average Spending Power)이 Z% 증가하면 목표치인 N GBP를 달성할 수 있다. (여기서 Z, N 이란 특정 수준까지의 퍼센트와 금액을 나타냄)
- 제품(Product) 제품이 지속적으로 높은 질을 유지할 수 있도록 함
- 소비자 만족도(Customer satisfaction) 가장 중요한 사업 산출물은 모든 고객의 만족임

3. 재정적인 방침과 마케팅 방침 설립시 자연적으로 발전되는 케이터링 방침들은 식음료 업장을 운영하는 주된 사업의 목적을 나타내고, 그 목표를 달성할 수 있도록 도와주는 목적을 가지고 있다. 그리고 이러한 케이터링 방침들은 아래와 같은 사항을 포함한다.

- 소비자 유형(The type of customer), 예를 들어, 구매력이 높은 비즈니스

경영진, 구매력이 적으나 쇼핑을 즐기는 여성, 치료를 위해 방문한 병원의 단기 체류 환자 등

- 메뉴의 종류(The type of menu), 예를 들어, 정석(table d'hote), 일품 메뉴(a la carte), 패스트푸드 등
- 운영에 필요한 음료 제공(The beverage provision)
- 제공되는 음식의 수준(The quality standards), 예를 들어, 신선한 음식, 냉동 음식, 캔 음식 등과 생산 등급
- 구매 방법(The method of buying), 공급자와의 계약형태, 분배량, 지불 방법, 운반 방법 등
- 서비스의 질과 유형(Type and quality of service), 예를 들어, 카페테리아, 카운터, 웨이터 등
- 편안함과 인테리어의 수준(The degree of comfort and decor), 예를 들어, 소비자 1인 당 차지하는 공간, 장식의 형태와 스타일, 의자와 식탁의 형태와 스타일 등
- 운영 시간(Hours of operation), 예를 들어, 24시간, 주7일, 12:00-15:00 와 18:00-22:00 시간, 월-토 등

운영 단계

사전 운영 방침(Pre-determined guidelines)을 정의하고 나면 이러한 방침이 어떻게 케이터링 사업체 운영의 하루 업장 관리 활동으로 해석될 수 있는지에 대한 개요를 짜는 작업이 필요하다. 운영 관리는 전체적인 식음료 사업 관리 주기의 5단계 안에 포함된 단계 중 하나이다. 그리고 아래와 같은 사항을 포함한다.

1. 구매(Purchasing) 이 단계에서 고려해야할 5가지 항목은 아래와 같다.
   - (a) 제품 실험 - 특정 제품을 이용하기 위해 패널 테이스팅(tasting) 평가를 통해 얻어진 결과
   - (b) 산출량 실험 - 사용된 모든 주요 제품으로부터 획득된 산출량을 테스트한 결과
   - (c) 구매 방법 - 재료의 질, 크기, 무게에 대한 정보를 정확히 묘사하여 적

어놓은 상세 명세서

(d) 구매 방법 - 계약, 요리에 들어가는 재료 분배량, 현금 지불과 운송수단 등

(e) 사무적인 절차 - 효과적인 관리를 위해 필요로 되는 문서화 작업 그리고 필요한 재료에 대한 주문 및 관리를 누가 할 것인가 등

2. 재료 수취(Receiving) 고려해야 할 3가지 사항은 아래와 같다.

(a) 물량 조사 - 제품의 무게를 재고, 숫자를 세고, 양과 크기를 물리적으로 측정할 수 있는 사람이 한 명 필요하며, 만약 물량이 주문서와 같지 않다면 경영진이나 구매 담당자에게 반드시 이러한 사항이 보고되어야 한다.

(b) 주문한 물품의 상태 조사 - 이 부분에 대한 것은 어느 정도의 직급이 있는 셰프에 의해 이루어지며, 특히 부패 가능성이 있는 식재료의 경우에 특히 더 중요하다. 그리고 주문한 물품은 상세 명세서에 대비하여 확인되어야 한다.

(c) 사무적인 절차 - 이 항목은 이미 정해진 방침을 따라 문서들이 정리된다는 점에서 볼 때 중요하다고 할 수 있다. 수용할 수 있는 제품에 대한 영수증을 받고, 반품 해야 하는 제품을 위해 “반품 장부 (request for credit)” 에 배달자의 서명을 받아야 한다.

3. 저장, 보관, 재료 출고(Storing and issuing) 아래와 같은 4가지 주요사항이 고려되어야 한다.

(a) 재료 저장 기록 - 어떤 기록들을 유지, 보관 할 지를 결정해야한다.

(b) 품목 가격 책정 - 다양한 종류의 품목에 부과될 가격을 매기는 방법은 업장 운영 방침과 일관성을 유지해야 하기 때문에 이 부분을 고려하여 선택되어야 한다.

(c) 재료 재고 조사 - 저장된 재고 수준, 재고 회전율, 기록과 일치하지 않는 품목들, 잘 사용되지 않아 저장창고에 오랜 시간동안 보관 된 품목 등에 대해 인지할 수 있어야 한다.

(d) 사무적인 절차 - 문서화 시켜야 하는 부분에 대해 우선적으로 결정해야만 한다. 예를 들어, 각 부서에서 필요로 하는 항목을 기록한 문서, 기록 카드, 빈 카드(bin card, 물품 주문 영수증 등을 보관하고, 얼마나 많은 양의 재료가 지급되었는지를 기록하는 문서), 재고 기록 등이 포함된다.

4. 준비 (Preparing) 이것은 식음료 업장 관리 사이클에서 매우 중요한 단계로 인식된다. 특히 식품에 대해 더욱 엄격하게 적용된다. 이 단계에서 고려되어야 할 사항 세 가지는 아래와 같다.
   (a) 필요 물량 예측 - 특정 날에 케이터링 시설을 사용하는 소비자의 수를 예측하는 방법으로, 측정된 인원수에 따라 어느 정도의 식음료 재료가 필요로 한 지를 계산하는 사항이다.
   (b) 선비용 - 준비와 서비스 단계에 앞서 식음료 비용을 관리하는 방법이다. 이 단계는 일반적으로 모든 식음료 상품의 표준 조리법에 근거하여 이루어지며 1인분 요리에 들어가는 분배량을 관리하는 도구(국자, 저울, 사진기, 표준화된 유리 용기 등)가 사용되기도 한다.
   (c) 사무적인 절차 - 어떤 문서가 필요하며, 이렇게 모여진 정보를 어떻게 배분하고 저장할 것인지에 대한 사항을 포함한다.
5. 판매(Selling) 운영적인 관리의 중요한 단계이며, 다음과 같은 사항에 대해 고려해야만 한다.
   (a) 확인 시스템 - 이 부분에서는 몇 명의 고객에게 식음료 제품을 판매했는지에 대해서와 어떠한 품목이 팔렸는지에 대한 정보도 숙지하고 있어야 한다. 이 부분은 웨이터의 체크 시스템(POS와 같은 판매 시스템 등)이나 영수증을 확인해 보는 것으로 이루어 질 수도 있고, 병원 같은 곳에서는 개개인 환자의 식단을 확인해 봄으로써 이루어질 수 있다.
   (b) 현금 관리 - 이 부분은 실질적으로 매우 중요한 사항이며, 판매된 모든 품목에 대해 소비자에게 정확한 가격의 현금을 지급 받았는지, 또는 카드 승인 역시 제대로 이루어 졌는지를 확인해야만 한다.
   (c) 사무적인 절차 - 판매된 품목을 관리하고 받아진 돈이나 신용카드의 관리도 역시 이 부분에 포함된다. 대부분의 경우 레스토랑 확인 시스템, 식사 및 판매 분석, 캐셔의 판매 기록 등을 포함한다.

운영 후 단계

식음료 관리의 마지막 단계인 운영 후 단계에는 다음과 같은 3가지 세부 절차들이 있다.

1. 식음료 구매비용 기록(Food and beverage cost reporting) 앞서 일찍이 언급된 바와 같이, 식음료 업장의 서비스 생산 주기는 매우 짧으며 재료들은 부패하기 쉽다는 특징을 가지고 있다. 따라서 이런 부분들은 매일 혹은 주기별로 지속적인 기록 및 관리가 필요하다.
2. 평가(Assesment) 기업의 규모가 큰 경우 식음료 운영 관련 리포트를 분석하고, 기간별로 예산과 실제 운영 상황을 비교 할 수 있는 식음료 부서 소속의 직원이 한 명 필요하다.
3. 수정(Correction) 관리 시스템은 발생 가능한 문제점들을 수정하거나 예방할 수 없지만, 만약 문제가 생길 경우 관리자 책임 권한 안에서 신속하게 수정 및 대처 할 수 있도록 해 준다.

관리의 한계

업장 내에서 어떠한 관리 시스템을 사용하든지 간에 그 효율성이 완벽할 것이라고 보장할 수는 없다. 시스템 상 비효율성이 나타날 수 있는 상황은 아래와 같다.

- 식자재 상품(구매된 음료와는 별도로)은 품질적인 면에서 볼 때, 구입기간에 따라 신선도 및 보관 상태가 떨어지기 시작하므로 마지막으로 구매된 상품의 품질과 비교하면 완벽하게 일치될 수 없다.
- 직원들은 항상 최상의 효율성을 유지하며 일할 수는 없지만, 업장 내 작업 표준은 존재해야한다.
- 업장에서 사용하는 기계들 역시 항상 최상의 상태에서 최고의 효율성을 낼 수는 없으며, 이는 곧 예상 수익에 영향을 미친다.
- 요리를 선택하는 고객들의 마음이 항상 식음료 사업장에서 예측한 그대로일 수 없다. 따라서 예상 치와 다른 메뉴를 고객들이 많이 선택한다면 결과적으로 전체적인 수요 예측이 틀리는 결과를 초래할 수 있다.

그러므로 업장에서는 이러한 관리 시스템에서 비효율성이 나타나는 부분을 관리하는 직원을 배치하고, 발견 즉시 적절한 후속 조치를 취해야 한다.

더 나아가, 관리시스템에 이용되는 척도로서 퍼센트를 사용하고 있다면, 실제로 얼마만큼의 돈이 그 비율에 해당되는지 항상 연관 지어 생각해야만 한다. 요구되는 총수익으로 1% 차이는 매우 중요하게 여겨지지 않을 수도 않지만, 직접적인 금액으로 환산해 보면 그 1% 차이가 아주 클 수도 있다. 예를 들어, 한 업장의 회전이 400,000 파운드(한화로 7억3천만원정도, 2011년 9월 환율기준 1파운드=1,825원) 정도의 수익을 올릴 수 있고, 그 수치가 목표로 한 순 수익의 65% 정도를 차지한다면 (약 260,000 파운드 약 4억75백만원정도,2011년 9월 환율기준 1파운드=1,825원), 1%의 수익은 약 2,600 파운드 정도를 나타낸다. 이런 경우 업장 매니저들에게 2,600 파운드를 더 벌지 못했다는 사실은 목표치에서 1% 부족한 결과를 성취했다고 하는 것 보다 더 큰 의미를 부여할 수 있다.

모든 케이터링 업체의 경영은 업장 내외에서 일어나는 모든 일에 대해 숙지하고 있어야 하며, 성공적인 경영을 위해서는 지속적으로 정보를 모으고, 분석하고, 업장 운영 표준이 달라지는 일이 발생하더라도 필요할 경우 수정하여야만 한다.

예산계획과 손익 분기 분석

효율적인 식음료 관리 시스템을 도입, 운영하기 위해 업장 경영자는 운영 성과를 비교할 수 있는 대상을 마련해 놓아야 한다.

예산

예산은 재정적이고 수량적인 용어에서 대개 표현되는 일련의 계획인데(예. 총 임금 지급 금액, 고객의 수 등), 예산은 업장의 방침과 목표, 사업 경영의 특정 거래 기간(trading period)등의 항목들을 반영한다. 식음료 업장의 거래 기간은 보통 1년 이며, 1년을 52주로 나누어서 8번 또는 분기별로 나누어서 3개월을 13개주로 나누어 4주에 한번 또는 5주에 한번 꼴 등으로 관리 주기를 설정한다. 어떤 방법을 선택하든, 그 주기가 일정하게 설정되어 비교가 가능할 수 있도록 해야만 한다는 점이 중요하다(전년 대비, 전 분기 대비 등으로 비교 가능해야한다). 그리고 공휴일과 휴일 등이 매년 바뀔 경우, 이러한 사항도 기록해 두어야 한다.

예산 관리는 업장 관리의 한 방법으로 다양한 예산 결과에 대한 특정 의무를 매니저들에게 할당하고, 지속적으로 실제 결과와 예산 수치를 비교 분석하는 행위를 일컫는다. 만약, 이 두 사항 사이에 불일치가 발생하게 될 경우, 변수에 대한 원인을 분명히 파악해야 하며, 적절한 조치를 취해야만 한다. 예산이 정해질 때 정해진 목표들은 달성할 수 있어야하고, 그렇지 않으면 의미가 없다고 해도 과언이 아니다.

예산 관리의 목표는 3가지로 나누어진다.

- 거래 기간 동안 행동 계획을 제공하며, 이미 결정된 업장 내 운영 방침을 따르면서 자원의 사용을 극대화 하는 것
- 관리자를 위한 경영 성과 표준을 정하여 실제 경영 성과와 비교할 수 있는 축을 제공하는 것
- 지출되는 비용에 대한 책임자의 가용한도 수준을 정하고 지출되는 비용의 규모와 낭비 가능성에 대한 인식을 독려하는 것

예산은 일반적으로 업장 및 부서 관리자들의 참여를 통해 각 업장별 목표, 현황, 약점, 강점 등의 요소를 반영하고, 기업의 원로 경영진에 의해 최종적으로 준비된다. 이렇게 준비되는 예산은 대표적으로 두 가지 형태가 있다. 자본 예산은 이름에서도 알 수 있듯이 자산과 부채에 관한 부분을 표시한 예산이며, 기구, 작업장, 현금 등의 항목이 포함되어 있다.

운영 예산은 기업의 사업 활동을 통해 매일 들어오고 나가는 수익과 비용에 대한 내용을 포함하고, 판매비용, 노동비용, 유지비, 그리고 사무실 유지비용 등 역시 포함한다. 이러한 부분은 식음료 경영자가 식음료 관리 시스템을 비교, 분석할 때 경영자가 가장 주의 깊게 보는 부분이기도 하다.

더 간단하게 말하자면, 예산 책정은 6가지 단계를 통해 이루어진다고 할 수 있다. 부서 간 예산으로 더 세부적으로 나눠지는 것은 사업의 형태와 크기에 따라 매우 다르다.

기본적인 단계는 다음과 같다.

1. 투자된 자본, 위험 부담을 고려한 순수익을 결정하고, 비수익 업체를 운영

하는 경우 활용 가능한 보조금 수준을 고려해야 한다.

2. 판매 예산의 준비(Preparation of the sales budget) 이 단계에서는 목표로 설정한 순수익을 달성하는 데 필요한 판매량을 결정하거나 보조금 수준을 결정한다. 이렇게 결정된 수준은 식음료, 노동비용 및 간접비에도 영향을 준다.
3. 업장 행정 및 전체 예산에 대한 준비(Preparation of administration and general budgets) 이 단계에서는 사무실 비용, 광고, 보험 등에 들어가는 비용을 설정하게 된다. 이 중 일부 항목들은 고정비로 인식되어질 수도 있지만, 이러한 비용들은 사업의 판매량에 영향을 받지 않는 다는 것을 말한다. 이러한 비용들의 예로는 전화비 및 세탁비 같은 항목들이 포함된다.
4. 새로운 주방 기계, 레스토랑, 바에 필요한 가구 등에 대한 자본 지출 예산도 책정해 놓아야 한다.

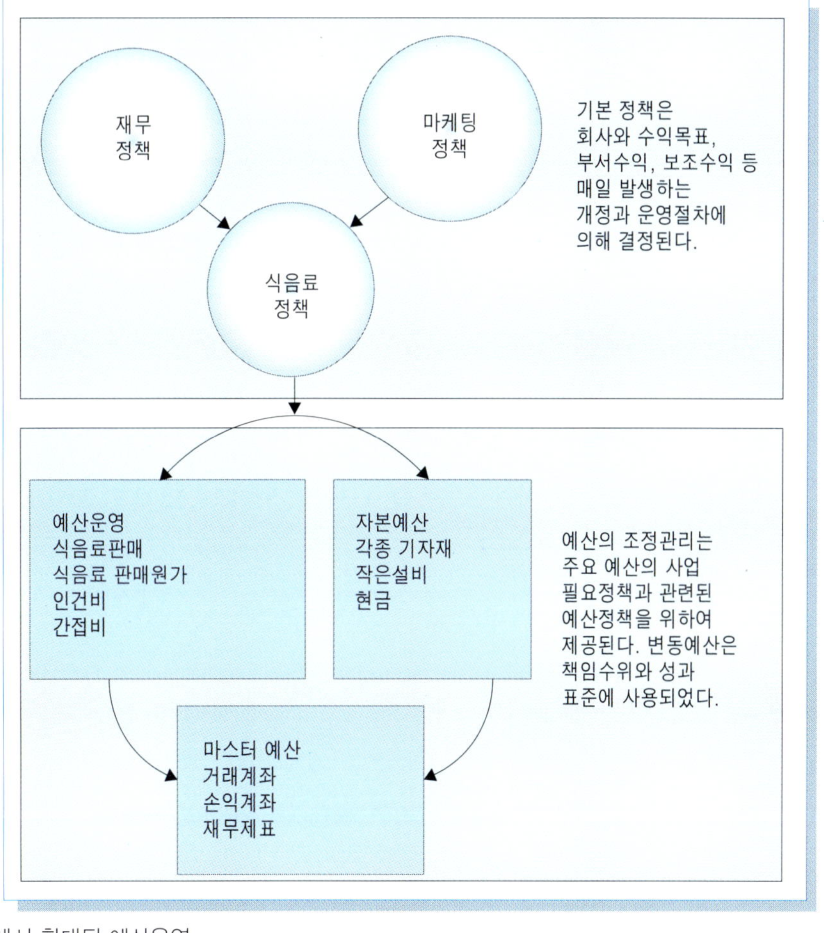

그림 8.2 기본 정책에서 확대된 예산운영

5. 현금 예산에 대한 준비(Preparation of the cash budget) 이 단계는 자본 예산에서 가장 중요한 부분으로 여겨지며, 현금 유입과 흐름을 결정하고 일정 기간 동안의 현금 흐름을 특정 지점에서 균형을 이루도록 해준다.
6. 종합예산의 준비(Preparation of master budgets) 앞서 언급된 것과 같이 마스터 예산은 거래 계좌, 손익 계좌, 재무제표 등에 대한 준비를 하기 위해 준비된다(그림 8.2).

비용, 수익, 판매

식음료 케이터링 업장 또는 부서에 대한 운영비용은 일반적으로 세 가지 비용 요소로 분석된다(그림 8.3).

1. 재료비용(Material costs) 소비된 음식 및 음료 비용과 담배와 같은 추가적인 품목의 비용을 말한다(Note: 업장 직원에게 제공된 식음료의 비용은 재료비용에서 차감되고 노동 비용에 추가 된다). 그리고 나면 음식비용은 다음과 같은 공식으로 계산된다.

업장 개시 기준 준비된 식음료 자재(opening stock) + 구매비용 –
업장 문을 닫을 때 남아있는 식음료 자재(closing stock) – 직원 식사비용 = 재료비용

2. 노동비용(Labour costs) 모든 직원들에게 지불되는 임금과 정부의 세금, 보너스, 직원 식사, 연금 등을 포함한다.
3. 간접비용(Overhead costs) 재료, 노동 비용을 제외한 모든 비용으로, 임대료, 이자, 보험, 감가삼각비용, 수리, 인쇄 및 필기도구, 유리 및 자기 그릇 등의 비용이 모두 여기에 포함된다.

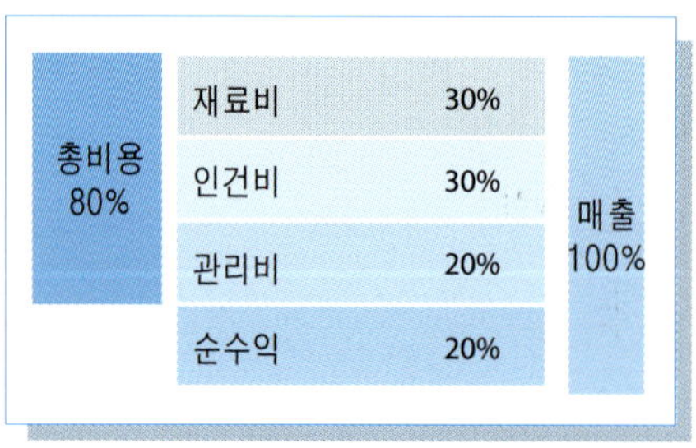

그림 8.3 비용구조의 사례형태

대부분의 케이터링 사업체 운영은 그 사업량의 변화에 영향을 받기 때문에 비용의 요소를 표시하고, 판매 대비 순수입의 비율이 어느 정도인지 나타내는 것이 일반적이다.

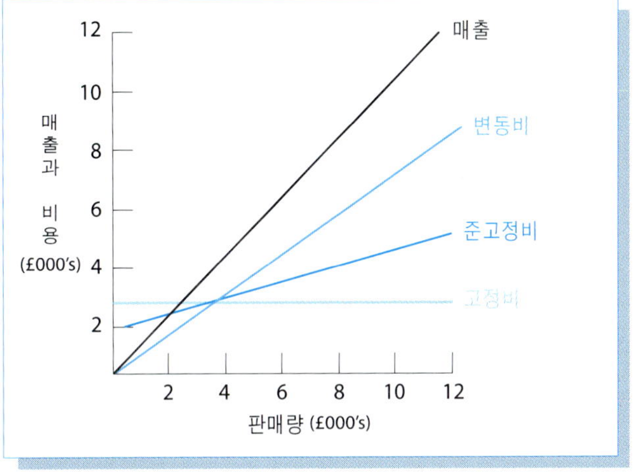

그림 8.4 고정비, 준 고정비와 변동비

따라서 비용의 본질에 의해(예: 재료, 노동, 간접비용 등) 분석하는 것은 일반적인 일이며, 판매량에 따라서 비용이 어떻게 변화하는지도 분석해야만 한다. 이러한 분석 척도를 사용해보면 아래와 같이 4가지 종류로 나누어 볼 수 있다.

1. 고정 비용(Fixed costs) 고정 비용은 판매량과 상관없이 고정적으로 지출되는 비용을 말하는 데, 임대료, 이자, 보험, 노동 비용에 대한 경영 요소 등이 바로 그것이다(그림 8.4).
2. 준 고정 비용(Semi–fixed costs) 준 고정 비용은 판매량에 직접적으로 연관되지 않는 비용으로, 연료비용, 전화 및 세탁 비용 등이 해당된다. 준 고정 비용은 고정비용의 요소와 변동비용 요소를 모두 포함한다. 영국에서 전화 서비스는 분기별로 전화기 임대비용을 부과하며, 각 통화마다 통화 비용이 부과된다. 이러한 경우에는 준 고정 비용으로 분류된다.
3. 변동비용(Variable costs) 변동비용은 판매량에 따라 변화되는 비용이며, 식음료 재료비가 이에 포함된다(그림 8.4).
4. 총 비용(Total costs) 총 비용은 고정 비용, 준 고정 비용 그리고 변동비용을 모두 포함한다.

수익의 3가지 종류는 일반적으로 식음료 업장 운영과 연관된다.

1. 총 수익(Gross profit) = 총 판매량 - 재료비용. 참고: 총 수익이라는 용어는 '주방 수익(음식)' 또는 '바 수익(음료)'과 연관된다. 룸 렌탈 은 일반적으로 100% 총 수익으로 여겨진다.
2. 임금 후 수익(After-wage profit)(또는 순 수익 마진(Or net margin)) = 총 판매 - (재료 +노동 비용)
3. 순수익(Net profit) = 총 판매 - 총 비용(재료+ 노동+간접비용)

이 모든 사항들은 과거 운영결과와 목표 예산 치와 비교하여 업장 성과를 평가하는 방법으로서 사용된다. 식음료 업장을 관리하는 데 사용되는 3가지 주요 수익 종류에 대한 예는 표 8.1에 잘 나타나 있다.

표 8.1 레스토랑 운영사례

금기					지금까지 년 평균			
실제		예산(목표)			실제		예산	
£	%	£	%		£	%	£	%
11,000	100	10,000	100	순매출	20,000	100	21,000	100
5,500	50	4,000	40	매출 원가	11,200	56	8,400	40
5,500	50	6,000	60	총수익	8,800	44	12,600	60
2,750	25	2,000	20	급여와 인건비	4,200	21	4,200	20
2,750	25	4,000	40	소요경비 제외한 순이익	4,600	23	8,400	40
550	5	500	5	수리비	1,200	6	1,050	5
220	2	200	2	본사 운영비	600	3	420	2
220	2	200	2	기타	200	1	420	2
110	1	100	1	비품비	200	1	210	1
1,100	10	1,000	10		2,200	11	2,100	10
1,650	15	3,000	30	운영이익	2,400	12	6,300	30

예산 계산은 실제 운영결과와 비교하여 사용된다. 그것은 낮은 운영 수익성과는 금기매출이 성장하는데도 불구하고 영업 총수익 예산 성과의 실패로 거의 대부분 나타난다.

표 8.2 엔드슬레이그 레스토랑 운영서

엔드슬레이크 레스토랑(The Endsleigh Restaurant)		
	4월	5월
판매량	2,000	3,000
평균 객단가	£10	£10
총 매출	£20,000(100%)	£30,000(100%)
고정비	£3,000(15%)	£3,000(15%)
변동비	£8,000(40%)	£12,000(40%)
준 고정비	£6,000(30%)	£8,000(26.7%)
총원가	£17,000(85%)	£23,000(76.7%)
순수익	£3,000(15%)	£7,000(23.3%)

고정비는 변동비가 40%대에서 여전히 같은 수준이다. 준 고정비는 £2,000 증가 했으나 매출과 관련하여 3.3%감소한 것을 총원가에 영향을 주었다. 매출규모의 변화는 원가구조의 변화에 영향을 준다.

다른 종류의 비용과 수익의 활동이 판매량에 따라 달라진다는 사실은 표 8.2에 있는 간단한 레스토랑 운영 표에 잘 나타나 있다. 이 표에는 2달 연속 판매, 비용, 수익에 대한 정보를 나타내며, 5월의 판매량은 사업이 50% 증가했음을 보여준다.

손익 분기 분석

식음료 관리시에 자주 발생할 수 있는 상황에는 식음료 비용 수준, 부서 및 업장별로 요구되는 수익 수준, 식음료 비용 수준, 식음료 가격 책정, 특정 비용을 감당하기 위해 필요로 되는 최소 고객 수 등과 관련된 부분이 많다. 이 때 일반적으로 할 수 있는 질문은 아래와 같다.

1. 각 업장의 고정 비용을 충당하는데 필요한 판매 수준은 어느 정도인가?
2. £x의 순수익을 달성하기 위해 특정 업장이 성취해야 하는 판매 수준은 어느 정도인가? 3. 업장의 순 수익을 £10,000 올리기 위해 필요한 판매 수준은?
4. 가격을 5% 인상했을 때, 순수익에 미치는 영향은?
5. 고객의 지출이 평균적으로 식사 당 50p(한화로 910원정도,2011년9월 환

율기준 1파운드=1,825원) 까지 올랐을 경우 총 순수익에 미치는 영향은 무엇인가?

6. 레스토랑 광고비용 ￡1,000를 충당하기 위해 획득해야 할 판매 수준은?
7. 프로모션 기간 동안 할인된 음료를 제공할 경우, 어느 정도 수준으로 재정적인 영향을 받을 것인가?
8. 레스토랑에 투자된 자본과 판매 그리고 수익 간에 어떠한 관계가 있는가?

위의 질문에 대한 답은 손익 분기점 분석을 통해 얻어질 수 있다. 손익 분기점 분석은 고정 비용, 준 고정 비용, 변동 비용간의 관계를 특정 판매 수준에서 분석할 수 있도록 해주며, 그래프로 표현된다. 손익 분기점 분석은 수익을 내기 위해서 어느 정도로 판매수준이 유지되어야 하는지를 보여준다. 손익 분기점이라는 용어는 총 비용이 판매량과 동일해 지는 수준을 일컫는 말로서 이 기술을 사용하기 위해서는 다음과 같은 가정이 따른다.

판매가는 사업량에 상관없이 지속적으로 유지되어야 한다; 특정한 업장의 비용은 일정 기간의 판매량과 동일하게 유지되어야 한다; 단 한 가지 상품만이 생산되고 판매되어야 한다 (예: 식사); 상품 믹스가 일정하게 유지되어 그에 따른 비용도 일정해야 하고, 사업량, 노동 비용, 기계 생산량 등도 동일한 수준으로 유지되어야 한다.

거의 모든 기업 활동과 계획된 결정 사항은 비용, 부과된 가격, 사업량과 수익에 영향을 준다. 손익 분기점 분석 기술은 이러한 모든 기업 활동의 요소들이 상호작용을 하며 이루어지는 것을 보여주며, 식음료 관리자가 현재 그리고 미래 시점에서 가장 최선의 방법을 선택할 수 있도록 도와준다.

가격 책정은 다중적인 면을 가진 문제인데, 그것은 사업의 비용 구조뿐만 아니라 그것의 특정 수익 목표, 그리고 현재 사업이 처한 경제적 상황과 경쟁 업체의 사업 운영 수준 등에 따라 결정된다.

예시

180석을 가진 레스토랑의 경우, 점심과 저녁 시간을 기준으로 28일 동안 총 1만 80명의 고객을 접대할 수 있다고 하자. 고객의 평균 소비 금액(ASP)이 총 15파운드일 경우 최대 판매량은 약 151,200 파운드 이다. 이 레스토랑의 고정

비용은 기간동안 약 35,000파운드 발생하고 변환 비용은 판매의 40%라고 할 수 있다. 레스토랑의 손익 분기점은 그림 8.5에 나와 있는 것을 참고하자. 이 다이어그램 상에는 4,000명이 손익 분기점으로 나타나 있지만, 정확한 숫자는 3,889라고 할 수 있다. 고객 3,889명에서 1만 80명 사이를 접대하면 레스토랑에는 얼마의 순수익을 가져다 줄 것이다. 손익 분기점과 최대 생산량 사이의 생산량은 안정적인 수익을 올릴 수 있는 구간으로 알려져 있으며, 안전 마진(the margin of safety)이라고도 불린다. 이 때, 안전 마진의 크기는 수익안정성의 척도가 되기도 한다.

손익 분기점과 최대 생산량 사이의 생산량은 안전 마진으로 알려진다. 안전 마진의 크기는 수익 안정성의 척도이다. 고정비 대비 변동비용이 높을수록, 안전 마진도 높아진다. 그리고 고정 비용의 배분이 높을수록 안전 마진율은 좁아지게 된다. 고정비용이 변화하지 않는 다는 가정 하에서 변동비용이 증가된다면 손익 분기점은 높아지고, 결과적으로 순수익 수준은 줄어들고 안전 마진도 낮은 수준으로 하향 조정된다.

손익 분기점(Break-even) 차트는 판매량의 변동에서 오는 수익과 손실을 다이어그램으로 나타내고 있고, 가끔 다이어그램을 그리는 사람에 따라 또는 단위에 따라 그 정확성이 떨어질 수 있다. 따라서 아래의 공식을 이용해 그 정확한 지점을 계산해 낼 수 있어야만 한다.

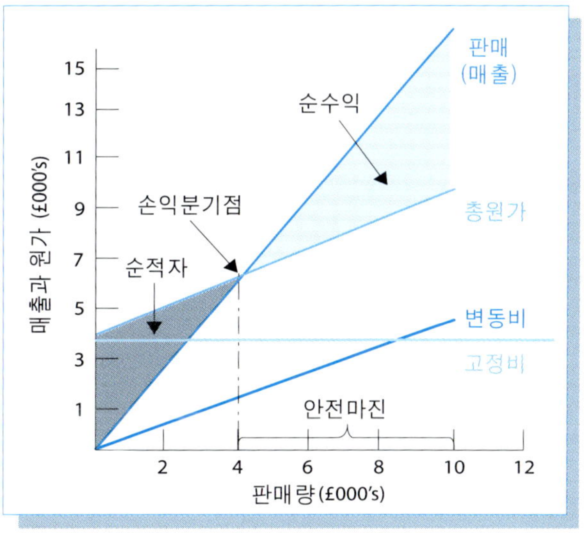

그림 8.5 손익분기표

$$B / E = \frac{C}{S-V} = \text{분기점에서의 업장당 생산량}$$

C = 총 생산 비용, 생산시 필요한 기반을 마련하는데 드는 비용(예: 임대비, 이자, 보험, 건물이나 기계에 대한 감가삼각비용, 임금 등)
S = 각 업장의 판매 가격
V = 각 업장의 변동비용.

관리 시스템의 필수요소

판매 기술, 식음료 관리의 진보는 작은 사업체에서도 손쉽게 도입하여 사용할 수 있게 되었다. 현재 전문적으로 소프트웨어 솔루션을 제공하는 회사들이 늘어나면서 많은 레스토랑들은 좀 더 손쉽게 업장을 관리할 수 있게 되었다. 이러한 소프트웨어 시스템이 포함하는 주요 요소들은 다음과 같다.

- 메뉴 계획(Menu planning) 과거 사업장 운영 기록은 메뉴의 흥행성과 수익성에 대한 정보를 제공하여, 매니저들이 좀 더 쉽게 소비자의 추세를 예측하고, 적극적으로 메뉴 계획에 적용할 수 있도록 한다.
- 생산 관리(Production control) 메뉴는 정확한 판매와 생산량을 결정하는데 사용될 수 있고, 주방의 생산과 재료 사용에 관한 사항을 관리할 수 있다. 또한, 부패하기 쉬운 제품의 낭비를 줄일 수 있다.
- 재고품 관리(Stock management) 이 시스템은 각 업장의 저장 장소에서 재고 수준을 유지할 수 있고, 원재료 소비와 어느 부서에서 어떠한 재료를 사용했는지 등에 대한 추적이 가능하다. 또한, 주간, 월간 별 재고품 체크를 통해 낭비를 줄일 수 있다.
- 판매 주문(Purchase ordering) 이 시스템은 재고품을 최소화하기위해 생산 계획 단계에서 수요를 예측하여 배달 노트와 영수증에 맞게 주문할 수 있도록 도와준다. 몇몇 시스템은 시스템 상 재고량이 최저치에 도달하게 될 경우 자동적으로 주문을 할 수 있도록 설계할 수 있는 것들도 있다.
- 메뉴 분석(Menu analysis) 각 고객의 메뉴 아이템 선택은 자동적으로 기록되고 분석된다.
- 재정적인 경영 기록(Financial management reporting)

이런 요소들은 자주 전자 판매 시점 시스템으로 통합되는 데, 모든 데이터의 입력은 자동적으로 이루어진다.

기존에 존재하는 관리 시스템을 분석하고, 새로운 업장에 설치할 시스템을 준비할 때에는 아래와 같은 사항이 고려되어야 한다.

- 모든 관리 시스템은 포괄적이고 이해하기 쉬워야 하며 식음료 업체의 모든 업장의 운영과 관리 시스템 사이클의 모든 주기를 포함해야한다.
- 시스템 유지비용은 저축 가능한 금액과 관련이 있으며, 관리 시스템의 정교함 수준은 판매량 증가와 메뉴의 복잡성과 관련이 깊다.
- 관리 시스템은 운영하기 쉬어야 하며 모든 직원들에 의해 쉽게 이해될 수 있어야 한다.
- 관리 시스템은 일하는 직원에 의해 실질적으로 사용될 수 있어야 하며, 직원은 항상 이 시스템이 제대로 운영되고 있는지 알고 있어야 한다. 거래 실적에 변화를 주겠다는 관리자의 긍정적인 의도에 의한 조치는 향후에도 체크 되어야하고, 적용한 방책이 효과적이었는지도 검토되어야 한다.
- 생산된 정보가 효율적으로 되기 위해서는 그 정보가 정확하고 최신이어야한다.

기본적인 개념들

식음료 관리 방법에 대한 고찰에 앞서 식음료 생산 관리에 대한 4가지 기본적인 개념에 대한 이해가 필요하다. 4가지 기본 개념은 계획, 표준화된 산출량, 표준화된 조리법, 그리고 1인당 배분되는 식사 및 음료량의 표준화(PYRS)를 포함한다.

분배량의 표준화가 식음료 업장에서 이용될 때는 반드시 비용을 관리하고, 표준을 정해 고객의 만족도를 달성하는 데 주력해야 한다. 음료 생산은 음식 생산보다 순수익 기여도가 높기 때문에, 더욱 확실하게 관리되어야 한다.

생산 계획

생산 계획 또는 수요량 예측은 업체에 대한 판매량을 예측하는 일련의 작업이라고 할 수 있다. 특정 기간, 하루, 일주일, 한 달에 대한 수요량 예측이 이에 해당된다. 생산 계획의 목적은 다음과 같다.

- 업장의 식음료 비용 관리를 효율적으로 할 수 있도록 함
- 부패하기 쉬운 품목을 비롯한 품목 구매를 효율적으로 하고, 재고 수준이 적정 수준에서 유지될 수 있도록 함
- 음식이 남아 버려야 하는 문제를 줄여야하고, 어떻게 재활용할지와, 충분한 식음료 제품이 고객을 위해 준비되어 있지 않을 경우 고객 불만족을 초래할 수 있음
- 주어진 시간동안 식사량을 예측하여 그 수요에 맞춰 생산할 수 있음
- 실재와 잠재적인 판매량 사이를 비교할 수 있고, 필요할 경우 수정할 수 있음

첫 번째 수요 예측은 우선적으로 정해진 기간에 대해 수행하며, 그 예로 한 달 또는 주요 음식 주문이 일어날 때 등이 있다. 이러한 예측치는 사업체 판매량과 각 메뉴 품목의 총 판매량을 포함한다. 다양한 케이터링 업장을 가진 큰 호텔의 경우, 각 업장별로 더욱 세부화 된 수요 예측이 이루어진다. 이 단계에서 고려해야할 요소들 중 하나는 계절성이며, 일 년 중 특정한 날의 일기 예보; 과거 인기 있는 메뉴 품목; 많은 사람들을 그 지역으로 끌어올 수 있는 주요 지역 이벤트 그리고 업장에 의해 프로모션 된 모든 판매 캠페인 등이 포함된다.

우선적으로 했던 수요 예측은 실질적인 생산 하루 이틀 정도 전에 조정된다. 따라서 이러한 과정을 통해 더욱 완벽에 가까운 예측을 할 수 있게 된다. 직원 스케줄링, 식재료 구매 등 관련된 최신정보를 반영한 수요 예측이 일어나게 된다. 수요 예측을 도와주고, 더 나은 생산 계획을 위해서 관리 도구를 도입하여 사용할 수 있다.

표준 산출량

특정 요리 품목에 대한 표준 산출량은 초기 준비를 마치고 실질적인 생산에 사용될 수 있는 부분을 포함하고, 준비나 요리를 마친 뒤에 실질적으로 고객에게 제공될 수 있는 부분에 해당되는 부분이 산출하는 것을 의미한다. 예를 들어, 전체 소고기에 대한 표준화된 산출량은 요리할 수 있는 스테이크 수와 고객들에게 최종적으로 판매되는 부분이다. 모든 조리에 활용되는 가공된

소고기 부분을 표준화된 산출로 고려되어야 한다.

일주일 별 음식의 많은 양을 구매하는 대형 업체에서, 표준 산출량은 모든 재료(고기, 생선, 야채 등)로 활용될 수 있는 품목들에 적용될 수 있는 개념이다. 규모가 작은 업장에서 표준화된 산출량은 상대적으로 비싼 부위의 고기, 생선류(랍스터, 필렛, 연어 등)를 사용할 때만 적용될 수 있다. 업장에 의해 사용되는 표준화된 산출량은 아래와 같은 몇 가지의 이점이 있다.

- 가장 적절한 상품의 크기와 무게대로 구매할 수 있도록 한다.
- 생산 예측으로부터 기대되는 생산 수준에 필요로 한 원재료 양을 결정할 수 있고, 업장의 음식에 대한 구매를 도와준다.
- 표준화된 산출량을 통해서 구매 부서에서는 '재확인' 할 수 있다. 불만족스러운 고기류가 배달되었다면, 판매 부서에 즉시 알려져 바로 재배송 될 수 있도록 조치할 수 있다.
- 그것들은 실제적이고 잠재적인 산출이 비교될 수 있고 효율적인 생산을 할 수 있다. 표준화된 산출량을 통해서 사내 절도 또는 주방에서 일어날 수 있는 재료 낭비 등을 막을 수 있도록 도와주며, 생산 개발의 효율성을 측정할 수 있는 방법으로서 이용될 수 있다.
- 마지막으로, 업체의 메뉴에서 제공되는 특정 음식에 대한 정확한 비용을 측정하고 비용 요소를 구축할 수 있도록 한다.

음료 제품의 경우 거의 모든 품목들에 대한 낭비가 생기지 않기 때문에 표준 산출량은 거의 예외 없이 정확하게 계산된다. 음료 관리의 목적으로, 구매된 모든 음료는 표본 산출량으로 계산되어야 한다. 이러한 시스템을 도입하면, 사내 절도나 낭비를 줄일 수 있다. 예를 들어, 75cl 와인병을 구매한다면, 잔에 15cl정도를 담아 제공하는 것이 허용된다.

표준화된 조리법

표준화된 조리법은 특정 메뉴 품목을 생산하는데 필요한 절차를 기록한 문서를 말한다. 이 안에는 조리에 필요한 재료 품목과 양 그리고 조리 방법에 대한 내용이 자세하게 기록되어 있으며 이러한 내용은 표준화된 조리법에 포함되는 일반적인 사항이다. 또한, 표준화된 조리법에는 비용, 가격 그리고 영양적인 가치 등에 대한 내용도 포함된다. 자세하게 기록된 조리법이 적힌 카드는 식음료 관리 부서에 보관되어 비용과 가격을 주기적으로 업데이트해야 하고, 이러한 카드들은 생산 구역에 전시되어 있어야 한다- 일반적으로 이러한 표준화된 조리법 카드들은 생산 과정이 찍힌 사진과 마지막에 고객에게 전달되는 최종 요리의 모양의 사진이 포함되어 있다. 최근에는 많은 업장에서 조리법 관리 소프트웨어 프로그램을 채택하고 있으며, 이러한 시스템은 각 재료별 영양 정보, 그리고 조리법에 따른 비용 정보까지 제공한다(그림 8.6). 그리고 이러한 소프트웨어를 사용하게 될 경우 업장의 전자주문시스템(EPOS-Electronic Point Of Sale)과 연결되어 전체적인 음식비용은 자동적으로 계산되고 업장 마감 후 경영자에게 보고된다.

업장의 표준화된 조리법 사용은 많은 이점이 있다.

■ 표준화된 조리법을 사용하면 특정 요리나 음료 품목의 비용을 결정하기

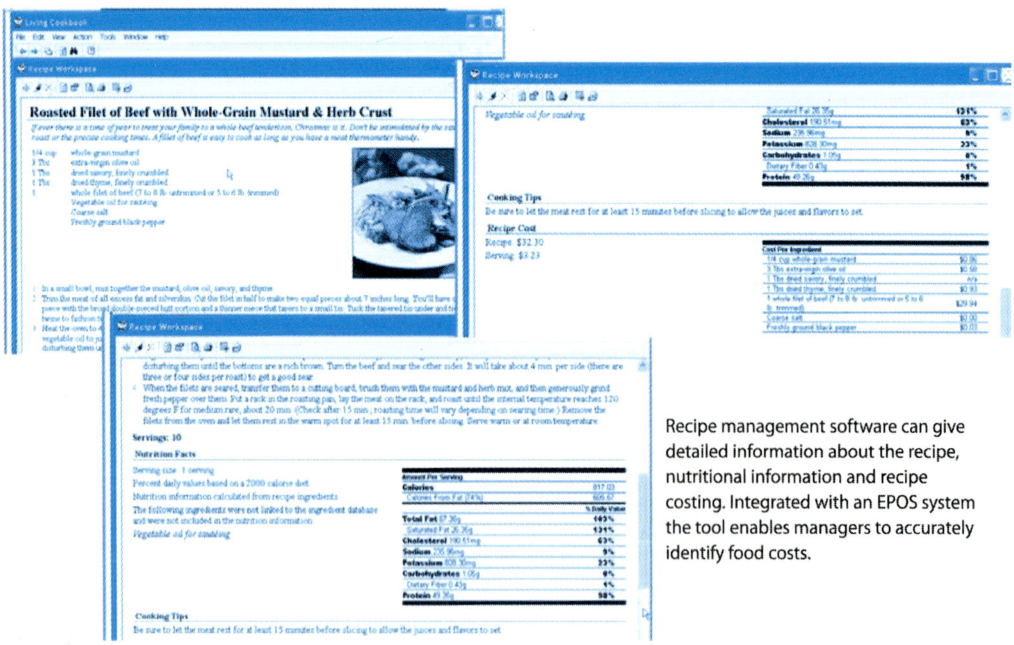

Recipe management software can give detailed information about the recipe, nutritional information and recipe costing. Integrated with an EPOS system the tool enables managers to accurately identify food costs.

그림 8.5 Recipe management software

위한 전체 식음료 비용 수준을 좀 더 정확하게 정할 수 있으며, 1인분 당 배분 되어지는 양도 계산할 수 있다. 그리고 고객에게 각 단품 요리를 판매하고, 필요로 되는 수익을 내기 위해 각 요리에 대한 음식비용을 계산할 수 있도록 해 준다. 어떤 요리 품목은 수익을 내기에 부적당 한 것들도 있는데, 예를 들어 재료비가 65% 이상 나오는 품목들이 존재하는 반면 순수익을 더 많이 창출할 수 있는 다른 요리 품목들도 있다. 이러한 정보를 보유하고 있으면 식음료 부서는 메뉴 가격의 조화를 꾀하면서 메뉴로부터 필요한 총 수익을 얻을 수 있다.

- 특정 시설, 특히 병원과 같은 곳에서는 특정 환자에게 주어지는 음식의 영양 성분이 얼마나 정확하게 분배되어 졌는가를 알아야 한다. 표준화된 조리법은 이러한 사항에 관한 정보를 제공하기 때문에 매우 유용하다고 할 수 있다.
- 표준화된 조리법은 구매와 내부 부서별 필요 목록 작성 시에도 도움이 된다. 다음날의 수요 및 생산 예측을 고려하여, 최고 주방장은 표준화된 조리법으로 총 필요한 원재료의 양을 계산하고, 주문한다. 몇몇의 케이터링 회사에서는 저장소 최고 관리자가 표준화된 조리법의 복사본을 보유하고 있으면서 이를 바탕으로 필요한 물량을 계산해 주문을 한 뒤 물건이 오면 필요한 만큼 주방으로 보내주기도 한다.
- 표준화된 레시피는 특히 주방에서 품목을 준비하는 데 사용된다. 생산 분야에서 표준화된 레시피의 사용은 항상 표준화된 제품을 받을 수 있다.
- 표준화된 조리법은 특히 주방에서 재료 준비를 할 때 유용한데, 준비 작업을 하는 주방 직원들에게 준비 절차를 알려주고, 새로 들어온 직원을 더욱 효과적으로 교육할 수 있도록 도와준다. 표준화된 조리법을 사용하면 더욱 중요하게 얻어질 수 있는 이점은 바로 생산 구역에서 표준화된 조리법을 사용하면 고객들이 항상 표준화된 요리를 제공받을 수 있게 된다는 점이다.
- 표준화된 조리법은 메뉴 계획을 할 때 중요한 길잡이가 된다. 메뉴에 새로운 품목을 추가할 때, 새로 추가되는 아이템이 단지 가격 적인 면에서만 새로울 뿐만 아니라 맛, 모양, 색깔 등 다양한 면에서 소비자에게 신선하게 다가갈 수 있도록 도와준다.

- 표준화된 조리법은 1인당 식음료 배분 규모를 정하고, 산출량과 더불어 가장 효과적인 생산 관리 시스템을 구축할 수 있도록 도와준다.

표준화된 조리법은 업장에 제공되는 음료 품목을 위해서도 준비되어 있어야만 하며, 표준화된 산출량처럼, 음료를 위한 표준화된 음료 제조법 역시 정확하게 기록되어 준비되어 있어야 한다.

한 업장에서 표준화된 조리법은 제한된 숫자만큼만 준비되어 있을 수 있다. 이러한 경우 앞서 얘기한 과거 판매 기록 보고서가 유용하게 사용될 것이다. 당연히 업장에서 가장 잘 팔리는 음료 품목에 대해서는 표준화된 음료 제조법이 준비되어 있어야만 할 것이고, 여러 가지 음료를 만드는데 다양한 제조법이 존재할 경우 그 모든 제조법을 다 표준화된 제조법으로 만들어서 업장에 보관하는 것은 그다지 실용적인 일이라고 할 수 없다. 그러므로 바에서 일하는 직원들에게 경영자들은 관련 서적이나, 어떻게 다양한 음료를 준비할 수 있는지에 대한 방법을 익힐 수 있도록 배려해 주어야 한다. 바에서는 컴퓨터 터미널 그리고 시각적인 디스플레이가 필요할 수도 있는데, 이는 책을 참고하는 것 보다 직원들이 좀 더 빠르게 음료를 생산할 수 있도록 도와준다.

바 직원은 올바른 기구를 사용하여 음료를 제조할 때 정확한 양의 재료를 섞을 수 있도록 해야 한다. 표준화된 장비들에는 과일 칼, 체리 스틱, 올리브, 얼음, 과일 즙 짜는 기계, 칵테일 셰이커, 빨대 등이 있다.

표준화된 배분 크기

표준화된 배분 크기는 고객에게 제공되는 특정 요리에 대한 양을 표시해 준다. 주로 온스로 측정되거나(예: 고기 4 온스) 측정 가능한 양으로 표시 된다(예: 한 사람당 1개의 브레드 롤). 요리 품목의 배분 크기는 주방과 레스토랑 매니저와 경영진들에 의해서 결정된다. 업장에서 표준화된 배분 크기는 여러 가지 방법에 의해 설정될 수 있다.

- 미리 배분된 요리를 구매하여 이루어 질 수 있다. 예) 8온스 스테이크, 미리 싸여져있는 버터 등
- 재료를 대량으로 구매하여 서비스 전에 생산 주방에서 배분할 수 있다.

예) 카페테리아에서 미리 접시에 담아 전시해 놓은 샐러드 등

- 고객에게 제공되는 음식 품목을 배분함으로써 이루어질 수 있다. 예) 카페테리아에 있는 중탕 보온기(bain-marie)에 음식이 담겨있는 경우, 고객의 요청에 의해 그 자리에서 음식 분배가 이루어진다.

여러 가지 서비스가 여러 업장에서 이루어지는 업체들의 경우 같은 요리에 대해서 다른 배분 크기가 적용될 수 있다. 예를 들어 호텔의 커피숍에서 따블도트 (table d'hote, 정식 메뉴)메뉴를 제공하는 6온스 럼 스테이크를 제공할 수도 있고, 알라카르트 (a la carte, 일품 메뉴)메뉴를 제공하고 실버서비스를 하는 레스토랑에서는 그 배분 크기가 8온스가 될 수 있다.

표준화된 배분 크기는 표준화된 조리법처럼 식재료비용을 설계 할 때 도움이 된다. 먼저, 표준화된 배분 크기가 정해지게 되면, 그 요리 품목에 대한 순수익이 계산될 수 있다. 배분의 크기에 변동이 생기게 되면(예: 지정된 양 보다 더 많은 양을 제공할 경우), 레스토랑의 순수익에 영향을 미치게 된다. 특히 여러 메뉴 품목에 대해 이러한 일이 발생하게 되면 그 영향력은 더욱 확연히 나타난다.

배분 크기에서 모든 변화는 레스토랑의 총 수익에 반영된다.

표준화된 분배 크기에 대한 세부 사항에는 이러한 정보를 필요로 하는 모든 직원들에게 전달되어 이용가능 할 수 있도록 해야 한다. 식음료 비용을 관리하는 부서에서는 특정 요리 품목에 대한 분배 크기에 대해서 주기적으로 확인하는 절차를 도입하여 현재 식자재 가격 등과 같은 사항에 대해 알맞도록 적용시켜야 한다. 때로는 분배 크기를 줄이거나 늘리고, 판매가격을 올리거나 내리고, 메뉴에서 완전히 제거해야하는 상황이 발생할 수도 있다. 주방이나 레스토랑에서 요리의 표준화된 분배 크기는 표준 조리법과 상호 보완적이어야 하며, 직원들이 상시 찾아 볼 수 있는 곳에 비치되어 있어야 한다.

표준화된 조리법과 마찬가지로 음료의 표준화된 제조법은 식품 생산 보다는 좀 더 수월한 편이다. 병에 들어있는 오렌지 주스와 같은 음료들의 경우 병에 든 모든 내용물이 고객의 잔에 부어지는 것이 바로 표준화된 분배 크기가 된다.

분배 크기를 관리하는 또 다른 방법은 특정 음료가 담길 잔을 표준화 하는 것이다. 예를 들어 영국에서는 주류의 측정 방법은 법에 의해 정해져 있기 때문에 이를 어길 시에는 상당한 금액의 벌금이 부과되거나 특정 업장 규정을 지키지 않을 경우에는 면허를 박탈당하는 경우도 있다.

식품 관리 방법

식품 관리 방법은 업장의 규모에 따라서 자동화 방법 또는 매뉴얼 방법 중에 알맞은 것을 선택할 수 있다. 그림 8.6에서 일간, 주간, 월간 비용을 계산할 수 있는 조리법 관리 소프트웨어의 예를 찾아볼 수 있다. 재고품에 대한 관리는 매우 중요한 관리 도구이며 식재료비용이 쉽게 관리될 수 있고, 손실이 최소화 될 수 있다.

재고 관리 주기를 완전하게 운영될 수 있도록 하는 도구는 아래와 같다.

- 구매 주문(Purchasing order) 구매주문은 보통 주방장에 의해 완료되고, 회계용, 공급업체용, 구매 주문을 하는 주방장용의 세 개의 영수증을 발급 및 보관하는 시스템으로 이루어진다.
- 배송 일지(Delivery note) 공급업체에 의해 발급되고, 물건과 함께 업체로 보내진다.
- 영수증(Invoice) 공급업체에 의해 발행되고 일반적으로 회계 부서로 직접 송부된다.
- 요구(Requisition) 생산 유닛(주방)에 의해 요청된 리스트는 저장소에서 제품의 불출로 이어진다

주문한 물건을 받고 저장하는 것은 6장에서 이미 설명되었으나 일반적으로 저장 창고에서 자주 사용되는 제품을 저장하는 방법에는 2가지가 있다. 이 두 가지 방법은 FIFO(first in first out)와 LIFO(last in first out)인데, 우선 FIFO는 먼저 들어온 물품이 먼저 사용 돼야 한다는 뜻이고, LIFO는 가장 최근에 들어온 물건이 제일 빨리 쓰여야 한다는 뜻이다. FIFO의 경우 보통 식음료 업장에서 많이 사용되는 방법인데, 이는 식음료 상품이 쉽게 부패하기 때문이다. LIFO 방법은 주로 아주 신선한 재료로 만든 요리를 기대할 수 있는 알라카르트(a la carte, 일품 메뉴 서비스 제공 레스토랑) 레스토랑의 저장 창고에서 많이 사용되는 방법이다. 재료를 정리하는 데 어떤 방법을 쓰는지에 따라 차이가 나기는 하지만 FIFO 또는 LIFO를 사용하는 지에 따라 모든 재료의 가치와 가격이 다르게 나올 수 있다. 그러나 컴퓨터 시스템이 이용하면 각 품목에 대한 실제 비용을 계산하기 매우 편하고, 이렇게 함으로써 매니저들이 저장된

품목에 대해 훨씬 더 정확한 비용을 관리할 수 있도록 해 준다.

주간/월간 음식 비용 기록

다음은 업장의 규모가 상대적으로 작거나 또는 소유주가 직접 운영함에 따라 매일매일 업장의 모든일을 확인하는것이 운영 성공의 키처럼 보여지는 소규모 업장의 운영자체가 아닌 다소 규모 있거나 또는 전문적인 운영팀에 의해 운영되는 업장의 월간 식품비용 계산에 대한 예를 보여준다. 이러한 계산법은 결과적으로 식음료 업장이 성공적으로 경영될 수 있도록 도와준다. 주간/월간 식품비용 보고서는 매니저들에 의해 꼼꼼하게 관리되는 일련의 사업 및 생산 활동에 대한 조정 활동이 된다(표 8.3 참고).

이 방법의 장점은 다음과 같다.

- 간단하고 보고서를 만드는데 오랜 시간이 걸리지 않는다.
- 업장의 일반적인 성과에 대해 알려준다.

단점은 다음과 같다.

- 운영을 한 뒤 7일 또는 28일 이후에 정보가 생산된다.
- 중간 정보를 제공하지 않기 때문에 원치 않는 추세(예: 식재료비용이 지나치게 높은 경우)가 발견 되었을 경우 더욱 즉각적으로 반응하지 못한다.

표 8.3 주단위/월단위 식자재 구매 지출 리포트

	£
월 초 식자재 비용	15,000
기간 내 구매	28,525
계	43,525
월말 음식 재고(28일말)	14,800
식자재 총비용	28,725
총 식자재 판매	75,836
식자재 원가 %	37.87%

- 구매에 대한 정보나 최신정보를 일 단위로 제공하지 않기 때문에 평균적으로 약 2,700 파운드 정도의 회전율을 보이는 업장의 부서별 요구 품목과 판매량에 대한 정보는 알 수 없다.

일일 음식비용 기록

식재료에 대한 비용 책정은 일반적으로 중소규모의 업장과, 특별히 복잡한 비용책정방법이 요구되지 않는 업장 등에 적합하다(표 8.4).

이런 기본적인 식품 관련 보고서에 대한 이점은 다음과 같다.

- 이러한 보고서들은 단순하며, 쉽게 이해할 수 있다.
- 사업장에서 매일매일 행해지는 일반적인 생산 및 판매 활동에 대해 상세하게 설명하고 있다.
- 하루에 저장 가능한 물품의 수준, 하루에 가능한 구매 수준, 부서별 필요 식자재 요구 정도, 음식 판매 및 식자재 비용 비율 등을 계산할 수 있도록 해 준다. 이러한 총 정보들은 일별 총 합계를 낼 때 사용된다.
- 들쑥날쑥한 일별 식자재 비용 비율을 비슷한 수준으로 맞춰주고, 필요할 경우 매달 초에 이를 수정할 수 있는 조치를 취한다. 일별 식자재 비용 비율이 비슷하게 유지되지 않는 것은 주로 식자재가 하루에 주문되어져 여러 날 동안 파는데 사용될 경우에 발생한다.

식품 기록에 대한 일반적인 보고서의 단점은 다음과 같다.

- 보고서 작성은 간단하고 쉽지만, 수집되는 정보의 정확성에 의존하는 경향이 크다. 예를 들어 총 일별 구매, 일별 필요한 물품 신청에 대한 지급 등이 있다.
- 또한 직원 식사, 바 등으로 전달되는 음식, 예를 들어, 감자칩이나 견과류나 소금이 뿌려진 비스킷, 카나페 등과 같은 품목들의 비용이 자주 무시되기 때문에 보고서가 정확하지 않을 수도 있다. 그리고 레몬, 라임과 같이 바에서 음료와 함께 고객들에게 무상으로 제공되는 품목들도 계산에서 제외된다. 또한, 증류주, 와인, 맥주 등의 음료는 주방으로 옮겨져 사용되기도 하는데 이러한 부분도 보고서에 생략될 수 있기 때문에 완전히 정확하다고는 할 수 없다

표 8.4 일일 식자재 구매지출 리포트

A	B	C	D	E	F	G	H	I	J	K	L
		금일						지금까지			
날짜	요일	초기 식자재 창고 재고	구매	총 식자재 량	식자재 사용	매출	매출원가	식자재 구매	식자재 사용	매출	식자재 원가
3월		£	£	£	£	£	%	£	£	£	%
1	월	2,200	321	2,541	290	820	35.37%	321	290	820	35.37%
2	화	2,251	385	2,636	370	980	37.76%	706	660	1,800	36.67%
3	수	2,266	404	2,670	440	1,100	40.00%	1,110	1,110	2,900	37.93%
4	목	2,230	480	2,710	480	1,050	45.71%	1,590	1,580	3,950	40.00%
5	금	2,230	890	3,120	405	1,005	40.25%	2,480	1,985	4,955	40.05%
6	토	2,715	203	2,918	535	1,490	35.91%	2,682	2,520	6,445	39.09%
7	일	2,383	0	2,383	240	720	33.33%	2,682	2,760	7,165	38.51%
8	월		380		310	920				8,085	
9	화		402		395	1,015				9,100	
10	수		425		345	925				10,025	
11	목		464		427	1,160				11,185	
12	금		844		463	1,220				12,405	
13	토		185		512	1,405				13,810	
14	일		0		265	690				14,500	
	합계		5,382		5,477						

재고조사	
초기재고	2,220
(+)구매	5,382
계	7,602
(−)사용	5,477
마감재고	2,126

상세한 일일 식자재원가 보고서

세하게 작성된 일일 식자재원가 보고서는 이전에 언급된 보고서 양식에서 조금 더 발전된 것이라고 볼 수 있다. 이 보고서에서는 다른 업장에서 주방으로 옮겨져 사용되는 음료의 비용, 주방에서 만들어진 음식이 바로 이전되어 사용되는 경우와, 직원의 식사비용 등이 포함되어 있다(표 8.5 참고).

- 이 기록은 표 8.3과 8.4에서 설명된 두 가지 식품 보고서 보다 좀 더 정확성이 높다고 할 수 있는데, 그 이유는 주방으로 전달되는 식음료의 비용(예: 요리용 와인 등)은 추가하고, 주방에서 바로 이동되는 물품(예: 레몬, 오렌지, 올리브, 견과류 등)에 대한 비용과 직원식사 비용(원가)은 제하기 때문이다. 이 보고서는 또한 저장 창고로 직접 전달되는 물품의 구매와 주방으로 곧바로 가서 그 곳에서 부과되는 품목들을 구분해 낼 수 있다. 이러한 추가와 제거를 통해 진정한 음식판매 원가율을 알아 낼 수 있다.

표 8.5 상세 일일 식자재원가 사례

	날짜	3월-2001	3월-2002	3월-2003
		월	화	수
A	매일 재고 시작수준	2,220.00	2,250.50	2,265.50
B	저장고 구매	120.50	200.00	204.00
C(A+B)	저장고내 사용가능 식자재의 합계	2,340.50	2,450.50	2,469.50
D	식자재 불출	90.00	185.00	240.00
E	직접 구매	200.00	185.00	200.00
F	음료의 주방으로의 이동	0.00	5.00	5.00
G(D+E+F)	사용된 식자재 원가	290.00	375.00	445.00
H	직원식사 원가	35.00	25.00	30.00
I	음식의 바로의 이동	0.00	0.00	5.00
J(G-H-I)	음식의 판매원가	255.00	350.00	410.00
K	판매	820.00	980.00	1,00.00
L	식자재원가 %	31.09	35.71	37.27
M	음식 판매원가 (J의 합계에서 금일까지)	255.00	605.00	1,015.00
N	음식 판매 (K의 합계에서 금일까지)	820.00	1,800.00	2,900.00
O	음식 원가 % (금일까지)	31.09	33.61	35.00

- 일일 식자재원가 비율에 대한 정확성은 모든 일별 거래 사항을 더욱 정교하게 만들며, 이렇게 모여진 정보는 문제가 있을 때 어떠한 수정 조치를 취할 것인가에 대한 기반을 마련해 준다.

이러한 보고서의 단점은 이전 보고서와 비교해서 보다 상세하고 집중된 정보에 더욱 의존해야 한다는 것이다. 예를 들어 부서별 필요물품을 적어 놓은 기록, 품목의 가격 정보, 상품 수취 기록 정보, 배달 기록, 결제 기록 및 영수증 등과 같은 다양한 기록들이 필요로 된다.

잠재적 식자재원가의 계산

잠재적 식자재원가는 완벽하고 이상적인 상태로 가정하여 계산된 식자재원가라고 할 수 있다.

업장의 잠재 식자재원가는 실질적인 식자재원가를 계산 및 평가할 수 있는 가장 효율적인 방법이라고 할 수 있다. 잠재 식자재원가와 실제 식자재원가 사이에서 1% 이상의 변화가 있다면, 이는 반드시 그 이유를 규명해야만 한다. 잠재 식자재원가는 다양한 방법으로 계산될 수 있지만, 시간적인 제약 때문에 보통은 각 업장별 소유하고 있는 메뉴 별로 진행되어지고, 메뉴가 자주 바뀌는 업장의 경우 1년에 2회 또는 그 이상을 실시한다. 다시 말하면 잠재 수치는 조식, 중식, 석식 메뉴에 따라서 달라지고, 품목 당 가격이 달라질 수 있는 판매 업장에 따라 각각 달라질 수 있다는 것을 의미한다.

계산은 세 가지 주요 절차에 따라 이루어진다.

1. 각 개별 메뉴 품목에 '레스토랑 판매분석에 의해 결정된 사례 주간' 동안에 팔린 양을 곱하고 1인분 판매에 들어간 식재료원가로 나누어 구해진 수와, 그 주에 판매된 총 잠재적 식자재 원가에 대한 비율을 구한다.
2. 위에서 사용된 방법처럼 실제로 사용된 양을 곱하고, 메뉴에 적힌 판매가격으로 나누면 잠재 총 판매량이 구해진다.
3. 총 잠재 식자재원가를 총 잠재적 식자재 판매량으로 나누면 퍼센트로 값이 주어지는데, 이 때 구해진 값이 바로 잠재적 식자재원가 비율이다.

위에서 언급된 대로 계산하기 위해서는 다음과 같은 정보가 필요하다.

- 다양한 업장에서 판매된 모든 품목에 대한 상세한 판매 분석 및 판매가격
- 지출되는 모든 메뉴 품목의 표준 레시피카드
- 표준 레시피카드로부터 획득된 잠재적인 식품비용의 요약
- 영수증, 음식에 대한 마케팅 보고서 또는 식자재원가 보고서로부터 나오는 주요 요소의 평균 시장 가격

이렇게 계산된 잠재 식자재원가는 일반적으로 실제 식자재원가와 차이가 나기 마련이다. 실질적인 식자재 판매비용은 잠재 비용보다 더 높은데, 그 이유는 음식은 부패의 소지가 있기 때문이다. 게다가 식자재를 다듬고 조리해서 판매할 경우, 다듬고 조리하는 과정에서 어느 정도의 양이 음식쓰레기로 분리 배출 될 수밖에 없는 것도 현실이기 때문이다. 만약 수치상에 큰 차이가 날 경우에는 지정된 표준이 잘 실행되고 있지 않는 경우이고, 회사내 도난, 직원의 부주의로 요리에 사용할 수 있는 부분도 지나치게 많이 잘라내 버리는 행위 등도 나타날 수 있다. 앞에서 언급된 바와 같이, 1% 이상 잠재 식자재원가와 실제 식자재원가가 차이가 나게 될 경우에는 철저히 조사하여 그 원인을 규명해야만 한다.

음료 관리 방법

오늘날에는 원가를 관리하기 위해 다양한 방법이 사용되고 있지만, 업장의 크기, 사업 규모, 경영진의 운영 방법 등에 따라 성과는 달라지며, 필요한 관리 부분에서 정교함의 요구 정도에 따라서도 많이 달라지고 있다. 여러 가지 관리 방법 중 일반적으로 다음의 6가지 음료 관리 형태에서 하나를 선택하여 사용하게 된다. 어떤 방법이 채택되든 관리의 앞선 단계가 효율적으로 행해지지 않았다면, 이러한 관리 방법의 가치는 거의 없다고 할 수 있다. 다시 말해, 구매, 수취, 저장, 사용 준비 단계의 모든 관리에 해당하는 부분이 효율적으로 이루어져야만 한다는 것이다. 또한, 생산 계획, 표준화 산출량 지정, 표준화된 조리법, 표준화된 배분 크기와 저장에 관련된 사항들도 이러한 전제 조건에 포함된다. 재고관리 주기(그림 8.7)는 물론 음료 저장에도 마찬가지로 적용된

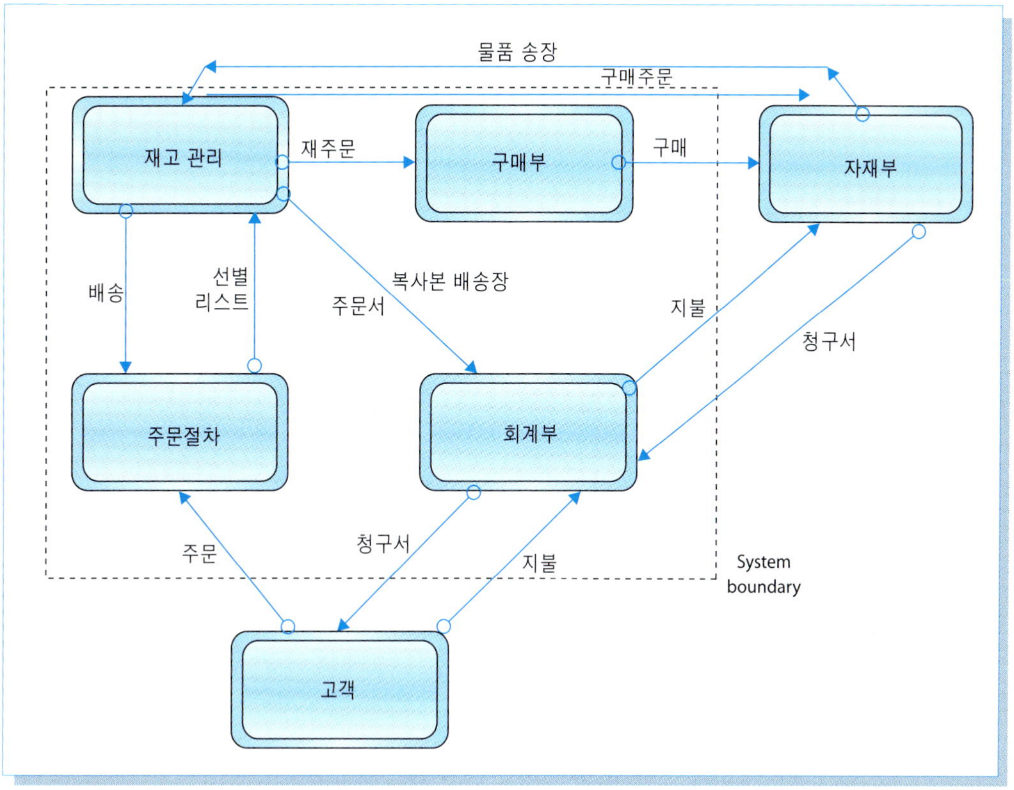

그림 8.7 재고관리 주기

다. 가장 많이 사용되는 방법은 FIFO(먼저 들어온 상품을 먼저 소비하는 방법)이며, LIFO(나중에 들어온 상품을 먼저 사용하는 방법)는 나중에 사용될 때를 대비해 품목을 남겨놔야 할 때 자주 사용된다. 예를 들어, 어떤 와인은 셀러에 보관하며 조금 더 숙성될 때까지 판매하지 않는 경우도 있다.

바 비용 시스템

이 시스템은 기본적인 식자재원가 보고서와 상세 식자재원가 보고서와 아주 비슷한 형식을 가지고 있다. 이러한 보고서들은 각각의 모든 음료 업장(예: 바)에서 따로 만들어져 보관할 수 있다.

표준 음료 재고 및 병관리 시스템

이 방법은 음료 관리에 있어서 간단한 방법이면서 음료 관리에 있어 아주 효율적으로 이용할 수 있는 방법이며, 관리를 위한 몇 명의 정직원이 있는 업장에서 매우 유용하게 사용된다. 이를 위해 아래와 같은 항목에 대해 주의를 기울여야 한다.

1. 표준 재고량의 수준은 각 바 마다 정해져 있는데 가장 바쁜 날에 필요한 병 수에 여분으로 한 두병 정도를 더 추가한 양이 일반적이다. 업장 운영에 필요한 저장 수준은 매일 영업 전에 정해지며, 시스템의 간편화를 위해 오직 오픈하지 않은 병 만이 계산에 포함된다.
2. 빈 병의 숫자와 종류가 매일 기록되고, 부족한 양은 다음 날을 위해 채워 놓는다.
3. 잠재적인 판매량은 운영을 위해 준비된 음료 수량과 판매 가격에 기반을 두고 실제 매출과 비교된다.
4. 만약 혼합된 음료가 많이 판매될 경우 처음에 정해진 판매가격은 조정되는 경향이 있다. 이는 잠재와 실재 판매량 수치가 다를 경우에 필요한 절차이며, 그 차이에 대한 이유는 반드시 분석해야만 한다.

이런 시스템의 특징적인 이점은 간단성과 운영의 용이함이라고 할 수 있다. 또한, 이 시스템은 단기적으로는 반 쯤 남은 음료병이 업장에 얼마 정도 남아 있을 지를 추측하고 관리하게 되는데, 그렇게 할 경우 각 병의 내용물을 총 판매량과 같이 일일이 측정할 필요는 없다. 이론적으로 보면, 오늘 운영을 위해 사용된 물품들의 가치는 어제의 매출과 같아야 한다. 이것은 실질적으로는 불가능할 것이지만, 단기적으로 봤을 때는 이용된 상품들의 판매 가치는 매출과 비슷해야 한다.

잠재적인 판매가치 시스템

이 시스템은 음료 판매를 관리하기 위해 디자인되었으며, 각 음료 병 품목에 판매 가치를 지정하여 음료원가를 관리한다. 각 병의 수익 가치는 표준화된 크기의 음료, 병에 들어있는 내용물, 각 음료의 판매 가격에 기초한다. 각 음료의 판매 가치는 잠재적인(또는 표준화된) 판매 가치로 불린다. 이 시스템은 사업 운영에 필요한 기초적인 사항 등이 요구되어지는데 음료 병의 코드번호 시스템 표준화, 음료 조주법, 음료 크기, 잔, 표준 재고의 수준 등이 마련되어 있어야 한다. 음료 병의 크기, 음료량 크기 또는 조주법이 변화할 때 마다 새로이 계산되고 기록되어지며, 이는 곧 음료의 판매가에 고려되어야 한다는 사실을 의미한다.

잠재적인 판매 가치를 구축하는 데 고려되어야 하는 다양한 계산 사항들은 아래와 같다.

1. 증류주 병판매 (Full bottle of spirits) 증류주의 잠재적인 판매 가치는 바에서 판매되는 가격이 때때로 경영진이 정한 판매가와 같아질 수 있다. 병으로 음료를 팔게 되는 경우 인력이 덜 필요하기 때문에, 잔으로 판매 하는 것보다 더 저렴할 수 있다.
2. 잔으로 판매되는 증류주(Spirits, etc, sold by glass) 증류주 한 병에 대한 판매 가치는 아래의 예와 같이 계산된다.

   위스키 병에 대한 잠재적인 판매 가치:

   병 사이즈 70cl

   스트레이트 음료 크기 2.5cl

   음료 당 판매가: 4.50 파운드

   병 당 나오는 음료 수 (병에 든 내용물이 잔에 옮겨 담아 졌을 때 몇 잔이 나올 수 있는가): 28

   28(음료 수) x 4.50 파운드 (음료 당 판매가)= 126.00 파운드 (잠재적인 판매 가치)
3. 청량음료와 미네럴 물 판매 (Soft drink and mineral water sales) 청량음료 등의 잠재적인 판매 가치는 업장의 가격 방침에 영향을 받는다. 아래는 이에 따른 사례이다.
   - 특정 음료 그 자체로 판매 될 때의 고정 가격 또는 다른 음료와 함께 판매될 때의 고정 가격이 있다. 예) 진토닉
   - 믹스된 음료의 한 부분으로 서비스 될 때 더 싼 가격이 된다. 예를 들면, 2.5 cl 스트레이트 위스키는 4.50 파운드 정도의 가격이고, 드라이

진저 (dry ginger)를 병의 일부분만 사용했을 때 가격은 0.99 파운드 이다. 그리고 드라이 진저와 위스키를 섞은 음료는 4.99 파운드가 되며 5.49 파운드가 되지 않는다.

- 청량음료 가격은 증류주가 판매될 때 가격에 포함된다.
- 만약 우리가 모든 부분이 포함된 판매 시스템이 채택되어 사용된다면, 관리를 위한 용지를 준비할 때 상황에 따라 조정되어야 한다는 것을 염두에 두고 있어야 한다. 그렇게 해야만 정확한 잠재 판매량이 계산되어질 수 있다.

4. 칵테일(Cocktails) 등 만약 고객에게 제공되는 모든 음료가 스트레이트 음료 또는 가득찬 병채로 판매되면, 잠재적인 판매 가치를 계산하기란 아주 쉬운 작업이 될 것이다. 그러나 고가의 재료가 두 가지 이상 혼합된 음료를 판매할 때에는 관리를 위한 용지를 준비하여 이에 따른 조정 및 수정 작업이 이루어져야 한다.

믹스된 음료 판매에 대한 분석이 낮다고 발견되면 다양한 믹스된 음료에 대한 사용량을 상세하게 계산할 필요가 있다. 이러한 분석은 실질적으로 판매액이 바에 입금되어야 확인이 가능하며 잠재적 판매보다 최소 2% 이상이 되어야 한다.

밀리미터 시스템

이 방법은 판매된 음료 양을 결정하는 데 가장 정확한 방법으로 알려져 있다. 이 방법은 음료 보고서에 잠재 판매량과 실제의 차이가 많이 나거나 그 이유를 알아보려고 할 때 많이 사용되어진다. 그러나 이 방법은 업장이 크고 음료 품목이 많은 곳에서는 계산하기 힘든 방법이다. 따라서 작은 컴퓨터에 의해 사용되는 일이 많다. 이 시스템은 다음과 같은 사항을 필요로 한다.

- 판매된 음료의 브랜드, 종류 등의 정보를 포함한 상세한 정보에 대한 분석
- 매일 직접 재고를 확인하고, 이렇게 확인된 재고를 그 상태에 기초해 어떤 음료 브랜드, 어떤 종류의 음료가 실질적으로 사용되었는지에 대해 계산해야 한다. 개장과 마감시 바의 재고 수량 정도를 파악하고, 거기에 생산을 위해 사용된 음료 수치를 더하고, 바 밖으로 보내진 음료의 수치를 뺀

다. 표준화된 음료 제조법을 사용해서 만들어지는 모든 음료를 각 브랜드, 종류 별로 나누어 각각에 대한 양을 밀리미터로 측정해 놓는다. 한 테이블 당 소비한 각 음료 종류에 대한 총량은 재고 확인 시에 측정된 양과 비교 대조 하게 된다. 이 때 차이가 많이 난다면 그에 따른 조정이 필수적이다.

이 관리 시스템의 주요 단점은 다음과 같다.

- 판매 활동에 대한 분석과 매일 재고를 세는데 시간이 소요된다.
- 각 판매 업장에 대한 일 별 소비량을 계산할 시간이 소요된다.
- 많은 혼합 음료가 판매되고, 크기가 다른 음료가 각각 다른 판매 업장에서 판매된다면 더 어려워진다.

행사 및 연회장의 바 시스템

행사 및 연회를 담당하는 부서도 다른 부서들과 마찬가지로 자체적으로 필요물품을 저장하는 저장소가 필요하고, 이에 대한 관리도 필수적이다. 그러나 각 행사나 연회 때마다 바가 설치되어야만 하는 경우에는 지정된 사람이 업장의 주 저장 창고에서 필요 물품을 요청해 운반하여 사용하고, 남은 것들은 행사가 끝난 뒤에 즉시 반납해야 한다. 요청에 의해 준비된 음료의 수는 주로 물품 요청서에 작성된 수와 동일하다. 그리고 사용되지 않은 음료병들은 다시 주 저장창고로 돌아오게 된다. 사용을 위해 준비된 음료병 수에서 다시 저장 창고로 돌아온 병 수를 빼면 행사 및 연회에 사용된 음료 병의 수를 알 수 있다. 실제 원가는 각 병당 계산하거나 절반 또는 부분적인 수치에 대한 구매가격이다. 각 음료 병에 대한 잠재 판매량은 각 음료의 판매가격에 각 병 당 표준적으로 몇 잔이 나오는 지를 센 수를 곱한 값이 된다.

자동화된 음료제공 시스템

자동화된 음료제공 시스템의 사용은 점점 더 고착화되고 있다. 요즘에는 이러한 기술을 사용하는데 드는 비용이 줄었기 때문에 중간 규모의 업장에서도 충분히 도입하여 사용할 수 있다. 그리고 이러한 시스템이 전자 주문시스템(EPOS-Electronic Point Of Sale)의 물품 관리 기록과 연결되면 판매 기록과 비교하여 실제 재고량과의 차이를 좀 더 쉽게 밝혀낼 수 있다. 그리고 캐주얼 모드의 종업원을 고용하는 좀 더 규모가 큰 업장에서는 이러한 기술에 과감하게 투자하곤 한다. 이러한 방법에 대한 장점은 셀 수 없이 많지만 아래와 같은 내용을 일반적으로 포함한다 :

- 제공되는 음료의 크기가 미리 정해지고 음료는 자동적으로 측정된다.
- 산출량은 다른 방법을 사용할 때 보다 지속적으로 더 높게 나타나는데, 이는 음료 병에 남은 음료가 완벽하게 사용되기 때문이다.
- 각 음료는 판매 업장에 의해 미터화 될 수 있다. 이러한 방법은 재고 관리에 도움이 되며, 바 매출액이 좀 더 쉽게 계산된다.
- 이 방법은 바 직원이 음료를 다루는 것을 제한한다. 고객이 필요로 하는 모든 음료는 기계에 있는 작동 버튼을 눌러서 제공되게 된다.
- 많은 음료 제공 기계들은 마이크로컴퓨터에 연결되어 있고, 이를 통해 음료, 기계를 통해 제공된 양, 가격의 제시, 고객에게 영수증 제공, 재고품 관리와 음료 판매 분석 등을 가능케 해 준다.

자동화된 음료 제공 기계를 사용하는 데에는 아래와 같은 몇 가지 단점도 있다.

- 어떤 특정 업장에는 어울리지 않는 경우가 있다. 예를 들어 손님이 개인적인 서비스를 원하는 고급 호텔 바에서는 이러한 기계를 비치하는 것이 어울리지 않을 수도 있다.
- 높은 관리 수준이 초기 비용 이상의 효과를 거둘 수 있도록 해주기는 하지만, 기계 설치비용이 높다.
- 일반적으로, 매우 높은 판매량을 가진 바에서 사용하는 것이 적합하며, 고객들 역시 전통적인 바 서비스를 특별히 원하지 않아야만 한다는 전제가 필요하다.

그러므로 음료 생산 계획에서 사용되는 경영 기술은 그 개념과 방법이 음식 생산 계획에서 사용된 기술과 매우 흡사하다. 비슷한 음료 조제법에 대한 파일 역시 수동 또는 자동으로 만들어질 수 있다. 그리고 음료 계획을 설계하기 위한 컴퓨터의 사용은 장기적인 비용 절감의 측면에서도 고려해야 할 만한 사항이다. 이는 다시 말해 좀 더 정밀한 관리시스템이 업장에 마련되면 그만큼 운영에 의한 손실도 최소화 할 수 있다는 뜻이 된다.

전자주문시스템

전자 데이터 저장은 장단점이 있다. 지나치게 정보가 많이 제공되었을 때에 경영진은 어떤 정보를 사용해야 하는지에 대해 혼란스러워질 수 있고, 그렇기 때문에 그 어떤 정보도 이용하지 않고 파기해 버릴 수도 있다. 여기서는 EPOS 시스템으로부터 매니저들이 얻을 수 있는 전형적인 보고서의 내용만을 다룰 것이지만, 매니저들은 필요할 경우 일별, 주별, 월별, 년별 보고서를 산출 받을 수 있다. 또한, 업장의 특정 기간 보고서 역시 출력하여 의사결정을 할 때 도움을 받을 수 있다 (그림 8.8, 8.9, 8.10).

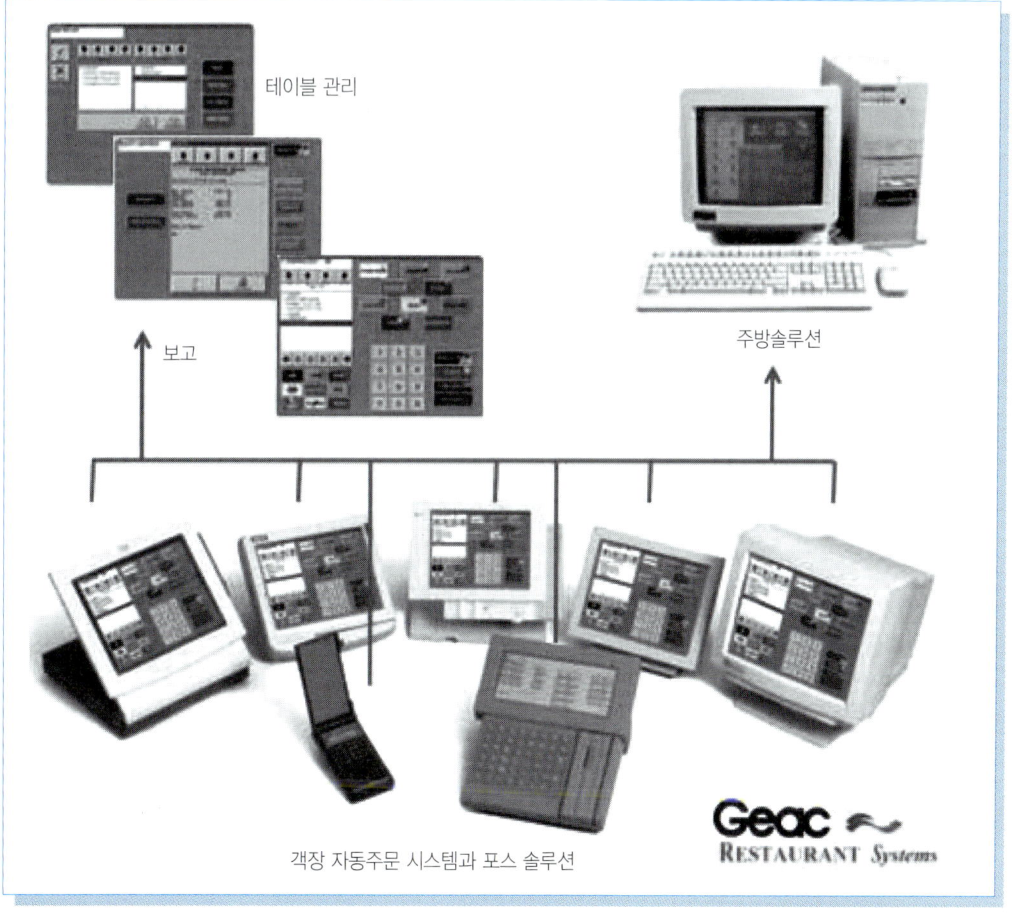

그림 8.8 상위 시스템(레코만 시리즈)

지원관리 시스템							판매분석 요약
날짜: 8/9/2007 15:02:39							페이지 넘버 : 2
표준 선택 : 모든 상품 그룹							서레이 대학 아웃렛
모든 판매 구역							자료 코더 : 1000
날짜 선택 : 2012년 8월 8일 – 2012년 8월 8일							
레스토랑							
음료	메뉴	량	취소	판매	총판매	판매원가	판매원가율
와인							
화이트와인							
	Sbiraz 175ml	1.00	0	1.00	3.00	0.00	100.00
	Zonda	3.00	0	3.00	8.55	2.79	67.37
	화이트와인 합계	4.00	0	4.00	11.55	2.79	75.84
총합계 : 와인		5.00	0	5.00	13.98	3.39	75.74
음료총계		33.00	0	33.00	60.61	3.39	94.41
음료	메뉴	량	취소	판매	총판매	판매원가	판매원가율
디저트							
디저트							
	Choccy Tart	2.00	0	2.00	7.23	0.00	100.0
	Lemon Sorbet	1.00	0	1.00	2.95	0.00	100.0
	Mango Sorbet	2.00	0	2.00	7.90	0.00	100.0
	Seasonal Creation	1.00	0	1.00	3.36	0.00	100.0
	Summer Pudding	5.00	0	5.00	16.81	0.00	100.0
	디저트 합계	11.00	0	11.00	38.25	0.00	100.0
디저트 총합계		11.00	0	11.00	38.25	0.00	100.0
음료	메뉴	량	취소	판매	총판매	판매원가	판매원가율
주메뉴							
생선 주메뉴							
	Catch of the day	3.00	0	3.00	21.70	0.00	100.00
	생선 메뉴 합계	3.00	0	3.00	21.70	0.00	100.00
주메뉴							
육류 주메뉴							
	Catch of the day	3.00	0	3.00	23.85	0.00	100.00
	Home cured Gammon	1.00	0	1.00	8.50	0.00	100.00
	Open Mains	6.00	0	6.00	61.28	0.00	100.00
	Tenderloin of Pork	2.00	0	2.00	17.00	0.00	100.00
	육류 주메뉴 합계	12.00	0	12.00	110.63	0.00	100.00

그림 8.9 자동주문시스템(EPOS) 기록의 사례

Time: 09-Aug-2007 13:07:14

Table No: 1
Covers: 3
Server : Ivana

1 Fresh 0 J
1 Jug Tap Water
2 Peroni

Area: Bar

Table: 1
Covers: 3

1 Soup
1 Salmon timbale
1 Pear & dolcelatte Salad
****

2 Tenderloin of Pork

1 Home cured Gammon

Name: kat
Number: 52
Time: 09-Aug-2007 14:56:37

Time: 09-Aug-2007 14:57:06

Table No: 1
Covers: 3
Server:

ATTENTION
VOIDED ITEM(S)

1 Fresh 0 J
2 Peroni
1 Latte
1 FilterCoffee
1 Cappuccino

Area: Bar

The
Lakeside
Restaurant
School of Management
University of Surrey
Restaurant Bookings 01483 689655
Function Enquiries 01483 689655

Table: 1
Check ID: 1003456
Server: Kat
09-Aug-2007 14:53:27

1	Soup	2.95
1	Salmon timbale	4.95
1	Pear & dolcelatte Salad	4.80
1	***********************	0.00
2	Tenderloin of Pork	17.00
1	Home cured Gammon	8.50
1	Main Away	0.00
2	Season Creation	7.90
1	Fresh 0 J	1.65
1	Jug Tap water	0.00
2	Peroni	4.90
1	Latte	1.65
1	FilterCoffee	1.45
1	Cappuccino	1.65
	Total	57.40

Thank you for your visit and we hope to see you again soon.

그림 8.10 자동주문시스템(EPOS), 레시피, 바, 주방 명세서

메뉴 품목 선호도

관리의 차원에서 볼 때 이 정보에 대한 기록은 매우 중요한 정보를 제공한다. 이 기록은 잘 팔리지 않는 잠재적인 메뉴 품목을 알아내, 가능한 경우 이 품목을 다른 품목과 대체할 수 있도록 할 수도 있다. 그리고 손님들에게 아주 인기가 많은 품목의 경우는 충분한 재료가 주문되어 있도록 하여 업장 운영 시에 문제가 없도록 한다.

메뉴 품목 수익성

이 기록은 시스템의 재고 관리 모듈로부터 정보를 추출하고 메뉴 품목 당

정확한 수익성에 대한 정보를 제공한다. 이 기록은 메뉴 품목 선호도 기록이 메뉴 엔지니어링 기록으로 쉽게 전환될 수 있도록 도와줄 수 있다. 그림 8.9의 한 예로 이 시스템은 식자재 원가의 정보를 입력하기 원하는 레스토랑 경영자들에게 제공되는 EPOS 기록 기능의 잠재능력을 보여준다. 규모가 작은 업장에서는 주 단위로 메뉴를 바꿀 수도 있는데, 때때로 매일 이루어지는 관리자의 역량에 따라 모든 데이터를 입력하지 않도록 할 수도 있다.

식사 기간에 의한 판매

레스토랑이 매 식사 시간 마다 어떻게 운영되고 있는지 인식하는 것은 경영자로 하여금 업장이 바쁜 날에 얼마나 더 많은 직원을 배치하여야 하는 지에 대해 인식할 수 있게 해주고, 특정일에 어떠한 마케팅 및 프로모션 활동에 집중할 수 있도록 해 주기 때문에 매우 중요하다..

서비스 직원에 의한 판매

서비스 직원에 의한 판매는 업셀링(up selling) 기술을 교육시킬 직원의 수를 알 수 있게 해주고, 직무 활동이 훌륭한 직원에게는 포상을 할 수 있도록 해준다.

유형 기록

식음료 품목은 일반적으로 특정 유형에 속하게 되는데, 예를 들어, 애피타이저, 해산물, 위스키 또는 맥주 등이 포함된다. 이는 관리자가 단순히 이 기록을 보기만 해도 어떤 물품이 잘 팔리고, 어떤 물품이 수익을 내지 못하고 있는지에 대해 알 수 있도록 도와준다.

식사 대기 시간

다른 흥미로운 기록은 식사 경험의 단계 사이에서 흘러가는 시간을 설명하는 기록이다. 그러나 이 기록의 정확성은 상대적으로 낮다고 할 수 있는데, 그 이유는 기록 시스템이 오직 주문이 이루어진 시점으로부터 식사가 마무리 되는 단계까지만의 시간을 측정 가능하게 하기 때문이다. 그렇지만 이 기록을 통해 코스 별로 손님이 식음료를 소비하는데 어느 정도의 시간이 걸렸는지를 알 수 있다. 이는 매니저들로 하여금 손님의 식사 시간동안의 서비스 질과 서비스 효용성에 대한 정보를 제공하는 중요한 장치이다.

식음료관리 확인 목록

최근에는 기술의 발달로 인해 식음료 관리가 좀 더 수월해졌다. 그러나 어떤 사람들은 이러한 관리 시스템의 기본적인 사항을 이해하지 못하거나, 또는, 시스템에서 문제가 생긴 지점을 찾으려고 할 때, 어떤 정보를 찾아야 하는지 모르는 경우도 종종 있다. 비록 모든 문제점에 대해서 모든 조치를 취하는 것이 불가능할 수도 있으나 식음료 관리 확인 목록을 통해서 문제점을 바로 잡고자 하는 노력을 기울여야 한다(표 8.6, 8.7 참고). 물론 이러한 체크리스트가 모든 업장에 완벽하게 적용될 수는 없지만 좋은 시작점은 마련해 줄 수 있다.

식자재원가(그리고 순수익)이 업장 표준과 대비했을 때 변화량이 생길 수 있게 만드는 원인은 아래와 같다.

- 계산 실수 (공급자의 실수도 포함된다)
- 비효율적인 재고조사
- 미숙한 매출액 관리. 체계적인 과정과 실재의 부족
- 메뉴가 고객을 만족시킬 수 없을 때. 시장의 트렌드와 다른 메뉴를 쓰거나 메뉴를 업데이트 하는 노력을 하지 않았을 경우
- 구매가 제대로 이루어지지 않았을 때. 이는 곧 높은 구매비용으로 이어지고, 과도한 재고품과 낭비로 이어짐
- 물건 수취가 제대로 이루어지지 않았을 경우. 수취 시, 제품이 부족하거나 물건 수취 후 주문한 물품보다 적은 수량이 왔지만 모르고 넘어가는 경우
- 저장이 제대로 이루어지지 않았을 경우. 저장이 제대로 이루어지지 않으면 사용하지도 않고 폐기처분해야만 하는 품목들이 생길 수 있다. 그리고 저장창고의 보안을 철저히 하지 않으면, 사내 도난이 생길 수 있다.

표 8.6 구매, 음식생산, 식자재 관리 체크리스트

구매, 입고, 저장, 출고 절차	음식생산	식자재 관리 절차
모든 주된 아이템은 전문화된 구매법 사용	산출과 음식생산은 표준 조리분량으로 훈련되어 테스트돼야 한다.	모든 이동 장부, 신용 장부, 송장, 상품입고장부 등은 확인 및 합산한다.
모든 구매를 위한 구매주문: 예외를 제외하고 신선한 과일과 야채와 같은 일일주문	생산은 양의 예측과 관계가 있다.	모든 서류작업의 산술을 확인한다.
모든 구매는 확정되거나 지정된 식자재부터 진행된다.	최대한으로 표준레시피로부터 만들어져 사용한다.	이동장부에서 회계원장까지 확인한다.
배송은 양과 품질체크후 적절한 방법으로 시간에 맞게 운반한다.	효과적인 생산일정은 요리과정의 확실한 품질유지로서 만들어야 한다.	일정기간의 재고를 위해서 요금과 외상을 확실히 유지한다.
모든 배송은 식음료 입고대장에 실제 배송된 배송기록과 차이가 있는지 확인한다.	모든 시설기자재는 품질 좋은 요리와 표준 산출의 결과로서 일반적으로 관리된다.	
모든 음식배송은 일일배송대장에 기입되어야 한다.		정해진 시간에 모든 금전등록기를 전부 계산한다.
저장창고의 모든 식자재와 음료는 필요 요청 사인되고 허락되어진 것에 따라 출고된다.		정해진 시간에 매출과 주방, 저장고의 모든 재고를 비교한다.
식자재 저장고 및 창고 출입은 담당자에 한해 제한된다.		재고장부와 재고량의 차이를 비교한다.
창고 대장과 다른 기록들은 정확히 날짜가 지켜져야 한다.		음식관리보고서는 매일매일 진행한다.

- 수요 예측, 표준화된 조리법, 표준화된 산출량, 표준화된 분배 크기 등에 대한 표준치 설립을 잘못 하였거나 이를 제대로 유지하지 못할 경우
- 모든 경영진 및 직원들의 식사로 제공된 내역을 제대로 관리하지 못했을 경우
- 일하는 직원들에 의해 제대로 음식 관리가 되지 않았을 경우, 직원들에 의해 이상적인 표준이 유지되지 못했을 경우

표 8.7 음식 서비스, 바 운영절차 그리고 음료 관리 리스트

음식 서비스	바 순서	음료관리 순서
음식서비스의 표준을 만들고 훈련해야 한다.	바 재고는 full for empty 병 시스템 사용에 따라 사용허가 요청과 문서로 보충한다.	이동장부, 신용거래장부와 송장, 상품 입고장을 교차점검하고 체크한다. 모든 서류의 계산을 확인한다.
표준 인분의 크기가 지켜져야 한다.	바는 표준레시피, 표준 드링크 사이즈와 글래스를 사용한다.	이동장부 등에서 저장고의 안쪽 장부까지 확인한다.
객장에 보내는 모든 음식은 조심스럽게 관리한다.	바는 모든 마실 것을 고객이 특별히 요청하는 것을 제외하고는 하우스브랜드를 판매한다. 하우스브랜드는 일반적으로 보다 높은 순수익을 주기 때문이다.	음료 재고관리부를 계속 확인한다.
모든 미판매된 음식은 카운트해서 주방으로 되돌려 보낸다.	모든 바의 매출은 정확히 기록되는지 점검한다.	정해진 시간의 재고를 위해서금전등록기와 신용거래를 확인한다.
	정해진 기간에 만약 평균량이 의문인 개봉된 병은 술의 알코올도수를 확인해야 한다.	정해진 시간동안에 필요한 맥주통, 소다류 기계, 상자 등 모든 음료량을 준비한다.
	음료가격리스트가 손님에게 보여지도록 준비되어있는지 확인한다.	음료리스트와 재고량을 비교하면서 저장고의 재고를 채운다.
	파손 기록을 자주 확인한다.	재고량장부와 상품의 형태, 재고 회전율을 비교한다.
	각 바는 회계부서에 따라 부족분 또는 과잉분 기록을 점검한다.	각 바마다 음료관리보고서에 필요한 재고를 정해진 시간마다 작성한다.
	바 직원은 기록부 등에 접근하지 않는 것을 확인한다.	일일 음료관리보고서를 영업의 규모와 단계별 규모에 따라 총계를 상세하게 작성, 유지한다. 관리를 위한 마감시 음료보고서와 주요 문제점에 대하여 비교한다.

앞에서 언급된 바와 같이, 음료 관리는 식품 관리처럼 까다롭지는 않다. 가끔 문제가 되는 부분은 바로 직원들의 정직성인데, 이 사항은 일반적으로 알아내기가 힘들다. 일반적으로 바에 문제를 일으키는 직원들은:

- 집에서 본인이 구매한 음료 병을 들고 오기도 한다. 그 병에 든 음료를 손님에게 팔고, 그에 대한 돈을 본인이 갖기도 한다. 이런 일이 생기게 되면, 바쁜 날에도 현금은 많이 모이지 않을 수도 있다.

- 일하는 곳에서 음료를 마시기도 한다. 일하면서 음료를 마시는 것은 추적되기 어렵다. 이것은 결과적으로 전체적인 손실로 이어지고, 때로는 고객들이 정해진 양 보다 적은 음료를 제공받게 되는 결과를 초래할 수도 있다.
- 판매된 음료의 수를 정확하게 기록하지 않는다. 다시 말하면, 직원이 제대로 판매량을 기록하지 않고, 추가적으로 판매된 금액에 대해서는 본인이 몰래 가져갈 수도 있다. 결과적으로는 금전적인 손실을 초래한다.
- 지인들에게 무료 음료를 무분별하게 제공한다. 이 역시 업장의 손실로 이어진다.
- 음료를 희석시켜 제공하기도 한다. 일반적으로 주류의 경우 고객들이 3번째 이상의 음료를 주문할 때, 더 이상 맛의 차이를 잘 느끼지 못하게 된다. 따라서 어떤 직원들은 이러한 사실을 알고, 3번째 이상의 음료부터는 희석시킨 음료를 제공하곤 하는데, 원제공량 보다 희석된 음료를 제공해 얻어진 수익은 직원의 주머니로 들어가게 된다. 즉, 업장의 입장에서는 손실이 생기게 된다.
- 고객에게 제공된 음료에 대한 돈을 더 적게 받는다. 바 직원의 아는 사람이 업장을 방문 했을 경우, 직원은 허가되지 않은 가격을 빼주곤 하는데, 이 역시 업장에 손실을 가져온다.
- 원래 금액 보다 더 적은 거스름돈을 내 준다. 이 문제는 일반적으로 바에서 자주 발생하는 문제점인데, 고객이 받아야 하는 거스름돈 보다 더 적게 내 주고, 그 차이는 본인이 챙기는 경우가 생기게 된다.

만약 모든 음료가 기계에서 자동적으로 나올 수 있다면, 그 어떤 금전적 또는 양적 불일치는 현금을 다루는 것에서 오는 고의 또는 타의적인 문제점이라고 할 수 있을 것이다.

위의 문제들은 음료관리 절차가 잘 이루어지는 업장에서만 발견된다. 정직성이 결여된 직원을 알아내는 것은 바 직원의 업무 교대, 매일매일 바 물품을 확인하는 절차 도입, 바쁜 때에는 현금 금고시스템을 사용하거나 보안 또는 다른 부서의 매니저가 업장을 감시하는 방법 등을 사용하여 방지할 수 있다. 위에 언급된 사항들은 인사과에서 사람을 고용할 때, 철저한 면접을 통해 그러한 부분을 사전에 방지할 수 있어야 한다.

규모가 작은 업장의 체크 리스트

규모가 작은 업장의 정해진 표준과 실재 식품비용 차이에 대한 체크리스트는 아래와 같은 사항을 포함한다.

- 모든 주요한 수치를 확인 (예: 식음료 기록, 저장 기록 등)
- 재고 수치와 총 수치를 재확인 한다. 그리고 특히 평소와 다른 수치를 보이는 부분에 주의를 기울여야 한다. 각각의 품목의 총 소비량의 비율은 일정 기간 동안에 측정된 수치와 일관성 있게 유지되어야 한다. 우선 업장의 표준이 잡혀있다면, 이와 대비하여 생기는 모든 변동 사항들은 문제점을 나타내는 것이다. 예를 들어 만약 육류 사용에 대한 비용이 증가하였다면, 경영진은 이러한 사항에 대한 이유를 파악하는 노력을 해야 한다.
- 판매 수치와 제공된 식사에 대한 재확인
- 판매에서 특정한 변수 확인, 날씨와 특정 휴일 등의 변수 때문에 변동이 생길 수도 있음
- 주요 요리 및 가격이 비싼 요리의 가격에 변동이 생겼는지 확인
- 저장 창고, 냉장고 등을 확인하고, 불필요한 낭비가 이루어졌거나, 지나치게 많은 양을 구매했거나 하는 사항을 확인하기 위해서 쓰레기통도 확인
- 직원 식사도 확인해야 함

매출액 관리

업장의 매출액을 관리하기 위해, 수익에 영향을 주는 사항에 대해서는 특별히 더 세심한 관심을 기울여야 한다. 그러므로 메뉴-음료 리스트, 식음료 판매의 총액, 판매 믹스(sales mix), 일별 각각 다른 시간에 각 판매 업장에서 고객의 평균 구매량(객단가), 식음료가 제공된 사람의 수(객수), 총 순수익과 같은 것에 영향을 주는 요소들을 관리하는 것이 필수적이다.

이 때, 주의해야 할 점은 상업적인 활동을 하는 업장에서는 총 관리시스템에 고객에게 어떠한 식음료가 제공되었고, 어느 부서(주방 또는 바)에서 물품을 내 보냈으며, 그에 따른 지불 금액은 어디에서 받아졌는지에 대한 정보가

포함되어 있어야 한다.

식음료에 대한 지불은 현금, 외환, 신용카드, 여행자 수표, 점심식사 쿠폰 등과 같이 다양한 형태로 이루어질 수 있다. 모든 종업원 그리고 캐셔(회계원)에게는 핸드북이 주어지며, 현금을 다루는 방법을 포함한 업장의 방침들을 철저하게 교육하게 된다. 그리고 이렇게 직원들에게 제공되는 핸드북에는 아래와 같은 사항이 포함된다 :

- 개점 절차 이 항목에 포함되는 지침에는 하루 영업이 부드럽게 이루어질 수 있도록 하는 절차들을 포함해야 한다. 예를 들어, 영수증 기계(프린트기), 금전등록기, 서비스 종사원의 주문지 패드 수 등을 확인 한다.
- 작업 절차 어떻게 지불을 받고 그것을 어떻게 시행하는 지를 알려주는 내용을 포함해야 한다.
- 폐장 절차 업장 운영에 이용 되었던 모든 기록사항, 지불 방법 별 총 합산 계산 등이 포함 되어야 한다.
- 외환을 받는 것에 대한 절차 받을 수 있는 외환의 종류, 어떤 환율을 적용할 것인가, 이러한 사항을 어떻게 기록할 것인가 등의 내용을 포함해야 한다.
- 신용 카드를 받는 절차 어떠한 신용카드를 받을 것인가, 어떻게 확인할 것인가, 지불 수단으로서의 신용카드를 어떻게 처리할 것인가, 신용카드 쿠폰에 대해 어떻게 기록할 것인가 등의 내용을 포함한다.
- 식사 쿠폰을 받는 절차 식사 쿠폰을 받아, 그것을 어떻게 체크하고 기록하는 것에 대한 절차의 내용을 포함한다.
- 수표를 받는 것 수표를 받아, 그것을 어떻게 받고 기록하는 지에 대한 절차에 대한 내용을 포함한다.
- 여행자 수표 어떤 여행자 수표를 받을 것인가, 어떤 종류의 외환을 받을 것인가, 서명에 대한 확인은 어떻게 이루어지는가, 어떻게 이 사항을 기록할 것인가 등의 내용을 포함한다.
- 서명된 영수증이나 무료 쿠폰에 대한 절차 무료 쿠폰이 발급된 사람의 리스트를 가지고 있는 사람들의 리스트와 받은 쿠폰과 비교하고, 어떻게 이를 기록할 것인가에 대한 사항을 포함해야 한다.

수익 민감성 분석과 메뉴 엔지니어링

적절한 수익 수준을 유지하고 이를 증진시키는 것은 오늘날 모든 사업에 필수적인데, 특히 최근에는 고객 유치를 위한 경쟁이 심화 되고 있고, 소비자의 가처분소득이 제한되어 있기 때문이다.

식음료 담당자들이 직면하는 문제점들 가운데, 수익성 유지 및 증가에 관련된 사항이 많다. 몇몇의 또는 모든 품목의 가격을 인상해야 할 경우, 인상할 항목에 대해 어떤 폭으로 인상할 것인지, 어떻게 인상할 것인지를 결정해야 한다. 이 때, 재료비를 절감해서 수익을 올리는 방법도 있고, 노동비를 절감하는 방법 등이 있을 수 있다. 2가지의 통용되는 수익 증가 방법은 PSA(수익 민감성 분석)와 메뉴 엔지니어링이다.

수익 민감성 분석

수익 민감성 분석은 사업 운영에 '반드시 필요한' 또는 '주된 요소'(예: 수익 결정 요소 등)와 같은 부분을 고려하고, 순 수익에 어떻게 이러한 요소들이 어떠한 순위로 영향을 미치는지에 대해 알아보는 방법이다. 수익 민감성 분석의 주된 목적은 순수익에 있으며, 변화에 대해 긍정적인 반응을 보이는 부분에 대한 분석을 하는 것을 내포한다. 수익 민감성 분석을 하기 위해서 '수익 배율(PM, Profit Multipliers)'에 대한 사항을 먼저 계산해야 한다. 그 방법은 아래와 같다.

1. 사업의 운영적인 요소와 재정적인 요소에 대한 주요 사항들을 인식한다(주요 사항으로는 서비스를 제공한 고객의 수, 식음료 비용, 노동비용, 매출, 손님 1인당 지출한 규모 등).
2. 모든 다른 사항들이 일정한 상태에서 하나의 주요 요소에서 약 10% 정도의 변화를 가정해보자.
3. 순이익에서의 변화를 계산해보자.
4. PM을 계산해보자.

$$\text{PM} = \frac{\text{순이익에서의 변화된 비율}}{\text{주요 요소에서의 변화된 비율}}$$

5. PM 들을 크기 순서로 나열해 보자
6. 결과를 분석해보자

메뉴 엔지니어링

메뉴 엔지니어링은 현재와 미래 메뉴의 내용, 디자인, 가격 매김 등에 대한 메뉴의 평가로서 마케팅 중심적인 접근 방법이다. 이 분석의 기초는 보스턴 컨설팅 그룹의 포트폴리오 기술에 기반을 두고 있는데, 특히 여러 개의 다른 사업을 가지고 있는 하나의 회사에서 사업성과를 분석하기 위해 구성된 매트릭스이다. 메뉴 엔지니어링 개념은 식음료 관리자로 하여금 각각의 메뉴 품목이 총 메뉴 수익성에 어떻게 기여하는가에 대한 사항에 대해 주의를 집중하도록 해 준다. 이렇게 만들어진 매트릭스는 메뉴 품목 중 사업성이 좋지 않은 항목을 발견할 수 있도록 해주며, 고객들에게 더욱 호응이 좋을 수 있는 새로운 다음 메뉴를 개발하는데 중요한 단서를 제공하며, 그렇게 만들어진 메뉴는 더욱 수익성이 높을 것이라고 기대되어진다. 메뉴 엔지니어링은 단계적인 절차이고, 아래와 같은 3가지 주요 요소에 주의를 기울여야한다.

1. 고객 수요　서비스를 받은 고객의 수
2. 메뉴 믹스　각 메뉴 품목에 대한 소비자 선호도를 분석(인기성)
3. 공헌이익　각 메뉴 품목에 대한 공헌이익의 분석(GP%)

이러한 방법을 사용하기에 앞서 사전적인 필요조건이 필요한데, 내용은 아래와 같다.

1. 모든 조리법을 표준화해야 하는데, 이렇게 할 경우 음식비용이 정확하게 계산될 수 있다.
2. 각 메뉴 품목에 대한 정확한 판매 분석, 일별 그리고 식사 시간대에 따라 다르다.
3. 개인 컴퓨터의 사용, 간단한 스프레드시트를 통해 정확하고 신속하게 행해질 수 있다.

간단한 매트릭스를 사용하는 것은 메뉴 품목을 도면상 나타내어 더욱 시각화 할 수 있고, 이렇게 나타낸 매트릭스는 판매량(인기도)과 현금 기여도(순수익)를 나타낸다. 매트릭스에 나타난 4개의 분면은 품목의 경영 상태를 나타낸다.

1. 별 메뉴 믹스(인기도)가 높고, 공헌이익도 높은 메뉴 품목
2. 달리는 말 메뉴 믹스(인기도)가 높지만, 공헌 이익은 낮은 메뉴 품목
3. 수수께끼 메뉴 믹스(인기도)는 낮지만 공헌 이익은 높은 메뉴 품목
4. 개 메뉴 믹스(인기도)가 낮고, 공헌 이익도 낮은 메뉴 품목

메뉴 엔지니어링을 실행하기 위한 데이터 분석은 일반적으로 사용되는 컴퓨터 스프레드시트 패키지 프로그램으로 할 수 있다(표 8.8). 보통 이러한 컴퓨터 패키지는 엑셀 프로그램과 비슷한 형태를 갖추고 있으며, 데이터 입력 및 자동 수식 계산 등을 가능하게 해준다. 입력된 값을 바꿔서 다시 계산된 값을 구해야 되는 경우에는 값을 바꾸고자 하는 칸에 새로운 값을 입력하면 자동으로 다시 계산된 값을 얻을 수 있다. 그리고 이렇게 산출된 정보는 프린트 하여 참고 자료로 경영진이 가지고 있게 된다. 일반적으로 이러한 스프레드시트에 자료를 입력하는 것은 긴 시간이 걸릴 수 있지만, '이렇게 하면 어떤 결과가 나올까' 하고 생각하는 값들을 넣어서 자동으로 계산하면 원하는 값을 쉽게 얻을 수 있다는 장점이 있다. 그리고 다른 사분면에 표시된 메뉴 품목들을 다시 '별' 분면으로 끌어올려 운영했을 때, 메뉴의 수익성에 원치 않는 영향을 미치기도 한다는 점을 잘 알고 있어야 한다. 왜냐하면, 고객들이 항상 이성적으로 생각했을 때 이해가 가는 범위 내에서만 행동하는 것은 아니기 때문이다.

표 8.8 메뉴 기획표

(A) 메뉴명	(B) 판매량	(C) 메뉴 믹스 %	(D) 메뉴 원가	(E) 판매 가격	(F) 공헌 이익	(G) 메뉴 원가	(H) 총 매출	총 공헌 이익	공헌 이익 유형	메뉴 믹스 유형	메뉴 등급
치킨블루	420	2.7	5.95								
스테이크	360		4.5	8.5							
바닷가재 꼬리	150		8	9.5							
텐더로인	70		4	7.4							
						I	J	M			
합계	1,000		19.2	31.35							
						K 5 I/J (FC%) O 5 M/N (Av. CM) Q 5 (100%/items) (70%)					

매출 관리의 시스템들

식음료 판매를 기록하고 관리하는 데 두 가지 기본적인 접근 방법이 있다.

1. 수동 시스템　수동 시스템은 규모가 작거나 독점적인 케이터링 업장에서 자주 이용된다.
2. 자동 시스템　여러 개의 업장이 동시에 운영되고, 주문량이 많으며 신제품과 신 기술력을 갖추고 있는 대형 업체에서 많이 사용된다..

수동 시스템

최근에 업장에 도입할 수 있는 기술은 예전보다 훨씬 더 저렴해졌다. 따라서 규모가 작은 업장에서도 충분히 여러 가지 기술 장비를 도입할 수 있게 되었다. 따라서 최신 기술에 대해서 무지할 경우에는 업장 운영을 원활히 할 수 없게 될 것이다. 그러나 이러한 기계와 기술들은 시간이 지나면 오작동이 되거나 퇴화되거나 프린터가 작동을 하지 않는 등 문제 상황이 발생할 수 있다. 따라서 이러한 경우를 대비해 사업장에는 항상 수동 시스템을 백업 계획으로 가지고 있어야 한다. 여기서 우리는 수동 시스템의 아주 기본적인 2가지 사항과 컴퓨터가 제대로 작동하지 않을 때, 캐셔의 역할에 대해서 알아볼 것이다.

판매 확인

판매 관리 절차를 만드는 가장 쉬운 단계는 각각의 주문된 아이템과 판매 가격을 서비스 종업원의 판매 장부에 기록하는 것이다. 확인 시스템은 아래와 같은 기능을 가지고 있다.

- 종업원에게 주문이 있다는 사실을 계속 상기시킨다.
- 판매 기록을 제공하여 판매 배분과 판매 믹스와 과거 판매 기록이 서로 상응할 수 있도록 한다.
- 캐셔를 도와주고 부과된 가격에 대해 확인이 용이할 수 있도록 한다.
- 고객에게 부과된 금액에 대한 상세 목록을 보여줄 수 있다.

추가적으로, 번호가 적혀있는 계산서를 사용하고, 잘 관리할 수 있도록 도와주며 모든 취소 또는 없어진 계산서들에 대한 사항도 시스템 내에 기록하여 보관할 수 있도록 해준다. 그리고 일반적으로 계산서는 2-3장의 복사본이 나오는 것을 사용하는데 이는 아래와 같은 사항을 관리하기 위해서라고 할 수 있다.

- 주방, 뷔페 또는 바에 주문된 내용을 전달할 수 있다.
- 주방, 뷔페, 바에 식음료 주문을 위한 사항을 바로 준비할 수 있도록 승인해준다.
- 이렇게 여러 장으로 계산서를 만들어 놓으면, 모든 계산서에 따라 제대로 값을 받았는가에 대한 사항도 비교해 볼 수 있다

캐셔의 역할

레스토랑 또는 바 내에서 일어나는 모든 매출거래를 제대로 관리하기 위해서는 반드시 업장의 정해진 절차를 완벽하게 따를 수 있어야 한다. 일반적으로 업장의 캐셔들은 정해진 매뉴얼에 따라 행동해야만 하고, 아래와 같은 사항을 완수 해야만 한다.

- 식사 서비스 제공 시간에 앞서 서비스 종업원들의 주문서 패드를 점검하고, 각 주문서 패드에서 몇 장의 계산서가 발행 됐는지 그리고 서비스 종업원의 서명이 그 종이에 되어 있는지를 확인한다. 식사 서비스가 종료되면 서비스 종업원들의 남은 주문서 패드를 회수한다. 이렇게 모인 정보들은 주문서 발행 관리서에 기록된다.
- 가격 설정, 추가주문 사항을 확인하고 모든 주문서의 총 금액을 확인한다. 그리고 정부 부과세에 해당하는 가격을 추가하고, 최종적인 금액을 시스템에 입력한다.
- 계산서에 나타난 금액을 현금, 신용카드 또는 체크 등으로 나누어 제대로 수납되었는지 확인해야만 한다.
- 각 식사 서비스 제공 시간에 빠진 체크 리스트를 채워 넣는 작업도 하게 된다. 이는 캐셔들로 하여금 어떤 주문서가 사용되었는지에 대한 관리를

할 수 있게 도와준다. 그리고 주문 계산서의 번호가 적혀있는 리스트는 손님의 지불 기록과 대조하여 하나씩 확인한다. 이 과정에서 빠진 계산서가 발견되었을 경우에는 꼭 확인하여 그 이유를 알아내야만 한다. 만약 만족스러운 이유를 찾아내지 못하면 그 날 당직인 관리자 중 한 명에게 보고를 해야 한다. 그리고 없어진 주문계산서는 체크리스트에 표시해야 한다.

- 매 식사 서비스 제공 시간에 대한 레스토랑 판매 관리서를 작성하도록 한다. 이 관리서는 모든 판매 수익(또는 이와 동일한 항목)은 현금, 체크, 신용카드 거래 등의 세부 항목별로 기록되어 있어야 한다. 이러한 관리서에 적혀있는 기본적인 데이터는 몇 명의 손님에게 식사를 제공했는지, 식음료 상품에 고객 1인당 지출한 평균 등에 대한 정보를 쉽게 알 수 있게 도와준다.
- 현금 등 여러 가지 지불 수단을 사용해서 지불된 모든 수입은 업장에 정해진 규정을 따라서 처리 되어야 한다. 수익금액은 업장 규모에 상관없이 일반적으로는 모두 은행으로 입금되기 마련이다. 업체 규모가 아주 커서 여러 가지의 업장들이 있을 때에는 캐셔 오피스의 총괄 지배인에게 전달되기도 한다.

수동 시스템의 문제점

간단하게 말해서, 모든 식음료 업장 운영을 관리하는 데 기본적으로 일어날 수 있는 문제점은 다음과 같다.

- 구매, 입고, 저장, 원재료 가공, 제품 판매, 제품 판매에 대한 대가로 현금 또는 신용 결제를 받는 것 등 사이에 걸리는 시간은 단지 몇 시간 밖에 안 될 수도 있다.
- 저장 창고에 저장된 식음료 품목의 수가 언제나 많을 수 있다.
- 완성된 식음료 제품은 재고로 가지고 있는 품목들을 조합한 결과이다.
- 시간당 수많은 거래가 이루어질 수 있고, 어떤 업장에서는 거래 수가 아주 많을 수 있다.
- 업장을 효과적으로 관리하기 위해서 경영진은 시스템상의 정보를 빠른 시간 안에 검토할 수 있어야 하고, 방대한 정보에 의미가 부여될 수 있도

록 정리하여야 한다.

식음료 업장을 모두 수동시스템을 이용하여 운영하려면, 비용과 시간이 많이 들고 경영진이 알맞은 시간에 의사결정을 할 수 있도록 자료를 만드는데까지 오랜 시간이 걸릴 수 있다. 관리에서 중요한 부분인 표준화된 조리법과 그 비용 계산에 대한 주기적인 업데이트, 잠재 총 수익 계산, 자세한 판매 분석 보고서 등이 시간과 노동력의 부족으로 제대로 이루어지지 않을 수 있게 된다.

규모가 작은 업장에서는 아직도 이러한 수동적인 방법을 많이 사용하고 있지만 이는 멀지 않은 미래에 다 기계화 및 자동화 시스템으로 전환될 것으로 예상된다. 매일 일어날 수 있는 수동시스템의 문제점은 아주 많으며, 일반적으로 많이 발생하는 문제점들은 아래와 같다.

- 업장 서비스를 담당하는 직원이 작성한 내용을 알아볼 수 없을 때에는 아래와 같은 결과를 초래할 수 있다.
- 주문과 다른 음식이나 음료가 주방 또는 바에서 만들어져 나오게 된다.
- 고객의 요청과 다른 음료 또는 요리가 제공된다.
- 고객에게 잘못된 가격이 부과될 수 있다.
- 고객에게 잘못된 계산서를 전달할 수 있다.
- 종업원들에 의한 실수는 아래와 같은 결과를 초래한다.
  - 계산서에 잘못된 가격이 찍힌 품목이 적혀 있을 수 있다.
  - 고객이 주문하지 않은 항목이 인쇄된 채 전달될 수 있다.
  - 잘못된 봉사료가 적혀 제시될 수 있다.
  - 잘못된 부가세가 적혀 제시될 수 있다.
- 레스토랑, 바, 주방 그리고 캐셔 사이의 의사소통은 서비스 직원이 직접 이러한 부서를 방문해서 말을 전달하는 방법으로 이루어진다. 이는 시간이 많이 소요 될 뿐만 아니라 아주 비효율적이라고 할 수 있다.
- 수동시스템은 경영정보데이터를 신속하게 제공할 수 없으며, 가장 신속하게 처리되어 나온 데이터가 약 24 또는 28시간 후에 생산된 것들이다. 게다가 생산되는 비용 역시 높다.
- 수동시스템은 상세한 최신 정보를 제공하는 데 높은 노동비용이 소요되기 때문에 중요한 부분을 분석하지 않고 넘어가는 일이 종종 있다.

전산화 된 시스템

식음료 업장을 위해 구성된 EPOS 또는 윈도우 기반 소프트웨어의 도입은 모든 기계 장비의 교체를 불러왔다고 해도 과언이 아니다. 물론, 여기서 제일 중요한 것은 EPOS 시스템이기 때문에 그에 대한 사항만 다룰 수도 있겠지만, 조금은 오래된 기술 역시 현재 어떤 나라에서는 사용되고 있기 때문에 알고 있어야 할 필요가 있다.

사전 점검 시스템

사전 점검 기계는 일반적인 현금 기록 기계와 그 모습이 매우 비슷하고, 판매 전표가 프린팅 테이블에 삽입되면 작동된다. 이 기계는 아래와 같은 방법으로 작동된다.

- 서비스 종업원은 자신만의 기계 보안키를 가지고 있어야 한다.
- 영수증은 프린팅 테이블에 삽입되고, 어떤 주문이 들어왔느냐에 따라 특정 보안키를 이용하여 작동하기 시작하면, 거기에 테이블 번호, 손님 수, 종업원의 고유 번호 등을 스크린에서 눌러 자동적으로 기록한다.
- 복사본이 프린트 되고, 주문의 복사본은 주방과 바로 연결된 시스템에서 자동적으로 프린트 되어 주문에 맞는 상품을 준비할 수 있게 한다.
- 모든 데이터는 계속적으로 기록되게 되고, 오직 허가할 권리를 부여받은 사람만이 하루의 마지막에 잘못된 부분을 수정하거나 지울 수 있다. 총 판매량은 총 수취한 현금과 비교 대조되어 분석되어야 한다.

이 시스템의 장점은 다음과 같다.

- 판매 확인은 특정 물품이 주방 또는 바에서 사용되기 전에 기록하게 된다.
- 서비스 직원당 총 판매에 대한 분석은 결산 기록(audit tape)에 하루 일과가 끝날 때 기록된다.
- 각 서비스 직원은 현금을 직접 다룰 수 없고, 고객으로부터 수취한 현금은 업무가 마감될 때까지 본인의 스테이션에 가지고 있다가 업무 마감 때

통합한다.

- 각 서비스 직원은 이 기계를 작동할 수 있는 개인 고유의 보안키가 주어지게 되며, 그 권한은 제한적이라고 할 수 있다. 사전 계산서가 먼저 작성되어 주방이나 바 품목과 교환할 때 쓰일 수 있는 방법은 거의 없다고 할 수 있다.

사전에 설정하고 확인하는 시스템

이는 최신식 기본 사전 확인 기계이다. 키보드는 이전 버전의 기계보다 훨씬 더 크며, 여기에는 각 메뉴 품목의 현재 가격이 제시되고, 이에 따른 묘사도 함께 저장되어 있는 키도 들어가 있다. 서비스 종업원이 치즈버거 버튼을 눌렀다고 가정해 보자. 누름과 동시에 치즈버거 품목이 인쇄되어 나올 뿐만 아니라 가격도 적혀 나온다. 컨트롤 패널에서는 경영진이 필요한 경우에 빠르게 메뉴 품목의 가격을 바꿀 수 있도록 해준다. 또한, 이 시스템은 각각의 메뉴 품목이 몇 회 팔렸는지에 대한 사항을 기록하고 식사 서비스 시간이 종료될 때 각각의 버튼을 눌러서 판매 분석에 필요한 자료를 출력할 수 있도록 해준다.

전자 현금 장치

이 장치는 슈퍼마켓과 사업량이 많은 케이터링 업체와 같은 업체들을 위해 개발된 매우 빠른 속도를 낼 수 있는 장치이다. 이 장치는 매우 견고하며, 고객에게 전달될 영수증을 출력할 수도 있고, 제품별 판매량, 지불수단 등과 같은 기본적인 정보도 출력할 수 있다. EPOS 기술의 진보와 저렴해진 가격은 전자현금장치를 한걸음 퇴보한 폐물로 만들었다. 그러나 아직도 규모가 작아서 엄격한 재고 관리가 필요로 되지 않는 업장에서는 아직도 아주 저렴한 가격에 전자 현금 장치를 사용하는 것을 볼 수 있다.

전자주문시스템과 관리 시스템

판매점 관리 시스템은 주방이나 바와 같은 곳에서 추가적으로 프린트를 할 수 있는 기능을 첨가한 전자 현금 장치와 매우 비슷하다고 할 수 있다. 어떤 경우에는 전자 현금 장치 시스템을 '서버 터미널(또는, 서비스 종업원의 커뮤니케이션 시스템이라 부름)' 시스템으로 대체하는 경우도 있다. 이러한 시스템은 레스토랑의 여러 장소에 배치되어지며, 전자 현금 장치의 변종이라고 보는 것이 적합하다고 할 수 있다. EPOS 시스템은 전자 현금 장치에서 눈에 띄지 않은 작은 터미널을 만들어 현금 기능을 제거한 것과 비슷하다고 할 수 있다. 그리고 프린터를 설치하는 것에 대한 목적은 아래와 같다.

1. 바 및 주방으로 깨끗하게 구분되어 인쇄된 주문을 보낼 수 있다. 그리고 그 안에는 누가, 무슨 품목을 어떻게 필요로 하는지에 대한 내용이 기록되어 있다.
2. 주방이나 바로 좀 더 빠르게 주문을 전달할 수 있다.
3. 관리 절차를 용이하게 해준다. 품목들은 반드시 전자 현금 시스템 또는 이러한 시스템 터미널에 인식 가능한 서비스 종업원이 주문을 입력한 뒤에 제공받을 수 있다.
4. 서비스 종업원이 주방이나 바로 메뉴 주문 전달 및 확인하는 절차 때문에 불필요하게 움직이는 것을 막아준다. 또한, 음식이 주방에서 준비되었다는 사실도 쉽게 알 수 있다.
5. 불필요한 시간을 줄여 고객과의 접촉 시간을 늘릴 수 있다.

프린터들은 때때로 VDU 스크린에 의해 대체될 수 있다. 서버 터미널은 컴퓨터 기반의 판매시점 기계의 일부분이다. 그리고 이러한 특별 터미널들은 한 시스템 내에서 레스토랑이나 바에 설치된 또 다른 서버터미널과 연결되어 있다. 필요할 경우 다른 시스템들과의 인터페이스를 이용할 수도 있다. 예를 들어 레스토랑 및 바에서 부과된 요금은 프론트 오피스 시스템으로 전달되어 나중에 한 번에 고객에게 부과 될 수 있다.

컴퓨터 기반의 판매시점 시스템은 어떤 일이 발생하자마자 그 일의 내용을 기록하여 데이터화 할 수 있다는 장점이 있다. 이러한 단계를 통해 경영진은 매우 빠른 의사결정을 내릴 수 있고, 필요한 경우 수정작업을 즉각적으로 수행할 수 있게 해준다.

이런 종류의 판매시점은 관리시스템을 휴대용으로 사용할 수 있는 터미널(단말기) 또는 모바일 판매시점(Mobile Point-of-sales, MPOS) 등의 발전으로 한 단계 더 진보했다. 이렇게 손에 잡고 사용할 수 있는 기계들은 라디오 주파, 블루투스 등의 기술을 사용하여 손님의 테이블에서 주방 및 바와 직접적인 의사소통을 가능케 해 준다. MPOS는 다양한 이점을 제공하는데, 주문한 식음료 제품이 보다 빨리 고객에게 제공될 수 있도록 도와주며, 만약 메뉴품목이 품절 되었을 경우에는 쌍방 커뮤니케이션을 통해서 좀 더 빨리 그 사실을 고객에게 알려줄 수 있다. 모든 주문된 품목은 즉각적으로 손님의 계산서에 추가될 수 있다. 그리고 이렇게 작성된 계산서는 매우 분명하고 읽기 쉽다. 마지막으로 업장에서는 직원의 직무성과를 재평가 할 수 있다는 장점이 있다. 예를 들어 어떤 직원의 경우 그냥 주문을 받는 것에 그칠 수 있지만, 어떤 직원들은 고객과의 접촉 시간을 늘려 더 많은 품목을 파는 성과를 낼 수 있기 때문이다.

EPOS와 MPOS는 마이크로소프트 윈도우 인터페이스와 비슷한 구조를 가지고 있기 때문에 터치스크린을 통해 주문을 넣는 것이 매우 용이 하며, 그렇기 때문에 작업 훈련 시간도 최소화 할 수 있다.

수요예측

성공적인 식음료 관리를 위한 중요한 첫걸음은 제대로 된 수요예측이다. 규모가 작은 레스토랑의 매니저들은 하루에 몇 명의 손님이 올지 직관적으로 예측한다. 그러나 좀 더 규모가 큰 업장에서는 좀 더 과학적인 접근법을 필요로 한다. 농산물의 부패 가능성과 제한된 창고 공간은 바로 성공적인 수요예측이 성공적인 식음료 관리로 이어지는지에 대한 전형적인 이유를 제공한다.

수요예측에서 고려해야 될 사항은 정해진 시간에 얼마나 많은 손님이 올 것인가에 대한 것을 예측하는 것뿐만 아니라 하루 중 어떤 때에 어떤 메뉴 품목이 팔릴 것인가에 대한 사항도 포함한다. 수요예측이 반드시 항상 정확할 수는 없지만 과학적인 접근 방법으로 이를 수행하게 되면 좀 더 근거 있는 예상을 하는 것이 가능해진다. 수요 예측은 단지 식음료 구매에만 영향을 미치는 것이 아니라 가격 책정, 생산, 직원 수 등의 모든 업장 운영 활동에 영향을 준다. 성공적인 수요예측을 위해 아래와 같은 정보가 필수적으로 필요하다.

- 과거 판매기록
- 수요예측이 맞지 않았던 날의 기록
- 예약 취소와 예약 후 나타나지 않는 소비자의 추세
- 경쟁 업체 정보
- 일기예보
- 지역 시장 추세와 국제시장 추세
- 특별 행사와 새로 생긴 관광지에 대한 정보

단순한 날씨에도 메뉴품목 판매량은 민감하게 영향을 받는다. 날씨가 추울 경우 손님들은 차가운 샐러드류의 애피타이저 보다는 따뜻한 스프를 찾는 경향이 있다. 식음료 경영자들은 수요예측 프로그램을 손쉽게 이용할 수 있게 되었고, 아래에 서술된 방법으로 수요를 예측할 수 있다.

- 다중 회귀 분석　2-3개 이상의 독립변수가 분석에 포함된다. 주로 중기적인 수요를 예측할 때 많이 사용되는 방법이다. 어떤 요소를 포함하고 제거할지에 대한 사항을 결정해주며, 다른 독립변수의 조합을 이용하면 전혀 다른 분석 결과를 가져다준다.
- 비선형 회귀분석　각 변수간 선형관계를 가정하지 않고 이루어지는 분석으로 시간이 독립 변수로 작용할 때 사용된다.
- 추세분석　선형, 비선형 회귀 분석을 사용할 때 시간을 설명 변수로 사용한다. 일정 기간의 패턴을 보고자 할 때 사용된다.
- 평균 이동 분석　간단히 평균을 이동하여 하는 분석- 이전에 구해진 값에 가중치를 주어 미래의 값을 구한다. 업데이트가 편리하다는 장점이 있다.
- 적응 필터(Adaptive Filtering)　평균이동 방법의 하나로 과거에 있었던 문제점으로부터 시사점을 도출하는 방법이다. 추세, 계절성, 기타 요소 등에 대한 변화에 빠른 대응이 가능하다.
- 지수 평활법(Exponential Smoothing)　평균이동의 한 방법으로 연속적인 시간을 고려한 수요 예측 법이다- 계절적인 패턴을 고려하여 예측할 때 효과적으로 사용된다. 과거의 실수를 바로 잡기가 쉽고, 여러 가지 수요예측이 준비되어 추세나 주기적인 변화를 고려해야 할 때 자주 사용된다.

운영 비율

일반적인 운영 비율을 제외하고, 이 앞 단원에서 다루어진 내용에는 음식 판매량에 대한 음식비용, 음료 판매량에 대한 음료 비용 등이 있었다. 이러한 비율들을 제외하고 운영에 도움이 되는 많은 운영 비율들이 있는데, 아래는 자주 사용되는 운영 비율에 대한 간략한 설명이다.

총 식음료 판매량

총 식음료 판매량은 반드시 기록 및 확인이 되어야 하고, 일정 기간의 예산 판매 수치와 비교 분석되어야 한다.

규모가 큰 기업의 경우 이러한 계산은 수동으로 이루어지는 것이 아니기 때문에 자주 실행된다. 이러한 분석은 식음료 판매량을 각 업장별, 각 식사시간별로 구분하여 값을 구할 수 있다.

이러한 척도의 중요성은 재차 강조하여도 부족하지 않을 만큼 중요한데, 이는 현금과 직접적인 연관이 있기 때문이다.

부서별 수익

7장에서 이미 언급된 바와 같이 순수익은 부서별 지출을 부서 판매량에서 감해서 구해진다. 노동력 비용과 간접비를 부서별로 비교하고 수익은 부서별 판매량 비율로 표현한다.

예를 들어,

$$\frac{\text{부서별 수익}(£1,200)}{\text{식음료 판매량}(£\ 8,000)} \times \frac{100}{1} = 15\ \%$$

로 부서별 수익은 그 기간 동안 예산 수치와 비교하여 측정되어야 한다.

총 판매량에 대한 음식/음료 판매 비율

식음료 판매량은 각각 분리하여 총 수익에 대한 비율을 비교하는 것이 좀 더 의미 있을 수 있다. 이는 사업 활동을 이미 정해진 예산 표준 비율과 비교하여 측정할 수 있게 해주고, 사업의 일반적인 추세를 설명해 줄 수 있다.

평균 지출력

이는 음식 판매량과 음료 판매량이 고객 1인당 어느 정도로 소비되었는지를 보여준다. 만약 음식 판매량이 약 750파운드이고, 총 70명의 손님에게 제공되었다면, 각 손님별 평균 지출력은 10.72 파운드 이다. 음료에 대한 소비자의 평균지출력(객단가)은 주로 고객의 수보다는 기록된 음료 주문 수에 그 기반을 두고 측정된다. 만약 600파운드 정도가 팔렸고, 기록에 200개의 음료가 제공된 것으로 나타난다면 음료에 대한 소비자 평균지출력은 약 3파운드가 된다. 여기서 이렇게 계산법이 달라지는 이유는 한 식사 서비스 당 소비자는 1잔 이상의 음료를 소비하고, 그렇기 때문에 음료에 대한 평균 소비 구매력은 총 소비자 구매력 보다 더 중요하다고 할 수 있다. 레스토랑 또는 연회에서 와인을 병 째 구매하는 소비자의 평균 지출력을 계산하는 것 역시 아주 유용한 운영정보를 제공할 것이다.

판매 믹스

이는 업장의 총 판매량을 구성하는 다양한 항목간의 관계를 보여준다. 추가적으로, 판매 믹스는 각 업장의 식음료 메뉴에 대해 각각 계산할 수 있고, 각각의 그룹헤딩(예: 애피타이저, 메인코스, 디저트, 커피, 증류주, 탄산음료 등)에 대해서도 계산될 수 있다. 이러한 계산과 분석을 통해서 인기가 있는 또는 인기가 없는 품목을 알아낼 수 있고, 때때로 판매량이 많았어도 실망스런 순수익이 생겼을 때 그 원인에 대한 설명을 해 줄 수 있다. 만약 손님들이 메뉴 품목 중 비용대비 수익률이 낮은 품목을 선택 한다면 이러한 현상이 초래된 이유를 설명할 수 있을 것이다.

인건비

인건비는 보통 판매량에 대한 비율로 표시되며, 좀 더 전문적인 서비스를 요구하는 업장일수록 더 높은 비중을 차지한다. 이 항목은 업장 운영시 매우 높은 비용 비율을 차지하기 때문에 좀 더 철저히 관리할 필요가 있다. 인건비(노동임금비용)은 보통 각 부서의 직원 수를 세는 것부터 계산이 시작된다.

그리고 직원당 일할 수 있는 시간과 업무량을 비교하여 계산된다. 그리고 모든 야근 및 추가 노동시간은 제대로 규제, 관리 되어야 한다.

생산성 인덱스

이것은 다음과 같은 공식에 의해 계산된다.

$$\frac{\text{판매량}}{\text{인건비 (직원 인센티브 비용 모두 포함)}}$$

이러한 생산성 인덱스는 음식판매와 음료판매 또는 총식음료 판매량에 대하여 계산가능하다. 이 때, '인건비' 라는 단어는 지급되는 수당뿐만 아니라 다른 부차적인 직원 인센티브 비용도 모두 포함하는 값이어야 한다.

생산성 인덱스는 업장의 종류에 따라 달라진다. 예를 들어 테이크아웃서비스를 제공하는 패스트푸드 레스토랑의 경우, 생산성 인덱스가 높게 나타날 수 있는데, 이는 인건비가 상대적으로 낮게 나타나기 때문이다. 그리고 직원의 전문성을 요구하는 고급 레스토랑의 경우 생산성 인덱스는 낮게 나타날 수 있다. 인건비는 예측 사업량과 관련하여 관리가 가능하고 표준 생산성 인덱스는 얼마나 이 두 항목이 정확히 연관되어 있는지 알 수 있도록 해 준다.

재고품 전환율

이것은 다음과 같은 공식에 의해 계산된다.

$$\text{재고품 전환율} = \frac{\text{소비된 음식 또는 음료의 비용}}{\text{비용에서 평균재고가치(음식 또는 음료)}}$$

재고품 전환율은 일정 시간동안 재고가 몇 번이나 전환했는가를 알려준다. 전환율이 지나치게 높은 경우 적은 상품이 주문되었다는 것을 나타내고, 소액구매를 여러 번 했다는 것을 의미한다. 누가 주문하든 구매는 매우 시간이 오래 걸리는 까다로운 작업이다. 그리고 소량 구매가 이루어지면 공급자들에게 할인 혜택을 받을 수 없기 때문에 결과적으로 금전적인 손실을 가져온다. 전환율이 너무 낮은 경우 불필요하게 자산이 재고품에 묶여 있다는 것을 의미한다.

좌석수별 판매량

이는 각 좌석당 벌어들일 수 있는 판매 가치를 알려준다. 좌석 회전률에서 좌석은 판매가 일어나는 곳이고 회전률과 수익량에 일정 가치를 부여한다.

좌석 회전율

이 수치는 레스토랑 또는 커피숍 등의 업장에서 특정기간동안 좌석이 몇 번이나 다시 준비되어 고객을 맞았는가를 보여준다. 만약 120석인 커피숍에 3시간 동안 400명의 고객을 접대했다면 좌석 회전률은 120/400으로 3.33이 된다. 커피숍의 경우 고객이 좌석에 착석하면 보통 음식을 주문하여 섭취하기 때문에 좌석 회전률은 중요한 의미를 가진다.

서비스 종업원 당 판매량

각 서비스 종업원은 각각 담당하는 구역에 몇 명의 손님이 앉는지에 대해 파악하고, 그들에서 서비스를 제공해야 하는 의무가 있다. 이는 업장에서 어떠한 서비스를 제공하느냐에 차이가 많이 나게 된다. 세일즈 부서의 경우 레스토랑이나 커피숍에서 접대를 할 때는 지정된 목표량만큼 사업성과를 올릴 수 있도록 노력하여 만족스런 수익창출과 좌석 회전률을 이끌어 낼 수 있도록 해야 한다.

각 평방미터 당 판매량

이름에서도 알 수 있듯이 판매가 이루어지는 모든 구역에서 얼마나 만족스러운 회전률과 수익량이 창출되는지 알아보는 방법이다. 이는 업장의 운영 가능한 면적을 각 평방미터로 나누어서 계산이 가능하며, 이 수치는 제공되는 식음료 서비스의 형태에 따라 조금씩 차이가 있다. 각 평방미터 당 비용과 수익을 계산하여 가장 만족스러운 수준의 회전률과 수익을 창출할 수 있도록 해야 한다.

참고문헌

Cranage, D. (2003). Practical time series forecasting for the hospitality manager. *International Journal of Contemporary Hospitality Management*, 15(2), 86 – 93.

Harris, P. and Mongiello, M. (2006). *Accounting and Financial Management: Developments in the International Hospitality Industry*. London: Elsevier.

Kwong, L. Y. (2005). The application of menu engineering and design in Asian restaurants. *International Journal of Hospitality Management*, 24(1), 91 – 106.

Mayer, K. and Raab, C. (2007). Menu engineering and activitybased costing – Can they work together in a restaurant?. *International Journal of Contemporary Hospitality Management*, 19(1), 43 – 52 .

Sanders, E., Hill, T. & Faria, D. (2007). *Understanding Foodservice Cost Control: An Operational Text for Food, Beverage, and Labor Costs*. NJ: Prentice Hall.

제 9 장

식음료 마케팅

단원 소개

식음료 경영 분야의 마케팅은 운영자로 하여금 레스토랑의 유형 및 무형의 상품과 서비스 모두를 어떤 방법으로 홍보해야 하는가에 대해 고민하게 만들기 때문에 지극히 힘든 일일 수도 있다. 레스토랑에서 상품과 서비스가 재화와의 교환을 통해 거래가 발생하려면 고객은 필수 불가결한 요소이다. 그렇기 때문에 고객은 당연히 레스토랑 상품의 일부가 되어야 하고, 결국 어떤 방법으로 고객들을 상품의 일부로 포함시키면서 마케팅을 할 것인가에 대한 문제에 봉착하게 된다. 각각의 고객들이 각기 다른 경험을 하는 것처럼 고객의 기대치와 인지력에 부합하는 상품과 서비스의 절대적인 일관성을 유지하는 것은 매우 어렵다. 게다가 판매상품과 식음료 업장의 제한된 좌석 수라는 요소들은 소멸성(동일한 시간에 오직 한명 또는 하나의 그룹만이 좌석에 앉게 되기에 발생한 객단가의 손실과 증대는 번복이 불가능하다)을 가지고 있기 때문에 성공적으로 식음료 사업을 경영하기 위해서는 마케팅이 지극히 중요한 기능으로 작용하게 된다. 이 단원에서는 기본적인 마케팅 정의, 서비스의 본질, 시장 세분화, 마케팅 믹스(기업이 소비자에게 상품의 구매를 유도하기 위해 활용할 수 있는 모든 것, 보통 상품의 특징, 가격, 홍보, 판매장소, 인력, 전략, 기술 등이 포함된다) 등에 대한 개념을 정립할 것이다. 또한, 상품 수명 주기(product life cycle)의 각 단계, 마케팅 조사, 광고, 브랜드, 인터넷 마케팅, 마케팅 구성요소, 홍보 그리고 상품화 계획(merchandising)에 대하여 자세히 알아볼 것이다. 이 모든 요소들은 성공적인 식음료 사업 경영을 위해 반드시 충분히 고려하고 접근해야 할 사항들이다.

단원 목표

이 단원을 읽고 나면 아래의 핵심 사항을 이해할 수 있어야 한다.

- 서비스 산업 마케팅의 필수요소를 이해한다.
- 식음료 산업 마케팅의 기초를 이해한다.
- 식음료 산업 광고의 기초를 이해한다.
- 식음료 산업의 홍보, 상품화 계획과 판매촉진의 기초를 이해한다.
- 개별 판매(personal selling)와 업셀링 (upselling)을 이해한다.

마케팅

마케팅이란 무엇인가에 대해 공유되고 있는 정의는 셀 수 없이 다양하다. 그리고 아직도 마케팅 기법의 효율성에 대한 논쟁은 계속 되고 있다. Kotler(2006)에 따르면 마케팅이란 개인이나 그룹이 필요한 것을 만들어내고, 교환하고, 다른 사람들과 가치를 매기는 일련의 사회 작용이라고 한다.

비즈니스에서 마케팅의 영향력은 짐작하기 어려운 개념이다. 경영자로 하여금 수량화 될 수 없는 어떤 것을 믿게 한다는 것 자체가 어려운 일일 수 있다. 예를 들어 레스토랑 경영자가 상당량의 자금을 마케팅 캠페인에 투자할 경우 이 마케팅 캠페인으로 인해 몇 명의 손님이 레스토랑의 문을 열고 들어올지는 미지수로 남게 된다. 물론 마케팅과 관련된 모든 활동을 전폭적으로 지지할 수 있는 예산이 있는 대기업의 경우 마케팅 캠페인을 통해 엄청난 효과를 보는 사례는 너무나도 많이 존재하고 있다. 대표적인 예로 코카콜라, 맥도날드 등과 같은 기업들은 지속적으로 엄청난 양의 자본을 마케팅에 투자하여 좋은 결과를 내고 있는 곳들이다.

이제 식음료 산업에서 고객의 기대치만큼의 서비스와 상품을 전달하는 것만으로는 충분하지 않게 되었다(그림 9.1). 급속하게 늘어가고 있는 기업 간 경쟁 구도에서 살아남기 위해서 고객의 기대치 이상을 제공하는 것은 이제는 반드시 해야 할 일이 되었다.

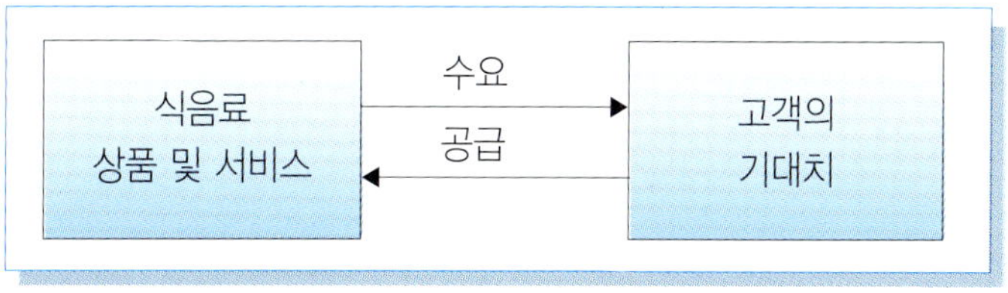

그림 9.1 마케팅의 조합 과정

마케팅 개념을 이해하는 것은 마케팅의 수많은 이점을 이해하는데 큰 도움이 되는데 특히 회사가 시장 중심 경영을 하기 위해서는 반드시 아래의 마케팅 개념 요소들을 이해하고 적용시켜야 한다.

1. 비즈니스적인 관점에서 고객의 위치는 마케팅 개념의 가장 중심에 있어야 한다.
2. 고객의 요구를 만족시키기 위함이 기업 전체의 문화가 되는 것이 가장 바람직 한 경영 자세이다.
3. 기업은 단기 및 장기적으로 수익을 증가시켜야 할 필요가 있다는 사실을 숙지하고 있어야 한다.
4. 기업은 관찰, 분석 그리고 대응 과정을 통해 외부 환경에 대해 인지하고 있어야 한다.

그리고 상품 생산 지향과 판매 지향에 대해서도 구분할 수 있어야 한다.

1. 상품 생산 지향은 고객의 수요가 큰 상품을 생산하거나 이윤을 창출하고 있을 경우 많이 채택되는 방법이다. 또한 생산량을 증가시켜 대량생산에 의한 단위당 원가절감(economies of scale)을 꾀하는 기업들에 의해서도 자주 이용되는 방법이다. 그러므로 디자인, 생산, 품질 표준, 비용, 가격 등 상품 생산과 관련된 부분에 초점이 맞춰져 있다.
2. 판매 지향은 현재 수요가 많지 않은 상품을 생산하거나 판매량을 늘리는 것이 목표인 기업들에 의해 많이 채택되고 있다. 그러므로 기업의 초점은 판매와 상품의 수요 증가를 꾀하는 것에 있다. 판매 지향 법을 선택하는 많은 수의 호텔이나 레스토랑과 같은 사업체들은 높고 일정한 자본력이 요구되어진다.

물론 이 두 방법을 적절히 접목시키는 것은 어떤 특정 사업형태가 요구하는 바일 수도 있고, 혹은 시장의 변화가 기업으로 하여금 경영 형태의 전환을 자연적으로 요구했을 수도 있다.

활동 1

아래 보기의 기업들 중 특정 기업에 가장 잘 맞는다고 여겨지는 형태를 연관시켜보자.

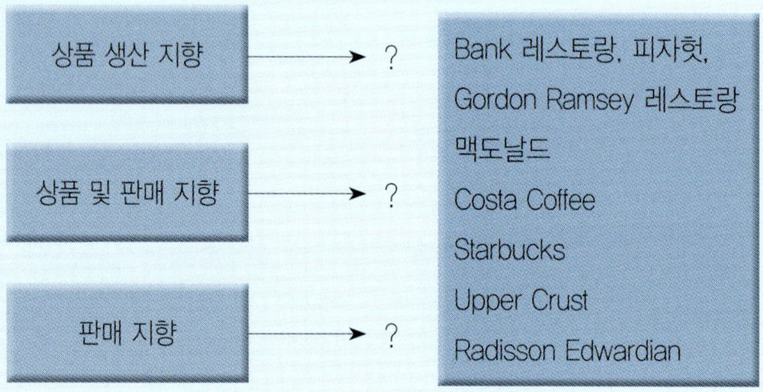

여러분이 생각하기에 상품 생산 지향 방식을 채택할 것 같은 식음료 업체들의 이름을 나열하여 리스트를 만들어보자. 판매 지향 방법을 마케팅에 선택하고 있을 것 같은 식음료 업체들의 이름도 나열하여 리스트로 만들어보자.

서비스 마케팅

서비스는 일반적으로 '행해지는 것 (performed)'으로 인식되는 반면 상품은 생산된'물건 (object)'으로 인식된다. 서비스 산업은 은행, 보험, 소매, 미용 등과 같은 분야를 포함하는 산업이며, 제조업은 자동차, 캔 음식, TV, 케이터링 기구 등과 같은 상품을 제조하는 산업이다.

그러나 이 책은 일반적으로 서비스 산업에 연관되어 있으면서 식음료 분야 사업 서비스에도 적용 가능한 특징에 초점을 맞추는 것이 목적이다. 아래는 그 특징에 관한 자세한 내용이다.

1. 고객은 생산과 서비스가 이루어지는 시간에 현존해야한다. 서비스 산업에서 전통적인 음식 서비스를 제공하는 레스토랑을 예로 들어 생각해보자. 손님들이 일정시간 음식이 준비되는 것을 기다리면 이후 음식이 테이블로 제공 되고 제공된 음식은 고객에 의해 소비된다. 이 때 음식 생산과 소비자의 소비 사이에는 그 어떤 시간적인 지체현상도 일어나지 않는다. 그러나 제조업에서는 가령 전자제품, 가구 또는 캔 음식을 생산한다고 하면 소비자는 그 생산과정에 존재하지 않는다. 그리고 서비스 산업과는 다르게 제품 생산에서 소매점으로 운반되어 선반에 배치된 후에나 소비자에 의해 구매되어 전달되게 된다.
2. 식품 서비스 산업에서 찾아 볼 수 있는 예외의 경우는 냉동식품(cook-freeze), 쿡칠 식품(cook-chill, 조리 후 식혀진 뒤 데우기만 하면 먹을 수 있게 판매 되는 식품) 그리고 수비드(sous-vide, 진공 포장된 음식) 식품을 다루는 사업체들이 해당된다. 이런 경우 주로 식품의 생산과 서비스가 따로 이루어지게 되며, 제조의 가장 마지막 단계만이 고객에게 보여지게 된다. 연회 직전의 호텔 주방 그리고 학교 식당에서 이용되는 쿡칠 음식들이 그에 해당되는 대표적인 예이다.
3. 소비자들은 서비스의 생산과정에 포함된다. 서비스 산업에서 고객의 참여는 서비스를 생산하는데 필수 불가결한 요건이며, 미용실, 은행, 셀프 서비스 레스토랑 등을 생각해보면 그 이유를 알 수 있다. 고객 참여의 정도는 업장에 따라 많이 달라진다. 고객의 참여정도에 따라서, 단순히 커피숍처럼 가게에 앉아있으면 음식이 제공되고 그 외 서비스 요소들이 모두 완료되는 업장들부터 고객들이 실제로 쿡칠 식품을 고른 후 전자레인지에 데우고 테이블로 가져가서 소비하고, 이후에 직접 치워야 하는 곳처럼 고객이 직접 서비스에 관여하는 셀프 서비스 식당에 이르기까지 아주 다양하다.
4. 서비스 상품은 생산 지점에서 소비가 이루어진다. 소비자는 은행, 레스토랑에 서비스를 소비하기 위해 방문하며, 이러한 고객의 참여가 결국 상품의 일환이 된다.
5. 식음료 산업에서 찾아볼 수 있는 예외적인 경우는 바로 테이크아웃 레스토랑 들이다. 이러한 경우 소비자들은 업장 내에서 식품을 구매만 하고 소비는 다른 곳에 가서 할 수 있기 때문에 예외가 서비스 생산과 소비의

예외가 된다.

6. 서비스는 서비스를 받기 이전에는 미리 평가될 수 없다. 서비스 산업에서 소비자들은 서비스를 사전에 미리 평가할 수 없다는 특징이 있다.
7. 소비자가 슈퍼마켓에서 들어가면 수많은 종류의 브랜드 상품들이 진열되어 있는 것을 발견할 수 있고 이 때 소비자는 모양, 내용물, 가격 등을 직접 비교할 수 있다. 반면 패스트푸드 레스토랑 같은 서비스를 사용하는 소비자들의 경우 직접적으로 서비스 상품을 비교하는 것은 불가능하다. 식음료 산업에서 적어도 가시화되는 상품을 미리 직접 볼 수 있는 곳은 카페테리아, 뷔페, 커피숍, 자판기처럼 셀프 서비스 식음료 품을 판매하는 장소들이다.
8. 서비스 직원과 고객 사이에 상호 의사소통 시간이 늘어나고 있는데, 이는 고객들이 업장에 직접 가서 생산과 관련된 서비스 직원과 더욱 개인적인 의사소통 시간을 가지게 되었기 때문이다.
9. 서비스 산업의 유통 경로에는 인간이라는 요소가 포함된다. 따라서 생산 교육, 특히 고객과의 관계를 담당하는 직원의 기술은 더욱 중요해지고 있다. 일반적으로 직원의 높은 기술을 요구하는 서비스는 고품질 도구를 사용해서 생산하는 상품들 보다 더욱 관리하기가 어렵다. 그리고 고객 맞춤형 서비스가 제공될수록 서비스 직원과 고객과의 접촉시간은 더욱 길어지게 된다.
10. 서비스는 소멸 가능하다는 특징을 가지고 있다. 호텔 객실이 시간 내에 판매되지 않을 경우, 그리고 점심시간에 레스토랑의 좌석이 공석으로 비어진 채 운영될 경우 결국 판매하지 못하고 시간이 지나갔기 때문에 결국 그 시간의 그 좌석 또는 객실은 더 이상 판매할 수 없게 된다. 한번 생산된 서비스는 반드시 소비되어져야만 하는데 왜냐하면 서비스의 소멸성 그리고 소비자의 요구에 변동이 생길 경우 타격을 받기 쉽다는 속성 때문이다. 판매량 불안정은 여느 케이터링 업체에서나 쉽게 찾아 볼 수 있는 특성이다. 케이터링 산업의 경우 그날그날 소비량이 달라지고 어떤 업체의 경우에는 시간별로 소비량이 달라지기도 한다. 이러한 산업 자체 특성 때문에 상품의 수량에 관련된 기본적인 문제가 종종 발발하며, 근무 교대 시간 당 필요한 직원 배치에 대한 문제 그리고 때로는 생산 시점

에 필요한 물량공급과 그에 따른 가격 결정 등의 문제들이 야기된다.

11. 서비스는 보관할 수 없다는 특징이 있다. 6시간 반 동안 문을 여는 식당의 경우 정확히 하루 중 그 시간 안에만 서비스를 제공할 수 있고, 일단 영업시간이 끝나면 더 이상 서비스를 생산, 판매 할 수 없게 되며, 내일을 위해서 저장하는 것도 불가능하다. 서비스 산업에 속한 어느 업체에나 가장 바쁜 시간이라는 개념은 존재하기 마련이다. 가령 예를 들어 호텔에서 가장 바쁜 시간은 전형적으로 아침, 점심, 저녁 식사 서비스가 이루어지는 시간대이다. 리조트 호텔들에서는 가장 바쁜 달이 있는데 주로 여름이 그에 해당되고, 겨울에는 여름에 비해 조용한 편이다. 따라서 서비스 산업에서는 수요와 공급 간의 균형을 유지하는 것이 필수적이다. 만약 수요가 공급을 초과할 경우 그 결과는 고객의 불만과 판매량 하락으로 이어지게 된다. 따라서 업체들은 가격에 차이를 주어 소비자가 성수기나 비수기를 가리지 않고 끊이지 않을 수 있도록 마케팅적 전략을 이용하여야 한다.
12. 다음 특성은 품질 통제의 어려움이다. 품질 통제가 어려운 이유는 서비스의 생산과 소비가 거의 동시에 일어나기 때문이다. 예를 들어 케이터링 사업이 이루어지고 있는 곳에서 서비스 속도는 짧은 시간에 여러 가지 업무를 통제, 관리해야 된다는 점에서 다른 제조업체 생산과정과 비슷하다고 할 수도 있으나 제조에서 판매까지의 주기가 상대적으로 짧다고 할 수 있다. 서비스 산업에서는 재료가 주문되고, 배달되고, 조리되어 팔리는 것이 당일 하루에 또는 그 다음날 안에 모두 이루어지는 것이 흔한 일이다. 그렇기 때문에 큰 케이터링 업체에서는 비용 지출 보고가 매일 또는 적어도 일주일에 한번은 정기적으로 행해진다.
13. 서비스 사업은 고정비용이 높다는 특징이 있다. 서비스 산업은 다른 어떤 산업보다 더 높은 고정 비용이 발생하는 산업이다. 고객들은 서비스 업장에 가서 상품을 구매하지만 서비스를 함께 상품과 가지고 나오지는 못한다. 호텔, 은행, 피자 레스토랑 등 서비스 업체들의 고정비용은 50명의 고객을 받았든, 250명의 고객을 받았든 하루 24시간 내내 발생할 것이다. 그러나 제조 산업의 경우 수요를 맞추기 위해 손쉽게 공급량을 증가 또는 감소시킬 수 있으며 공정 시스템의 자동화수준이 높을 경우 더욱 통제가 쉽다.

14. 서비스업은 무형성을 가지고 있다. 서비스는 어떠한 활동을 나타내는 반면 상품은 생산된다.

마케팅 환경

그 어떤 사업도 단일적으로 운영될 수는 없다. 그 예로 대형 호텔을 들 수 있다. 호텔에는 여러 가지 유형의 케이터링 업장들이 있을 수 있는데, 몇 개의 바, 커피숍, 카베리(구운 고기를 제공하는 레스토랑), 특별식을 제공하는 레스토랑 등이 그 예이다. 비록 처음에는 호텔과 별도로 운영되어 지는 것처럼 보이지만, 실제로는 모두 인과관계와 상관관계에 있다. 이러한 모든 업장들은 결국 호텔이라는 더 큰 시스템을 위해 운영되는 하부 구조인 것이다. 이 때, '시스템'이란 모든 하부 업장들의 상호관계를 이르는 말로 정의된다. - 호텔의 식음료 부서는 이러한 하부 업장들의 긴밀한 상호작용 관계에 의해 구성 된다. - 주방, 바, 레스토랑 등의 구조가 모여 식음료 시스템으로 거듭난다.

마케팅 환경을 이해하기 위해서 기업들은 종종 PESTLE(정치, 경제, 사회, 기술, 법, 환경에 대한 모든 관점)분석을 수행한다. PESTLE 의 P는 Political, 즉 정치적인 환경을 일컫는 말로 현재 또는 잠정적으로 기업이 비즈니스를 운영하는 시장 또는 시장이 될 장소의 정치적인 압력이나 영향력에 대해 분석하는 부분이다. E는 Economic을 나타내며, 지역, 국가 또는 세계의 경제적인 영향에 대해 분석해야 하는 부분이고 S는 Social의 앞 글자를 따온 것이며, 사회의 변화가 우리생활에 그리고 기업에 미치는 영향을 분석하는 부분이다. T는 Technological로, 새로 등장하는 신기술들이 기업에 어떻게 이용될 것인가를 분석해야 하는 부분이다. 그리고 L은 Legal을 나타낸다. 기업이 위치한 지역, 국가 그리고 세계의 법률이 어떤 식으로 영향을 미칠 것인가를 분석해야 하는 부분이고, 마지막의 E는 Environment의 앞 글자를 이용한 것으로 지역, 국가 그리고 세계의 환경적 이슈들을 고려해서 기업을 운영해야 된다는 것을 염두에 두는 부분이다. 이러한 요소들을 주의 깊게 살펴볼 때, 기업 또는 사업체에 대해 보다 더 나은 이해를 할 수 있게 된다. 이 모든 분석 요소들은 전부 시간이 흐름에 따라 지속적으로 변화한다는 사실을 염두에 두어야 하며, 사업에 영향을 미치는 외부 요소들을 평가할 때 문제를 발생시킬 수 있음을 명심해야 한다(그림 9.2).

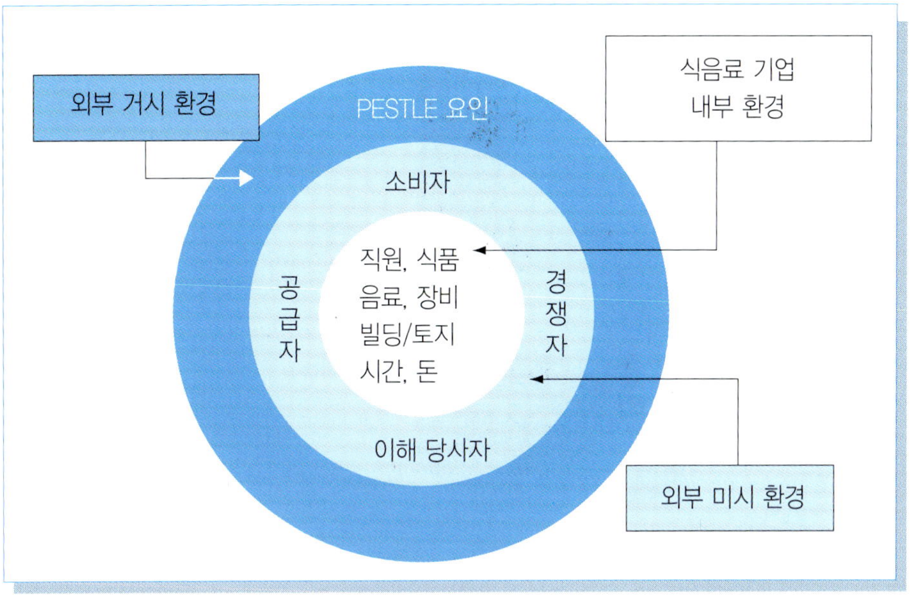

그림 9.2 식음료 마케팅 환경

시장 세분화

시장 세분화는 기업 전체 시장 내에서 비슷한 유형의 특징을 가진 고객을 그룹화 하여 식별해 내는 것을 일컫는 말이다. 전체 시장은 몇 개의 세부 시장으로 나눠질 수 있고, 각각의 세부 시장들은 차별화 된 마케팅 믹스를 요구하게 된다. 시장 세분화를 이용한 마케팅 전략은 기업에 따라 달라질 수 있는데 어떤 기업에서는 모든 세부 시장에 일률적으로 동일한 상품 판매 전략을 사용하는 경우도 찾아 볼 수 있다. 반면 어떤 기업에서는 정밀한 시장 세분화 절차를 거쳐 각 세부 시장에 알맞은 시장 전략을 이용하기도 있다.

활동 2

주요 패스트푸드 체인점 중 아동 층을 대상으로 만들어진 광고나 포스터를 조사해보자.
그리고 전혀 다른 시장을 대상으로 광고를 한 사례와 비교해 보자.
두 포스터 또는 광고는 반드시 같은 회사에서 시행된 것이어야 한다.
각각의 차이점과 유사점을 비교해보자.

그림 9.3 Wagamama 어린이 메뉴 (UK) (원문:Courtesy of Wagamama.com)

시장 세분화는 기업의 시장 접근 계획에 있어 아주 중요한 부분 중 하나이다. 하나의 기업이 모든 사람들이 필요로 하는 상품을 모두 만들어 낼 수는 없다. 따라서 기업의 생산품을 효과적으로 시장에 판매하기 위해서는 정확히 목표로 하는 고객이 누구이고, 그들이 어떠한 세부 시장에 속해 있는지를 파악해야만 한다. 기업이 시장에 대해 정확하게 파악하고 있지 못할 경우 기업의 마케팅 노력은 자원 및 재정적인 측면에서 낭비라고 해도 과언이 아니게 된다. 식음료 업체의 시장 세분화와 목표 시장에 대한 마케팅 전략 중 가장 좋은 예는 바로 아동용 메뉴이다. 가족 단위 고객들이 주 고객층인 레스토랑의 경우 항상 업체가 어린이들을 위하여 추가적으로 신경을 쓰고 있다는 메시지를 고객에게 전달하기 위해 아동용 메뉴를 사용하기도 한다(그림 9.3).

식품 서비스 산업에서 아래에 제시된 인구통계학적(demographic) 그리고 지리학적 (geographic) 기준은 세부 시장을 나누는 기준으로 사용될 수 있다.

1. 지리학적 구분(Geographic) 지역에 따라 시장을 세분화 하는 방법은 업체

에 따라 국제, 국내 또는 지역 규모로 나뉠 수 있다. 국제적인 규모에서 상품을 판매하게 될 경우 문화적 차이 때문에 제약을 받는 경우가 생길 수도 있고, 같은 나라 안에서도 지역적 차이가 있을 수 있다. 그리고 지역적 규모에서 상품을 판매할 경우에도 소비자들의 특성은 차이가 나는데, 예를 들어 사람들은 영국 어디에서나 찾아볼 수 있는 생선 튀김과 감자튀김 요리(Fish&Chips)를 위해서는 2-3 마일 정도를 이동할 수 있지만, 독특한 고품격 레스토랑을 방문하기 위해서는 10배는 더 먼 거리라도 기꺼이 이동하려 하려는 특성을 가지고 있다.

2. 연령별 그룹(Age group) 식음료 산업에서 어떤 특정 세부 시장은 연령에 의해 구분될 수 있다. 18-30세의 젊은 연령층은 독특한 아이디어가 넘쳐나는 레스토랑 또는 패셔너블한 레스토랑이나 바(Bar)에서 새로운 경험을 하려는 경향이 있다. 연령층이 높은 그룹은 젊은 연령대에서 나타나는 이러한 실험적 경향이 상대적으로 훨씬 적은 편이다. 그러나 레스토랑 비즈니스의 단골 고객의 연령층은 대부분 높은 연령대에 해당되기 때문에 각별히 주의를 기울일 필요가 있다.

3. 사회-경제적 분류(Socio-economic classification) JICNARS(Joint Industry Committee for National Readership Survey, 국가 독자층 조사를 위한 협력 산업 위원회)에서 사용된 일반적인 분류 방법이다. 총 인구를 총 6개의 그룹(A, B, C1, C2, D, E)으로 나누고, 세대주의 직업을 표 10.1의 범주처럼 그 안에 분류해 넣은 것이다. 각 그룹에 포함된 사람들의 요구와 기대치는 확연히 차이가 나며, 그 정도의 차이는 지출 가능한 정도에 따라 더욱 달라진다.

4. 소득(Income) 각 가정의 가처분 소득이 높을수록 외식을 할 때 지출 규모가 더 커진다. A, B 카테고리의 비율이 커질수록 C, D 그룹의 비율이 높은 그룹보다 더 비싼 레스토랑을 방문하는 경향이 나타난다.

5. 가족생활 주기(Family life cycle) 이 분류는 가족생활 주기에 나타나는 단계들 중 각 가정이 속하는 단계에 따라 가정의 구매 패턴이 달라진다는 것을 보여준다(표 9.2).

6. ACORN은 CACI(www.caci.co.uk)에 의해 만들어진 시장 분류법이며, 영국 인구를 5개의 범주, 17개의 그룹, 56개의 형태로 구분하였다. 이 때 인구 통계학적인 정보와 라이프스타일 정보는 마케팅 전문가들이 더욱 효과적으로 소비자를 겨냥할 수 있도록 도와준다.

표 9.1 사회적 계급으로 나눈 인구 추산

사회적 등급	사회적 지위	가계 주 수입원	추정 인원	추정%
A	중상위층	고위급 관리, 행정, 전문직	1,932	4.0
B	중류층	중급 관리, 행정, 전문직	10,573	21.9
C1	중하위층	관리자 또는 사무직 하급 관리, 행정 전문직	13,982	29.0
C2	기술 노동자층	기술 노동자	9,964	20.7
D	노동자층	하급 기술자, 일반 노동자	7,819	16.2
E	최저 임금 생계자	전적으로 장기적인 수익 상태에 의존적임	3,916	8.1
		합계	48,186	100

자료기반: 15세 이상 영국인; NRS 2006년 01-12월; National Readership Survey

표 9.2 가정의 지위에 따른 외식 빈도

가족지위	2주에 두 번 이상	한주에 한번	2주에 한번	적어도 한 주에 한번	적어도 3개월에 한번	3개월에 한번 이하
결혼여부	%	%	%	%	%	%
결혼생활	8	18	16	24	15	13
미혼	12	17	13	21	11	15
독신	15	18	15	22	10	12
미망인						
이혼인						
별거인						
세대별 자녀						
0–4세	11	15	17	25	15	10
5–9세	12	14	16	24	16	13
10–14세	7	16	13	31	15	13
0–14세	9	16	15	26	15	12
자녀 없음	10	18	14	21	13	15

자료기반: 15세 이상 성인 2,029명; 출처: GFKNop/ Mintel, 2007

마케팅 믹스

마케팅에서 시장과의 교류작용이 일어나기 위해서 기업은 세부시장에 어떻게 기업과 상품을 알릴 것인지, 그리고 어떻게 소비자의 구매 행동에 영향을 미칠 것인지에 대해 반드시 고려해야만 한다. 이런 문제에 대한 해답은 마케팅 믹스(the marketing mix)에 의해 찾을 수 있는데, Kotler는 마케팅 믹스를 기업이나 업체가 세부 시장에서 목표로 하는 판매량을 달성할 수 있도록 해주는 통제 가능한 마케팅 변수의 조합이라고 정의했다.

마케팅 믹스에 해당되는 4가지의 변수는 마케팅 4P라고 불리기도 하며 (McCarthy in Kotler 2006), 아래와 같은 방법으로 식음료 경영에 응용될 수 있다.

1. 상품(Product) 상품은 기본적으로 유형적인 것과 무형적인 면모를 다 가지고 있다. 유형적인 특징에는 생산되고 서비스 되는 식음료의 질, 레스토랑 장식, 테이블 배치, 메뉴판 디자인, 1인분 당 음식의 양 그리고 생활주기(life cycle)등이 포함된다. 그리고 무형적인 특징에는 레스토랑의 분위기, 레스토랑에 투영되는 이미지, 서비스 직원의 태도 등 고객의 '감정'을 만족 시키는 요소들이 포함된다.
2. 가격(Price) 케이터링 업체에 의해 부과되는 가격은 수익을 추구하는 업체의 재정적인 목표치와, 상품과 서비스 제공을 위해 고객이 업체에 지불하고자 하는 금액이 균형을 이루는 접점에서 설정된다. 가격 차별화 전략은 여러 개의 세부 시장을 목표로 할 때, 목표 시장에 따라 가격을 다르게 설정하는 것을 말한다. 가격 변수로는 따블도트(Table d'hôte) 메뉴, 알라카르트(à la carte)메뉴와 같이 레스토랑의 메뉴 형식의 차이, 정부세 및 서비스세의 포함 불포함 여부, 단체 손님 할인 적용 여부, 특정 시간 전 식사 주문량의 감소 여부 등이 있다.
3. 홍보(Promotion) 홍보활동 또는 복합적인 미디어 사용은 기업의 상품을 시장에 알리고 소비자들이 상품을 사고 싶도록 만드는 것과 깊은 관련이 있다. 홍보활동은 레스토랑 서비스 직원의 서비스와 같이 개인적인 수준에서도 이루어질 수 있고, 판촉 및 광고와 같이 보다 큰 규모의 비 개인적인 방법을 통해 이루어질 수도 있다.
4. 장소(Place) 마케팅 믹스의 양상은 여러 요소들을 염두에 두고 있다. 고급 레스토랑 (haute cuisine restaurant), 혹은 호텔내부 커피숍과 같은 케이터링 업체의 장소; 중앙 집중적인 경영 방식의 쿡칠(cook-chill) 요리를 내놓는 레스토랑과 주변장치; 상품과 장소의 접근성과 이용가능성; 유통경로와 사용될 운송방법 그리고 재고 비품 정도 등이 이에 포함된다.

표 9.3 ACORN 레스토랑의 표적시장 세분화 분류

Category	%	Group	%	Type		%
금전적으로 부유한 성취도를 이룬 그룹 1	26.6%	A 부유한 사업가들	8.5	1	Wealthy mature professionals, large houses	1.7
				2	Wealthy working families with mortgages	1.5
				3	Villages with wealthy commuters	2.7
				4	Well-off managers, larger houses	2.6
		B 부유한 노년층	7.7	5	Older affluent professionals	1.6
				6	Farming communities	2.0
				7	Old people, detached homes	1.9
				8	Mature couples, smaller detached homes	2.0
		C 자수성가한 세대들	8.8	9	Older families, prosperous suburbs	2.1
				10	Well-off working families with mortgages	2.3
				11	Well-off managers, detached houses	3.7
				12	Large families and houses in rural areas	0.6
도시에 거주하며 성공을 이룬 그룹 2	10.7%	D 부유한 전문직들	2.2	13	Well-off professionals, larger houses and converted flats	0.9
				14	Older professionals in suburban houses and apartments	1.4
		E 고학력 도시거주자	4.6	15	Affluent urban professionals, flats	1.1
				16	Prosperous young professionals, flats	0.9
				17	Young educated workers, flats	0.6
				18	Multi-ethnic young, converted flats	1.1
				19	Suburban privately renting professionals	0.9
		F 활발하고 사교적인 싱글들	3.9	20	Student flats and cosmopolitan sharers	0.6
				21	Singles and sharers, multi-ethnic areas	1.6
				22	Low income singles, small rented flats	1.3
				23	Student terraces	0.4
경제적으로 안정적인 그룹 3	26.6%	G 사회 초년 세대들	2.5	24	Young couples, flats and terraces	1.0
				25	White-collar singles/sharers, terraces	1.4
		H 경제적으로 안정된 세대들	15.5	26	Younger white-collar couples with mortgages	1.9
				27	Middle income, home owning areas	2.9
				28	Working families with mortgages	3.4
				29	Mature families in suburban semis	3.3
				30	Established home owning workers	3.6
				31	Home owning Asian family areas	1.1
		I 안정적으로 정착한 도시 외곽의 거주자들	6	32	Retired home owners	0.9
				33	Middle income, older couples	3.0
				34	Lower incomes, older people, semis	2.1
		J 알뜰한 연금수급자	2.6	35	Elderly singles, purpose built flats	0.7
				36	Older people, flats	1.9
적당한 재산을 보유한 그룹 4	14.5%	K 동양권 사상을 가진 세대들	1.6	37	Crowded Asian terraces	0.5
				38	Low income Asian families	1.1
		L 과거 산업사회의 세대들	4.8	39	Skilled older families, terraces	2.8
				40	Young working families	2.1
		M 기술노동자 세대들	8	41	Skilled workers, semis and terraces	3.3
				42	Home owning families, terraces	2.8
				43	Older people, rented terraces	1.8
강한 압박감을 느끼는 그룹 5	22.4%	N 경제적으로 어려운 세대들	14.1	44	Low income larger families, semis	3.3
				45	Low income, older people, smaller semis	3.0
				46	Low income, routine jobs, terraces and flats	1.4
				47	Low income families, terraced estates	2.6
				48	Families and single parents, semis and terraces	2.1
				49	Large families and single parents, many children	1.7
		O 부담을 가진 싱글들	4.5	50	Single elderly people, council flats	1.8
				51	Single parents and pensioners, council terraces	1.9
				52	Families and single parents, council flats	0.8
		P 두려움을 느끼는 상류층	1.6	53	Old people, many high-rise flats	0.8
				54	Singles and single parents, high-rise estates	0.9
		Q 사회적문제가 많은 도시의 불안정함	2.1	55	Multi-ethnic purpose built estates	1.1
				56	Multi-ethnic, crowded flats	1.1
		U 그 외(기타)	0.3	57	Mainly communal population	0.3

출처: Copyright CACI 2007, 허가 된 재인용

위에 언급된 기본적인 4P는 Binter(1991)에 의해 총 7개의 P로 늘어났으며, 추가적으로 늘어난 3개의 P는 식음료 서비스 업장과 같은 곳에서 더욱 주의를 기울여야 하는 것들이다.

5. 과정(Process) 서비스가 제공되는 실질적인 모든 활동의 진행과정이나 방법 그리고 흐름을 나타낸다(예: 고객을 자리에 안내하거나, 음식 주문 받기, 손님의 질문 및 불만 요소를 처리하는 방법 등).
6. 물질적 증거(Physical Evidence) 기업과 고객이 만나고 교류하는 환경 및 서비스 전달 시에 일어나는 의사소통을 가능케 해주는 모든 유형적인 요

소들을 나타낸다(예: 외관 및 내부 디자인, 식당의 평면도, 장식, 조명, 테이블 배치, 직원 유니폼, 메뉴, 텐트 카드(텐트 같은 모양으로 테이블 위에 세워 놓을 수 있는 카드)).

7. 참여자(Participant) 개인-직원이나 다른 고객들과 소통하는 고객들(예: 서비스 담당원, 레스토랑 매니저, 웨이터 그리고 다른 고객 등)

다른 세분화 시장에 접근할 때 마다 또 다른 마케팅 믹스가 요구된다. 예를 들어 쇼핑몰에 있는 파스타 레스토랑의 마케팅 믹스는 커피숍의 마케팅 믹스와는 차이가 날 것이다. 다시 말해 시장이 더욱 세분화 되어 있을수록 마케팅 믹스도 더욱 자세해진다는 것이다.

제품 수명 주기

제품 수명 주기 (the product life cycle: PLC)의 개념은 제품이 시장에 출시되는 순간부터 소멸되는 시간까지를 보여주며, 그 때까지 여러 가지 단계를 거듭한다. 도표로 나타내보면 제품 수명 주기는 S자 형태의 곡선을 띄고 있으며

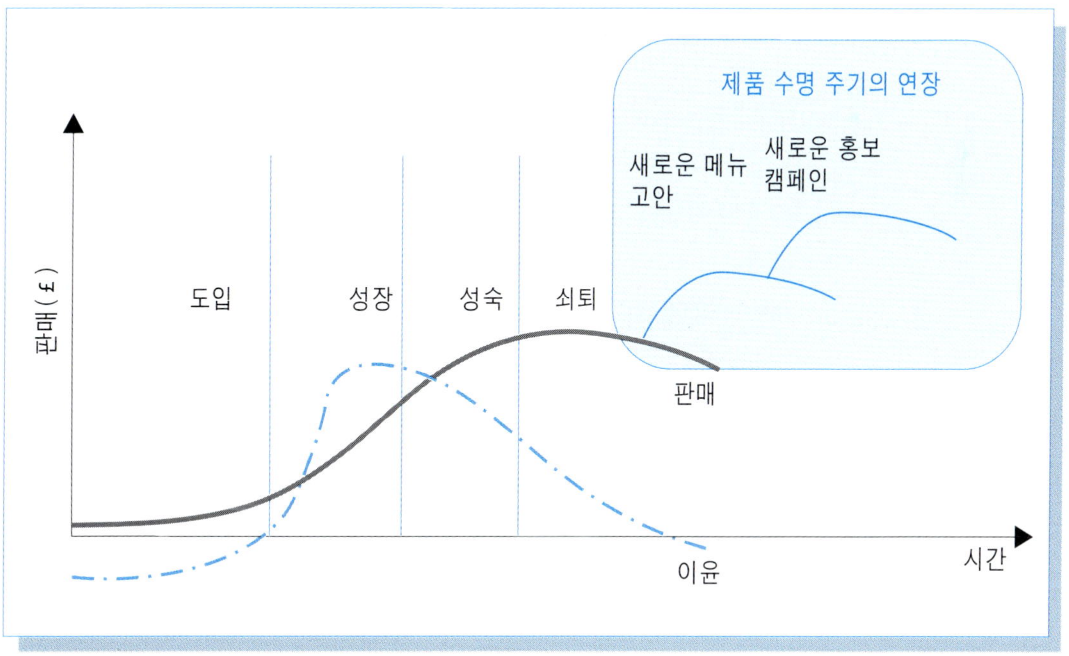

그림 9.4 제품 수명 주기와 그의 연장

도입, 성장, 성숙, 쇠퇴의 4단계로 나누어진다. 각각의 단계는 비용, 판매, 수익 그리고 경쟁 면에서 독특한 특징을 보이게 된다 (그림 9.4).

1. 도입 (Introduction) 이 단계에서는 높은 비용이 요구된다. 보편적으로는 시장조사 및 재품 개발; 재고량 맞추기; 신제품 발표를 위한 광고 및 홍보비용; 관리 시간과 자원 등에 그 비용들이 사용되어진다. 판매는 첫 번째 구매자로부터 시작되며, 판매 촉진 캠페인의 성공 및 실패 여부에 따라 크게 영향을 받는다. 이 단계에서는 많은 자본의 투입으로 인해 수익률은 극히 미미할 것이다. 도입 단계에서 손실은 흔히 있을 수 있는 일이며, 다른 기업과의 경쟁은 최소화 되어 있다. 상품은 마치 신생아 같이 여겨지며, 경쟁사들 역시 이 단계에서는 상품이 어떠한 결과를 낼 지 관망하는 자세를 취하게 된다.
2. 성장 (Growth) 제품 판매율의 증가로 인해 시장 조사에 대한 비용은 더 적어질 것이고 신제품의 출시를 알리는 홍보비용은 높아지는 양상을 보일 것이다. 판매량 증가는 시장이 확장됨에 따라 급격하게 증가하게 되며, 초기 구매자들은 재구매자가 되는 패턴을 보일 수도 있다. 수익성은 판매 성장과 전반적인 비용 감소로 인해 최고점에 다다를 수도 있으며, 제품 출시의 성공 여부에 따라 이 단계에서 경쟁 기업들이 시장으로 진입할 것이다. 이 때, 추가적인 광고와 홍보효과에 힘입어 상품에 대한 총 시장규모는 확장되어질 것이다.
3. 성숙 (Maturity) 제품이 성숙기에 도달하게 되면 비용이 다시 증가하게 될 수도 있다. 특히 기업이 시장 점유율을 그대로 유지하고자 할 때 발생하는 홍보비용이 그 주된 원인이 된다. 경쟁구도에 있는 다른 기업이 총 시장에서의 부분적인 점유율을 차지하게 되고, 업체의 성장은 점차 느려지기 때문에 총 판매량은 계속해서 경쟁업체와 비슷해지는 양상을 띠게 된다. 판매량에 변동이 없어지면서 이윤뿐만 아니라 상품의 수요 역시 변동이 없어지게 되는데 이 때 가격은 경쟁에서 살아남기 위해 낮아지며, 홍보비용은 점진적으로 총 수익 수준을 낮추는 결과가 발생한다.
4. 쇠퇴 (Decline) 시장에 상품이 과잉공급 됨에 따라 일부 기업들은 시장을 떠나버리는 일이 발생한다. 시장에서 업체의 점유율을 유지하기 위한 노력들 때문에 비용은 더욱 커지게 되며, 판매와 수익 수준은 크게 감소하게 된다. 이 때 시장에서는 상품의 수요 역시 격감하게 되지만 공급은 과

잉된 채로 남아있다.

5. 쇠퇴의 단계에서 회사들은 전략을 다시 수립하거나 새로 고안된 상품을 내놓을 수 있다. 또한 새로운 프로모션 캠페인을 통해 상품 판매를 새로이 도모할 수도 있다. 이렇게 되면 쇠퇴의 시기에 다시 판매량이 다시 솟아올라 업체는 다시 제 2의 성장기를 맞이하게 된다(그림 9.5). 업체가 현재 어떤 제품수명 주기 단계에 와 있는지를 이해하는 것은 전략 수립시 아주 중요한 일이 된다. 다시 말해, 성숙기 단계와 도입기 단계에 해당하

그림 9.5 Bombardier 광고, Celebrating Englishness 캠페인 (출처: Courtesy of Wells and Young's Ltd 2007)

는 업체들에게는 각각 전혀 다른 전략이 필요로 하여지는 것처럼 자신의 업체가 어느 단계에 와 있는지를 아는 것은 경영의 필수 요건이라고 할 수 있다.

시장 조사

시장 조사는 수집(collecting), 보관(storing), 업체 내 외부 정보 분석(internal and external information analysis for an organization)의 체계적인 과정을 포함한다. 우선 정보가 수집되면 어떠한 사업체의 마케팅 활동이건 평가하는 자료로 사용된다.

1. 일차적 정보(Primary information) 일차적 정보는 주로 기업이 직접 조사를 계획하여 회사 밖에서 얻어내는 정보를 말한다. 또한, 업체는 전문적으로 시장 조사를 수행하는 회사들을 선정해서 이용할 수도 있다. 그러나 일차적 정보의 경우 현장에서 먼저 조사를 한 뒤 분석되어야 하기 때문에 시간과 비용이 비교적 많이 든다는 단점이 있다.
2. 이차적 정보 (Secondary information) 이차적 정보는 기업 자체적으로 이미 조사된 정보나 외부적으로 존재하는 정보를 말한다. '문헌 조사 (desk research)'라고 불리는 것은 시장 조사에 필요한 여러 부분의 정보를 기업 내적으로 수집하여 보관하는 것을 말한다. 예를 들어:
   - 레스토랑의 예약 정보 중 고객의 이름, 주소와 전화번호, 예약 방법, 방문 빈도, 제공된 특별가 등
   - 판매 기록, 고객에 의해 인지되고 있는 상품, 판매량, 판매 주기, 평균 지출 금액, 현금 또는 신용 카드, 지불 방법
   - 구매 기록, 편의 식품과 신선한 음식의 사용 비율, 식음료 비용과 예산액 비교, 부족액, 도난 및 손실량
   - 관리직과 평사원이 함께하는 직원회의 내용

기업 외적으로 수집되는 이차적 정보는 그 규모가 아주 방대하다. 아래와 같은 정보가 수집 가능하다.

- 정부 출판물, 통계치
- 전문적인 상거래 협회, 출판물, 컨퍼런스, 미팅

- 교육 기관
- 다른 출판물, 가이드, 저널, 신문, TV

브랜드

식음료 산업 분야 학자들과 베테랑들이 마케팅에서 가장 많이 언급하는 부분은 아마 브랜드일 것이다. 런던 브랜드 컨설턴트 Walter Landor에 의하면 브랜드는 기업과 고객 간의 약속이라고 정의되어질 수 있다고 한다. 상품 또는 서비스를 시장에 어떤 식으로 이해시키고 차별화 시키느냐에 따라 브랜드는 소비자들에게 만족감과 상품 및 서비스에 대한 질을 보장한다고 할 수도 있다. 이 때, 광고활동은 그 자체만으로 브랜드를 형성할 수는 없기 때문에 브랜드와 광고는 이런 점에서 조금 다른 개념이라고 생각할 수 있다. 어떤 사람들은 브랜드는 흔히 대기업에 의해서만 만들어질 수 있다고 생각하는데 이는 큰 오산이다. 물론 그 이용 규모는 대기업과는 차이가 있을 수 있지만 작은 소규모 업체들 역시 소비자 시장을 위한 브랜드를 만들어 사용할 수 있다. 식음료 업체의 강력한 브랜드를 만들기 위해서는 반드시 고객과 약속한 것을 전달해야만 하며, 가능할 경우에는 고객의 기대치를 맞추는 것에서 멈추는 것이 아니라 그를 훨씬 뛰어넘는 식사경험을 고객에게 제공해야만 할 것이다. 오늘날에는 가령 업체만 브랜드를 만들어 내는 것이 아니라 개개인이 직접 브랜드가 되는 경우도 종종 볼 수 있는데, 예를 들어 유명 요리사가 자신의 이름을 건 레스토랑을 개업했을 경우 사람들은 그 요리사의 명성과 걸맞은 완벽한 요리를 기대하게 된다. 이러한 경우 그 어떤 브랜드 보다 유명 요리사의 이름과 명성 그 자체가 고객과의 약속을 더욱더 효과적으로 전달하게 된다. 미디어의 효과를 이용해 자신의 이름으로 강력한 브랜드를 형성한 Gordon Ramsay나 Jamie Oliver가 그 대표적인 예이다. 브랜드가 더더욱 강력해질수록 소비자들은 자신의 동료나 친구 또는 친척들에게 이야기를 하게 될 것이며 이렇게 되면 레스토랑 사업체에는 충성고객이 생겨나게 될 것이고, 새로 오는 고객들도'구전효과 (word of mouth)' 때문에 업체에 대해 긍정적인 이미지를 갖게 될 것이다. 식음료 분야에서 세계적으로 잘 알려진 브랜드의 예로는 McDonals, Starbucks, T.G.I Fridays, Nandos, Burger King 등이 있다 (표 9.4).

표 9.4 상위 레스토랑 그룹들(Top restaurant groups)

소유주	매장의 수	상표
Whitbread	1,603	Beefeater, Brewer's Fayre, TGI Friday's
McDonald's	1,263	
Spirit Group	798	Chef and Brewer
Burger King	724	
Pizza Express	386	
Wimpy	274	
Mitchells and Butler	263	Harvester
The Restaurant Group	253	Garfunkel's Frankie and Benny's
Little Chef	233	
Ask	186	
Tragus	160	Cafe Rouge, Bella Italia
Nando's	100	
Out of Town Restaurant Group	97	Bitz and Pizza, Bradwells
Greene King	90	Hungry Horse
Compass/EQT	72	Harry Ramsden's
DPP Restaurants	54	Deep Pan Pizza

출처: BHA 트렌드 그리고 통계치, 2005

출처: 허가를 받고 재 출력함 www.magnolia.uk.com

그림 9.6 영국 런던의 Magnolia Restaurant 웹사이트

인터넷 마케팅

또 다른 효과적인 마케팅 형태는 바로 인터넷 마케팅이다. 특히 규모가 작은 사업체들의 경우 인터넷은 세계적으로 업체를 시장에 노출시킬 수 있는 기회를 제공한다. 레스토랑의 웹사이트 주소를 담고 있는 레스토랑의 카드를 배부할 경우 고객들은 레스토랑에 방문하기 전에 메뉴를 자세히 살펴보거나, 사업장을 가상으로 둘러보고, 스페셜 프로모션도 광고도 접할 수 있으며, 심지어 예약도 할 수 있다(그림 9.6).

인터넷 마케팅에는 여러 가지 단계가 있는데 웹사이트를 고객과 상호작용이 없는 단순한 빌보드처럼 사용하는 가장 간단한 단계부터 고객들에게 다양하고 깊이 있는 정보를 제공하는 장으로 사용하는 단계 그리고 웹사이트를 통해 고객과 완벽한 상호작용을 가능하게 하는 정교한 단계까지 존재한다. 이러한 웹사이트 상에서 고객들은 단지 메뉴나 레스토랑 연락 정보만 찾아볼 수 있는 것이 아니라 조리법을 다운 받을 수도 있고, 식당을 예약 할 수 도 있으며, 예약시 원하는 테이블을 지정할 수도 있다. 그리고 다른 손님들이 적어놓은 레스토랑 평가, 인터렉티브 요리 강의 등도 즐길 수 있다.

웹사이트는 이제 빠르면서도 저렴한 의사소통 수단이 되었으며, 가장 큰 장점은 세계의 모든 사용자들과 대화할 수 있다는 점이다. 이를 통해 레스토랑은 더욱 넓고 깊은 정보를 고객에게 제공할 수 있게 되었다. 또한 매번 고객이 테이블을 예약할 때 마다 고객은 업체의 데이터베이스에 접근이 가능해지며, 레스토랑 소유주들은 그들이 제공하는 상품 및 서비스에 이미 지대한 관심을 가지고 있는 고객들과 직접적으로 대화할 수도 있다.

활동 3

인터넷 마케팅, www.google.com을 방문하여 키워드로 'Restaurant'를 쳐보자. 검색 결과에 나타난 스폰서 링크 중 몇 개를 방문해보자. 어떠한 종류의 레스토랑이 스폰서 링크의 주류를 이루고 있는가?
또한 10개 정도의 비 스폰서 링크를 찾아보자. 일주일 뒤에 똑같은 방법으로 비 스폰서 링크를 찾아보자. 랭킹에 어떤 변화를 찾아낼 수 있는지 주의 깊게 살펴보자. 만약 랭킹에 변화가 있었다면 왜 그런지에 대해 생각해보자.

광고

광고는 업체의 상품이 팔리고 있는 시장과 접촉하고, 상품에 대한 정보를 전달하는 행위를 일컫는다. 그러나 광고는 직접적인 판매량에 영향을 미친다고 하기보다 근본적으로 업장을 방문하기 전 소비자의 상품에 대한 행동과 태도에 영향을 준다고 할 수 있다.

미국 마케팅 협회(American Marketing Association)는'마케팅은 스폰서에 의해 인지되어진 상품, 아이디어 또는 서비스에 대한 값이 지불된 비개인적인 표현과 홍보의 형태이다'라고 정의하고 있다. IPA(Institute of Practitioners in Advertising)는 마케팅의 목적을'광고주의 목적을 달성하는 방법으로 소비자의 지식 태도 행동에 영향을 주는 것이다'라고 정의하고 있다.

기업의 광고 방침의 목표와 목적은 마케팅의 총괄적인 계획안에 포함되어 있다. 그리고 그 어떤 광고 전략도 완벽하게 조직된 계획이 없이는 수행될 수 없으며, 효과적으로 실행될 수도 없다. 제대로 계획하지 않고 시행된 마케팅 캠페인은 기업에 부정적인 영향을 가져다 줄 수도 있으며, 사실상 기업에 큰 피해를 입힐 수도 있다. 따라서 제대로 계획되지 않은 마케팅을 하는 것보다 차라리 아무 광고도 안하는 편이 더 낫다고 할 수 있다.

식음료 기업의 광고 예산은 여러 가지 요인에 의해 달라진다.

1. 업체의 본질, 상업적 기업인가 비상업적 기업인가?
2. 운영 규모, 일반적으로 규모가 더 큰 상업적 기업의 경우 광고 예산이 더 크다.
3. 케이터링 시설의 소유권, 규모가 작은 개인 소유 호텔 또는 레스토랑들은 광고의 책임이 소유주 또는 매니저의 손에 달려있다. 그러나 규모가 큰 기업일 경우 광고의 책임은 기업 내에 지정된 특별부서 또는 전문적인 외부 광고 회사에 있다.
4. 목표로 하는 세부 시장의 수와 특성
5. 각 세부 시장을 적절히 포함시킬 수 있는 광고비
6. 사용될 광고의 유형, 예를 들어 공영방송의 시청률이 가장 높은 시간에 광고를 하는 것은 지역 라디오 방송을 통한 광고보다 더 많은 비용이 든다.

식음료 산업에 속한 어떤 분야들의 광고 예산은 예상외로 아주 높게 책정될 수도 있다. 예를 들어 패스트푸드 분야의 광고 예산은 케이터링 산업 내 그 어떤 부문 보다 더 높다. 일반적으로 식음료 산업에서 광고비는 산업 내에 속한 세부 분야에 따라 크게 차이가 난다. 그리고 그 광고비는 총 매출액의 0.5%에서 4.5%를 지출하는 기업까지 다양하게 존재하고 있다. 호텔 산업 내에 속해있는 회사들 역시 최근에는 광고 예산을 높이고 있는 추세이다(표 9.5).

규모가 작고, 소유주가 운영하고, 관리하는 호텔들의 경우 독자적인 광고를 할 수 있는 예산이 없기 때문에 비슷한 규모의 여러 호텔들과 협회를 조직해 광고를 하여 공동 효과를 내는 것이 일반적이다. 다른 소규모 업체들과 함께 협력함으로써 규모가 작은 사업체들은 큰 조직 안에 소속될 때 얻는 이점을 가지게 된다.

식음료 서비스 제공 시설의 규모에 상관없이 광고활동이 기업에 미치는 영향력은 아주 크다. 따라서 효과적인 광고활동을 위해 광고의 의도와 성취하고자 하는 목표를 정확하게 이해하고 있어야 한다. 케이터링 기업의 경우 아래와 같은 목표를 가지게 된다.

- 상품의 인지도를 높이기 위해
- 소비자들이 상품을 구매하고 싶도록 만들기 위해
- 상품에 대한 소비자의 태도에 영향을 주기 위해
- 브랜드 충성도를 만들기 위해
- 고객들이 상품을 구매하도록 설득하기 위해
- 고객들이 경쟁 업체 보다 본 업체를 방문할 수 있도록 설득하기 위해
- 고객들에게 상품 구매할 것을 다시 상기시키기 위해
- 새로운 상품을 시장에 알리기 위해
- 상품에 대해 안심시키기 위해
- 윤리적이기 위해

아래 내용은 상업적 그리고 비상업적 기업에 적용 가능한 광고 기법을 보여주고 있다. 그러나 이러한 내용들은 산업의 분야에 따라, 이용 가능한 광고 예

산 규모에 따라 많은 차이가 있다. 규모가 큰 상업적 기업일 경우 아래 나타난 대부분의 또는 모든 광고 선전 기법을 이용 가능할 수도 있는 반면, 규모가 작은 사업체의 경우 오직 몇 가지 광고기법만 사용 가능해진다. 식음료 산업체에서 이용할 수 있는 광고의 주요 형태는 아래와 같다.

표 9.5 주요 체인 식음료 업체의 주요 미디어 광고 지출액

레스토랑 체인	직접판매 (DM)	야외	신문과 잡지	라디오	총계
	ε	ε	ε	ε	ε
Bank Restaurant Group Plc	–	–	1,331	–	1,331
City Centre Restaurants	–	12,648	11,307	391	24,346
Conran Restaurants Ltd	–	–	1,573	–	1,573
La Tasca	–	–	3,711	156	3,867
Loch fyne	57,310	–	15,915	194	73,419
Ma Potters	–	–	3,875	–	3,875

출처: ACNielsen 멀티미디어 메시지 서비스, 2005

광고용 우편물 또는 이메일

광고용 우편물은 특정 고객에게 보내지는 우편물을 일컫는 말로 현존 고객들이나 잠재고객들이 우편물을 받는 대상이 된다. 회사에 의해 개인적으로 보내진다는 느낌으로 쓰인 편지, 브로슈어, 팜플렛 또는 전단지가 여기에 해당되며 이러한 형태의 광고는 아래와 같이 다양한 이점을 준다.

1. 특정 그룹의 고객들을 겨냥할 수 있다.
2. 광고용 우편물과 이메일은 사용하기 쉽다.
3. 우편물이 전달된 고객들에게 평가 및 피드백을 빠른 시간 안에 받을 수 있다.
4. 특정 그룹의 고객들에게'낭비'를 줄이면서 가장 효율적으로 접근할 수 있는 방법이다 (그림 9.7).

제 목 : ACORN HOUSE RESTAURANT NEWSLETTER
보낸 이 : –
날 짜 : 2007년 8월 16일 목요일. 오후 3시 40분.
받는 이 : –

여름철 안내

여름임에도 불구하고 일기예보에서 예상치 않은 날씨를 예보할 것 같습니다. 경우에 따라 야외에서 준비하려던 서비스 셋팅을 할수 없게 된다면 아마도 Acorn House 8월 메뉴와 함께 식사를 하게 되실 것 같습니다.

우리의 정원은 어떻게 되었을까?

그 농장은 지난해부터 Acorn House의 푸른 새싹들이 자라고 있는 농장으로 만들어 졌으며 현재 소량의 완두와 콩들이 햇빛과 비로 자라고 있습니다.
아직 고객회원 카드를 소지하고 있지 않는 고객들께서도 이제 한 개에서 다섯 개 정도의 스탬프를 가지고 있으면 여섯 번째 커피를 무료로 드실 수 있다는 것을 알 것이며, 이제 이용자 여러분들께서는 Gray Inn Road를 커피를 음미하며 산책하실 수 있습니다.
Acorn House는 또한 간편한 팩에 들어가 있는 건강한 뮤즐리 견과류들을 소개합니다. 출근시 간편하게 가져가실 수 있으며 회사에서 힘차게 하루를 시작하는데 도움이 될 것입니다.

Acorn 온라인

유투브에 올려진 Acorn의 가상 레스토랑 체험을 통해 Acorn 레스토랑의 미래의 유명 요리사인 Tom, Net, Lioyd 그리고 Arthur Potts Dawson을 만나보시기 바랍니다.

(자료: 이메일, Acorn House Restaurant의 허가를 받고 재 출력됨)

그림 9.7 Acorn House Restaurant의 뉴스레터 (런던, 영국)

그러나 광고 우편물의 경우 몇 가지 단점도 존재한다.

1. 목표로 하는 시장을 정확하게 설정해야만하며, 그렇지 못할 경우 보내진 우편물은 무용지물이 될 수도 있다.
2. 보내진 우편물은 반드시 고객에게 전달되어야 하고, 고객이 읽어야 하며, 그에 따라 행동해야한다. 그렇지 않을 경우 모든 사전 광고 조사는 무용지물이 된다. 모든 이메일은 쉽게 삭제되거나 스팸메일로 구분될 수도 있다.
3. 우편물에 적힌 글의 질을 높이는 것 그리고 우편물을 생산하는 것은 비용이 많이 드는 일이다. 우편물을 받는 수취인에 맞춰 사적인 말투로 쓰인 글일수록 그 효과가 더욱 크며, 일괄적으로 모두에게 동일한 내용을 보낼 경우 고객은 읽지도 않고 폐기해 버릴 수 있다. 이는 우편물 내용뿐만 아니라 봉투에도 해당된다. 따라서 최초 우편물이 보내지고 나면 이

어 고객의 반응을 지켜보는 것은 필수적인 일이다. 종종 최초 우편물과 함께 보내진 내용을 더욱 견고히 하기 위해 이차적인 우편물이 발송되기도 한다.

위와 같은 방법을 사용할 경우 목표로 할 세분화 시장을 인지하는 것이 가장 중요한 일이다. 시장 조사에서 기업은 기업 내부 및 외부정보를 수집할 수 있으며, 그동안 영업을 운영하며 모아지고 축적된 레스토랑 예약, 판매기록, 업계 저널, 지역 신문 등을 사용할 수 있게 된다. 가령 예를 들어, 어떤 레스토랑에서 특별 비즈니스 오찬을 가질 예정이라면 시민 또는 비즈니스 연합 및 그 지역 전문 기관에 문의하면 멤버 리스트를 얻을 수 있을 것이다. 또한 전문적인 우편물 서비스 업체를 고용하여 이용하는 방법도 있다. 그러나 다시 한 번 강조하지만, 이 방법을 사용하기에 앞서 가장 중요한 것은 목표로 하는 시장이 어떠한 그룹인지 정확하게 아는 것이다.

신문 및 잡지 광고

1. 신문(Newspapers) 지역 또는 전국에 배부되는 신문이나 잡지에 광고를 하는 것은 케이터링 기업에 의해 가장 선호되는 방법 중 하나일 것이다. 레스토랑 광고는 일반적으로 신문에 내게 되는데 이때 다른 기업과 명확히 차별화 시킬 수 있는 디자인을 선정하는 것이 아주 중요하게 작용한다(그림 10.8).
2. 잡지(Magazines) 케이터링 업체가 광고를 내기위해 선택하는 잡지의 종류에는 케이터링 산업 전문 저널, 비즈니스 매니지먼트 잡지 그리고 특정 독자층이 읽는'사회적'잡지들이 있다. 특정 잡지에 광고를 하면, 광고에 대한 반응이 측정 가능해지며, 신문에 광고를 내는 것 보다 '잡지들의 선반 위의 수명(선반 위나 테이블 위에 비치되어져 있는 시간이 신문에 비해 길기 때문)'이 길기 때문에 독자들에게 읽혀질 확률이 더 크다.
3. 가이드(Guide) Good Food Guides'와 같은 가이드북들의 종류는 아주 다양하며 이러한 가이드에 실리길 원하는 식음료 업체들은 아주 많다. 이처럼 유명한 가이드에는 AA또는 RAC가이드, 미슐랭(Michelin)가이드,

Egon Ronay 가이드, The Good Food 가이드, Tourist Board 가이드 등이 있다. 이러한 가이드에 실리기 위해서는 우선 가이드 북 회사의 전문적인 조사 절차를 통과해야만 하며, 그 단계를 통과하면 잡지사에 어느 정도의 비용을 지불 하여야 한다. 광고의 한 방법으로 이러한 잡지들을 이용하는 것은 다른 방법들에 비해 특별한 가치를 가진다. 그 이유는 각 잡지마다 확실한 독자층을 보유하고 있으며, 잡지의 유통 부수도 아주 많고, 주된 독자층이 외식을 정기적으로 즐겨하는 사람들이기 때문이다. 그리고 독자들은 실제 이러한 잡지들을 참고하여 어느 곳에서 외식을 할 것인지 결정하기 때문에 가치가 높은 광고 수단이라고 할 수 있다.

4. 산업 광고(업계, 사업체들이 독자층임)(Trading advertising) 산업 유통 또는 '도매 (wholesale)'광고는 케이터링 기업을 여행사, 패키지 투어를 전담하는 대규모 여행사 등의'중개업자'에게 판매하는 것을 의미한다. 현재 산업 광고방법은 중개업자를 이용하여 외부적인 판매형태를 이용하는 대형 호

레스토랑 정보

Haiku
Haiku는 동양의 정취를 느낄수 있게 해드릴것입니다./ Haiku의 요리는 계산을 하는 순간까지 모든 것을 잊게 해드릴만큼 놀라움을 드릴것입니다./ 2007년 4월 18일 수요일까지 이다.
Bouga
최근 열린 모로코식 레스토랑 Bouga는 새롭게 바뀌지 않았지만 합리적인 가격에 미각을 자극하는 음식이 나오며, 2007년 4월 16일 월요일까지 한다.
Al-fresco eating(야외 식사)
이번주 주말 25C를 예상하는 최고의 날씨에 머큐리 셋트로 즐거운 식사를 하시기 바랍니다. 16일 월요일에 런던 최고의 장소에서 여유로운 시간을 가지시길 바랍니다.

특별한 혜택

Curse of the Golden Flower 발표를 기념하기 위해 영화에 4월 13일부터 고객분들이 획기적인 혜택을 누릴 수 있도록 Universal Pictures와 협력하기로 하였습니다.

런던 최고의 Asian 레스토랑에서 최고의 혜택을 가져 보시기 바랍니다(예약을 희망하시는 분은 클릭하시기 바랍니다)

Cocoon – 30% 런치메뉴 할인
Glgamesh NW I – 2 코스를 18파운드.
Tamarai– 주방장 추천메뉴: 2가지를 52파운드.
Katana– 3코스에 3.50파운드.
Mango Tree– 요리 50% 할인

약관
Cocoon을 제외한 모든 혜택은 4월 30일까지 유효합니다.
Cocoon은 2007년 4월 19일까지 유효하며 예약을 위해 약관전체를 보기위해서는 www.thelondonpaper.com 사이트를 확인하시기 바랍니다..
주문시 최소 주문 요구사항, 예약시간에 대한 제한, 테이블 사이즈와 이용가능여부에 대해 알 수 있습니다.

Curse of the Golden Flower의 시네마에 나오는 어느 곳이던지 2007년 4월 13일 Universal Pictures International www.curseoftheflower.co.kr에서 볼 수있습니다.

그림 9.8 신문에 난 레스토랑 광고 (출처: www.thelondonpaper.com)

텔 그룹 또는 레스토랑 체인에 의해 많이 이용 된다. 물론 이 방법은 소규모 레스토랑에게도 이용 가능해지는데 자주 사용되지는 않는다. 가령 예를 들면 지역 대규모 여행사를 중개업자로 사용하게 될 경우 지방 레스토랑은 주말에 정기적으로 점심 식사 때 20-30명 정도의 손님을 확보하게 되고, 이러한 고객 확보는 여름을 나는 동안 내내 지속되게 된다.

5. 전자 가이드와 잡지(Electronic guide and magazines) 레스토랑 웹사이트에 인기 있는 전자 산업잡지 또는 가이드와 연결되는 링크를 제공하는 것은 아주 중요한 일이 되고 있다. 이제는 검색 엔진들도 다른 사이트들과의 링크를 통해 자신들의 위치를 포지셔닝 하려는 전략을 채택하고 있다. 다시 말해 한 고객이 이탈리아 레스토랑을 찾고 있을 때, 만약 이탈리아 레스토랑을 운영하는 사람이 자신의 웹사이트를 다른 검색엔진 웹사이트 또는 연관 웹사이트로 링크를 걸어놓지 않을 경우, 이 레스토랑의 페이지는 고객에 의해서 영원히 검색되지도, 이용되지도 않을 것이다. 왜냐하면, 이 레스토랑의 경쟁자들은 링크를 제공함으로써 다른 수백 개의 레스토랑들 중 처음으로 검색이 될 것이기 때문이다.

방송

1. 라디오 상업적 라디오에 광고를 하는 방법은 주로 특정 지역에 방송되는 지역 라디오 방송국에 한정되게 된다. 지역 테이크아웃, 레스토랑, 호텔, 와인바 등이 주로 이 방법을 사용하게 된다. 이 방법의 장점은 아주 최신식의 광고 방법이지만 비용이 그렇게 비싸지 않다는 점 그리고 그 지역에서 일하거나, 주행하며 지나가고 있거나, 집이거나, 개인 주파를 이용해서 듣거나 하는 방법으로 청취하는 모든 사람들에게 방송된다는 점이다.
2. 텔레비전 라디오와 비교하여 볼 때, 텔레비전 광고의 주된 이점은 시각적인 효과가 크다는 점이다. 그러나 주된 단점은 비용이 아주 높다는 점인데 특히 시청률이 높은 시간대에는 그 비용이 아주 높다. 대규모 레스토랑 또는 KFC, McDonalds, Pizzaland와 같은 대규모 패스트푸드기업, 유명 레스토랑 체인, 호텔 그룹 등과 같은 기업들이 독점적으로 전국에 방송되는 광고를 많이 사용하며, 특히 McDonalds와 같은 대기업의 경우

McDonald's is Your Kind of Place (1967)
You Deserve a Break Today (1971)
We Do it All for You (1975)
Twoallbeefpattiesspecialsaucelettucecheesepicklesonionsonasesameseedbun (1975)
You, You're The One (1976)
Nobody Can Do It Like McDonald's Can (1979)
Renewed: You Deserve a Break Today (1980 & 1981)
Nobody Makes Your Day Like McDonald's Can (1981)
McDonald's and You (1983)
It's a Good Time for the Great Taste of McDonald's (1984)
Good Time, Great Taste, That's Why This is My Place (1988)
Food, Folks and Fun (1990)
McDonald's Today (1991)
What You Want is What You Get (1992)
Have you Had your Break Today? (1995)
My McDonald's (1997)
Did Somebody Say McDonald's (1997)
We Love to See You Smile (2000)
There's a little McDonald's in Everyone (2001) – Canada Only
i'm lovin' it (2003)

그림 9.9 지난 수년간 McDonalds 가 진행한 TV광고 캠페인 (출처:www.Mcdonalds.ca)

TV방송을 통해 유명한 캠페인 문구 'I'm lovin' it'도 만들어 냈다(그림 9.9). 지역 TV광고의 경우 좀 더 활용률이 높은데 현재는 그 활동도 매우 제한적이다. DVD 레코더, 케이블 TV를 통한 광고는 TV 광고의 연장선상에 있는 매체들이며, 가정, 클럽, 호텔, 쇼핑몰 등의 이용률은 연간 점점 더 증가하는 추세이다.

3. 극장　극장 광고는 시각적인 효과가 매우 두드러지는 방법이지만 매우 지역적인 방법이기도 하다. 이러한 광고를 통해 주로 패스트푸드, 유명 레스토랑 등의 식음료 업체들의 영업시간이 밤늦게까지 계속된다는 광고를 주로 찾아볼 수 있는데 주로 이러한 광고들은 특정 지역에 국한되는 경우가 많다.

간판 및 포스터

케이터링 업체의 간판 및 포스터 광고는 업장 가까이에 위치할 수도 있고, 업장과 멀리 떨어진 곳에 위치할 수도 있다. 그리고 지방과 도시의 길을 따라 위치한 광고 게시판, 공항 라운지, 기차, 전철 등에 위치할 수 있다. 특히, 주요 도로 및 고속도로에 위치한 광고 간판은 환승 고객과의 거래가 주를 이루는 호텔, 레스토랑, 차를 타고 주문하는 패스트푸드 업장이 자주 활용한다. 그러므로 이러한 광고를 이용할 때에는 읽기 쉬워야 하며, 전달하고자 하는 메시지가 빠르게 전달될 수 있어야 한다. 반면 길거리, 기차 등에 붙여진 포스터의 경우에는 승객들이 고속도로나 주요 도로를 지나는 승객들 보다는 더욱 많은 시간이 있기 때문에 좀 더 자세한 광고를 할 수 있다.

다른 광고 방식들처럼 간판이나 포스터 역시 레스토랑이 광고를 통해 부각시키고자 하는 이미지를 투영할 수 있어야 한다. 예를 들어 번화가의 패스트푸드 레스토랑이나 테이크아웃 식당의 경우, 짧은 시간동안만 업장에 머무는 고객을 가능한 많이 유치하려 한다면 큰 글씨가 쓰여 있는 간판과 눈에 띄는 로고, 색상 등을 사용할 수 있으며, 그 대표적인 예로는 KFC, McDonalds, Wimpy 등과 같은 브랜드들이 있다. 그러나 중심가에서 약간 벗어난 곳에 위치한 고급 레스토랑의 경우 그렇게 눈에 띄는 외부 간판은 필요 없다. 왜냐하면 주로 대부분의 고객은 예약을 통해 업장을 방문하기 때문이다. 따라서 간판은 좀 더 작고 정숙한 것이 어울린다.

기타 광고 미디어

위에 언급된 모든 미디어들 이외에 광고에 이용되는 방식으로는 소비자의 가정을 방문하여 전달하는 전단지, 레저 센터 입장표, 극장 프로그램, 쇼윈도 등이 있다. 또 다른 예로는 신용카드가 있다. 신용카드는 업체 광고를 할 수 있는 좋은 수단이 되기도 한다. 카드사와의 제휴를 통해 회사의 로고를 신용카드에 삽입하고, 그 카드를 발급받은 고객들에게 할인 및 다양한 혜택을 부여할 수도 있을뿐더러 카드를 가지고 있는 고객에게는 좋은 멤버카드 (loyalty tool)로 사용될 수도 있고, 카드 소지자의 친구나 가족들에게는 광고의 도구가 되기도 한다(그림 9.10).

홍보

홍보활동은 의사소통과 정보를 처리하는 과정으로 개인적이거나 비개인적일 수 있고, 기업의 내부 및 외부에서 이루어 질 수 있다. 또한 홍보활동은 기

그림 9.10 Bank Restaurants 신용카드 (영국) (출처: Bank Restaurants, 영국)

업이 이점을 최대한 활용할 수 있는 환경을 만들어내는 활동을 포함한다. 기업은 특히 내부 의사소통 및 홍보에 적극적으로 참여해야하며, 그 대상은 고객, 직원, 공급자, 판매 팀, 지역 사회, 지방 의회 및 정부 부서 등 모두가 포함된다. 그리고 홍보활동은 아래와 같은 두 가지 주요 기능을 수행한다.

1. 홍보활동은 부정적인 여론에 대처하는 문제 해결 또는 분쟁 중재의 기능을 수행한다. 어떤 사람들은 업체 광고에 있어 여론에 거론조차 되지 않는 것보다 좋든 나쁘든 그 어떤 여론이라도 생기는 편이 낫다고 생각하는 경우도 있지만, 이는 큰 오산이다. 치명적인 뉴스 리포트, 잡지 기자의 편지, 부정적인 구전, 라디오 뉴스 등은 모두 업체의 이미지나 판매량에 지대한 영향을 미칠 수 있는 것들이다. 따라서 만약 좋지 않은 여론이 확산되어 있을 경우 홍보활동을 통해, 기업이 원하는 회사 이미지가 재건될 수 있다.
2. 홍보활동은 기업의 관련 여론을 긍정적으로 만드는 효과가 있고, 업체의

사업 생명 주기(Product or Business Life Cycle)의 어느 단계에서든 활용될 수 있다. 예를 들어 바쁜 시내 중심가에 개점한 패스트푸드 레스토랑의 경우 홍보활동은 개점 이전에 지역사회 내에서 업체에 대해 사람들이 긍정적인 태도를 가질 수 있도록 하기 위해 이루어진다. 만약 이런 매장이 어린 자녀를 둔 가족 시장을 목표로 한다면 홍보활동 기능은 목표 세부 시장에 업체가 소비자에게 어떤 혜택을 줄 것인지에 대한 정보를 전달하는 기능도 수행할 수 있다. 예를 들어 업체가 가족 단위 고객들을 목표 시장으로 설정 했다면 아이들을 위해 어린이 메뉴와 1인분 양이 절감된 가격에 판매되기도 하며, 아기들을 위한 높은 의자를 제공하기도 하고, 편안하고 캐주얼한 분위기가 연출될 것이며, 특정한 날에는 어린이들을 위한 특별 행사를 제공할 수도 있을 것이다. 또한 어린 회원들의 클럽에도 원하면 참여할 수 있는 기회가 부여될 것이다. 이러한 모든 정보들은 역시 홍보활동을 통해 고객들에게 전달되어질 것이다.

규격화된 케이터링 업체의 경우 홍보활동의 내용은 직원회의에서 설명, 전달될 수 있으며, 어떤 품목의 가격이 상향 조정 되었는지 그리고 왜 다른 상품이 현존하는 상품을 대체 하게 되었는지 등에 대한 정보는 직원 식당에서도 직원들에게 정보 전달이 가능하다.

홍보활동의 기본은 시장, 언론, 지역 학교 등과 같이 기업이 의사소통을 하고자 하는 대상을 인지하는 것에서부터 시작된다. 기업의 현존하는 이미지 평가를 통해 현재 그 기업이 부진하게 활동하고 있는 부분을 알 수 있으며, 홍보활동을 통해 성과가 부진한 부분을 향상시킬 수 있다. 그러고 나면 기업은 소비자들에게 전달하고자 하는 메시지를 전달하기 가장 적당한 의사소통 경로를 찾아 보내어 회사의 목표에 부합하는 결과를 만들어 낼 수 있도록 할 것이다.

기업의 홍보활동 수단은 초점을 맞추고 있는 고객이 누구인지, 홍보활동에 분배된 예산의 정도는 어떠한지, 그리고 미디어 종류와 기업의 홍보활동 목표가 얼마나 적합한지에 따라 달라진다.

1. 언론 미디어 신문, 잡지, 산업광고, 브로슈어, 전단지, 가이드, 기자회견, 언론 공식 발표

2. 방송 미디어 TV, 라디오, 극장, 프로모션 비디오, 카세트테이프

3. 지역사회 미디어 지역 행사 스폰서, 개인, 회사, 전시회, 연설, 무료 선물 및 샘플

기업의 규모에 따라 달라지기는 하지만, 홍보활동은 소유주 또는 매니저에게 책임이 있을 수 있다. 또한 중간 규모의 업체라면 개인에게 그 책임이 있을 수도 있고, 직원을 많이 보유하고 있는 대규모 업체의 경우에는 홍보 부서의 책임이 될 수도 있으며, 따로 고용한 외부 전문 홍보 회사의 책임이 될 수도 있다.

호텔이나 케이터링 산업의 홍보활동은 업체의 규모가 크던 작던, 독립적인 사업체이던 대규모 그룹의 한 부분이던, 자유 시장에 있던 전속 시장에 있던 상관없이 실질적으로 적용 가능한 마케팅 방법이다. 홍보활동의 목표는 목표시장과의 의사소통과 정보전달에 있다. 그리고 기업의 이미지가 좋다 나쁘다는 기업 활동의 결과로 생겨난 것이지만 그 이미지가 기업에 이득을 주느냐 또는 불이익을 주느냐에 관한 문제는 보통 홍보활동 결과에 지대한 영향을 받는다.

상품화 계획

상품화 계획은 한 상품 또는 서비스의 브랜드 또는 이미지를 이용해 또 다른 하나의 상품을 판매하는 것을 일컫는 말이다. McDonalds의 경우 만화 등장인물이 삽입된 장난감을 어린이 메뉴에 끼워서 판매하는데 이것이 상품화 계획의 예라고 할 수 있다. 다시 말해 아이들이 좋아하는 최신 만화 등장인물이 삽입된 장난감을 어린이용 메뉴에 첨가하면 사람들은 다른 패스트푸드 체인보다 McDonalds에서 햄버거를 구매하려고 한다는 것이다. 또 다른 예로 영국의 레스토랑 Wagamama를 들 수 있는데, 이곳에서는 티셔츠, 요리책 또는 선물 쿠폰 등을 상품에 끼워 주기도 한다 (그림 9.11).

케이터링 업체의 상품화 계획은 개인과의 상호 교류나 커뮤니케이션을 통하지 않은 미디어를(non-personal media) 사용하는 업장의 판매 시점 프로모션(point of sale promotion)을 포함한다. 광고와는 다르게 이는 돈을 내고 이루어지는 의사소통은 아니지만 판매 촉진과 비슷하게 짧은 시간에 고객의 행동에 영향을 미치는 것에 목표를 두고 있다.

그림 9.11 Wagamama (영국) 자체 상품 (출처: Courtesy of Wagamama)

제 5단원에서 우리는 이미 메뉴 상품화 계획에 대해 알아본 바 있다. 그러나 이 단원에서 설명하고자 하는 것은 식음료 업체라는 좀 더 넓은 의미에서의 상품화 계획이다. 레스토랑 업체가 자체적으로 모자, 티셔츠, 커피 머그컵 그리고 다른 판매촉진 상품을 만들어 판매하는 것은 자주 볼 수 있는 일이며, 추가적인 수익도 올릴 수 있고, 업체의 브랜드도 강화할 수 있다는 장점이 있다.

케이터링 업체에서 사용될 수 있는 또 다른 판매도구는 아주 다양하다. 커피숍에서 아침식사와 함께 제공되는 식판에는 점심까지도 스낵류의 식품이 주문이 가능하다는 정보가 적혀 있을 수 있고, 냅킨, 도일리(doily 작은 장식용 깔개), 후추 소금과 같이 테이블에 배치된 추가적인 양념 통 등에도 상품 판매를 위한 메시지가 적혀 있을 수 있다. 바에서 무료로 나누어주는 칵테일 스틱, 성냥, 음료 매트 등 역시 업체 운영에 사용되어지며, 고객에게 며칠 또는 몇 달 이후까지 다시 돌아와 식사를 할 수 있도록 만드는 판매 전략의 일환으로 사용될 수 있다.

기업의 상품화 계획 전략의 모든 부분은 광고 활동에 의해 보조되어야 한다. 광고는 업체가 소비자의 관심을 촉진하는데 도움을 주며 상품화 계획은

그 관심을 직접적인 소비의 형태로 또는 판매량 증가로 전환 시키는 역할을 한다

판매 촉진

판매 촉진 또는 세일즈 프로모션은 기업이 소비자에게 제공하는 일시적인 인센티브의 한 형태로 상품의 특징을 강조한다. 판매 촉진의 목표는 특히 소비자, 유통 경로에 있는 중개업자들 그리고 판매 직원들에 그 초점을 맞추고 있다. 다시 말해 비록 판매 촉진이 판매 시점에서 많이 발생한다고 하더라도 굳이 동 시간에 일어날 필요는 없다는 말이 된다.

기업에 의해 판매촉진 전략이 이용되는 데에는 여러 가지 이유가 있으며 아래 이유를 포함한다.

1. 고객 평균 지출을 증가시켜 판매 수익을 높이기 위해 (그림 9.6)
2. 업체의 새로운 상품이나 상품 계열 판매를 촉진하기 위해(예: 새로 출시된 밀크셰이크를 저렴한 가격에 판매하는 것)
3. 충동구매 소비자들에게 영향을 미쳐 특정 상품 또는 상품 계열의 판매량을 높이기 위해
4. 장기 광고 캠페인을 수행하는 동안 이 캠페인에 더 힘을 실어주고, 소비자들이 광고에 무뎌지지 않게 하기 위해서(예: 오랜 기간 동안 판매되어 온 메인코스 메뉴)
5. 영업시간 중 손님이 가장 붐비는 시간의 수위를 조절하기 위해(예: 18:30 이전에 주문하는 고객들에게는 무료 와인을 한 잔 제공할 수 있다).
6. 특별한 날을 축하하기 위해(예: 새해, 크리스마스 등)
7. 메뉴 품목을 패키지로 구성하여 매력적인 가격으로 소비자에게 제공하기 위해. 이러한 패키지는 일반적으로 특정 시즌에 한정적으로 판매되지만, 고객들이 준비하는데 적은 노동력을 들이고도 생산 가능한 품목들을 선택할 수 있도록 도와준다(그림 9.12).
8. 잘 팔리지 않는 재고를 빨리 처리하기 위해(예: 칵테일 두 잔을 한 잔 가격처럼 제공하는 것)

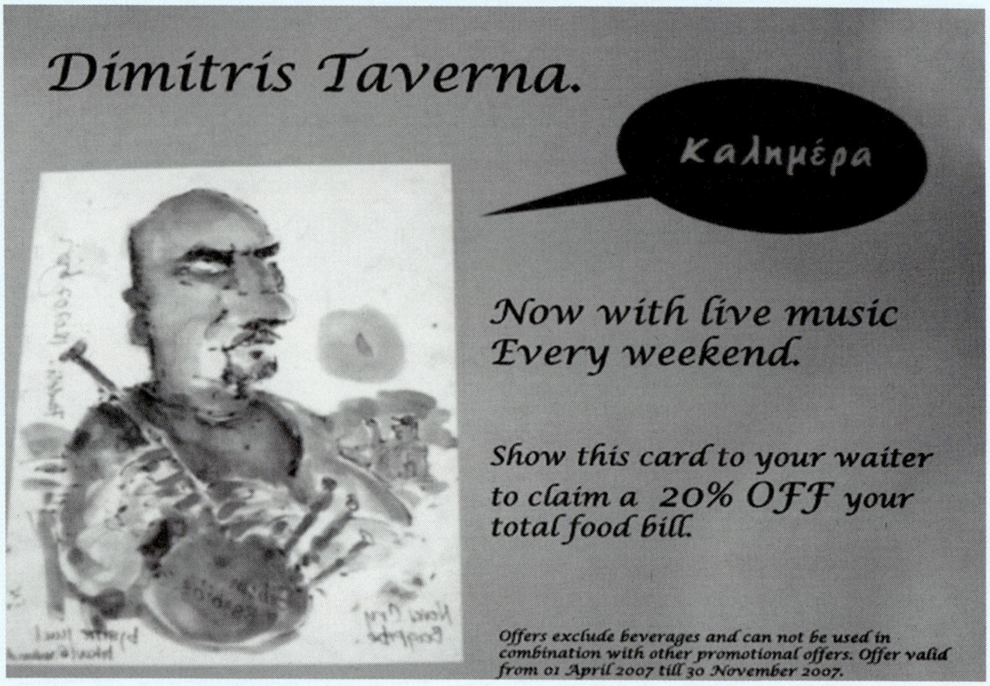

그림 9.12 Dimitris Tavema의 프로모션의 예 (그리스)

현재 시장에서 사용되고 있는 판매촉진의 형태들은 목표로 하는 세부 시장에 따라서 달라지는데, 아래와 같이 달라질 수 있다.

1. 고객(Customers) 소비자를 직접 겨냥한 판매 촉진 방법의 경우 할인 쿠폰, 비성수기 할인 가격 및 특가, 가족 단위 소비자를 겨냥한 무료 치킨 세트, 성인 두 명의 음식을 주문하면 무료로 제공되는 와인 등을 포함한다. 또한, 광고, 상업적 우편물, 전화, 포스터, 텐트카드 등을 통해 소개된 특별 행사 및 프로모션 등을 사용가능하다.
2. 유통 경로에 있는 중개업자(Distribution channels) 홍보 활동이 제3의 대리점에 혜택을 제공하기 위해서 이루어질 경우 무료 레스토랑 식사권, 무료로 제공되는 선물, 대회, 호텔 레저 시설 이용권 등을 사용가능 하다.
3. 판매 직원(Sales employees) 세일즈 프로모션 인센티브는 위에 언급된 방법들과 비슷한 방법이며 판매와 관련된 커미션, 대회, 상품권, 일정 기간 동안 발생한 판매에 대한 포인트 부여 시스템을 포함한다. 이러한 방법들

그림 9.13 패키지 메뉴 내용을 담고 있는 KFC 프로모션의 예 (출처: Courtesy of KFC, 영국)

들은 직원의 사기를 올려 판매 직원들이 계속적으로 판매를 해줄 수 있도록 한다.

판매 촉진은 그 자체로도 마케팅 도구가 되지만 제대로 수행하려면 올바르게 준비된 계획이 필요하다. 또한 관리 및 평가 과정도 필요로 한다. 판매 촉진은 기업에 의해서 시작될 수 있고, 또는, 외부 조직에 의해서 시작될 수도 있다. 그리고 판매 촉진법은 마케팅믹스의 다른 측면들과도 함께 수행되어 기업의 마케팅 목표를 효과적으로 달성하는 것에 일조할 수 있어야 한다(그림 9.13).

개인 판매과 업셀링

개인 판매는 업체의 상품이나 서비스가 개인에 의해 판매되는 것을 기반을 두고 이루어지는 프로모션을 의미한다. 서비스 산업의 중요한 특성은 다른 산업에 비해 고객과 서비스 직원과의 접촉 시간이 길다는 점이며, 업장 직원의 태도나 행동은 고객이 소비하는 최종적인 경험의 일부로 포함되어져 있다. 따라서 개인 판매 방법은 광고, 홍보, 상품과 계획, 판매 등 프로모션 믹스의 다른 부분과 마찬가지로 목표, 요구조건 그리고 기술 등이 전반적인 회사의 마케팅 전략과 조화를 이루며 진행되어야 한다.

서비스 직원은 케이터링 업체에서 가장 중요한 자산 중 하나이다. 대부분의 사람들은 웨이터, 바 직원 그리고 카운터 보조원들을 거의 개인 판매 직원으로 생각조차 안하는 경우가 많다. 이들은 그저 '주문이나 받는'사람들 정도로 여겨지기 일쑤이다. 특히 내부적으로 세일즈 부서가 있는 대규모 호텔의 경우 식음료 부서 서비스 직원들은 단지 서비스를 제공하는 사람으로 보이게 된다. 그러나 호텔이 세일즈 부서를 가지고 있다고 하더라고 식음료 부서에서 고객을 응대할 때 판매의 기능과 의무까지 대신하는 것은 아니기 때문에 업장에서서비스 직원들의 판매직원으로서의 임무는 크다고 할 수 있다.

고객이 레스토랑에 처음으로 들어서면 가장 먼저 접촉하게 되는 것은 테이블을 안내해주는 레스토랑 직원이다. 예를 들어 그 고객이 자리에 앉은 뒤 메뉴를 받아들고 무엇을 주문할는지 고민하는 시간동안 아무 직원도 다가가지 않아 음료 주문을 받지 않는다고 생각해보자. 이런 경우 잠재적인 음료 판매량은 즉각 줄어든다고 할 수 있다. 그리고 다시 직원이 주문을 받으러 왔을 때 주문을 홍보할 두 번째 기회가 주어진다. 이 때 서비스 직원은 단지 손님이 주문하는 내용을 받아 적는 것뿐만 아니라 레스토랑 스페셜 메뉴, 사이드 샐러드, 추가적인 야채, 음식과 함께 마시면 좋을 와인 등을 추가적으로 판매할 수 있다. 그리고 식사의 가장 마지막에는 고객에게 디저트나 디저트 음료가 있는 카트를 보여줄 경우 끝나가는 식사에 디저트 코스를 추가적으로 판매할 수 있다. 이러한 방법은 단지 디저트용 캔디나 초콜릿 또는 커피만을 제공할 때 보다 추가적으로 더 많은 판매량을 기록할 수 있다.

어떤 업체들은 서비스 직원들을 위한 교육 프로그램을 운영한다. 교육의 내용은 서비스 직원이 어떠한 방법으로 업체의 총 수익을 올리는 것에 일조할 수 있는가 하는 것이 주를 이룬다. 이러한 교육 프로그램들은 서비스 직원의 판매 기능에 대한 기본적인 내용을 포함하는데, 고객이 업장에 도착했을 경우 어떤 음료를 마실 것인지를 심도 있게 물어보는 방법 등이 그 예이다. 미국에서 이러한 기법을 사용했을 때, 어쩌면 고객은 판매를 강요한다는 느낌을 받을 수도 있고, 별로 소질이 없는 웨이터의 경우에는'대본'을 읽는 것처럼 딱딱하게 들릴 수도 있다. 그러므로 직원이 제대로 고객의 눈에 맞추어 메뉴에 대해'알려'줄 수 있도록 교육하는 것이 아주 중요한 일이 된다. 그리고 고객에게 맞춤형 서비스를 제공하여 고객의 전반적인 식사 경험의 질을 향상 시키는 것은 반드시 업체가 염두에 두어야 하는 일이다 (이렇게 되면 업체 총 수익은 자연히 상승하게 된다).

Burger King, McDonalds와 같은 패스트푸드 체인의 경우 주문을 받을 때, 아주 표준화된 절차와 대답이 준비되어 있다. 그러나 이제는 이러한 표준화된 응답들을 더욱 친절하고 따뜻한 표현으로 바꾸어 고객에게 건넴으로써 서비스의 질을 향상시키고자 하는 노력을 하고 있다. 예를 들어 McDonalds의 'We've got time for you (고객님을 위한 시간이 있습니다)'는 아무리 효율성을 강조하는 패스트푸드 업장이라도 고객 개개인을 위한 시간이 있으며 맞춤형 서비스를 제공할 수 있다는 의미를 강조한다.

패스트푸드 체인점과는 다르게 고객과 서비스 직원과의 접촉 시간이 긴 고품격 레스토랑 또는 특별 레스토랑 등의 업체에서는 '개인적인 손길(personal touch, 서비스 시, 서비스 직원이 고객 개개인에게 추가적으로 신경을 써 주는 것을 말함)'이 고객이 느끼는 최종 서비스 상품의 질에 더 큰 영향을 미친다. 그리고 이러한 수준의 레스토랑에서 서비스 직원들은 식음료에 대한 전반 적인 지식이 높아야만 한다.

어떤 업장들은 추가적으로 상품을 판매하는 직원들에게 인센티브를 제공한다. 예를 들어, 한 웨이터가 고객 평균 지출액에서 추가적으로 5파운드를 더 팔 때마다 보너스를 받게 된다. 그러나 서비스 직원들에게 이러한 방법으로 인센티브를 주는 것은 민감한 사항이기도 하다. 왜냐하면 가끔 직원 간에 불필요한 과도한 경쟁을 야기하기 때문이다.

케이터링 업체의 수준이 어떻든 간에 세일즈 교육을 통해 고객의 목소리에 귀 기울이고, 고객의 식사 과정을 지켜보다가 그들이 필요로 하는 것을 먼저 제공할 수 있는 서비스를 제공해야만 하는 것은 아주 중요한 사항이 되었다. 그리고 이렇게 모아진 고객 개인 성향 정보들은 향후 매니저들에 의해 분석되어져 레스토랑의 발전을 위해 사용될 것이고, 개인 판매는 고객의 레스토랑 경험의 일부로 포함될 것이다.

케이터링 업체의 마케팅 활동은 반드시 효율적으로 준비, 계획되어야 하며 모든 단계는 주의 깊게 감독 되어야 한다. 홍보 캠페인의 성공과 실패 그리고 경쟁사들의 홍보 전략 역시 좋은 사례로 반드시 학습하고 배울 점은 배워야 한다.

성공적인 광고, 상품화 계획, 홍보 활동, 판매 촉진을 한다는 것은 아주 힘든 일이다. 식음료 경영에 있어 이 부분은 상당한 재정적 지출을 야기하는 부분이기도 하지만, 성공과 실패를 확실시 할 수 없기 때문에 더욱 어려운 부분이다. 케이터링 사업자들은 다양한 홍보 도구와 기술 중 가장 잘 맞는 방법을 선택할 수 있게 되었고, 다른 업자들도 이러한 상황에 있는 것은 마찬가지이다. 그렇기 때문에 이제 더 이상 업체의 상품과 서비스만으로 경쟁하는 시대는 지나갔고, 독특한 마케팅 캠페인을 펼쳐 다른 업체들과의 경쟁에서 살아남아야만 하게 되었다.

광고만 한다고 해서 상품을 판매할 수는 없다. 광고가 고객의 흥미를 유발하고, 경쟁 상대의 상품보다 본 업체의 상품을 살 수 있도록 영향을 미치는 것은 사실이다. 그러나 고객의 실질적인 구매행동은 판매 시점에 일어나기 때문에 효과적인 상품화 계획을 마련해 구매 충동을 일으켜야 하는 방법이 첨가되어야 하고, 가능하면 판매 촉진 기법도 이용해야하며, 이 모든 방법이 함께 잘 어우러질 때 좋은 홍보 효과가 생기기 마련이다.

케이스 스터디 Centenary Hotels

Centenary Hotels는 영국 런던에 위치한 작은 호텔 체인으로 1년 내내 아주 높은 방 점유율을 유지한다. 경영진은 호텔 방 판매에 대한 수익률에 대해서 아주 만족했지만, 식음료 부서에서는 그만한 경영 성과를 이루지 못했다. 호텔 레스토랑에는 늘 빈자리가 많았고, 호텔 객실 손님의 약 15% 만이 레스토랑을 이용했으며 극소수의 외부 손님만이 이 레스토랑을 이용하는 상황이었다. 따라서 호텔은 총 5개의 레스토랑 모두를 개조하기로 결정하였고 꽤 많은 돈을 투자해 레스토랑 내부 디자인을 바꿨고, 주방장도 새로 고용해서 새로운 메뉴를 고안하도록 만들었다. 그리고 모든 레스토랑들에는 번화가 쪽으로 난 문을 만들어서 호텔에 머물지 않는 외부 고객들이 호텔의 정문을 통과해 로비를 지나 레스토랑까지 와야 하는 번거로움을 최소화 시켰다. 이렇게 모든 준비가 마무리 되었을 때, 호텔에서는 외부 마케팅 회사를 고용해 그들의 '새로운'레스토랑을 시장에 소개하는 방법을 선택했다.

질문 1 당신의 마케팅 회사가 이 프로젝트에 입찰을 시도 했다고 가정해보자. 호텔 측에서는 당신에게 시장에 그들의'새로운'레스토랑을 홍보하기 위해 어떠한 마케팅 방법을 사용할 것인지 파워포인트 프레젠테이션을 통해 자세하게 설명해 줄 것을 부탁받았다. 이러한 경우 당신은 어떠한 마케팅 도구를 이용해 호텔의 새로운 레스토랑을 성공적으로 시장에 소개시키고 마케팅 성과를 이끌어 낼 것인가? 기업 내부 및 외부적 마케팅 방법을 생각해보고 호텔의 경영진에게 보여 줄 프레젠테이션을 만들어보자.

참고문헌

Bitner, M. J. (1991). The evolution of the services marketing mix and its relationship to service quality. In S. W. Brown, E. Gummesson, B. Edvardsson and B. Gustavsson(eds), *Service Quality: Multidisciplinary and Multinational Perspectives*. Lexington, MA : L exington Books, pp. 23 – 37.

Davis, B. and Lockwood, A. (1994). Food and Beverage Management – A Selection of Readings. Oxford: Butterworth-Heinemann.

Kasper, H. (2006). Services Marketing Management: A Strategic Perspective 2nd edn.. Chichester : John Wiley.

Kotler, P. and Armstrong, G. (2006). *Principles of Marketing*, 11th edn. NJ : Pearson Prentice Hall.

Kotler, P. and Keller, K. L. (2006). *Marketing Management*, 12th edn. NJ : Pearson Prentice Hall.

Kotler, P. and Pfoertsch , W. (2006). *B2B Brand Management*. Berlin : Springer .

Marvin, B. (1997). *Guest-Based Marketing: How to Increase Restaurant Sales Without Breaking Your Budget*. Chichester : John Wiley.

Middleton, V. (2001). *Marketing in Travel and Tourism*, 3rd edn. Oxford : Butterworth-Heinemann.

Zeithaml, V. A., Bitner, M. J. and Gremler, D. D. (2005). *Services marketing: integrating customer focus across the firm*.

제 10 장

식음료 산업 트렌드와 개발

단원 소개

본 단원에서는 현재 식음료 산업에 종사하는 매니저들에게 영향을 주고 있는 최신 트렌드에 대해 다뤄 보기로 하겠다. 물론 최신 트렌드의 일부를 선택적으로 수록한 것이므로 21세기 식음료 산업이 마주하고 있는 새로운 주요 쟁점(issue)에 대한 기본적인 이해만을 제공한다. 이러한 이슈들은 산업 분야와 국가 지역에 따라 중요성이 달라지지만, 이 단원을 통해 기본적인 내용에 대한 이해를 돕고 주요 쟁점들의 기초적 지식과 상세한 정보를 전달함으로서 여러분이 앞으로 보다 전문적인 학습을 하기 위해 필요한 내용을 제공한다.

단원 목표

이 단원을 읽고 나면 아래의 핵심 사항을 이해할 수 있어야 한다.

- 식음료 매니저들에게 영향을 주는 다양한 트렌드를 이해한다.
- 고객의 소비행동에 영향을 미칠 수 있는 매체를 확인한다.
- 미국과 영국의 소비자 선택의 변화에 대해 토의한다.
- 최근 대두되는 환경 이슈들에 대해 이해한다.
- 식음료 사업의 재정운영 관련 최신 트렌드를 이해한다.
- 식음료 산업의 윤리적 문제들에 대한 지식을 익힌다.
- 하이테크 푸드(high tech food, 첨단기술 요리)의 다양한 정의를 이해한다.

소비자의 추세

지난 10년간 식음료 산업에 가장 큰 변화를 가져온 것이 있다면 바로 소비자와 소비자들이 하는 선택의 중요성에 대해 인식하기 시작했다는 점이다. 식음료 산업은 시간이 지날수록 더욱 소비자 중심 즉, 시장 중심으로 운영되고 있으며 빠르게 변화하는 고객의 요구를 무시한 채 운영을 하는 식음료 업장들은 경영난에 처하는 사례를 종종 볼 수 있다. 이러한 변화는 식품 관련 주제가 미디어에 자주 등장하고 음식, 요리, 주방장 그리고 레스토랑을 중심으로 한 여러 TV 프로그램을 통해 알 수 있다. 대표적인 프로그램으로 Jamie Oliver의 School Dinners, Gordon Ramsay의 The F Word, Raymond Blanc의 The Restaurant, 또한 장수 프로그램인 Hell's Kitchen, Ready Steady Cook 또는 출연자들이 경쟁을 벌이는 BBC 방송국의 Saturday Kitchen, ITV의 Saturday Cooks 등이 있다. 이 책을 편집할 당시 요리 및 식품과 관련된 영국의 TV 채널을 찾으면서 발견한 놀라운 사실은 음식 전문 채널을 제외하고도 일주일에 약 40개의 요리 프로그램이 방영된다는 것이다! 또한 이제 수많은 주요 신문들에서 레스토랑에 관한 후기 및 평가를 싣고 있으며, Good Food, Delicious, Olive와 같은 전문 잡지가 출현했다. 영국 미디어에서 이렇게 음식과 요리에 높은 관심을 가지고 참여한 적은 없었다고 해도 과언이 아니다. 한국역시 유명 스타셰프 및 신세대 셰프들을 중심으로 하는 요리 채널 및 한류 유행에 중심에 서있는 조리 관련 드라마들의 방영이 이어지고 있는 추세이다.

최근 Mintel 리포트(2007a)에 따르면 절반 정도의 응답자가 외식하기로 결정하는 데 미디어가 영향을 미치지 않는다고 응답했다. 그러나 미디어의 영향력이 사람들이 인지하지 못할 정도로(또는 미디어의 영향을 받았다고 인정하고 싶지 않을 수도 있지만) 미묘하게 소비자의 외식 결정에 영향을 미친다고 보고했다. 리포트에 따르면 미디어에서 어떤 음식에 대해 소개하고, 방영하는 횟수가 증가할수록, 소비자들은 그 특정 음식, 요리 그리고 재료에 더욱 많은 관심을 보이며, 외식을 결정할 때 더욱 섬세하게 결정하게 된다고 한다. 일반적으로 소비자들은 영국의 건강한 식사법 운동(healthy eating campaign) 이후 식품과 영양에 대한 정보력을 갖추게 되었고, 각 음식들을 어떻게 준비하고 요리해야 하는지도 알 수 있게 되었다. 또한, 더 많은 레스토랑들이 메뉴나 웹사이트에 음식들의 영양소에 대한 정보를 표시하게 되었으며 샐러드, 야채, 저지방 요리 등의 품목을 메뉴에 추가하기 시작했다. 여러 패스트푸드 업체 운영자들은 소비자들이 이전에 비해 많이 까다로워졌다는 것을 깨달았으며, 건강을 더 고려한 메뉴들을 다시금 제공하기 시작했다. 예를 들어 Burger King은 열량이 35칼로리보다 낮은'가든 샐러드(Garden Salad)'를 드레싱 없이 제공하며, 고객이 원할 경우 3% 이하의 지방을 함유한 허니 머스터드, 프렌치, 토마토와 바질 등 저지방 드레싱을 선택할 수 있다. 이 리포트를 통해 알 수 있는 또 다른 흥미로운 점은 응답자의 3분의 1이 외식할 때 "질 높은' 음식을 먹기 위해 더 높은 가격을 지불할 수 있다고 대답했다는 사실이다. 이러한 양상은 레스토랑 경영자들이 더 많은 이득을 낼 수 있는 기회가 될 수도 있다.

활동 1

다양한 계층의 소비자를 고객 대상으로 삼는 레스토랑들의 웹사이트를 방문해 보자. 웹사이트에 영양 정보에 대해 자세하게 적어 놓은 레스토랑은 어디인가? 어째서 레스토랑 경영자들 사이에 이러한 차이가 나타날까? 생각해 보자.

Mintel 그룹은 또한 레스토랑 운영자들을 대상으로 일반적인 외식 시장에서 누가 무엇을 어디에서 얼마나 자주 먹는가에 대한 정보를 매우 자세하게 정리한 리포트를 출간하였다. 최근에 나온 리포트(Mintel, 2007a)는 업계의 지난 몇 년간 트렌드를 아래와 같이 자세히 소개했다.

- 영국의 경우 2002년에서 2006년 사이 소비자 지출 규모가 25% 정도 증대하는 것에 비례해서 외식 시장도 계속해서 성장했다.
- 시장 성장세는 외식이 일반적으로 집에서 식사하는 것을 대체하기 시작하면서 더욱 빨라졌다. 이러한 트렌드를 '가정 시장의 대체(substitute domestic market)'라고 부른다.
- 이러한 상승세는 단지 가정에서 요리해서 먹는 행위가 외식에 대체된 것을 가리키는 것은 아니다. 미디어의 발달, 인기 주방장들의 등장, 다른 나라를 여행 중일 때 그 지역 고유의 음식을 먹어보기 위해, 그리고 외식 장소의 증가와 같은 요인들이 외식 시장을 이끌었다.
- 2006년 추정 지출액은 290억 파운드(한화로 50조원, 2011년 9월 1파운드=1,700원정도)이며, 산업 규모는 2012년까지 약 370억 파운드(한화로 64조원,2011년 9월 1파운드=1,700원정도) 정도까지 확대될 것으로 보인다.
- 레스토랑은 가격 대비 가치 있는 음식을 제공하는 레스토랑, 가격 면에서 가정 요리와 경쟁할 수 있는 요리를 제공하는 레스토랑, 그리고 더욱 화려하고 풍미가 좋은 요리를 제공하는 게스트로펍(gastropub)과 같은 고품격 레스토랑으로 확연히 구분이 된다. 이러한 업체들은 시장의 중간에 남겨져 있으며, 일반 레스토랑(casual dining) 부문은 특히 더 경쟁이 치열하다.
- 시장을 두 가지로 분리하는 또 하나의 방법은 체인점 운영인지 개인 운영 레스토랑인지를 구분하는 것이다. 현대를 살아가는 소비자들은 브랜드가 주는 확신과 신뢰 없이도 개인 운영자의 레스토랑을 선택할 수 있는 자신감이 생겼다. 그러나 체인 영업점들은 계속 성장하고 번창할 것으로 보이기 때문에 좋은 투자 대상으로 여겨진다.
- Mintel 리포트에서 구분한 마지막 두 가지 트렌드는, 외식 시장 및 업체들이 새로운 요리나 틈새 상품을 개발하는 혁신적인 성격과, 일반적으로 규모가 작은 레스토랑일수록 지키기 힘든 직원 및 식품 서비스 관련 법률 때문에 선택의 다양성이 줄어드는 것에 대한 대비책 두 가지를 들 수 있다.

Mintel 리포트와 비슷한 미국의 한 리포트(Sloan, 2007)에서는 아래의 10가지 음식 트렌드를 강조했다.

1. 영국의 트렌드와는 다르게 미국의 많은 사람들이 경제적 압박으로 외식보다는 가정에서 식사를 직접 조리하여 먹는 것을 선호한다. 응답자의 4분의 3은 1주일에 적어도 5회는 집에서 식사를 한다고 답했다(비록 대부분이 슈퍼마켓에서 구할 수 있는 미리 준비된 음식이거나 테이크아웃 음식이긴 하지만). 그러나 아침 및 점심 식사는 외식이 계속해서 증가하고 있다.
2. '식도락가(foodie)'문화가 확대되고 고급음식(gourmet) 및 독특한 요리를 맛보기 위해 레스토랑이나 가정에서 음식을 할 때 더 '돈을 더 들이려는' 사람들이 늘어났다.
3. 미리 껍질을 까거나 잘라지거나 요리된 음식 또는 야채 그리고 냉동식품 등과 같이 미리 준비된 편의 음식(pre-prepared convenient products)에 대한 수요가 증가하였다. 그러나 1인당 섭취하는 음식의 양은 줄어들었으며, TGI Fridays의 '정확한 양, 정확한 가격 (Right Portion Right Price)' 선전(30% 줄어든 양, 6.99달러나 8.99달러에 구매 가능)은 가정에서 먹는 양이 줄어든 것을 반영한 것이다.
4. 맛, 향기 그리고 씹히는 느낌 등을 더욱 세심히 고려해 소비자의 오감을 만족시키려는 노력이 늘어나고 있다.
5. 아동 수가 증가하고 아동 비만에 대한 염려가 높아짐에 따라 더욱 건강에 좋은 메뉴에 대한 관심이 높아졌다.
6. 성인들의 경우 무지방, 무설탕, 유제품을 쓰지 않은 그리고 카페인이 없는 음식들을 선호하는 트렌드가 생겨났다.
7. 전문가들과 예술생산가들이 그 지역 농작물과 계절별 상품에 대해 관심이 높아지면서 원거리 수송 식품 사용이 감소했고, 그러한 상품을 쓰면서 생기는 문제점들을 줄일 수 있게 되었다.
8. 잘못된 식습관에서 비롯되는 건강 관련 질환 발병률을 줄이고 현재 가지고 있는 질병도 치유할 수 있도록 건강한 식습관을 가진다는 개념이 확산되었다.
9. 고에너지 음료, 끓는 물만 부으면 마실 수 있도록 준비된 차와 커피 그리

고 병에 담긴 미네랄 물 심지어 건강 콜라(Health Cola) 등 일반적인 음료에 대한 새로운 관심이 생겨났다.

10. 패스트푸드 업체에서는 늦은 점심이나 늦은 밤에 다양한 종류의 스낵을 제공해 인기를 얻고 있으며, 한입 정도 크기의 애피타이저부터 디저트 플래터(dessert platter)까지 다양한 종류가 있다.

활동 2

앞서 언급된 미국과 영국의 트렌드 차이를 비교, 대조해 보자. 주된 차이점은 무엇인가? 이러한 현상을 나타내게 하는 이유는 무엇이 있는가? 한국의 경우는 어떠한가? 국내 10가지 음식 트렌드를 조사하고 영국, 미국의 음식 트렌드와 비교 분석해보자.

환경적 이슈

식음료 경영을 할 때 반드시 염두에 두어야 하는 환경적 문제는 여러 가지가 있다. 이 가운데 식음료 경영에 직접적으로 연관된 세 가지 사항만 다루도록 한다. 오물 관리(waste management), 에너지 및 물 소비 그리고 멀리 떨어진 지역에서 들여온 상품이 환경에 미치는 영향이 바로 본 단원에서 다룰 내용이다.

오물 관리

식음료 경영에 있어 가장 중요한 환경적 이슈는 바로 오물 관리이다. 재활용 및 상품의 재사용에 대한 중요성을 알리는 것은 지역 정부의 오랜 숙원 사업이라고 할 수 있다. 그러나 실제로는 오물 관리가 비효율적으로 운용되어 날이 갈수록 쓰레기 매입지가 줄어들고 있는 상황이다. 게다가 환경오염으로 인해 인간의 건강에 지대한 영향을 미치며, 어떤 슈퍼마켓에서도 자주 찾아 볼 수 있는 과도한 포장, 그리고 발생한 쓰레기를 매각하기 위해 장거리를 이동해야 하므로 이 때 발생하는 이산화탄소가 오물로 인한 오염에 더해지는 셈이 된다.

그렇다면 식음료 업체 경영자들은 오물을 줄이기 위해 어떠한 일을 해야 할까? 대답은 업장의 규모에 따라 달라지지만 레스토랑 운영자들은 아래에 나와 있는 리스트 중 일부 또는 모두를 수행할 수 있다.

- 분쇄기, 몇몇 크루즈 보트에서 현재 사용 중인 것과 다르지 않은 쓰레기 소각로 등 오물을 줄이기 위한 기술에 투자한다.
- 프린터용 종이, 편지봉투, 포장지 같은 것들은 재사용한다.
- 종이 같은 것들은 최소한 사용을 줄인다. 예) 프린트 할 필요가 없는 내용은 프린트 하지 않는다.
- 오물의 대부분을 퇴비로 사용한다.
- 유리, 종이, 알루미늄 그리고 플라스틱 등을 재활용할 경우 레스토랑 운영 시 오물 배출량을 35%까지 절감할 수 있다.
- 진공 하수 시스템(vacuum drainage system, www.evds.org.uk를 참고)에 투자한다.
- 오물 최소화 프로그램을 가동시키고 정기적으로 레스토랑에서 얼마나 많은 양의 오물을 배출하는지 관찰 및 평가한다.
- 직원, 공급자 및 소비자 모두를 교육시켜 업장 내 오물을 최소화 할 수 있도록 한다. 예를 들어 Acorn House 레스토랑의 경우 소비자 한 사람 당 제공하는 양을 여러 가지로 나눴는데, 이는 고객에 의해 발생하는 쓰레기도 최소화 할 수 있고 가격대비 더 나은 가치를 제공할 수도 있다.

위와 같은 방법들은 책임감 있고 효과적으로 사업을 경영하는 식음료 매니저들이 고려해야 할 몇 가지 사항들이다. 오물 관리가 성공적으로 이루어질 경우 경영 이윤이 더욱 높아질 수 있기 때문에 매니저들은 이를 가능케 해 줄 다양한 기술에 대해 알고 있어야 한다.

활동 3

2, 3개의 그룹을 만들어보자. 여러분이 살고 있는 지자체가 주도하는 오물 최소화 및 재활용 프로그램에 대해 조사해보자. 조사한 다음에는 지역 레스토랑을 적어도 두 군데 이상 방문하여 직원들에게 지자체 프로그램을 인지하고 있는가를 알아보고, 레스토랑에서 어떠한 방침이 사용되고 있는지 알아보자. 알아낸 내용에 대해 팀원들과 공유하고 학급 내 다른 학생들과도 토론해 보자.

에너지와 물 소비

우려되는 또 다른 부분 중 하나는 에너지와 물 소비이다. 오물 관리를 계획적으로 진행하면 최종적으로 에너지와 물 소비량을 최소화시키기 때문에 이 부분 역시 오물 관리와 긴밀히 연관되어 있다고 할 수 있다. 더 많은 정부들이 이산화탄소 배출량에 해당하는 세금을 징수하고 호텔 및 레스토랑을 포함한 모든 회사에 추가 부담금을 징수할 계획이다. 영국에서는 2001년에 이러한 세법이 도입되었고 환대 산업체의 경우 에너지 관련 비용을 약 15% 인상하였다. 유럽 연합은 ETS(Emissions Trading Scheme, 탄소 배출권 거래제도)를 도입했는데, 이에 따르면 회사들은 개별적으로 정해진 이산화탄소 배출량을 초과할 경우 다른 '더욱 친환경적인(greener)' 회사에서 탄소 배출권을 구매해야만 한다. 이를 통해 EU는 교토 의정서(Kyoto Protocol)에서 동의한 이산화탄소 배출량 목표에 맞출 수 있게 되었다. 에너지의 경우 대체재가 있다 하더라도 물의 경우 시간이 지남에 따라 점점 더 고갈될 것이며 가격 역시 계속 상승할 것이다. 사업 운영 시 에너지와 물을 효과적으로 사용할 수 있도록 하는 것이 결국 수익을 올리게 될 것이다.

에너지와 물 소비를 줄일 수 있는 방법은 다음과 같다.

- 에너지 효율성이 높은 전등 및 장비를 사용한다.
- 사용한 물(grey water)을 재활용한다.
- 태양열 에너지 같은 대체 에너지원을 사용한다.
- 수도꼭지와 화장실 물탱크를 조절한다.
- 물이 새는 것을 방지한다.
- 물을 사용할 때는 책임감 있게 사용하고, 쓰지 않는 전등은 꼭 끄는 등 물과 에너지 절약을 직원들에게 교육시킨다.

에너지와 물 사용량을 줄이고 환경을 보호하기 위해 노력하는 회사들은 생각 이상으로 많다. 예를 들어 새로운 크루즈 보트 회사 Orphalese는 대체 에너지원, 폐수 처리 시설 그리고 기존 물 사용량인 60갤런을 10갤런으로 줄인 친환경 세탁기 등을 구비하고 있다 (www.theorphalese.com). 또 다른 예는 영국의 맥도날드로 2007년 말까지 업장 내에서 사용된 식용유와 유채씨 기름을 혼합한 연료로 움직이는 155대의 강력한 배달차를 도입하였다(Druce, 2007).

활동 4

만약 여러분이 레스토랑 매니저라면 어떻게 에너지와 물 소비를 절약하겠는가? 여러분은 식음료 산업체들이 물과 에너지 절약을 위해 충분히 노력하고 있다고 생각하는가?

국제적 사고, 지역적 구매

2005년 7월, 영국 환경부의 식품과 지역 사무부(Department of Environment, Food and Rural Affairs, DEFRA)는 1978년 이래로 연간 식품 운송량이 23% 증가한 사실을 알아냈다. 식품을 1회 조달할 때마다 평균적으로 이동하는 거리도 50% 증가하였다. 리포트에 따르면 비행기를 통해 식품을 조달하는 경우가 늘었으며 사회적, 환경적 그리고 경제적 비용 효과는 매년 총 90억 파운드가 넘는다고 한다(Mae Wan Ho and Gala, 2005). 이 리포트는 아래와 같은 이유로 주요 변화를 증가시키는데 영향을 주는 사항에 대해 보고했다.

- 영국 내외에서 수입되는 식품의 증가에 따른 식품 산업의 국제화
- 규모가 작고, 큰 공급자들에 기반을 둔 음식 공급의 통합, 연중 계속되는 균일한 농산물에 대한 대규모 구매 요구를 부분적으로 만족시킴
- 상품 배달 방식에 대한 주요 변화들. 특히 큰 규모의 상품 배송 트럭을 이용해 슈퍼마켓 지역 분배 센터를 통해 보내지는 방식 등
- 주말에 차를 타고 슈퍼마켓에 가서 중앙 집중적으로 판매하는 상품을 사는 행위가 도로에 있는 상점들로의 잦은 방문을 대체함(Mae Wan Ho and Gala, 2005)

비록 이 리포트에서 발견한 점들이 환대 산업에만 초점을 맞춘 것은 아니지만, 외국에서 비행기로 오랜 시간을 거쳐 물건을 가져오는 것은 지속 가능한 방법이 되지는 못한다. 지역에서 구할 수 있는 상품을 구매, 이용하는 것

은 결국 전 세계 환경을 생각하는 방법 중 하나가 될 수 있고 현재 가지고 있는 부정적인 영향을 줄일 수 있다. 많은 레스토랑들이 재료를 너무 먼 곳으로부터 배송 받지 않도록 각별히 주의하고 있다. 영국 Lyndhurst의 Glasshouse Restaurant, 영국 런던의 Acorn House Restaurant, 미국 시카고의 The North Pond Restaurant 등이 그 예이다.

반면에 어떤 사람들은 만약 레스토랑 업체들이 지역 산물을 재료로 구매, 사용하게 되면 전적으로 선진국들의 구매에 의지하는 케냐와 같은 개발도상국의 농작물은 어찌 되냐고 문제를 제기할 수도 있다. 2004년 Corporate Watch의 한 기사에 따르면 개발도상국의 작은 농장 주인들은 주로 수출량의 12-14%정도를 받아서 이익을 내고, 슈퍼마켓은 농장 주인들이 비즈니스에 계속 남아있도록 수익이 거의 남지 않을 만큼의 가격을 정해 통제권을 쥔다고 한다(Food Miles, 2004).

활동 5

이번 활동은 찬반토론(debate) 활동이다. 두 명 또는 두 팀을 가지고 찬반토론을 진행할 수 있다. 한쪽은 다음의 A 편에 서서, 또 다른 한쪽은 B 편에 서서 토론을 진행 해보자.

A: 지역 상품을 구매하여 사용하면 탄소 사용 흔적을 줄이고 지역 생산자를 돕고 결국 환경을 살릴 수 있다.

B: 지역 상품을 구매하여 사용하면 개발도상국의 기아 및 가난을 구제하지 못하게 된다.

운영을 위한 자금 조달

레스토랑 운영자들은 언제나 다양한 방법으로 사업에 필요한 자금을 조달받기 위해 노력한다. 부동산 투자 신탁(Real Estate Investment Trusts, REIT)을 이용하는 방법은 최근 레스토랑 분야에서 적극적으로 활용되는 자금 조달 방법 중 하나이다. 자산 융자(asset financing)는 지난 수십 년 동안 중·소규모 레스토랑 운영자들이 선택하는 가장 흔한 자금 조달 방법이었다. 최종적으로 호텔 산업은 소비자들에게 판매하는 방법을 선택하였고, 가까운 미래에는 식음료 경영 분야에도 비슷한 운영 계획이 생겨날 것이라는 전망이다.

부동산 투자 신탁(REIT)의 등장

부동산 투자 신탁 (REIT)은 오랜 기간 동안 존재해 왔지만 영국에서 호텔 및 레스토랑이 REIT에 포함되기 시작한 것은 최근의 일이다. REIT는 개인이 상장된 토지에 투자할 수 있도록 하는 제도이다. REIT에 대한 투자의 추가적인 이득은 바로 법인세를 납부하지 않고도 효과적으로 투자할 수 있다는 것이다. REIT의 범주에 포함되는 토지들은 그들 자신의 이익을 스스로 마련해야 하고, 투자자 1인당 신탁의 10% 이상을 소유할 수 없게 된다.

Vector Hospitality는 영국에서 환대 기업으로는 첫 번째로 주식을 상장하였다. 그러나 얼마 지나지 않아 이 회사는 비상장 회사가 되었는데, 그 이유는 투자자들의 자신감(Investor Confidence)이 지극히 낮았기 때문이다(Times Online, 2007). 미국에서는 REIT 계획의 도입이 시작된 2001년 이후로 성공적인 결과를 가져왔다(Hotel and Motel Management, 2007). 최근에는 Ashford Hospitality Trust Inc., Diamond Rock Hospitality Company, Highland Hospitality Corporation, Hospitality Properties Trust, Strategic Hotels & Resorts Inc., Supertel Hospitality Inc. 등과 같은 다양한 회사들이 존재하며, 미국의 REIT성공사례로 곧 영국 및 다른 유럽 지역에서도 이와 같은 방법을 이용하는 추세가 생겨날 것이라 예상된다.

자산 융자

한창 성장 중인 레스토랑 업체들은 초기 자본금을 다시 비즈니스로 환수해야 한다. 자산 융자는 이를 가능하게 만들어줄 수 있는 방법 중 하나이다. 자산 융자제도 하에서는 런던과 같이 토지가 아주 비싼 지역에서 빌딩 하나를 처분할 경우 다른 지역에 또 다른 매장을 세우기 충분할 만큼 융자금을 구할 수 있을 것이다. 더욱 자세히 말하자면 소유주는 빌딩을 판 뒤(회사의 경영 통제권은 보유) 다시 임대하여 얻어진 자본으로 차후 회사 확장을 위해 양도할 수 있다. 이렇게 하는 방법을 운영 임대(operating lease)라고 부른다. 이러한 자금 조달 형식은 자산이 1-5년 또는 그 이상의 일정 기간 동안 임차인에게 빌려준 기간 동안 임대자에게 넘겨진 자산으로 간주된다. 임대가 만료되면 자산은 임대자에게 반환되며, 임대자는 이 토지를 다른 사람에게 빌려주거나 팔수도 있고, 임대 기간을 연장할 수도 있다. 2호, 3호점을 낼 계획이 있는 성공적인 레스토랑 경영자들은 비록 계약 기간이 길기는 하지만 주로 이 방법에 매력을 느끼게 된다.

레스토랑 좌석 구매

환대 산업의 최근 트렌드 중 하나는 바로 호텔 객실을 구매할 수 있다는 것이다. 호텔 경영자는 고객에게 방을 빌려주고 수익의 일부를 투자자들에게 나누어 주는 방법을 선택하고 있다. 시카고 Mandarin Hotel은 이러한 최신 투자 방식을 사용한 대표적인 예이다(Manson, 2007). 기본적으로 투자자들은 호텔 시설을 특정 목적으로만 이용 가능하고 1년 중 정해진 기간 동안 사용할 수 있다. 예를 들어 런던에서는 호텔 객실 하나를 짓는 데 15만에서 50만 파운드 정도가 든다. 따라서 이러한 방법은 해당 도시로 자주 여행을 오는 사람들에게는 매력적인 제안이 되며, 약 30만 파운드가 넘게 드는 방 하나를 사는 것보다 더 좋은 대안이 된다. 미래에는 이와 비슷한 개념으로'당신만의 레스토랑 좌석을 구매'할 수 있게 될 수도 있다. 좌석을 구매한 손님은 레스토랑을 예약할 때 특정 혜택을 받거나 좌석으로부터 나오는 레스토랑 수익을 배당 받을 수도 있게 될 것이다.

윤리적 이슈

식음료 경영에서 윤리는 매우 중요한 부분이며 다른 책에서도 중점적으로 다루는 부분이다. 여기서는 현재 많은 업체들이 겪고 있고 그리고 향후 몇 년간 지속될 두 가지 문제점에 대해 언급할 것이다. 바로 윤리적인 식품 생산과 팁(tip) 문화와 관련된 윤리이다.

윤리와 식품 생산

레스토랑의 메뉴 품목에는 종종 생산하는 방법과 동물들에게 미치는 영향 때문에 논쟁의 소지가 있는 요리가 들어있을 때가 있다. 예를 들어 프랑스 요리 푸아그라(foie gras)는 거위의 식도에 으깬 옥수수를 강제로 먹여서 만든다. 이렇게 하면 거위의 간이 비대해지는데 이 때 몇 가지 부정적인 결과가 나타나게 된다. 덴마크, 이탈리아, 독일 등과 같은 몇몇 국가들은 살아있는 동물에게 강제로 무엇인가를 먹이는 행위를 금지하고 있으며 유럽연합도 푸아그라를 금지시킬 수 있는 방안을 모색 중이다. 또 다른 예로 하얀 살 송아지 고기 요리가 있는데, 연한 색의 고기를 만들기 위해 어린 송아지들을 약 2피트(60.96cm) 정도 되는 우리에 가두어 움직이지도, 햇빛을 볼 수도 없도록 하여 빈혈을 일으킨 뒤 송아지고기를 생산한다. 멸종 위기에 있는 물고기를 잡거나 돌고래처럼 잡는 과정에서 다른 동물을 해칠 수 있는 것들도 포함된다. 이처럼 식음료 산업에서 이용되는 특정 메뉴 품목의 리스트는 앞에서 언급한 것보다 훨씬 많을 수도 있다. 논란의 소지가 있는 이러한 특정한 메뉴 품목의 조리 과정에 대한 정보는 많은 환경, 동물인권 단체와 지지하는 개인들에 의해 찾기 쉬울 정도로 많이 알려져 있음에도 불구하고, 아직 여러 레스토랑 경영자들은 이러한 요리를 메뉴에 포함시켜 놓는다. 이렇게 생산되는 음식을 계속하여 소비해야 하는가? 그리고 그것은 결과적으로 누구의 책임인가? 이와 같은 문제에 대한 논쟁은 계속되고 있다. 메뉴에 이런 품목을 넣은 레스토랑 매니저의 책임인가? 아니면 소비자의 구매 때문에 계속 메뉴에 넣어야만 하는 것인가? 식음료 관리는 효과적인 경영과 단기 영업성과 및 장기 사업성과도 확보할 수 있도록 기틀을 마련해 주는 방법이다. 논리적인 방법을 사용하여 식품 생산에 지속가능한 방법을 사용하는 것은 비즈니스의 장기적인 효율성을 보장할 것이다. 따라서 비즈니스 관점에서 볼 때도 윤리적인 식음료 매니저가 되는 것이 수지가 맞는 선택이라고 할 수 있다. 만약 윤리적인 식음료 매니저가 사업에 눈에 띄는 이익을 가져다주지 못할지라도 어디에서 또는 어떻게 식음료가 생산되었는지 자세한 정보를 고객에게 제공하는 것은 레스토랑 관리자가 마땅히 해야 할 임무이다. 식음료 매니저는 단지 식음료를 판매하는 것뿐만 아니라 고객의 경험까지도 책임져야 한다. 따라서 경험의 일부로서 고객들을 교육시키는 것 역시 매니저의 책임이며, 창의적인 방법으로 이를 실행할 때 고객에게 더욱 매력적인 레스토랑이 될 수 있다(제4장에 나오는 Acorn House Restaurant를 참고할 것).

팁 문화의 윤리

지난 수년간 많은 학자들이 서비스와 상품의 차이점에 대해 여러 가지 이론을 발표했다. 서비스의 유형성과 무형성, 서비스의 소멸성, 서비스를 제공하는 사람과 받는 사람이 동시에 공존해야 한다는 점 등은 서비스가 갖는 성질의 일부분에 불과하다. 또한 우리는 많은 상품들이 서비스의 요소를 가지고 있고 많은 서비스들이 상품에 밀착되어 있다는 것을 알고 있다. 그렇다면 이때 우리가 단지 상품만을 원하는 것인지 아니면 서비스를 받고 싶은 것인지를 어떻게 판단할 수 있을까? 이 경우 한 가지 답이 될 수도 있으면서 뚜렷한 윤리적 논쟁거리를 남기는 것이 바로 팁(tip, gratuity)이다.

우리가 우선적으로 서비스를 구매하는 가 아니면 상품을 구매하는가에 대한 답은 언뜻 보이는 것보다 훨씬 더 복잡한 문제이다. 예를 들어 우리가 슈퍼마켓에 가서 식료품을 사고 계산대 점원이 모든 품목을 스캐너에 통과시킨 뒤 당신을 위해 포장해주거나 포장을 도와준 뒤 계산을 하고 계산대를 떠난다면, 이때 계산대의 판매원이나 포장을 담당하는 점원에게 팁을 준다는 개념은 존재하지 않는다. 그러나 만약 이러한 식료품을 온라인상에서 구매했다면 당신은 배달 직원에게 팁을 제공할 것인가?

그렇다면 레스토랑의 경우를 생각해보자. 레스토랑에서 서비스 요금을 부과하는 것은 완벽히 합법적인 행위이며 메뉴에도 명백하게 적혀 있다. 레스토랑을 찾는 고객들 역시 주문한 식음료 상품 이외에 일정 비율의 서비스 요금이 부과될 것이라는 사실을 알고 있다. 그러나 이런 경우 고객들은 자기 의지로 서비스를 하지 못하게 할 수 없다. 다시 말하자면 서비스 직원의 도움 없이 스스로 식사를 한 뒤 추가 서비스 비용을 내지 않고 싶어도 그렇게 할 수는 없다는 것이다.

그러므로 이 문제의 답은 상품(예: 식사)을 제공받는 것의 일환으로 서비스를 포함하여 추가적인 서비스 비용을 부과할 것인가 아닌가에 대한 여러분의 윤리 기준에 따라 달라진다고 할 수 있다. 그러나 많은 사람들은 추가 서비스 비용을 부과하지 않을 경우 직원의 동기 부여에 영향을 미쳐 제대로 된 서비스를 받지 못하게 될 것이라고 생각한다. 셀프 서비스를 제공하는 카페테리아에 갔다고 가정해보자. 사람들은 메뉴를 훑어본 뒤 이 가격이 기대와 부합하는지 따져볼 것이다. 이때 제시된 가격은 직원의 인건비를 비롯해 수익에 영향을 주는 모든 요소를 포함한 가격이다. 일반적으로 이러한 카페테리아에서 제공되는 음식은 상품의 범위가 더 좁기 때문에 가격이 풀 서비스를 제공하는 레스토랑보다는 낮은 편이다. 인건비도 상대적으로 풀 서비스 레스토랑보다 낮은 편이고, 손님들이 카운터 직원에게 팁을 줄 거라고 기대하지도 않는다. 물론 때때로 접시에 약간의 팁을 놓고 가는 경우도 볼 수 있다. 이렇게 되면, 풀 서비스 레스토랑은 이미 부과되는 식음료 상품 가격에 더 높은 직원 인건비를 포함하고 있으면서 왜 추가적으로 서비스 비용을 부과하고, 고객이 풀 서비스를 선택하지 않을 권리마저 없는 것인지에 대한 의문이 생긴다. 표 12.1에 묘사된 것처럼 메뉴에 나타나는 레스토랑의 팁 문화 방침에 대해 알아보자. 이때 어떻게 글이 쓰였는지 주의 깊게 살펴보고 완곡어법 사용도 유념해서 살펴보자.

그리고 완곡어법이란 "듣는 사람의 감정이 상하지 않도록 모나지 않고 부드러운 말을 쓰는 표현법. '변소'를 '화장실'이라고 하거나 '죽다1'를 '돌아가다'로 표현하는 것 따위를 이른다."라고 하는데 밑에 표에서 메뉴에 나타나 있는 말이 완곡어법이 아닌가요? 제가 잘 못 이해한건가요...;;

아 그렇다면 표 제목 두 번째에 "메뉴에 사용된 완곡 표현의 뜻"이라고 적어야하는거 아닌가요..?

환대 산업 영역 가운데 팁 문화가 서비스 직원의 생계에 영향을 미치기 때문에 중요하게 여겨지는 분야가 하나 있는데 바로 크루즈 산업 부문이다. 상품 수송 선박이든 여객선이든 대부분의 선박 회사들은 '선박 등록국의 국기(flags of convenience, FOC)'를 달고 운항해야 한다. 다시 말하면 국기가 표시된 나라가 선박을 소유하고 있다는 뜻이다. 문제는 주로 상품 수송 선박에서 나타나지만, 국제 수송 노동자 연합(International Transport Workers Federation, ITWF)은 크루즈 보트를 포함한 여객선에서 일하는 직원들의 어려움에 대해서도 언급하고 있다

표 10.1 메뉴 용어 및 표현에 따른 관점의 차이

메뉴에 나타나 있는 말	메뉴에 사용된 완곡 표현
서비스 비용은 포함되어 있지 않습니다.	가장 적게는 10%의 서비스 비용을 고객님이 계산서에 더해 주신다면 감사드리겠습니다.
서비스 비용은 고객이 임의적으로 지불할 수 있습니다.	너무 적은 서비스 비용보다는 10% 정도는 부과하여 주시면 감사하겠습니다.
8명 이상의 그룹 손님들께는 추가적으로 12.5%의 서비스 비용이 부과됩니다.	여러분 그룹에 있는 모든 분들이 각각 팁을 주신다면 저희는 더욱 좋은 금액을 팁으로 받을 수 있습니다.
고객의 편의를 위해 15%의 추가 서비스 비용이 계산서에 부과됩니다.	15%의 추가 서비스 비용의 지불은 메뉴 가격의 하향조정으로 이어지고 이것은 보다 많은 고객을 유치할 수 있으며 총 수익률에는 아무런 지장을 주지 않습니다.

ITWF는 크루즈 보트 회사로 하여금 세금혜택과 함께 가장 기본적인 생활 및 노동 편의를 제공하고 최저임금에 직원을 고용할 수 있도록 하였다. 물론 모든 크루즈 보트 회사가 그런 것은 아니다. Seabourn Cruises를 예로 들자면, 고객들이 직접 팁을 주는 문화를 금지하고 직원들에게 수익/이윤을 나누어 주며 적당한 선에서 연봉도 제공한다. 그러나 아직도 여러 크루즈 업체들이 고객의 팁으로 직원의 임금을 대신하고 있다. 대부분의 경우 이러한 부분은 배에 오른 뒤 사무장의 책상에서 처리된다. 승객들의 계좌에는 객실 서비스 직원들을 위한 서비스 금액이 매일 일괄적으로 부과된다. Norweigian Cruise Lines(NCL)를 예로 들자면 하루에 약 10달러를 13세 이상의 고객들에게 일괄적으로 부과하며, 13세 이하의 경우 약 5달러를 부과한다. Royal Caribbean은 각 승객들에게 미리 계산된(pre-paid) 티켓을 제공하는데, 이때 승객들은 바텐더를 제외한 직원, 객실 직원, 웨이터, 와인웨이터, 헤드 웨이터 등에게 사인을 한 티켓을 줄 수 있다. 바에서 소비된 음료의 경우 각 객실 계좌로 가격이 부과되며 20% 정도의 서비스 비용이 추가된다. 다른 크루즈 라인들은 다른 방법을 선택하기도 하지만 대부분 최저임금 선에서 직원들의 월급을 줄 수 있기 때문에 때로는 월 50달러 정도의 임금만 지불하는 경우도 있다

활동 6

아래 내용을 조사하고 토론해보자. 만약 크루즈 보트 회사가 직원의 생계를 위한 임금을 마련하기 위해 승객들에게 일정하게 정해진 팁을 부과하는 시스템을 가지고 있다면, 이는 어떻게 직원들을 동기부여 할 것인가? 만약 승객이 팁 시스템이 직원의 임금에 추가적으로 제공되는 금액이라는 사실을 알게 된다면 추가적으로 더 많은 금액을 팁으로 낼 것인가? 팁 시스템으로 크루즈 비용에 약 10%를 추가적으로 부과한다면, 이는 어찌 보면 숨겨진 부과세가 되는 것이다. 예를 들어 Seabourn처럼 팁이 포함된 크루즈 비용을 받고 선내에서 팁을 주는 행위를 금지하여 직원들에게 더 나은 임금을 제공할 경우, 경쟁사보다 더 높은 크루즈 가격 때문에 시장 점유율이 낮아질 수도 있고 크루즈의 상승된 서비스 및 상품의 질 때문에 시장 점유율이 더 높아질 수도 있다.

팁 문제는 계속해서 논쟁거리가 될 것이다. 어떤 직원들은 팁 문화가 당연하다고 여길 수도 있고, 어떤 고객들은 서비스 직원들의 친절한 정도가 지나치고 가식적이라고 느낄 수도 있다. 서비스를 관리하는 매니저들의 입장에서 팁은 직원들의 소득을 구성하는 필수 불가결한 부분으로 보인다. 그리고 여기에는 팁의 분배 방법 선택에 대한 실질적이면서도 윤리적인 문제가 관련되어 있다. 모든 직원들을 팁 분배 대상으로 생각해야 하는가, 어떤 직원을 어떤 근무시간에 배치해야 할 것인가 등도 매니저들이 고려해야 할 사항이다. 21세기에 팁 문화를 가지는 것이 과연 환대 산업 종사자들을 위한 것인가? 아니면 최소임금 관련법이 팁 문화에 종지부를 찍을 것인가?

코넬 대학교의 호텔 학교 부교수 Michael Lynn(2006)이 쓴 소논문 '팁과 그 대안(Tipping and Its Alternatives)'은 전통적인 팁 문화, 추가 서비스 비용 그리고 서비스 비용이 포함된 메뉴 가격 결정 모두를 염두에 두고 있다. Lynn의 연구에 따르면 응답자의 44% 정도가 서비스 직원들이 높은 임금을 받는 것을 선호한다고 말했고, 69%의 응답자가 팁을 주는 문화를 싫어하지 않는다고 답했다. 그의 연구는 추가적으로 "팁 규모와 서비스 및 식사 경험에 대한 고객의 평가 사이에는 아주 작은 상관관계만 존재하며 팁 문화에는 잠재적으로 부정적인 요소들이 있다. 부정적인 요소에는 서비스 직원들이 팁을 별로 안 줄 것이라는 고정관념을 가진 사람들(미국 흑인, 노년층, 외국인들, 십대들 등)에게는 더 적은 관심을 보이는 경향, 서비스 직원에게 높은 팁을 주었을 때 무료로 음식 및 서비스를 제공하려는 경향, 그리고 서비스 직원들이 그들 구역에 있는 고객에게만 신경을 쓰려고 하는 경향이 포함된다"는 사실을 밝혀냈다 (Lynn 2006, p. 14).

활동 7

21세기의 팁 문화는 환대산업 최전선에서 고객을 응대하는 직원들에게 보다 나은 금전적 혜택을 주는 방법인가? 아니면 팁 문화는 고객에게 서비스 비용을 지불하도록 하고 직원에게는 낮은 임금을 계속적으로 제공할 수 있는 방법인가? 두 그룹으로 나누어 토론해보자.

하이테크 푸드

식품 생산에 새로운 기술이 도입됨에 따라 이 책에서도 식음료 산업 첨단기술의 등장에 대해 언급하지 않을 수 없다. 세계적으로 더 많은 레스토랑들의 주방장들은 주방 직원 수 또는 설비 부족 때문에 편의 식품을 메뉴에 많이 포함하게 되었다.

그러나 하이테크 푸드란 어떤 의미일까? 그 정의는 무엇인가?

하이테크 음식은 두 가지로 정의할 수 있다.

1. 생물의 원초적 단계에서 조작된 음식
2. 좀 더 일반적인 관점에서, 편의 식품부터 하이테크 설비를 이용한 상품까지 모두 포함

바이오테크놀로지의 영향

바이오테크놀로지는 유전자 조작 및 자연적으로 발생하지 않는 방법을 개발하는 과학 연구 분야이다. '유전자 조작(genetically engineered 또는 genetically modified)' 식품이라는 단어는 오늘날 소비자들에게는 아주 익숙

한 단어가 되었다. 유전자 조작 식품의 사용을 지지하는 사람들은 이 방법이 인구 증가에 맞춰 식량을 제공할 수 있는 유일한 방법이라고 주장하며, 반대하는 사람들은 유전자 조작 식품을 사용하면 인간의 건강과 환경에 부정적인 영향을 미친다고 주장한다. 중요한 점은 주방장들이 메뉴에서 유전자 조작 식품을 완벽하게 제외시키는 것이 매우 어려운 일이라는 사실을 인식하고, 하이테크 식품들을 올바르게 파악해야 한다는 것이다.

유전자 조작 식품의 보급은 유기농 제품에 대한 소비자 선호 경향에 박차를 가했다. 게다가 소비자들이 이전보다 더욱 많은 정보에 접근할 수 있기 때문에 기대치도 어느 때보다도 높다. 소비자들은 식음료 매니저들이 재료가 생산된 지역을 추적할 수 있기를 기대하고 유럽 법률에는 어떤 상품에 유기농 상표를 붙일 수 있는 지에 대한 자세한 조항이 마련되어 있다.

편의 식품 및 하이테크 시설

오늘날 주방의 오븐과 같은 시설들은 매장 관리 시스템과 연결되어 있기 때문에 온도, 습도, 가스 또는 전기요금 등에 관련한 보고서를 작성할 수도 있고 각 상품의 고정비용을 더욱 잘 분배할 수도 있으며, 운영자가 보건 및 안전 관련 법률 조항을 얼마나 잘 따르고 있는지도 알 수 있다. 주방장은 간단하게 오븐을 조작하여 요리를 제 시간에 원하는 대로 만들어낼 수 있으며 이를 통해 직원 인건비를 절감하고 일정한 품질의 상품을 만들어 고객의 기대치를 충족시킬 수 있다. 맥도날드는 1998년에 컴퓨터가 통제하는 기계가 냉동 감자를 바구니에 넣고 그 바구니를 뜨거운 오일에 담가 요리하는 시범 사례를 선보였다. 이 기계는 앞서 설명한 과정이 끝나면 바구니를 꺼내 흔든 뒤 판매용 통에 담는다. 로봇은 음료를 준비하고 컴퓨터는 새로운 주문이 들어오는 즉시 로봇에 전달할 수 있다. 이렇게 로봇을 이용하면 고객에게 상품을 전달하기까지 약 2분이 소요된다. 이러한 기술들은 운영적, 재정적 그리고 조직적 행동에 장기적으로 영향을 준다. 생산 장비들은 판매 시점에 이미 기계와 연결될 수도 있다. 로봇들은 이미 영국 런던의 Yo! Sushi 레스토랑과 같은 곳에서 활용되고 있다. 예를 들어 오븐은 PC에 연결되어 상태를 보고하고, 장비들은 온도와 습도를 측정하는 장치들과 함께 설치하여 PC에서 통제할 수 있다. 이렇게 하면 보건 및 안전 기준에 부합하는 상태에서 음식을 완벽하게 요리할 수 있게 된다. 디지털 타이머들은 바쁘게 돌아가는 주방에서 요리사들이 시간을 잘 활용할 수 있도록 도와주며, 요리가 지나치게 많이 조리되는 것을 막을 수 있기 때문에 쓰레기 배출량도 줄일 수 있다. 어떤 사람들은 하이테크 푸드를 더 심화시켜 이용하기도 한다. 시카고 Moto의 총주방장이자 28살의 청년인 Mr. Cantu는 그의 스시를 도마 위에서 만들지 않고 Cannon i560 잉크젯 프린터로 만들어낸다. Mr. Cantu는 콩과 옥수수 녹말가루로 만든 식용 종이에 자신이 만들어낸 유기농 음식 조합 잉크로 스시의 이미지를 프린트한다. 그 다음에는 원래 생일 케이크에 넣는 이미지로 사용되던 종이 뒤편에 콩과 김 조미료로 맛을 첨가한다(Bernstein, 2005).

정보, 서비스 그리고 생산 기술들은 지난 20년 동안 빠른 속도로 발전했다. 기술 발전은 계속되어 시간이 지나면서 신기술에 밀린 옛 기술들은 가격이 하락했다. 이 덕분에 작은 업체도 기술의 힘을 빌려 운영할 수 있게 되었다. 완벽한 자동화가 이루어지는 레스토랑을 도입하는 것은 아직 먼 미래의 일일 수도 있다. 그러나 오늘날의 이용 가능한 여러 기술의 힘을 빌린다면 적어도 패스트푸드 레스토랑의 경우에는 실현 가능한 이야기일 수 있다. 실제로 's Baggers®는 2007년 4월에 독일 Nuremberg에 처음으로 완벽 자동화된 레스토랑을 열었다(케이스 스터디 참조). 물론 이를 체험한 고객들은 무언가 복잡한 기분을 느꼈지만, 레스토랑 경영자와 서비스 기술 투자자는 인건비로 들어갈 수백만 유로를 절약하였다(Patterson, 2007).

케이스 스터디 's Baggers® - 3차원 레스토랑

's Baggers® 레스토랑은 2007년 4월 독일 Nuremberg에 문을 연 레스토랑이다. 2007년 9월 중순까지 규모를 확장하여 맥주 정원을 만들겠다는 계획을 가지고 시작한 이 레스토랑은 현재 107개의 좌석을 보유하고 있으며, 세계 최초의 완벽 자동화 레스토랑이라는 수식어를 달았다(비록 직원들을 몇몇 고용하긴 했지만). 이 레스토랑은 손님이 EPOS(electronic point of sale) 시스템과 연결된 터치 스크린을 통해 테이블에서 직접 주문하기 때문에 기존 레스토랑만큼 많은 직원들이 필요하지 않으며, 이에 따라 서비스 효율성은 올리고 인건비로 나가는 비용은 내릴 수 있다.

컨셉(The concept)

고급 요리를 저가에 즐기십시오.(High quality of food at low prices)

맛과 질을 느낄 수 있는 신선한 유기농 식재료를 사용하고, 지방 함량을 최소화시켜 고객들이 가격대비 높은 질의 음식을 즐길 수 있도록 한다.

전면 특허 기술(Patented technology)

고객이 주문한 요리와 음료는 특수 제작된 금속 체인에 올려 고객의 테이블까지 전달되는데 이때 드는 노력이란 단지 중력의 힘을 빌리는 것뿐이다(그림 10.1 참고). 독일 특허청은 2007년에 이 특수한 전달 시스템에 전면 특허를 부여하였다. 's Baggers®는 유럽과 미국에도 특허를 신청한 상태이다. 이 컨셉은 진보된 기술의 도입으로 인건비가 확연히 줄였으며, 패스트푸드 레스토랑 체인에게는 아주 흥미로울 수 있다. 현재 이 레스토랑은 프랜차이즈 컨셉을 개발 중이다.

그림 10.1 's Baggers®의 레일 시스템

그림 10.2 's Baggers®의 간편한 EPOS

레스토랑 소프트웨어 (Restaurant software)

예술의 경지에 오른 정보 기술을 통해 손님이 버튼을 한 번만 누르면 놀랍게도 다양한 요리의 식품, 공급자 그리고 컨셉 등 풍부한 양의 정보가 제공된다. 고객의 대기 시간은 최소한으로 줄어들며 음식을 먹기 위해 줄을 설 필요가 없다. EPOS 기술은 레스토랑이 충성 고객 보너스 프로그램을 운영할 수 있게 하는 동시에, 요리 및 서비스에 대해 평가하고 다른 친구들에게 추천한 고객들을 대상으로 보너스를 제공할 수 있도록 도와준다(그림 10.2). 보너스 프로그램을 통해 고객이 직접 레스토랑을 친구들에게 홍보하게 만들어 선전효과를 이끌어내면서 결과적으로 정보 기술을 사용해 더욱 효과적인 마케팅을 가능케 한다. 1,500개의 로열티 카드(또는 친구 카드)가 개점한 지 4달 반 만에 전부 배포되었으며, 지속적으로 고객의 피드백을 받기 때문에 효과적으로 요리와 서비스의 질을 평가 및 통제할 수 있다.

레스토랑의 특징(Restaurant characteristics)

's Baggers®는 프랑코니안(독일 남부) 요리를 제공하는 레스토랑이며 음식 이름을 프랑코니안 지역 방언으로 제공된다(물론 여러 언어로 번역도 되어 있다). 이 레스토랑의 총체적인 콘셉트는 시스템의 효율성을 이끌어내는 것뿐만 아니라 고객들이 색다른 경험을 통해 즐거움을 추구하는 것에 목적이 있다.

발명가이자 소유주인 Michael Mack과의 인터뷰(An interview with the inventor and owner, Michael Mack)

기자 **어떻게 이 아이디어를 생각해냈습니까?**

푸드레일기술의 발명가이자 's Baggers® 소유주인Michael Mack.

Michael 전 언제나 열정적인 요리사였습니다. 언제나 저녁 파티가 있을 때면 전 주방부터 식당까지 뛰어다니곤 했지요. 그러던 어느 날 문득 그런 생각이 들었습니다. 요리가 직접 고객에게 가게 된다면 얼마나 편리할까? 하는 생각 말입니다. 거기에서 아이디어가 탄생한 것 같습니다. 이전에 철 주조공장 매니저였던 경험을 바탕으로 기존 레스토랑을 재발견하여 새로운 세대를 위한 레스토랑을 만들기로 한 것이죠. 이를 통해 결과적으로는 레스토랑의 효율성을 올리면서 충분히 편안한 공간을 고객들에게 제공하고, 그러면서도 불필요한 비용은 절감시킬 수 있게 되었습니다. 이러한 콘셉트를 인지하기 위해서는 예술의 경지에 도달할 정도의 정보 기술과 서비스가 필수적이었습니다.

기자 **그렇다면 이 시스템은 어떻게 작동되나요?**

Michael 우선 손님이 테이블에 앉으면 앞에 있는 터치스크린을 통해 음료 및 요리를 주문하게 됩니다. 각 테이블마다 설치된 터치스크린을 통해 버터밀크에 요리된 유기농 소고기 또는 크라우트(Kraut, 소금에 절인 양배추)와 소시지를 비롯한 모든 프랑코니안 특산 요리를 주문할 수 있습니다. 이 때 고객들은 스크린을 통해 요리의 사진과 함께 자세한 설명을 볼 수 있습니다. 컴퓨터 스크린들은 주방 시스템과 연결되어 있어서 주방장들이 오븐에서 음식을 꺼내 철로 만든 레일 위에 올려놓기만 하면 고객의 자리까지 전달되도록 되어 있습니다. 주방은 위층에 있는데, 중력을 이용하여 음식을 고객까지 전달하기 위해서입니다. 음료와 요리가 고객 앞에 도착하면 고객의 테이블 번호와 일치하는 색깔이 붙어 있기 때문에 누가 주문한 것인지 혼동하지 않고 집을 수 있습니다(그림 10.3).

기자 **고객들은 이러한 레스토랑 콘셉트를 좋아합니까?**

Michael 네, 물론이죠! 아주 좋아합니다. 요즘엔 저녁에 자리를 구하기도 힘들 정도입니다. 자리를 구하시려면 전화로 일찌감치 예약하셔야 할 겁니다! 고객들이 저희 레스토랑에 열광하는 증거 중 하나는 바로 고객 테이블에서 직접 적을 수 있는 피드백이 많다는 겁니다. 평균적으로 하루에 약 90건의 이용후기가 접수되고 있습니다. 또한 저희는 충성 고객 카드(저희는 'Freundekarte'라고 부르는데, '친구를 위한 카드(card for friends)'라는 뜻입니다)를 제공합니다. 이 카드를 소지하고 있는 고객에게는 다양한 종류의 혜택이 제공됩니다. 그리고 고객이 선택할 경우 뉴스레터도 제공되며, 월말에는 누적된 포인트를 현금처럼 사용할 수도 있습니다. 개장 4달 반 만에 총 1,500명의 고객이 멤버가 되었습니다.

그림 10.3 식음료품 전달을 위해 이용되는 시스템

기자 **만약 고객이 잘못 주문했다면 레스토랑에 이를 해결해 줄 수 있는 직원은 배치되어 있나요?**

Michael 물론이죠! 진보된 기술과 양질의 음식을 제공하는 것과는 별도로 우리 레스토랑의 콘셉트는 고객에게 편안함을 제공하는 것이 목적이기 때문에 서비스 직원들이 일하고 있습니다. 하지만 서비스 직원들의 역할은 고객을 더욱 편안하게 해드릴 수 있도록 하는 것뿐입니다. 서비스 직원들은 주방에서 식당으로 달릴 필요도 없고, 손님의 주문을 받을 필요도 없습니다. 그들이 우리 레스토랑에서 일하는 이유는 고객을 위해 좀 더 친근한 분위기를 만들고, 고객을 환영하고, 질문에 대답하고, 문제가 생겼을 때(테이블을 치우는 것도 포함) 도와주기 위해서입니다.

기자 **레스토랑의 향후 계획은 어떻게 됩니까? 다른 도시에도 이 레스토랑을 확장할 계획이 있습니까?**

Michael 저희는 현재 프랜차이즈와 영업 인가를 내주는 방식을 검토하고 있습니다. 현재 독일을 비롯해 유럽, 캐나다, 호주 그리고 심지어 한국에서조차 프랜차이즈 문의가 쇄도하고 있습니다. 희망컨대 세계 어딘가에 또 다른 's Baggers® 레스토랑을 개점할 수 있으면 좋겠습니다. 저희 레스토랑에 대한 특허권이 이미 독일에서 발급되었고 유럽과 북미에도 특허 신청을 해 놓은 상태입니다. 따라서 우리는 식품과 음료를 전달하는 장치에 대한 이용 허가권을 팔수도 있게 되었습니다. 이 장치는 그 단순함 때문에 고객을 더욱 즐겁게 해주며, 단순히 중력에 의해 식음료가 위에서 아래로 미끄러져 내려오는 과정이 고객에게 즐거움을 더해줍니다. 저희 레스토랑 시스템의 가장 큰 특징은 직원 노동력에 들어가는 비용을 엄청나게 절감할 수 있다는 것입니다(최소한의 직원만으로 레스토랑 운영이 가능해짐). 이러한 장점 때문에 대형 레스토랑 체인에서 매우 흥미로워하고 있으며 일반적인 패스트푸드 레스토랑이 저희의 컨셉을 도입할 경우 연간 약 25만 유로의 간접비용을 절감하는 효과를 볼 수 있습니다.

Bernstein, D. (2005). *When the Sous Chef is an Inkjet*, New York Times, February 3, 2005.

Burger, R. (2005). *Ten Environmental Tips for the Hospitality Industry*, http://www.economicallysound.com/ten_environmental_tips_for_the_hospitality_industry.html#more(accessed 30th August 2007).

Chan, W. W. and Ho, K. (2006). Hotels environmental management systems, creative fi nancing strategy. *International Journal of Contemporary Hospitality management*, 18 (4), 302 – 316.

Chathoth, P. K. and Olsen, M. D. (2007). The effect of environment risk, corporate strategy, and capital structure on firm performance: An empirical investigation of restaurant fi rms. *International Journal of Hospitality Management*, 26(3), 502 – 516.

Druce, C. (2007). *McDonald's to Operate Delivery Fleet on Bio-Diesel*, Caterer Online 02 July, http://www.caterersearch. com/Articles/2007/07/02/314695/mcdonalds-to-operatedelivery-fl eet-on-bio-diesel.html (accessed 30th August2007).

Food Miles (2004). *Corporate Watch*, http://www.corporatewatch.org.uk/?lid2627 (accessed 29th August 2007).

Hotel and Motel Management (19 March 2007). The REIT Story , http://www.hotelmotel.com/hotelmotel/article/articleDetail.jsp?id411421 (accessed 23rd August 2007).

Lynn, M. (2006). *Tipping Points; Restaurants and Institutions*, 1st June 2006, www.chr.cornell.edu

Mae Wan Ho and Gala, R. (2005). *Food Miles and Sustainability*, Institute of Science in Society, http://www.i-sis.org.uk/FMAS.php (accessed 30th August 2007).

Manson, E. (2007). *Chicago Mandarin Hotel to Sell Rooms to Investors*, Caterer online 30 May, http://www.caterersearch. com/Articles/2007/05/30/314070/chicago-mandarinhotel-to-sell-rooms-to-investors.html (accessed 25th August 2007).

Mintel (2007a). *The Impact of Media on Eating Out*, Mintel International Group Limited . London: Mintel.

Mintel (2007b). *Eating Out Review – UK – July 2007*, Mintel International Group Limited . London: Mintel.

Patterson, T. (2007). *Rails replace Waiters*, The Independent 24 August, http://news.independent.co.uk/europe/article2891206.ece (accessed 30th August 2007).

Sloan, A. E. (2007). Top 10 food trends . *Food Technology*, 61(4), 23 – 39.

Times Online (20 August 2007). *Business in Brief*, http://business.timesonline.co.uk/tol/business/industry_sectors/article2288863.ece (accessed: 29th August 2007).

Van Alphen, K., Van Sark, W. and Hekkert, M. P. (2007). Renewable energy technologies in the Maldives – Determining the potential. *Renewable and Sustainable Energy Reviews*, 11(8), 1650 – 1674 .

역자약력

김 용 욱 (Young Wook, Kim)

· 현, 경주대학교 외식조리학과 전임교수
· 스위스 HIM-Hotel Institute Montreux Higher Diploma(HND in Hospitality)
· 스위스 SHMS-Swiss Hotel Management School (BA in Hospitality)
· 영국 Derby University (Dual Degree/BA in International Hospitality)
· 영국 University of West London (MA in Hospitality)
· 영국 University of West London (Phd in Hospitality/on dissertation period)
· 현, (사)대한관광경영학회 이사
· 현, SEG-Swiss Education Group(HIM, SHMS, HITTI etc..) 한국총동문회장
· 전, London Hotel School 아시아 마케팅 본부 입학사정관/마케팅 본부장
· 전, Hilton Hotel Hyde Park in London 식음료 부서 수퍼바이저

최 용 석 (Yong Seok, Choi)

· 현, 경주대학교 외식조리학과 전임교수
· University of Nevada, Las Vegas. U.S.A. 호텔경영 학사
· 경기대학교 외식경영전공 관광학 석사, 관광학 박사
· 현, (사)한국능력교육개발원 커피바리스타 자격 심사위원
· 현, (사)한국관광학회, (사)한국외식경영학회, (사)한국외식산업경영학회, (사)대한관광경영학회 이사
· 현, (사)한 · 중 외식경영자협회 자문교수
· 현, 한국외식산업연구소 전문위원
· 현, RGM외식컨설팅 자문위원
· 현, 핀외식연구소 전문위원
· 현, 중소기업청 소상공인진흥원 외식경영컨설턴트
· 전, 힐튼호텔 서울, 경주 현대호텔 식음료부
· 전, Excalibur Hotel & Casino, 미국, 식음료부
· 전, (주)놀부, 가맹관리, 교육연수, 전략기획실 팀장
· 전, (주)이야기있는 외식공간, 인사총무 차장
· 전, (주)일본OGM 외식경영컨설팅, 한국지사, 전략기획 팀장

식음료경영론

2012년 3월 10일 초판1쇄 인쇄
2012년 3월 15일 초판1쇄 발행

저 자 김용욱 · 최용석
펴낸이 임 순 재
펴낸곳 **한올출판사**

등록 제11-403호
121-849
주 소 서울시 마포구 성산동 133-3 한올빌딩 3층
전 화 (02) 376-4298 (대표)
팩 스 (02) 302-8073
홈페이지 www.hanol.co.kr
e-메 일 hanol@hanol.co.kr
정 가 25,500원

저자와의 협의하에 인지생략

■ ISBN 978-89-94948-29-4